मानव क्रांति के जनक

मोहम्मद

डॉ इक़बाल खान

BlueRose ONE .com
Stories Matter
NewDelhi • London

BLUEROSE PUBLISHERS
India | U.K.

For permissions requests or inquiries regarding this publication, please contact:

BLUEROSE PUBLISHERS
www.BlueRoseONE.com
info@bluerosepublishers.com
+91 8882 898 898
+4407342408967

ISBN: 978-93-5989-459-1

Cover design: Tahira

First Edition: December 2023

Index

पेशे लफ्ज़

जब हम इंसान खुदा की नेअमतें (Creations) देखतें हैं तो हमें खुदा ने बताया है के सारी नेअमतें (पानी, हवा, आग, पेड, पौधे, परिंदे, जानवर, चांद, सूरज, सितारे, जमीन व आसमान) ये सब अल्लाह ने इंसान के लिए बनाया है और इंसान को खुदा ने अपने लिये बनाया है के दुनिया में अच्छे काम (कर्म) करे और खुदा की इबादत करे।

खालिक़ (Creator) को उसकी ख़ल्क़ (Creation) से पहचाना जाता है। अल्लाह ख़ालिक़ है, ज़मीन–आस्मानों, चांद, सूरज, सितारों, कहकशाओं का, सय्यारों का, हर मख़लूक़ का ख़ालिक और मालिक है। ''वही सच्चा बादशाह है।'' अल्लाह ने सारी ख़ल्क़ (Creation) में सब से उपर इंसान को रखा है। यानी इंसान को अशरफुल मख़लूक़ात (Humans are greater than all living being) बनाया है।

इसलिए जब अल्लाह रब्बुल आलमीन फरमाता है ''ऐ लोगो मेरी नेअमतों का खूब खूब चर्चा करो'' तो हम मुसलमान अपने रब की सब से बहेतरीन नेअमत आखरी नबी मोहम्मद (सल्लल्लाहु अलैहि वसल्लम) को पाते हैं। जिन्हें अल्लाह ने सारे जहान वालों के लिए रहमत बनाकर भेजा है। इसलिए हम उनका खूब खूब चर्चा करते हैं। क्योंकि

ख़ल्क़ से औलिया, औलिया से रसूल
और रसूलों में आला हमारा नबी

खुदा ने जिस दिन आदम को बनाया था और फ़रिश्तों को हुक्म दिया था आदम को सजदा करो। सबने आदम को सजदा किया, मगर इब्लीस ने नहीं किया तो इब्लीस को फिटकार पड़ी और जन्नत से निकाला गया। उसी दिन से शैतान ने आदम के बुग्ज में खुदा से ही बग़ावत करली और ना फरमान हो गया। फिर खुदा से इब्लीस (शैतान) ने मोहलत मांग ली ताकि आदमी को जहन्नमी बना सके और साबित कर सके कि वही (शैतान) सही है और खुदा ने आदम को बेजा ही पैदा कर दिया है, यानी शैतान सही है और बाकी सब गलत। उसी दिन से ही हक़ और बातिल की जद्दोजहद (संघर्ष) शुरू हो गया था।

इस लिए अल्लाह रब्बुल आलमीन ने अपने प्यारे बंदो की राहबरी (मार्गदर्शन) के लिए नबी/रसूल भेजे ताकि लोग हक़ पर रहें और अपने को शैतान के फरेब से दूर रखें और जहन्नम से बचे रहें।

नबुवत / रिसालत का ये सिलसिला आदम / नूह अलैहिस्सलाम से शुरू होकर मोहम्मदे अरबी ﷺ पर खत्म हो गया।

इस किताब में हम सैयदुल अंबिया मोहम्मद मुस्तफा ﷺ की पैदाईश से विसाल तक के हैरत अंगेज सफरे ज़िंदगी (सीरत) को देखेंगे। मोहम्मद ﷺ के ज़रिए बरपा पहले अज़ीम इंसानी इन्कलाब ने कैसे शैतानी निज़ाम (System) जिसमें चंद रसूख़दार लोगों के अलावा गरीबों, मज़लूमों, बेसहारों, कमज़ोरों की कोई फरियाद रसी न थी वो निज़ाम जो ऊंच–नीच, गोरा–काला, हसब–नसब, अरबी–अजमी, पुरूष प्रधान (Male dominant) औरतों की बेहुरमती, कुफ्र व शिर्क पर कायम था।

देखिए कैसे मोहम्मद ﷺ ने इसी समाज में एक अच्छा बेटा, एक अच्छा बाप, एक बहेतरीन शौहर, एक बहेतरीन नबी, एक बहेतरीन सालार, एक अज़ीम कानून साज़ (Law Maker) और बहोत ही अच्छा हाकिम बनकर दिखाया हत्ता के हर इंसानी फरीज़े को बहेतरीन तरीके से निभाया है और बातिल निज़ाम को पलटकर एक नये और बहेतरीन निज़ाम को नाफ़िज़ कर दिया ये पूरी इंसानी तारीख़ का अब तक का सबसे बहेतरीन बदलाव है और मोहम्मद ﷺ ने अपने बाबा इब्राहीम (अलैहिस्सलाम) और अपने नबुवती भाई मूसा, ईसा (अलैहिस्सलाम) का मिशन मुकम्मल कर दिया।

मोहम्मद ﷺ ने क्रांति का बिगुल बजा दिया ऐसा अनोखा इन्किलाब जो ना आपसे पहले देखा गया ना सुना गया जिसकी वजह से इब्लीस भी चीख पडा, दुनिया की गली गली में फैला हुआ कुफ्र व शिर्क इस इन्किलाब की वजह से मानो दुनिया की बदतरीन शै हो गया। यूँ मोहम्मद ﷺ ने शैतान का सीना चाक करके तौहीद का परचम लहरा दिया।

मोहम्मद ﷺ ने दम तोड़ती हुई इंसानियत को एक बार फिर से ज़िन्दा कर दिया और क़यामत तक के लिए शैतान को मायूस कर दिया।

मोहम्मद ﷺ के बारे में जो भी गलत फहमियां फैलाई जाती हैं उसके पीछे मुतशर्रेकीन (Orientalist) और हासेदीन होते हैं जो उनके खुद के गढे हुए फर्ज़ी मफरूज़े (Hypothetical Phenomena) होते हैं जो सरासर बेबुनियाद और झूठ होते हैं। मोहम्मद ﷺ की सारी ज़िन्दगी मिसाली है, तमाम इंसानों के लिए ज़िन्दगी जीने का बहेतरीन तरीक़ा है। बनी आदम में ऐसी दूसरी मिसाल अब तक मुमकिन ही नहीं हो सकी है।

अल्लाह रब्बुल आलमीन फरमाता है "ऐ लोगो! हमने तुम पर अहसान किया के तुम में अपना महबूब भेज दिया।" सच में खुदा ने हम मुसलमानों पर बडा अहसान किया है के हमें मोहम्मद ﷺ का उम्मती बनाकर पैदा किया वरना उनकी उम्मत में पैदा होने की दुआ कई नबीयों ने की है। ये खुदा का अहसाने अजीम है जिस ने हमारे हिस्से में नबीयों की दुआ डाल दी और साथ ही मुसलमानों को 'उम्मते खैर' बनाया। भला इस से बडा ऐज़ाज मुसलमानों के लिए क्या होगा।

ऐ मुसलमानो! ये दौरे फित्न है दुनिया दौरे फित्न में दाखिल हो चुकी है, अब हम पर लाज़िम है कि हर मुसलमान को इस्लाम का बुनियादी इल्म हो अब सिर्फ मुंह से खुद को मुसलमान कहने से नहीं चलेगा तौहीद, रिसालत, क़यामत और तहफफुज़े ईमान का जानना बहोत ही जरूरी है ताकि हम खुदा की रहमत से महरूम ना रहें। इसलिए हमें जिनके जरीए दीन मिला है उस प्यारे नबी मोहम्मद ﷺ की मुख्तसर सीरत को जानें ताकि हमें कोई बहका ना सके। इस किताब के पढने वाले के इल्म में इज़ाफा होगा, ईमान पुख़्ता होगा और कम अज़ कम वक्त में ज्यादा मालूमात हासिल हो जाएगी।

यह आम किताब नहीं है इसमें शवाहिद, हक़ाईक़ के साथ गलत फहमियां भी दूर की गई हैं। इस किताब का एक पेज पढ़ने पर आप दूसरा पेज पढ़ने पर मजबूर हो जाएंगे। हमने इस किताब में हिन्दी, उर्दू, इंग्लिश इन सभी ज़बानों को इस्तेमाल किया है ताकि हर पढ़ने वाले को आसानी हो। इसे पढने के बाद इंशा अल्लाह आपको शैतान बहका ना सकेगा। इस किताब में हम मोहम्मद ﷺ की बेमिसाल जिन्दगी (सीरत) का मुताल्लअ करेंगे।

मुफ्ती मुस्तक़ीम अहमद साहब
(उस्तादे मोहतरम)

डॉ. मोहम्मद इक़बाल खान
लेखक

शब्दावली

खुदा / परमेश्वर : सारी कायनात का खालिक़ व मालिक।
अल्लाह : अरबी शब्द जो परमेश्वर के लिए उपयोग किया जाता है।
तख़्लीक : निर्माण
एक ईश्वरवादी : एक ही ईश्वर के उपासक लोग।
आदम : खुदा द्वारा उत्पन्न पहला मानव।
हव्वा : सभी मनुष्यों की माता।
पैग़ंबर / रसूल : मनुष्यों के पास खुदा का संदेश पहोंचाने वाला, धर्म प्रवर्तक।
नबी : भविष्यवक्ता, भविष्य की खबरें देने वाला।
इब्राहीम, मूसा, ईसा अलैहिस्सलाम व मोहम्मद स.अ.व. : यह सभी पैगंबर है।
अलैहिस्सलाम : आप पर सलाम हो।
सल्लल्लाहु अलैहि वसल्लम ﷺ : अल्लाह तआला आप पर दरूद व सलाम भेजे।
रदिअल्लाहो अन्हो رضي الله عنه : अल्लाह तआला उनसे राज़ी है।
फरिश्ते : स्वर्गदूत – जिन्हें खुदा ने अलग अलग कामों में लगाया है।
इबलीस : शैतान – इंसानों को बुरे कर्मों के लिए प्रेरित करनेवाला।
इस्लाम : खुदा के आगे सर झुकाना, अमन।
यहूदी : हजरत मूसा के अनुयायी।
ईसाई : हजरत ईसा के अनुयायी।
मुस्लिम : हज़रत मोहम्मद ﷺ के अनुयायी।
कुफ्फार : परमेश्वर का इंकार करने वाले लोग।
हिजरत : प्रवास करना।
मुहाजिर : प्रवास करने वाला।
अंसार : मदीना के रहवासी लोग।
गजवा : जिस जंग में मोहम्मद ﷺ शामिल हों।
सरिया : जिस जंग में सिपह सालार कोई सहाबी हो।
मोवाहिद : दीने इब्राहीम के पैरोकार।
निजाम : व्यवस्था, नियम।
पेशनगोईयाँ : भविष्यवाणियाँ।
फितना अंगेजी : शरारत, फसाद
किबला : वो दिशा जिसकी ओर मुसलमान मुंह करके नमाज़ पढते हैं।
सहाबा : मोहम्मद ﷺ के साथी।
कबीला : वंश, जाति।
मोजज़े : चमत्कार।

मेराज : स्वर्गारोहण, ऊरूज।
इल्मे गैब : भविष्य का ज्ञान।
अजवाज़, जौज़ा, शरीके हयात : पत्नी
क़यामत : प्रलय, दुनिया का अंत।
मसीहा : उध्दारकर्ता।
मुआहेदा : संधि।
मुताद्दीद वजूहात : एक वजह ये भी है।
बरसरे पैकर होना : जंग करना, दुश्मनी।
तहेतेग करना : तलवार से गर्दन उड़ाना, कत्ल।
अनासिर : तत्व।
मजूसी : अग्निपूजक।
आफताब परस्त : चंद्रपूजक।
ग़लबा : प्रभुत्व, इक्तेदार मिलना।
आसमानी सहीफे : आसमानी किताब।
माबूदाने बातिल : झूठे ईश्वर।
कतअन बेज़ार : बहुत दुखी होना।
बरगुज़ीदा हस्तियां : लोक प्रिय लोग, पूनीतआत्मा।
मुख्तसर तहरीर : संक्षिप्त लेखन।
मुद्दत दराज़ : काफी समय से।
इंतेशार : टकराव।
इत्तेहाद : एकता।
रंज : दुख।
मुश्तईल : उत्तेजित।
फितरते नदामत : शर्मिन्दगी से।
मोहतात : चौकन्ना रहना।
मुत्तासिर होना : आकर्षित होना।
ममलेकत : मुल्क।
एलिया : जेरूसेलम का पुराना नाम।
कद्र ओ मंजिलात : सम्मान, नवाज़िश।
हक्कानियत : सत्यता, सच्चाई।
अफराद : लोग।
मुलाहेज़ा : देखना, पढना।
जिन्न : खुदा की मख़लूक जो आग से पैदा की गई है।
जिब्राईल : एक ताकतवर फरिश्ता जो वही लाते हैं।
मलकुल मौत : मौत का फरीश्ता।

दीन : मज़हब
ख़िलाफ़त : इस्लामिक शरिया से चलने से वाली व्यवस्था, जिसमें शासक केवल धारक होता है। मालिक खुदा होता है। और शासक खुदा को जवाबदेह होता है।
ज़हीन फकीह, दियानतदार : असाधारण।
मुहासरा : घेरा डालना।
रहमतुललिल आलमीन : सभी के लिए दयालु व कृपालु।
ख़ुतबा : व्याख्यन, तारीफ करना।
बैतुल माल : सरकारी कोष, खज़ाना।
सदाक़त : सच्चाई।
सादिक : सच्चा आदमी।
अमीन : अमानतदार आदमी।
ज़ेरक व दाना : प्रतिभावान।
मुदब्बिर : चिंतनशील, बुध्दिमान।
फय्याद : दानी, उदार।
फरज़ंदो : बेटे सपूत।
जहाँअफरोज सीरत : रोशन ज़मीन लोग।

तख्लीक़े कायनात
(Creation of The Universe)

कायनात की इब्तेदा (Origin of Universe) :
तर्जुमा : ''क्या हमारा इन्कार करने वाले ये ध्यान नहीं करते के आकाश और पृथ्वी परस्पर बंद (जुड़े हुए) थे। तो अल्लाह ने उन्हें अलग किया।''
(कुरआन सुरह 21, आयत 30)

जीवन की उत्पत्ती (Origin of Life) :
''और हमने (अल्लाह ने) हर जीवित चीज़ (प्राणी) को पानी से पैदा किया।''
(कुरआन सुरह 21, आयत 30)

कहकशां की इब्तेदा (Origin of Galaxies) :
''फिर वो आसमान की ओर मुतवज्जे (ध्यान आकर्षित) हुआ जो उस समय केवल धुआं (Gas) था। अल्लाह ने आसमान और जमीन से कहा अस्तीत्व में आ जाओ, चाहे तुम चाहो या ना चाहो। दोनों ने कहा हम आ गए, आज्ञाकारियों की तरह।''
(कुरआन सुरह 41, आयत 11)

पृथ्वी और आकाश की उत्पत्ती (Origin of Earth & Sky) :
''उस ने आसमान और ज़मीन को बरहक़ (सच्चाई) से उत्पन्न किया है, वही दिन पर रात और रात पर दिन को लपेटता है, और उसी ने सूरज चांद को काम में लगाया, हर एक, एक एक ठहराई मियाद (अवधि) के लिए चलता है।''
(कुरआन सुरह 39, आयत 5)

चंद्रमा और सूर्य की उतपत्ती (Origin of the Moon and the Sun) :
''बड़ा पवित्र है वो जिसने आसमान में बुर्ज (तारामंडल) बनाए और उसमें चिराग रखा और चमकता हुआ चांद।''
(कुरआन सुरह 25, आयत 61)

''क्या देखते नहीं हो कि अल्लाह ने किस प्रकार 7 आसमान एक के ऊपर एक बनाए और उनमें चांद को नूर (ज्योति) और सूरज को चिराग (दीपक) बनाया।''

(कुरआन सुरह 71, आयत 15)

''और वह अल्लाह ही है जिसने बनाए रात और दिन, सुरज और चांद हर एक, एक एक घेरे (Orbit) में परिक्रमा कर रहा है।''

(कुरआन सुरह 21, आयत 33)

जल और वायु की उत्पत्ती (Origin of Water & Air) :

''अल्लाह ही है जो हवाओं को भेजता और वो बादल उठाती हैं, फिर वह उन बादलों को आसमान में फैलाता है, जिस तरह चाहता है और उन्हें तुकडों में विभाजित कर देता है फिर तुम देखते हो कि बारिश की बूंदे बादल में से टपकती चली आती है। यह बारिश जब वो अपने बंदों में से जिस पर चाहता है बरसाता है तो एकाएक वो खुशियां मनाते हैं अगरचे वो उसके उतारने से पहले मायूस बैठे थे। ''

(कुरआन सुरह 24, आयत 43)

तख़्लीके कायनात (Creation of Universe) :

''वह अल्लाह है जिसने छह दिन में जमीन और आसमानों और उन सारी वस्तुओं का निर्माण कर दिया। जो जमीन और आसमानों के बीच में हैं।''

(अल–कुरआन)

(The One God)

तख़्लीक़े नूरे मुहम्मद ﷺ

खालिक़े काइनात अल्लाह रब्बुल आलमीन ने सबसे पहले नूरे मुहम्मद ﷺ को तख्लीक़ फरमाया, जो एक हज़ार साल तक अल्लाह तआला की तस्बीह व तहलील के साथ तवाफ करता रहा। अल्लाह तआला ने उस नूर से चार क़िस्म के अनासिर (Element) पैदा किये:

पहली क़िस्म: पहली क़िस्म से अर्शे आज़म पैदा किया, फिर उससे सात आसमान (एक आसमान से दूसरा आसमान पांच सो बरस की मुसाफत का है) फिर ज़मीन बनाई, ज़मीन के भी सात तबक़ात हैं। हर तबक़ का फासला पांच सौ बरस मुसाफत (दूरी) का है।

दूसरी क़िस्म: दुसरी क़िस्म से क़लम बनाया, फिर लोह बनाया। फिर क़लम को हुक्म हुआ लिख **बिस्मिल्ला हिर–रहमानिर्रहीम** क़लम ने **बिस्मिल्लाहिर–रहमानिर्रहीम** के बाद कहा, अब क्या लिखूँ?

हुक्म हुआ लिख **''ला इलाहा इल्लल्लाहु''** क़लम ने लिखना शुरू किया। एक हज़ार साल तक लिखता रहा। जब ''मुहम्मदुर्रसुलुल्लाह'' लिखना शुरू किया तो मारे हैबत के उसका मुंह शक हो गया, फिर एक हज़ार साल तक लिखा।

तीसरी क़िस्म: तीसरी क़िस्म से जन्नत और दोज़ख बनाई।

चौथी क़िस्म: फरिश्ते, जिन्नात, आलमे अरवाह पैदा किये। फरिश्तों को आसमान पर और जिन्नात को ज़मीन पर बसाया। जिन्नात ज़मीन पर सात हज़ार साल तक आबाद रहे। फिर उनमें फसाद बरपा हो गया। यहाँ तक कि खूँरेज़ जंग शुरू हो गई। जिसकी वजह से अल्लाह तआला ने उन्हें पहाड़ों और जज़ीरों में बसाया, जो हमेश के लिये वहीं आबाद हो गये।

लौहे महफूज़ क्या है?

लौहे महफूज़ को लौहे महफुज़ इस लिये कहा जाता है कि वह शैतान के शर से महफूज़ है, इस के अलावा उसके अन्दर तमाम मख्लूक़ की तक़दीरें लिख कर महफूज़ करदी गई हैं।

लौह की जिल्द सफेद मौतियों से, वर्क़ सुर्ख याक़ूत से और हर्फ सुर्ख मोतियों से बनाये गये हैं। वह सातवें आसमान पर मुअल्लक़ है।

उसकी लम्बाई सात सौ साल (वर्ष) और चौड़ाई मश्रिक़ से मगरिब तक की मुसाफत की है। लौह का कलाम नूर है।

लौहे महफ़ूज़ में लिखा हुआ कुरआन का हर हर्फ कोहे क़ाफ के बराबर है। लौह में सहीफ़े सुर्ख याकूत से लिखे हैं।

क़लमः क़लम एक सफेद चमकदार मोती से बना है, जो लौह से बंधा है। क़लम की बारह क़िस्में हैं। जो मुख्तलिफ काम के लिये मुक़र्रर हैं:–

कुदरत, तक़दीर, वही, जिस्म की हिफाज़त, रिज़्क़, हुक्म, हुकूक, तवारीख़, दिन, रात की गरदीश, चांद सूरज की गरदीश, लुग़त, तमाम अक़्लाम, जिससे निज़ामे आलम चलता है।

* तख़लीक़े कायनात और कायनात का इर्तेक़ा यह कई मरहलों से होकर हज़ारों साल के बाद वजूद में आया है, जो बदस्तूर आज भी जारी व सारी है। यह खुदा की कुदरत ही है जो सारी कायनात क़ायम व दायम है।

* तख़लीके कायनात यह काफी बडा मज़मून है मगर हमने यहाँ सिर्फ जानकारी के लिए मुख़्तसर का बयान किया है।

कायनात का खात्मा
(End of Universe)

''आसमान को हमने हाथों से बनाया और बेशक हम ही वुसअत (फैलाओ Expansion) देने वाले हैं।''

(सुरह 51, आयत 41)

''और सूरज, वह अपने ठिकाने की तरफ चला जा रहा है, यह हुक्म है सर्वशक्तिमान महाज्ञानी का।''

(सुरह 36, आयत 38)

☆ ☆ ☆

एक ईश्वरवाद (Monotheism)

एक ईश्वरवाद इस में सिर्फ एक खुदा की इबादत की जाती है। एक ईश्वरवाद ये परंपतरा आदम अलैहिस्सलाम से शुरू होती है और इसको फिर से ज़िंदा करने वाले नबी का नाम इब्राहीम अलैहिस्सलाम है। मूसा अलैहिस्सलाम, ईसा अलैहिस्सलाम और मोहम्मद मुस्तफा ﷺ ये तीनों ही पैग़बर इब्राहीम अलैहिस्सलाम के वंशज हैं। और इब्राहीम अलैहिस्सलाम इनके पिता कहलाते हैं। इस्लाम ये एक ईश्वरवादी मज़हब है जैसे यहुदियत और इसाईयत ये तीनों ही मज़हब एक ही खुदा ने पैगम्बरों के जरीए भेजे हैं। इसी लिए हमने मुख्तसर सा बयान सभी अहम (मुख्य) पैगम्बरों का किया है जिनके नाम कुरआन और हदीस में पाए जाते हैं। जैसे कि आदम, इब्राहीम, मूसा, ईसा अलैहिस्सलाम और मोहम्मद ﷺ ताकि आपको समझने में आसानी हो। क्योंकि यहूदीयत, इसाईयत और इस्लाम ये तीनों ही मजहब एक–ईश्वरवादी मज़हब कहलाते हैं। ये तीनों एक ही खुदाए वाहिद की इबादत करते हैं और यह तीनों ही मज़हब पैगम्बरी परंपरा से ताल्लुक रखते हैं। तौरेत, जुबूर, इंजील और कुरआन ये सभी आसमानी किताबें हैं।

खुदा फरमाता है : "ऐ पैगम्बर ﷺ! हमने तुमसे पहले भी जब रसूल (संदेशवाहक) भेजे हैं, आदमी ही भेजे हैं। रौशन दलीलें और किताबें लेकर जिनकी तरफ हम अपने संदेश वही किया करते। तो ऐ लोगो! इल्म वालों से पूछो अगर तुम्हें इल्म नहीं।"

ख़ुदा ने आदम को कैसे पैदा किया?
(Adam: First Human Created by God)

अल्लाह (रब्बुल आलमीन) ने फरिश्तों से कहा मैं ज़मीन पर अपना खलीफा (नाइब) बनाने जा रहा हूँ। फरिश्तों ने कहा ऐ रब हम तेरी इबादत तो करते हैं। यह ज़मीन पर ख़ूँ रेजीयाँ (फसाद) करेगा। अल्लाह ने कहा ऐ फरिश्तो जो मैं जानता हूँ वो तुम नहीं जानते। फिर अल्लाह ने आदम को मिट्टी पानी से बनाना शुरू किया। आदम का पुत्ला बन गया। फिर अल्लाह ने उस में रूह दाखिल की। फरिश्ते जन्नत से आदम के लिये सजा सजाया जोड़ा लाये और उनको पहनाया और आदम को तख़्त पर बैठाया।

फरिश्तों का आपस में बात करना

आदम के पैदाइश के वक़्त फरिश्ते आपस में कहते थे कि अल्लाह जिस हस्ती को खिलाफत की गद्दी में बैठाएगा तो वह ख़ुदा के नज़दीक हम से ज़्यादा अज़ीज़ ना होगा और शायद हम से ज़्यादा इल्म वाला भी ना होगा। अल्लाह ने फिर आदम को तमाम अशिया (चीज़ों) के नाम सिखा दिये। फरिश्तो को हुक्म दिया कि अगर तुम सच्चे हो तो इन चीज़ों के नाम बताओ। फरिश्ते जवाब न दे सके। अपनी गलती मानते हुए बोले पाक है तू हम तो सिर्फ उतना जानते जितना तूने हमें सिखाया। ऐ अल्लाह भला तुझसे बड़ कर जानने वाला कौन है।

तब अल्लाह ने आदम को ज़ाहेरी और बातेनी ख़ुसूसियात (गुणों) से आरास्ता (सुसज्जित) किया। और आदम की इज़्ज़त बड़ाने के लिए फरिश्तों से कहा। (जो आदम के तख़्त को चारों तरफ घेरा बना कर खड़े थे) अल्लाह ने फरिश्तों को हुक्म दिया कि आदम को सज्दा करो। सबने आदम को सजदा किया। मगर इबलीस ने नहीं किया। उसने कहा मैं तो आग से बना हूँ और यह मिट्टी से बना है। ख़ुदा का इंकार करने की वजेह से इबलीस को फिटकार पड़ी और उसे जन्नत से निकाल दिया गया। और इस तरह आदम (अलैहिस्सलाम) जन्नते अदन में रहने लगे। फिर कुछ वक़्त के बाद आदम (अलैहिस्सलाम) की तबीयत में आया कोई उनका साथी हो। और अल्लाह (रब्बुल आलमीन) ने उनकी सुनली। और आदम (अलैहिस्सलाम) की दाऐं फसली से हव्वा (अलैहिस्सलाम) को पैदा किया।

हव्वा (अलैहिस्सलाम) बहुत ही खुबसुरत थीं। फिर आदम (अलैहिस्सलाम) की खुशी का ठिकाना न रहा, हव्वा (अलैहिस्सलाम) को पाकर आदम (अलैहिस्सलाम)ने सज्दा ए शुक्र अदा किया। फिर अल्लाह तआला की तरफ से फरिश्तों के सामने इन दोनों का निकाह हुआ। फिर इन दोनों को हुक्म हुआ तुम दोनों जन्नत में रहो,जो चाहो खाओ, मगर उस पेड़ के नज़दीक न जाना। (वह गेहूँ का पेड़ था)

आदम और हव्वा जन्नत से निकाले गये

इबलीस को आदम से जलन हो गई। इबलीस को जन्नत से निकाला गया था, उसको आदम से जलन हो गई थी वो ऐसे किसी बहाने (उपाय) की ताक में था जिससे आदम को जन्नत से बाहर निकलवा सके। इस लिए वह पहले मोर के पास गया, कहा हम साथ ही रहते थे। ऐ दोस्त मुझे तुम अपने बाजू में बैठाकर जन्नत में पहुंचा दो ताकि मैं अपने दुश्मन से बदला ले सकूँ, मोर ने इंकार किया कहा ये बात तू सांप को कह, फिर इबलीस ने सांप को अपने जाल में फंसा लिया और उसके मुंह में बैठ कर जन्नत में गया।

फिर हज़रत आदम (अलैहिस्सलाम) और हव्वा (अलैहिस्सलाम) के सामने जाकर रोना शुरू कर दिया। उन्हों ने शैतान को पहचाना नहीं पुछा क्यों रोता है? शैतान बोला तुम लोग बहिश्त (जन्नत) से निकाले जाओगे और जन्नत की सभी नेमतें तुम से लेली जाएगी, और ज़िंदगी की लज़्ज़त के बजाऐ मौत का मज़ा चखोगे। शैतान की यह बात सुन कर दोनों गमगिन हो गये। यह देख इबलीस बोला, अगर तुम एक पेड़ का फल खाओगे तो हमेशा जिंदा रहोगे। आदम (अलैहिस्सलाम) ने पुछा वह कौनसा है? इबलीस बोला वही पेड़ जिसको खाने से अल्लाह ने तुम को मना किया है। आदम (अलैहिस्सलाम) ने कहा नहीं मैं खुदा की नाफरमानी नहीं करूंगा। शैतान बोला मैं तो तुम्हारा भला चाहता हूँ, फिर आदम (अलैहिस्सलाम) उठ कर चले गये। पर वह लगातार हव्वा को वरगलाता रहा।

हव्वा ने आदम (अलैहिस्सलाम) से कहा सांप तो बहिश्त (जन्नत) का खादिम है वह इसके (शैतान) हक में गवाही दे रहा है सुनो तो मैं इस पेड़ का फल खाती हूँ। अगर कोई बात पड़े तो मेरे लिये खुदा से माफी मांग लेना, या फिर हम दोनों ही खा लेते हैं ताकि हम सदा जन्नत में रहें। यूँ हव्वा के कहने पर दोनों ने वह फ़ल खा लिया। जैसे ही आदम (अलैहिस्सलाम) ने वह फल खाया, उनका पेट फुल गया, वह बेचैन हो

उठे। अचानक उनके लिबास जिस्म से गिर पड़े और वह बरहना हो गये। मजबुर हो कर इंजीर के पत्तों से अपना बदन ढांका।

हुक्मे खुदा हुआ ऐ आदम तेरे नंगे होने की वजह क्या है? आदम (अलैहिस्सलाम) ने कहा ऐ मेरे अल्लाह मैंने तेरी नाफरमानी की, और मना किया हुआ फल खा लिया साथ में वो बोले मुझसे गलती सांप व मोर के क़सम खाकर बहकाने से भी हुई जबकि ये दोनों जन्नत के अमीन और रखवाले हैं। फिर सब को सज़ा दी गई। हुक्म हुआ सब के सब बहिश्त (जन्नत) से निकल जाओ, और ज़मीन पर उतरो, और आपस में एक दुसरे के दुश्मन बने रहो। इसी तरह आदम और हव्वा, शैतान, सांप, मोर सभी को ज़मीन पर उतारा गया। सब को रूसवाई हुई और सबको अलग अलग रखा गया।

इस सज़ा की वजह से आदम (अलैहिस्सलाम) बहुत दिनों तक रोते रहे और दुखी होकर वक़्त गुज़ारते रहे और खुदा से फ़रयाद करते रहे। कुछ समय बितने के बाद आदम (अलैहिस्सलाम) ने खुदा से मॉफी मांगी और खुदा से रहम तलब किया। फिर जिब्राईल (अलैहिस्सलाम) आये और आदम (अलैहिस्सलाम) को माफी मिलने की खुशखबरी सुनाई। और कुछ समय बाद खुदा की कुदरत से हव्वा (अलैहिस्सलाम) को आदम (अलैहिस्सलाम) से मिला दिया।

इंसानी नस्ल की शुरूआत (Beginning of Human Race)

फिर उनको खेती सिखाई गई फिर वह अपनी ज़िंदगी बसर करने लगे। फिर दोनों से इंसानी नसल का सिलसिला शुरू हुआ। हव्वा (अलैहिस्सलाम) को जब हमल (गर्भ) ठहरता तो वह दो जुडवा बच्चों को पैदा करती। पहले जोड़े में एक लड़का काबील और लड़की अकलीया पैदा हुई। फिर दूसरी बार में लड़का हाबील व लड़की यहूदा का जन्म हुआ। पहले हमल (गर्भ) का बेटा दूसरे हमल (गर्भ) की बेटी इनकी आपस में शादी कराई जाती थी। इसी तरह इंसानी नस्ल आगे बढ़ने लगी। खुदा ने आदम को एक दिन क़यामत तक आदम से पैदा होने वाली नस्ल की रूहों को उन्हें दिखाया। जिसमें अच्छी रूहों को आदम के दाहिनी तरफ खड़ा किया और बुरे लोगों की रूहों को आदम के बाईं तरफ खड़ा किया।

फिर खुदा ने कहा क्या मैं तुम्हारा रब नहीं? सब ने कहा हाँ! तू हमारा रब है। अल्लाह ने उनके इक़रार पर फरिश्तों से गवाह ली। आदम

(अलैहिस्सलाम) बोले ऐ अल्लाह सारे लोग दुनिया में कहाँ समायेंगे? अल्लाह ने कहा ये तमाम रूहें एक साथ दुनिया में नहीं आऐंगी कुछ को ज़मीन पर रखुंगा, कुछ को मरने के बाद ज़मीन के नीचे, कुछ बापों के पुरत में कुछ माँओं के पेट में। इसी तरह यूँ दुनिया में इंसानी नस्ल आगे बढी।

काबील व हाबील

जब दोबारा हमल ठहरा तो फिर दो बच्चे हाबील और लड़की लेवजह पैदा हुए। इस तरह इन्हें हर साल जुड़वां बच्चे पैदा होते गये। इस तरह उन्हें एक हजार बच्चे पैदा हुए उन में सिफ हज़रत शीस अलैहिस्सलाम अकेले पैदा हुए जो आपके खानदान में पैगम्बर पैदा हुए अल्लाह तआला के हुक्म से आदम अलैहिस्सलाम ने काबील का निकाह लेवजह से करना चाहा तो काबील ने इंकार कर दिया और अक्लीमा से निकाह करना चाहा क्योंकि लेवजह से ज़्यादा अक्लीमा खूबसूरत थी। लेकिन हज़रत आदम अलैहिस्सलाम ने कहा कि यह दोनों जुड़वां बहन भाई हैं। इसलिए निकाह जाइज़ नहीं है।

इसी वजह से काबील हाबील का दुश्मन बन गया और उसका कत्ल कर डाला–उस वक्त हजरत आदम अलैहिस्सलाम हज को गये हुए थे। दुनिया में सबसे पहली मौत हाबील की हुई थी। इसलिए काबील उसकी लाश को छुपाने के लिए चालीस दिन तक लेकर फिरता रहा। खुदाके हुक्म से वहां दो कव्वे आए एक ने दूसरे को मार डाला, और जमीन खोदकर दफन कर दिया काबील ने भी वैसा ही किया। उस वक्त ज़मीन ने हाबील का तमाम खून चूस लिया। जब हज़रत आदम अलैहिस्सलाम हज से वापस लौटे और हाबील को ढूंढने निकले तो हाबील की कब्र से आवाज आई अब्बा जान मैं यहां हूँ। तब आपने कब्र खोद कर देखा और अल्लाह तआला से आपने दुआ की कि ऐ अल्लाह! आइन्दा जमीन किसी का खून चूसे ताकि कातिल का पता जल्द लग सके।

काबील और हाबील का यह वाक्या जबले सौर के करीब घाटी में हुआ। हजरत अब्दुल्लाह बिन उजैर से रिवायत है कि दुनिया में जितने कत्ल हुए और होंगे उसका अजाब काबील के सर होगा काबील को उसी के बेटे जो नाबीना था पत्थर मार–मार कर मार डाला। कहा जाता है कि उस दौर में जान का फिदया दुंबा की कुरबानी से दिया जाता था। जिसकी कुरबानी कुबूल होती, उस दुंबे को हवा उड़ा ले जाती इसीलिए हाबील का

दुंबा हवा ले उड़ी और वही दुंबा हजरत इस्माईल अलैहिस्सलाम की कुरबानी के वक्त हाजिर किया गया। हजरत आदम अलैहिस्सलाम ग्यारह दिन मरजुल–मौत में मुब्तला रहे और तकरीबन एक हज़ार साल की उम्र में वफात पाई आपकी कब्र मस्जिदे खीफ के क़रीब है। आपकी वफात पर मख़्लूक सात दिन रोती रही, सातदिन चांद और सूरज को गहन लगा रहा। उस वक़्त हजरत हव्वा की उम्र नौ सौ निन्नानवे साल थी, उनकी कब्र जद्दह में है। हज़रत आदम और हज़रत हव्वा की मुलाकात मैदाने अरफात में हुई।

हजरत आदम को जन्नत से निकलने के बाद दस सजाएं :

(1) जन्नती लिबास उतार लिया गया।
(2) आप पर जो एताब नाजिल हुआ उसने आपको खून के आंसू रुलाया।
(3) आदम को हव्वा की फुर्कत का सदमा।
(4) मौजूदा जिन्दगी के साथ जन्नत से अखराज।
(5) औलादे आदम को तलाशे मआश के लिए सख्त तकालीफ
(6) औलादे आदम को दुनिया में हौलनाकियों का सामना।
(7) औलादे आदम को सिराते मुस्तकीम से भटकाने के लिए शैतान को आज़ादी दी गई।
(8) औलादे आदम और शैतान में हमेशा अदावत रहेगी।
(6) औलादे आदम के साथ लफ्ज आसी का इजाफा किया।
(10) सतरे औरत का इजाफा।

हजरत हव्वा को जन्नत से निकलने के बाद दस सजाएं :

(1) तुम्हारी बेटियों को ता उम्र मुसीबत का सामना करना पडेगा।
(2) तुम और तुम्हारी बेटियां हर माह कुछ दिन हैज़े निफास (ना पाकी) की हातल में इबादत से महरूम रहेगी।
(3) वज़अ हमल के वक्त बार बार जिस्मानी, रूहानी तकलीफ उठानी पडेगी।
(4) मर्द की हमेशा महकूम बन कर रहेगी।
(5) मर्द को तलाक का इख़्तियार होगा ताकि वह औरत का महकूम बन कर न रहे।
(6) तलाक़ या बेवा होने पर एक मुद्दत (इद्दत के दिन) दुनिया की लज़्ज़त से महरूम रहेगी।

(7) मीरास में मर्द के मुकाबले औरत को हिस्सा कम होगा।
(8) मर्द के मुकाबले में शहादत में कमजोर और पैगम्बरी से महरूमी।
(9) नमाज़े जुमा, ईदैन और जिहाद में शरीक नहीं हो सकेगी। जिसकी वजह से सवाब से महरूम रहेगी।
(10) मर्द के मुकाबले में ताकत, इज़्ज़त व अज़मत कम रहेगी।

इसी तरह आदम (अलैहिस्सलाम) कुल एक हज़ार 1000, साल दुनिया में रहे और वफात पाई। उनको मक्का में दफन किया गया। आदम (अलैहिस्सलाम) की नमाज़े जनाज़ा उनके बेटे शीस (अलैहिस्सलाम) ने पढ़ाई।

नोटः– जन्नत से आदम (अलैहिस्सलाम) को हिन्दुस्तान में उतारा गया। और हव्वा (अलैहिस्सलाम) को जद्दा में उतारा गया था।

पैगंबर दुनिया में क्यों भेजे गये ?
(Why the Prophets Sent in the World)

जब इबलीस को जन्नत से निकाला गया तो उसने खुदा से मोहलत मांगी कहा तू मुझे क़यामत तक मोहलत दे मैं जहन्नम को आदमीयों (आदम की औलाद) से भर दुंगा। खुदा ने उसे मोहलत दी। कहा जा जो तेरा होगा वो तेरे साथ होगा जहन्नम में। जो मेरे साथ होगा वो (जन्नती होगा) इसी तरह फिर आदम (अलैहिस्सलाम) की औलाद को उसने बहकाना शुरू किया। फिर हज़रत शीश (अलैहिस्सलाम) के ज़माने में औलादे आदम दो हिस्सों में बट गई। कुछ शीश (अलैहिस्सलाम) का कहा मानते। कुछ काबील का कहा मानते। इस तरह काबील की औलाद शैतान के बहकाने पर गुमराह हुई।

फिर वो खुदा के अहकाम न मानकर अपने नफ्स (शैतानी चालों) के शिकार होने लगे। अलबत्ता खुदा ने अपने बन्दों की मदद के लिये पैगंबरों को ज़मीन पर भेजना शुरू किया। इसी तरह कुल एक लाख चोबीस हज़ार 1,24,000 पैगंबर दुनिया में तशरीफ लाए। उनमें नुमाया सात रसूल भेजे रिसालत वाले यानी उन्हें शरिअत/किताब दी, जिसमे खुदा के क़ानून

(ज़िंदगी बिताने का तरीक़ा) था। ताकी वो सच्ची सीधी ज़िंदगी गुज़ारे। शैतान के बहकावे में न आये। यूँ आदमियों की राहबरी के लिए मुसलसल पैग़म्बर दुनिया में भेजे गए।

रसूल और उन पर नाज़िल किताबें इस तरह हैं:

(The Book's Revealed on Prophet's)

मूसा (अलैहिस्सलाम) पर तौरात
दाऊद (अलैहिस्सलाम) पर जुबूर
ईसा (अलैहिस्सलाम) पर इंजील
मुहम्मद ﷺ पर कुरआन नाज़िल हुई।

क्या इब्राहीम (अ.स.) सभी पैगंबरों के पिता हैं?

(Ibrahim : The Father of all prophet's)

इन के बाप का नाम आज़र था। (इनकी पैदाईश लगभग 4000 साल पहले बेबीलोन के 'उर' शहर में हुई थी जो आज इराक़ कहलाता है इनके ज़माने में नमरूद नामी बादशाह हुआ, जिसने खुदाई का दावा किया और अपने बुत बनवाकर खुद की पुजा शुरू करवा दी।

एक दिन नजुमियों ने नमरूद से कहा:

इस साल एक लड़का पैदा होगा जो तेरे देश व धर्म को तबाह कर देगा। फिर उसके बाद कुछ वाक्ये हुऐ।

- नमरूद का सब लड़कों को क़तल करवा देना:
- खुदा का इब्राहीम (अलैहिस्सलाम) को बचा लेना:
- इब्राहीम (अलैहिस्सलाम) का जवान होना:
- जब इब्राहीम जवान हुऐ तो एक दिन खुदा ने गैब से आवाज़ दी ऐ इब्राहीम! हज़रत इब्राहीम घबरा गये। खुदा ने इब्राहीम से कहा डर न मैं तेरा रब हूँ, मैंने ही तुझे खोह में जिंदा रखा था। बिना माॅ–बाप के बिना दाना–पानी के तेरी जान बचा कर रखी। तुझे मैंने चुन लिया, ताकि तू लोगों को डर सुनाये और नेकी की तरफ बुलाये। तू मेरा पैगंबर है। कुछ दिनों तक इब्राहीम व खुदा में बात चलती रही।......

खुदा ने वादी ए तुवा पर इब्राहीम अ.स. को कुदरत दिखाई

एक दिन इब्राहीम (अलैहिस्सलाम) ने कहा ऐ रब मेरे! मुझे यक़ीन है तुझ पर मैं तुझे तो देख नहीं सकता तू मुझे अपनी कुदरत तो दिखा, ताकि मेरे दिल को तुझ पर पक्का यक़ीन हो जाये। खुदा ने इब्राहीम से कहा 4 परिंदे ला उनको पाल। इब्राहीम (अलैहिस्सलाम) ने वैसा ही किया चार परिंदों का नाम भी रखा। कुछ दिनों बाद खुदा का हुक्म आया, इब्राहीम इन चार परिंदों को काट दे और इनकी बोटियाॅ आपस में मिला दे। इब्राहीम (अलैहिस्सलाम) ने बोटियाॅ आपस में मिला कर रखदी।

खुदा का हुक्म हुआ ऐ इब्रहीम अब उन परिंदों को आवाज़ दे फिर इब्राहीम (अलैहिस्सलाम) अपने उन पालतू परिंदों में से एक का नाम लिया और पुकारा फिर वो ही परिंदा ज़िंदा हो कर उड़ता हुआ इब्राहीम (अलैहिस्सलाम) के पास आगया। इसी तरह चारों परिंदे ज़िंदा हो उठे। अब इब्राहीम (अलैहिस्सलाम) ने अल्लाह से कहा बेशक तू सच्चा खुदा है तू

मारता है तू जिलाता है यूँ इब्राहीम (अलैहिस्सलाम) को अब पक्का यक़ीन हुआ खुदा पर। और फिर इब्राहीम (अलैहिस्सलाम) ने अपना पैगंबरी का मक़सद (Mission) शुरू कर दिया और बेजान बुतों को बुरा कहना शुरू किया और उसको पुजने वालों पर लानत भेजी। खबर मिलने पर नमरूद ने इब्राहीम (अलैहिस्सलाम) को बुलाया।

इब्राहीम अलैहिस्सलाम राजा नमरूद के पास आये:

इब्राहीम (अलैहिस्सलाम) ने जब बेजान बुतों को भला बुरा कहना शुरू किया ओर उनके पुजने वालों पर लानत भेजनी शुरू कि यही चर्चे पुरे मुल्क में आग की तरह फैल गई।

फिर यह खबर राजा नमरूद को हुई तो उसने इब्राहीम (अलैहिस्सलाम) को बुलाया, जब इब्राहीम (अलैहिस्सलाम) हाज़िर हुऐ तो क़ायदे के मुताबिक़ उन्होंने राजा नमरूद को सज्दा न किया। राजा नमरूद बहुत गुस्से में बोला **''तूने मुझे सज्दा क्यों नहीं किया''** हज़रत इब्राहीम बोले मैं अपने परवरदिगार के सिवा किसी को सजदा नहीं करता। राजा नमरूद बोलाः कौन है तेरा परवरदिगार? हज़रत इब्राहीम बोले ''वही सबको पैदा करने वाला वही मारता और जिलाता है''। राजा नमरूद बोलाः मैं भी मार और जिला सकता हूँ, इन सब का मैं ही परवरदिगार हूँ, फिर नमरूद ने दो कैदियों को बुलाया (जो मौत की सज़ा पाये हुए थे) उसने एक को मार दिया दूसरे को छोड़ दिया। नमरूद बोला देख मैंने भी एक को मारा एक को जिलाया, मैं हूँ खुदा यहाँ का। इब्राहीम (अलैहिस्सलाम) ने कहा मेरा खुदा सुरज को पुरब से निकालता है अगर तू खुदा है तो सुरज को पश्चिम से निकाल कर दिखा!

यह बात सुन कर सब पर सन्नाटा तारी हो गया। इस मामले को देख कर बहुत से लोग वहीं मुसलमान हो गये।

फिर कुछ दिनों बाद बुतकदे के बुतों को इब्राहीम (अलैहिस्सलाम) ने तोड़ दिये, सबसे बड़े बुत के कान में कुल्हाडी टंगा दी। लोग जब वहाॅ पहुचे तो बोले ज़रूर ये काम इब्राहीम का है, वही हमेशा हमारे बुतों और बुतपरस्तों पर चोट करता है सबको यक़ीन हुआ। सबने उसको क़त्ल करने का इरादा कर लिया। फिर लोग अपनी फरयाद लेकर राजा नमरूद के पास गये। उसने इब्राहीम (अलैहिस्सलाम) को बुलाया। नमरूद और क़ौम ने गुस्से में पूछा ऐ इब्राहीम (अलैहिस्सलाम) किसने हमारे माबुदों के साथ

ये बरताव किया? इब्राहीम (अलैहिस्सलाम) बोले बडे बुत ने कुल्हाडी तो उसी के कान में टांगी है उसी से पुछो।

मुश्रिक लोग सुन कर लाजवाब हो गये और बोले तुम तो जानते हो ये बुत हरगिज़ नहीं बोलते यह अच्छा/बुरा अपने मुंह से नहीं कहते। हज़रत इब्राहीम (अलैहिस्सलाम) बोले ऐसे माबूदों की इबादत से क्या मिलता है जो इन बेजुबानों को पुजे वह बड़ा जाहिल है। बहुत से लोग इब्राहीम (अलैहिस्सलाम) के दिन पर ईमान लाये। इस तरह इब्राहीम (अलैहिस्सलाम) ने सारी उम्र सिर्फ अल्लाह की इबादत का हुक्म दिया और इब्राहीम (अलैहिस्सलाम) के पैरोकार मुवाहिद कहलाऐ (जो सिर्फ अल्लाह की इबादत करते हो)

यूँ ही अब इब्राहीम (अलैहिस्सलाम) को सताया गया और तकलीफें दी गई, इब्राहीम (अलैहिस्सलाम) डटे रहे, खुदा पर से उनका ईमान ज़र्रा बराबर भी न डगमगाया। यहाँ तक उनके मोजज़े देख कर राजा नमरूद भी ईमान लाने को तैयार हुआ पर उसके वज़ीर हामान ने कहा राजा नमरूद सारी उम्र तू अपने खुदाई का दावा करता रहा अब तू किसी और को खुदा कहेगा। तो अवाम में तेरी बड़ी रूस्वाई होगी। इस तरह की बातों से उसने नमरूद को रोक लिया।(बहका दिया)

आखिर कार नमरूद ने इब्राहीम (अलैहिस्सलाम) से बोला मैं बड़ा खुदा हमारी बड़ी फौज है, तूम अपने खुदा से कहो वो मेरे मुक़ाबले को अपनी फौज भेजे, फिर मैं अपनी ताक़त का तमाशा दिखाता हूँ। उसके फौज के मुक़ाबले में खुदा ने अदना से मच्छरों को भेजा। फिर एक मच्छर तेज़ी से नमरूद के नाक में घुस गया। और भेजे पे डंक मारता नमरूद का सोना, उठना, बैठना मुहाल होगया, इस तरह वो अपने सर को पटकता रहता। चालीस 40 दिन बाद वह इसी दर्द की वजह से मर गया। इस तरह झुठे खुदा का खात्मा हुआ।

इब्राहीम अलैहिस्सलाम का नसब नामा

हज़रत इब्रहीम (अलैहिस्सलाम) की दो बीवियों से उन्हें 8 बेटे हुऐ। हज़रते हाजरा से एक बेटा ''इसमाईल (अलैहिस्सलाम)''।

हज़रते सारा से 7 बेटे, जिसमें 1 बेटे का नाम ''इस्हाक'' है। और इस्हाक़ अलैहिस्सलाम के बेटे का नाम याकूब है जिनका लक़ब इसराईल पड़ा था। इसी लिए औलादे याकूब को ही आगे चलकर खुदा ने बनी इसराईल कहा है। यानी इन्हीं के मानने वाले बनी इसराईल कहलाऐ।

नोट : आज मौजूदा एक खुदाई मज़ाहिब (Monotheatic Religion) जो कि यहूदी, इसाई, इस्लाम के बानी पैगम्बर मुसा (अ.स.), ईसा (अ.स), मोहम्मद ﷺ ये तीनों ही रसूल औलादे इब्राहीम है। यू इब्राहीम (अ.स.) अपने बाद के सभी पैगम्बरों के बाप कहलाते हैं। इब्राहीम (अ.स.) कुल 175 साल ज़िंदा रहे। और आपका मज़ार फिलिस्तीन के मक़ाम जबरून में है।

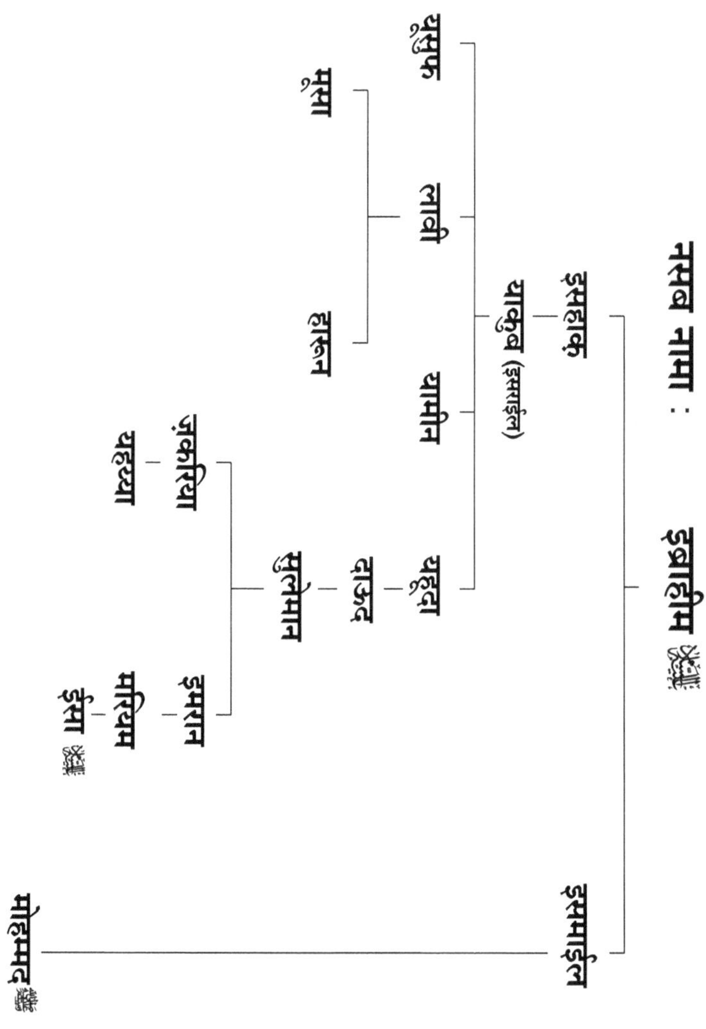

मूसा अलैहिस्सलाम
(Prophet Moses)

मूसा (अलैहिस्सलाम) यह बनी इसराईल के अज़ीमुश्शान पैगंबर हुऐ हैं। इनकी माँ का नाम युखानिज और बाप का नाम इमरान था। यह मिस्र में पैदा हुऐ थे। यह आज से लगभग 3000 हज़ार बरस पहले (पूर्व) पैदा हुऐ थे।

हज़रत यूसूफ (अलैहिस्सलाम) के विसाल के बाद मिस्र में फिर से धीरे धीरे कुफ्र वो जुल्म ने सर उठाना शुरू किया जो भलाई यूसूफ (अलैहिस्सलाम) ने शुरू की थी वो अब दबने लगी वहीं ज़ालिम बादशाह काबुस ने बनी इसराईल (यूसुफ की औलाद) को अपना गुलाम बना लिया बनी इसराईल को यूसुफ (अलैहिस्सलाम) ने अपनी बादशाही के ज़माने में मिस्र में लाकर बसाया था। और इन पर तरह तरह की मुसीबत और जुल्म किये काबुस ने।

काबुस की मौत के बाद उसका भाई मुल्क का बादशाह बना इसका लक़ब फिरौन था यह फिरौन सबसे जालीम बादशाह था बनी इसराईल से बड़ी मेहनत लेता। यह कमजोर बुढ़ो और औरतों को तक न बखश्ता, इसी ने लोगों को बुत परसतिश करने का रिवाज दिया और जब इसी की सलतनत बढ़ी तो वह गोया मुल्क का खुदा बन बैठा, और दावा किया "मैं हूँ तुम्हारा सबसे बड़ा खुदावन्द" यूँ इस खुदाई दावे के साथ उसका जुल्म और भी बढ़ता गया।

मूसा (अलैहिस्सलाम) के मोजज़े

एक दिन मूसा (अलैहिस्सलाम) "सिना" (एक पहाड़ी मिस्र में है) पहुंचे तो देखा एक आग (रोशनी) झाड़ियों और दरख्तों के दरमियान फैल रही है पर पेड़ में आग नहीं लगती वह सब तरो–ताज़ा है, मूसा (अलैहिस्सलाम) हैरान होकर देखते रहे। इतने में दहिने किनारे से मुबारक दरख्त से आवाज़ आई। **"ऐ मूसा! मैं ही हूँ अल्लाह सारे आलम का परवरदिगार"** मैं ही तेरा रब हूँ अपने जुते उतार दे। तू पाक वादी **"तूवा"** में है। मैंने तुझे चुन लिया है। जो कहा जाए उसे सुन बस तू मेरी ही इबादत

कर मेरी याद में नमाज़ पढ़। इसमें शक नहीं कि कयामत आने वाली है। हज़रत मूसा (अलैहिस्सलाम) पर इस तरह खुदा का खास फज़्ल हुआ और नबुवत भी अता हुई। इसी तरह मूसा (अलैहिस्सलाम) को मोजज़े भी अता हुऐ।

हुक्मे खुदा हुआ मूसा! फिरऔन के पास जाओ। वह बड़ा सरकस और घमंडी है।

मूसा अलैहिस्सलाम मिस्र में फिरौन को समझाने गये

मूसा (अलैहिस्सलाम) अपने भाई हारून को साथ लेकर फिरौन के पास पहुंचे। मूसा बोले ऐ फिरौन अब मुझे अल्लाह ने अपना रसूल बना कर भेजा है ताकि मैं तुझे सच्चाई की तरफ बुलाऊँ। 400 सौ साल से तू बनी इसराईल के बेटों को क़त्ल कर रहा है और उनकी औरतों बच्चों को गुलाम बना लिया है और उन पर जुल्म कर रहा है। तू यह सब बंद कर और मुझे नबी मान और अल्लाह को खुदा मान ले। फिरऔन बोला अगर तू मेरे अलावा और किसी की बंदगी की दावत देगा तो मैं तुझे कैद कर लूंगा और क़त्ल कर दूंगा।

मूसा (अलैहिस्सलाम) बोले तू मेरा कुछ नहीं कर सकता, अल्लाह ने मुझे सनद और मोजज़ा देकर भेजा है।

फिरऔन बोलाः अगर तू सच्चा है अपना मोजज़ा दिखा।

हज़रत मूसा (अलैहिस्सलाम) ने अपना असा (लाठी) फेका वह अज़दहा (बड़ा साँप) बन गई। उसकी आंखे चमक रही थी और मुंह से आग निकल रही थी और खौफनाक अवाज़ सुनाई दे रही थी जिस चीज़ पर उसकी फूंक पड़ती वह जल जाती। **"फिरऔन घबरा गया बोला इस बला को रोको"**। फिर

मूसा (अलैहिस्सलाम) का जादुगरों से मुक़ाबला

फिरऔन बोला मूसा जादुगर मालूम पडता है और हमारा मुल्क लेना चाहता है। उसने हुक्म दिया मुल्क के सभी बड़े जादुगरों को बुलाया जाये। सब बुलाये गये। जादुगरों ने 70,000 लाठियाँ रस्सियाँ तैय्यार की, उन्हों ने अपनी जादू भरी रस्सियाँ फेंकी जो सांप बन गई। फिर मूसा (अलैहिस्सलाम) ने अपना असा फेंका वह अज़दहा बन कर सब सांप को निगल गया। मुंह फैलाऐ फिरौन की तरफ बढ़ा मूसा (अलैहिस्सलाम) ने

उसे पकड़ लिया।

जादुगरों ने समझ लिया की मूसा (अलैहिस्सलाम) जादुगर नहीं है वह सच्चा है। वह फौरन सजदे में गिरे और बोले "हम मूसा के रब पर ईमान लाये है"।

खुदा तुम्हें इस ज़मीन का मालिक बना देगा

जादुगरों के ईमान लाने के बाद फिरौन ने बनी इसराईल पर सखती बढ़ा दी। बनी इसराईल मूसा (अलैहिस्सलाम) से बोले हमारे बाप दादा ने पेशन गोई की है, वह कहते थे जब आप आजाऐंगे तो हमें फिरौन के जुल्म से निजात मिल जाऐगी। पर अब तो हम पर और सखती बड़ गई है। मूसा (अलैहिस्सलाम) उनको तसल्ली देते हुऐ बोले वह दिन दूर नहीं जब तुम्हारे दुश्मन हलाक होंगे और **खुदा तुम्हें इस ज़मीन का मालिक बना देगा।**

मूसा अलैहिस्सलाम ने जब खुदा से तबाही की दुआ की

आखिरकार फिरौन और उसकी कौम मूसा (अलैहिस्सलाम) पर ईमान न लाई तो उसने उनकी तबाही के लिये खुदा से दुआ की फिर उनपर अज़ाब आना शुरू हुए। जिसे 7 दिन के अंदर बिमार होकर कई हज़ार फिरौनी मरे।

1) टिड्डीयों के दल का उनकी खेतियों पर टुट पड़े।
2) मेंढक का हमला।
3) मख्खीयों का उन पर हमला।
4) उन पर खुन का अज़ाब आया,जिससे नील नदी का पानी खुन हो गया। उनके पीने को पानी न रहा। हर अज़ाब के बाद वो मूसा से कहते यह अज़ाब खुदा से कह कर रोक दो फिर हम ईमान ले आऐंगे मगर हर अज़ाब के बाद वो सरकशी करते और नाफरमान बन गये।

अल्लाह ने कहा ये ईमान लाने के नहीं, मूसा तु बनी इसराईल को लेकर मिस्र से निकल जा।

फिरौन मारा गया

मूसा (अलैहिस्सलाम) जब अपनी कौम को लेकर निकल पडे तो जब वह लोग दरिया–ए–नील के पास पहुंचे ही थे की फिरौन और उनकी फौज ने पिछे से उन्हें घेर लिया।

बनी इसराईल बोले ऐ अल्लाह के नबी! हमारे आगे दरिया है पिछे फिरौन की फौज अब हम मारे जाएंगे। मूसा बोले ग़म न करो अल्लाह का मुझे मदद का वादा है उसका वादा सच्चा है।

अल्लाह ने मूसा (अलैहिस्सलाम) से कहा मूसा अपना असा दरिया पर मार उन्होंने मारा आसा और दरिया में रास्ता बना,बनी इसराईल दरिया के अंदर से होते हुऐ आगे बड़े।

फिरौन साहिल पर पहुंचा तो दरिया का यह हाल देखकर डरा और मिस्र वापस जाने का इरादा किया, पर उसके वज़ीर ने बोला यह हमारे लिये डूब मरने की बात होगी हमारी कौम हमें क्या कहेंगी। हम मूसा से डर गये। फिर क्या था, फिरौन ने भी घोड़े दरिया में उतार दिये सारी फौज उतर गई फिर अचानक दरिया का पानी आपस में मिल गया। फिरौन की सारी फौज हलाक हो गई।

मूसा (अलैहिस्सलाम) ने यूशेआ बिन नून को 24,000 आदमियों के साथ वापस मिस्र भेजा उन्होंने तमाम बाग व जायदाद पर क़बज़ा कर लिया। अब मिस्र पर बनी इसराईल की बादशाही होगई। और मूसा का वादा पुरा हुआ। इस तरह मूसा (अलैहिस्सलाम) का मुख्तसर बयान हुआ। मूसा (अलैहिस्सलाम) का मज़ार फिलिस्तीन के **'तीबा'** मैदान में है।

ईसा अलैहिस्सलाम
(Jesus Christ Son of marry)

यूँ ही बनी इसराईल में पय दर पय नबी आते रहे वो बनी इसराईल की रहनुमाई करते रहे।

बनी इसराईल पर अल्लाह ने बहुत ज़्यादा मेहर की थी यह नबियों से भरी हुई क़ौम थी। अल्लाह ने इन्हें ज़माने की बादशाही अता की पर, बनी इसराईल बड़ी ही जल्द अपने नबियों के अहकाम को छोड़ देते थे और नबियों की नाफरमानी खुदा की नाशुकरी करते। अल्लाह ने इन्हें जुर्म की सज़ा दी। यूँ इनसे नबुवत भी गई और बादशाही भी गई।

अल्लाह ने इनमें कई नबी भेजे। यहूदा के बेटे दाऊद (अलैहिस्सलाम), सुलेमान (अलैहिस्सलाम) जैसी बादशाही रहती दुनिया तक किसी को न मिलेगी इन्की बादशाही इंसान, जिन्नात व परिंदों पर भी थी। इन्होंने मस्जिदे अक़्सा बनाई फिर इनके बाद भी यहूदियों का वही हाल रहा फिर वह अपने दिन से फिर गये।

अल्लाह को इस क़ौम पर बड़ा प्यार था, फिर एक बार इनकी इस्लाह के लिये अल्लाह ने ईसा (अलैहिस्सलाम) को भेजा।

ईसा अलैहिस्सलाम की पैदाईश ही सबसे बड़ा मोजज़ा है

ईसा (अलैहिस्सलाम) की पैदाईश (जन्म) बैतुलहैम में आज से लगभग 2000 हज़ार साल पहले हुआ था (यह जगह अब फिलिस्तीन में है) खुदा ने इनका नाम ईसा मसीह रखा। आपकी वालिदा का नाम हज़रत मरियम है वाक़्या कुछ यूँ है:

एक दिन हज़रत जिब्राईल (अलैहिस्सलाम) हज़रत मरियम के पास पहुंचे, मरियम घबरा गई। जिब्राइल बोले डरो मत मैं खुदा का भेजा हुआ हूँ। तुम्हें एक पाकीज़ा बेटा मिलने की खुशखबरी देता हूँ।

मरियम बोली मुझे बेटा कैसे होगा मैं तो कुंवारी/पाक हूँ न मुझे किसी ने छुआ है। जिब्राईल बोले खुदा के लिये बगैर बाप बेटा पैदा करना मुशकिल नहीं। फिर जिब्राइल ने हज़रत मरियम के गिरेबान में फूंक मारी और उन्हें हमल रह गया।

जब मरियम के हमल (गर्भ) की खबर शहर में फैली तो लोगो ने सवाल करना शुरू किया लोग बोले किसी को भला बिना बाप के बेटा भी

पैदा होता है। मरियम बोली बिना बाप क्या बिना माँ के भी होता है अगर खुदा चाहे।

आखिर आदम/हव्वा के कौन से माँ बाप है? और जब वक़्त पुरा होने पर ईसा पैदा हुऐ तो लोगों ने मरियम से गुस्से में पुछा ये तूने क्या किया। तू तो पाकीज़ा खानदान की बेटी है। हज़रत मरियम ने ईसा की तरफ इशारा किया और बोली इससे पूछो। लोग गुस्से में आगये बोले हमसे मस्करापन करती है अभी–अभी पैदा हुआ बच्चा बात करता है भला। फिर क्या वो बच्चा (ईसा) खुद ही बोल पड़े **''मैं अल्लाह का बन्दा हूँ और उसने मुझे नबी बनाया है''**। इस तरह यहूदीयों की जुबानें बंद हुई समझ गए यह पैग़म्बर है और मरियम के साथ इज़्ज़त से पेश आने लगे।

ईसा अलैहिस्सलाम के मोजज़े कुछ यूँ हैं

1) मुर्दों को ज़िन्दा करना। 2) अंधे को बीनाई देना।
3) कोढ़ को ठीक करना। 4) मिट्टी के परिंदे को फूंक मारकर उड़ाना।

ईसा (अलैहिस्सलाम) जब बड़े हुऐ तो अल्लाह का हुक्म हुआ बनी इसराईल को दीन की दावत दो और राह पर लाओ। पर अब तक बनी इसराईल बड़े सरकश और गुमराह हो गये थे।

जब ईसा (अलैहिस्सलाम) ने दीन की दावत शुरू की तो कुछ लोगों को बहुत बुरा लगता ये कौनसा नया दीन लाया है। उनकी दावत सबसे पहले कुछ धोबियों ने कुबुल की थी। यूँ उनके हवारी (साथी) धीरे धीरे बड़ने लगे। फिर कुछ यहूदी रब्बियों ने उनसे बड़ी जलन होने लगी तो उन्हों ने शेमन बादशाह से ईसा (अलैहिस्सलाम) के क़त्ल की मांग की। बादशाह ने मजबूर होकर उसे क़त्ल करने का हुक्म देदिया।

फिर ईसा (अलैहिस्सलाम) ने जब यहूदी सरदार को दीन की दावत दी तो उसे बहुत बुरा लगा। उसने उसे क़त्ल करने के लिये तलयानूस नामी यहुदी को कुछ पैसे देकर हुक्म दिया। ईसा (अलैहिस्सलाम) को कत्ल करदो। जब तलयानूस यहूदी उन्हे कत्ल के इरादे से मकान में गया तो खुदा ने ईसा (अलैहिस्सलाम) को आसमान पर उठा लिया। और तल्यानुस यहूदी को ईसा (अलैहिस्सलाम) की शक्ल देदी। लोगों ने इसे ईसा समझ कर सूली पर चड़ा दिया। अल्लाह ने ईसा (अलैहिस्सलाम) को बचा लिया और ज़िन्दा ही आसमान पर उठा लिया।

☆ ☆ ☆

मोहम्मद ﷺ की मक्की जिन्दगी

(Time Period : 571-623 CE)
Age : 53 years

आखरी नबी

(The Last Prophet : Muhammad ﷺ)

ईसा (अलैहिस्सलाम) की वसियत अपनी कौम को

1) मुझे तुमसे और भी बहुतसी बातें करनी है, मगर अभी तुम उनको बरदाश्त नहीं कर सकते। लेकिन वो यानी सच्चाई की रूह आऐगा तो तुमको तमाम सच्चाई की राह दिखाऐगा। इसलिए कि वो अपनी तरफ से न कहेगा। लेकिन जो कुछ सुनेगा वही कहेगा और तुम्हें आइंदा (भविष्य) की खबरें देगा।

2) और मैंने अब इसके होने से पहले तुम से कह दिया है कि जब वह हो जाए, तो तुम विश्वास करो। मैं अब तुम्हारे साथ और बहुत बातें ना करूंगा। क्योंकि इस संसार का सरदार आता है।

3) तो भी मैं तुम से सच कहता हूँ कि मेरा जाना तुम्हारे लिये अच्छा है, क्योंकि यदि मैं न जाऊँ तो वह सहायक तुम्हारे पास न आएगा। परंतु, यदि मैं जाउँगा तो उसे तुम्हारे पास भेजूंगा। वह आकर संसार को पाप और धार्मिकता और न्याय के विषय में निरूत्तर करेगा।

(योहन्ना–अध्याय 16, सूत्र नं. 8,9)

वो आखरी नबी होगा तुम उसकी पैरवी करना। हज़रत ईसा अलैहिस्सलाम रूपोश होने से पहले अपने हवारियों को बहुत सी दीन की बातें बताई फिर उनसे वसियत की मेरे बाद अरब में थामा (मक्का का पुराना नाम) में आखरी उम्मी नबी आऐंगे। वह कुरैश कौम से होंगे। उसकी उम्मत के आलिम बनी इसराईल के नबियों की तरह होंगे। तुम भी अपनी औलादों को वसीयत करते रहना। उसका इंतेज़ार करते रहना, और जब वो आ जाऐं तो उन पर तुम सब ईमान ले आना।

मुझे अल्लाह ने ज़िंदा रखा है मैं कयामत से पहले फिर तशरीफ लाउंगा और दज्जाल का खातमा मेरे ही हाथों होगा। यह कह कर आप आसमान में चले गये।

फिर इसी तरह ईसा अलैहिस्सलाम के 500 साल बाद मोहम्मद ﷺ का जन्म मक्का में हुआ.

★ अब नमूदार होता है दुनियाए अरब में वो जगमगाता सितारा मोहम्मदे अरबी ﷺ जिनके बाद से ही अरब की तारीख (History) शुरू होती है।

मोहम्मदे अरबी ﷺ से पहले अरबों की तारीख में कोई उनके बराबर की हस्ती हुई ही नहीं है। न उनसे पहले ना उनके बाद या यूँ कहें के मोहम्मदे अरबी ﷺ से ही अरब की बेजान तारीख अचानक सारी दुनिया के लिए दिलचस्पी की वजह बन गई।

अरबों पर अल्लाह रब्बुलआलमीन ने बडा करम किया के नबी ''आखिरूज़्ज़मा'' को इन्हीं में पैदा किया, जिनके इंतेज़ार में अहले किताब (यहूदी / ईसाई) सदियों से बैठे थे।

मोहम्मद ﷺ खुदा की रहमत बनकर नाज़िल हुए। आप दुनियाए अरब की इज्ज़त व अज़मत का बाईस बने। एक गुमनाम कौम को सरबुलंद कौम बना दिया। फिर क्या था दामने मुस्तफा ﷺ में आने के बाद अरब दुनिया के हर शोबे (Field) में छा गये थे। यहां तक के दुनिया की दो सब से बडी ताकतें सलतनते रोम और सलतनते फारस अरबों के कदमों के नीचे आ गई और अरब उस वक्त सब से बडी ताकत बनकर उभरे थे।

मोहम्मद ﷺ की पैदाईश (जन्म होना)
(Prophet Muhammad ﷺ)

आपका नाम आपके दादा ने मोहम्मद ﷺ रखा। इनकी पैदाईश (जन्म) 12 रबीउल अव्वल को पीर के दिन 571 (C.E.) में लगभग 1444 साल पहले मक्का शरीफ में हुआ। आपकी वालिदा का नाम हज़रत आमिना था। वालिद का नाम अब्दुल्लाह था। आपके दादा अब्दुल मुतलिब यह खाना–ए–काबा के मुतवल्ली थे। इनका खानदान यह अरबों में बहुत आला खानदान था।

आगे हम मोहम्मद ﷺ की ज़िंदगी से वफात तक की सीरत देखेंगे।

अब हम आगे इंसानियत की जान मोहम्मद ﷺ का दिल व दिमाग को झिंझोड़ता उनका हयात से वफात तक का कारनामा देखेंगे। वो मोहम्मद ﷺ जिंहोने दुनिया के मुश्रिकाना और बातिलाना निज़ाम को पलट

कर रख दिया। जिनकी उम्मत शिर्क से पाक हो गई। क़यामत तक के लिये और एक नायब निज़ाम (System) की बुनियाद रखी।

मोहम्मद ﷺ की पैदाईश के मोजेज़े

जब आप अपनी माँ के शिकम में जलवागर हुऐ हैं हज़रत आमिना का पूरा जिस्म खुशबूदार होगया। यह बात पुरे खानदान में फैल गई। तो आपके ससुर हज़रत अब्दुल मुतलिब ने आपसे पूछा बेटी आमिना तुम आखिर कौनसा इतर लगाती हो की तुम जहाँ जाती हो सारा माहोल खुशबुदार हो जाता है। हज़रत आमिना बोली बाबा जब से मैने महसूस किया मेरा पेट में यह बच्चा आया तबसे मेरे पुरे जिस्म से खुशबू आती है ऐसी खुशबू जो मैंने अब से पहले कभी नहीं महसूस की।

आपके वालिद हज़रत अब्दुल्लाह के माथे पर नूरे मोहम्मदी की चमक उजागर होनी थी इस लिये आप बहुत खुबसुरत लगते थे। इसी तरह आपकी पैदाईश से पहले के कई कुदरती वाक्ये हुए। जैसे ....

1) असहाबे फील का वाक्या।
2) बरसों की खुश्क साली दफ़ा होकर अरब में खुशहाली आगई।
3) बुतों का मुंह के बल गिर पड़ना।
4) फारस के मजूसियों की जलाई आग का एक लम्हा में बुझ जाना।
5) किसरा के महल में ज़लज़ला आना।
6) मोअरखीन ने कई सारी अलामतें आपके खुरूज से पहले की बताई है आपके आमद की खुशखबरी आलमे कायनात देने लगा था।

मोहम्मद ﷺ की पैदाईश का वक़्त

आपके पैदाईश की रात आप की माँ हज़रत आमिना फरमाती हैं उस रात मेरे कमरे के दिये का तेल खुश्क हो गया था। घर में अंधेरा ही अंधेरा था अचानक मेरे कमरे की दीवार फट गई मेरे कमरे में उजाला ही उजाला होगया। फिर मैं देखती हूँ कि लंबे लंबे पाओं वाली 3 औरतें मेरे कमरे में दाखिल हुई। मैं डर गई एक बोली डरो न आमिना मैं आदम की बीवी हव्वा हूँ। दूसरी बोली मैं इसमाईल की माँ हाजरा हूँ। तीसरी बोली मैं ईसा की अम्मी मरियम हूँ। हज़रत आमिना ने पूछा आप लोग क्यों आए हो वो बोली आमिना तुझे मुबारकबाद देने की तू नबियों के इमाम की माँ बनने

वाली है। हज़रत आमिना ने देखा उनके पहलू पे एक औरत बैठी है। हज़रत आमिना पुछती है तू कौन है मैंने आज तक तुम्हारे जैसी खुबसुरत औरत नहीं देखी। वो बोली मैं कोई दुनिया की औरत नहीं हूँ। मैं जन्नत में हूरों की मालिक हूँ। इतने में मेरा खौफ़ और बढ़ गया मुझे हमल का दर्द ज़्यादा हो गया।

इतने में एक नूरी सूरत वाला आया उसने मुझे प्याले में सफेद सा मश्रूब दिया। कहा की लो आमिना मैंने जब वो पीया तो मेरा सारा दर्द जाता रहा। फिर मैं देखती हूँ जैसे सारा वक़्त सा रूक गया है और फिर मेरे जिस्म से नूर का ज़हुर हुआ फिर इतने में मेरे कानों में आवाज़ आई ऐ लोगो! दुनिया में अल्लाह का रसूल आगया है। मैंने पलट कर देखा मेरा लाल कैसा है फरमाती है ऐसे समझो जैसे चौदवीं का चांद चमक रहा हो। मैंने देखा उसे की वो

1) नहलाया हुआ है। 2) आंखों में सुरमा लगा हुआ है।
3) बालों में तेल लगा हुआ है। 4) खतना किया हुआ है।
5) इतर लगाया हुआ है।

आते ही सर सज्दा में रख दिया। और अपनी एक उंगली आसमान की तरफ उठाई फिर ज़मीन से मुट्ठी में मिट्टी उठा लीं। किसी ने वहाँ कहा ये जो मुहम्मद ﷺ ने मिट्टी उठाई है ये मिट्टी नहीं गोया के कुल कायेनात पर क़ब्ज़ा कर लिया है। फिर मेरे नबी की अम्मी फरमाती है मैंने सफेद बादल को देखा वो आसमान से आकर मेरे मुहम्मद ﷺ पर उतरा... मेरी आँखों से मुहम्मद ﷺ ओझल हो गया। फिर मैंने एक मुनादी की आवाज़ सुनी उसने कहा मुहम्मद ﷺ को मश्रिक़ से मगरिब तक सैर करवा दो। चरिंद परिंद दरिंद हत्ता के सारी मखलुक़ात के सामने पेश करो। ताकि सारी मखलुक़ मेरे महबूब के चेहरे से मेरे महबूब के नाम से और इसकी शान से भी वाक़िफ हो जाए।...

फिर घर में इमामुल अंबिया अहमदे मुजतबा जनाबे मुहम्मद मुस्तफ़ा ﷺ को सबसे पहले आप के दादा के हाथों में दिया वालिद तो इंतेक़ाल कर गये थे। दादा ने आपको अपने सीने से लगाया। फिर काबा में भी गये और अल्लाह से खैर व बरकत की दुआ मांगी और आप का नाम रखा। जिस मुकद्दस मकान में आप की विलादत हुई उस मकान को ''मौलिदुन्नबी'' कहते हैं।

नसब नामा : मोहम्मद ﷺ

इब्राहीम अलैहिस्सलाम

इसहाक़ (अ.स.)

इसमाईल (अ.स.)
ऐहाम
समी
किदार
औज़
अदनान
मुज़र
किनाना
गालिब
मुर्रा
किलाब
कुश्शा
अब्दे मुनाफ
हाशिम
अब्दुल मुत्तलिब
अब्दुल्लाह
मोहम्मद ﷺ

आप की दुध पिलाने वाली माँ हलीमा सादिया

आलमे अरब में दस्तूर था, वो अपने बच्चों की परवरिश के लिये कुछ दिन दिहात में रखते थे। ताकि ताज़ा आबो हवा मिल सके और बच्चों की परवरिश अच्छी हो खालिस अरबी ज़बान भी बच्चा सिखे क्यों की शहर की ज़बान खलिसियत नहीं रखती थी।

इस तरह आपको लेने कई दाईयाँ आई पर आप को पाने की सआदत दाई हलीमा को हुई इनके पास आप का दुध पीने का ज़माना गुज़रा।

हज़रत हलीमा का बयान है गुरबत के कारण और खाने की कमी के चलते मेरा दुध बराबर न उतरता हत्ता के मेरा खुद का बेटा भी अक्सर भुखा ही रहता और मेरी एक उँटनी थी दुध भी बिलकुल न देती थी। पर जब मैं मुहम्मद ﷺ को अपने घर लाई और उन्हें दुध पिलाने शुरू किया तो अल्लाह की शान देखिये मुझे इतना दुध उतरा की मैने मुहम्मद ﷺ को पिलाया और अपने खुद के बेटे को भी पिलाया और उसी रात मेरे उँटनी के थन भी दुध से भर गये। उसी रात मैंने और मेरे शोहर ने पेट भर कर उसका दुध पिया।

मेरे शोहर बोले हलीमा लगता है तुम बहुत ही बरकत वाला बच्चा लाई हो। मुझे भी यकीन हुआ यह बच्चा खुदा की रहमत बन कर हमको मिला है। यूँ ही आपके मोजज़ों का समंदर आप की पैदाइश के पहले से बहना शुरू हो गया। जो ता हयात तक बदस्तुर जारी रहा।

एक वाक्या और यू है शुरूआत में हज़रत हलीमा के यहाँ कुछ खिलोने न थे जबकी दुसरे बच्चे खुब खिलोने से खेलते। इस बात का हलीमा को बहुत मलाल होता। एक दिन हज़रते हलीमा देखती है मुहम्मद ﷺ पालने से अपनी उंगली आसमान की तरफ उठाए हुए है आप जिधर उंगली घुमाते चांद उधर–उधर घुमता। हत्ता के चांद अपके उंगली के इशारे पर घुमता।

''चांद झुक जाता जिधर उंगली उठाते महेद में
क्या ही चलता था इशारों पर खिलोना नूर का''

जिसने हलीमा की ज़िंदगी बदली

यही मुहम्मद ﷺ पूरी दुनिया बदलने वाले थे। हज़रत हलीमा कहती हैं मुहम्मद ﷺ के मेरे घर में क़दम पड़ते ही मेरे घर के हालात बदलने लगे। हमारी बेज़ार ज़िंदगी में जैसे रौनक़ लौटने लगी हो। हत्ता के हमारी ज़िंदगी बदल गई।

मेरी उँटनी का थन दुध से भरा रहता मेरी बकरियाँ अब बहुत दुध देने लगी थी जो पहले न के बराबर था।

लोग यहाँ तक कहने लगे हम अपनी बकरियाँ को वहीं चारा चराते। जहाँ हलीमा की बकरीयाँ चरती है। पर वो मुहम्मद ﷺ की नबुवत का फैज़ था जो उस वक्त सिर्फ हलिमा और उनके शोहर को महसुस होता था। यह दोनों दिन–ब दिन आपकी बरकतों का मुशाहिदा करते रहे।

जब मुहम्मद ﷺ की उम्र 2 साल हुई तो ब–दस्तुर आप को हलीमा अपनी वालिदा माजिदा हज़रत आमिना के पास लेकर आई। पर हलीमा का दिल आप से जुदाई गवारा न करता था। मगर अब आप दस्तुर के मुताबिक़ उन्हें रख भी न सकती थी। मगर इत्तेफ़ाक़ से इस साल मक्का में वबाई बिमारी फेली हुई थी। इसका बहाना बना कर हमने हज़रत आमिना बीवी को राज़ी कर लिया और हम आप ﷺ को वापस अपने घर ले आये। फिर से हमारा घर रहमतो व बरकतों से भर गया। और हमारे पास निहायत खुशी–खुशी रहने लगे। मुहम्मद ﷺ घर से बाहर निकलते और दूसरे लड़कों को खेलते देखते थे मगर खुद खेल–कूद से दूर रहते।

यूंही धीरे–धीरे आप बढ़ने लगे, आप बड़े होते रहे। मुहम्मद ﷺ एक रोज़ बोले अम्मी मेरे दूसरे भाई बहन मुझे नज़र नहीं आते वो सुबह उठ कर कहाँ चले जाते है। माँ बोली बेटा वह बकरियाँ चराने चले जाते हैं। बोले अम्मी जान मुझे भी आप इजाज़त दें। मैं भी उनके साथ बकरियाँ चराने जाउंगा। माँ ने इजाज़त देदी। अब आप बकरियाँ चारागाह तक ले जाते और उनकी देख भाल भी करते जो इससे पहले तमाम नबियों की सुन्नत है। यूँ आपने बचपन में खुसुसीयाते नबुवत का इज़हार फरमा दिया।

मोहम्मद ﷺ के बचपन के मोजज़े
(Muhammad Miracles)

वैसे तो आप की सारी ज़िंदगी मोज़ज़ा है। मगर हम कुछ यहाँ बचपन के बयान करेंगे।

1) हज़रत हलीमा का बयान है आप को गहवारा/झुला फरिश्ते हिलाया करते थे।

2) बचपन में चांद आपकी उंगली के इशारों पर हरकत करता है।

3) आम बच्चों की तरह आप ने कभी कपड़े न खराब किये। बल्कि एक मुअय्यन वक्त पर ही रफआ हाजत फरमाते।

4) अगर कभी आप की शरमगाह खुल जाती तो रो–रो कर फरयाद करते जब तक शर्मगाह छुप न जाती आप चुप न होते। कहीं हमें ताखीर हुई तो हमने देखा गैब से आपकी शर्मगाह झुपा दी गई।

5) जब खेलने की उम्र हुई तो, बच्चों ने आप को खेलने बुलाया। तो कहते "मैं खेलने के लिये नहीं पैदा किया गया हूँ"।

शक्के सदर का वाकिया

एक दिन मुहम्मद ﷺ चरागाह में थे। हज़रत हलीमा के फरज़न्द दौड़ते हुए घर और घबराऐ हुऐ बोले। अम्मी गज़ब हो गया। मुहम्मद ﷺ को तीन आदमी जो सफेद लिबास में थे उन को लिटा दिया फिर उनका शिकम (पेट) फाड़ दिया। वह सुनकर हज़रत हलीमा और उनके शोहर दोनों बद हवास होकर आपकी तरफ दौड़ पड़े। पहुंचे तो देखा आप बैठे हुऐ हैं। मगर खौफ़ से चेहरा लाल था उदास थे। हलीमा ने आप को चुमा और बोली क्या हुआ, आप ने कहा मेरे पास तीन शख्स आये थे। जिनका लिबास बहुत ही ज़्यादा सफेद था। उन्हों ने मुझे लिटाया मेरा शिकम चाक किया उसमे से कोई चीज़ निकाल कर फेंकदी। फिर कोई चीज़ मेरे शिकम में डालकर फिर शिकम को फिर से जोड दिया। पर मुझे जर्रा बराबर भी तकलीफ न हुई।

यह वाक्य सुन कर हज़रत हलीमा व शोहर घबरा गये उन्को लगा इन पे कुछ आसेब वगैरा है। फिर

मोहम्मद ﷺ से एक काहिन का ख़ौफ़ज़दा होना

हज़रत हलीमा सादिया ने यह भी बयान किया है कि जब मैंने उन अहवाल का मुशाहिदा किया और उस का ज़िक्र किसी आदमी से किया तो कहने लगे किसी काहिन (खोझा/ज्योतिषी) के पास ले जाना चाहिऐ कि उन पर किसी जिन का साया है मैं आप ﷺ को काहिन के पास ले गई और तमाम सूरते हाल से उसे आगाह कर दिया। वह काहिन उसी वक़्त अपनी जगह से उठा और मोहम्म्द ﷺ को अपने सीने से लगा कर कहने लगा ऐ आले अरब आओ जो बला तुम पर नाज़िल होने वाली है उस का वक़्त क़रीब आ गया है इसे दूर करो इस बच्चे को मार डालो। अगर इसे छोड़ दोगे और जवान हो गया तो लाज़िमन तुम्हारे दीन को तह व बाला कर देगा और ऐसे दीन की तबलीग़ करेगा जो न देखने और न सुनने में आया होगा।

हज़रत हलीमा सादिया कहती हैं जब मैंने उस के यह कलेमात सुने तो मैंने मोहम्मद ﷺ को उस के हाथ से खींच लिया और काहिन से कहा शायद तुम पागल हो गये हो। तुम्हें किसी काहिन के पास लेजाना चाहिऐ ताकि तुझे तावीज़ दे। अगर मैं जानती कि तू इस क़िस्म की बक्वास करेगा तो हरगिज़ तेरे पास ना आती मैं तो अपने लाल को ब–ग़र्ज़े क़त्ल किसी के हवाले नहीं करती। खुदा करे तेरे घर कोई लड़का पैदा हो जो तुझे क़त्ल करदे। फ़िर मैं आप ﷺ को लेकर वापस घर आगई। (श्वाहिदुन नबुवत)

फिर हलीमा और उनके शौहर ने तय किया के जल्द से जल्द हम इन्हें इनके घर वालों के सुपुर्द करदें। आखिरकार दोनों आपको लेकर आप की वालिदा हज़रते आमिना बीबी के पास पहुंचे और सारा वाक्य बताया।

हज़रत आमिना बीबी बोली खुदा की क़सम मेरे बेटे पर कभी किसी जिन्न/शैतान का अमल दाखिल न होगा। मेरा बेटा बड़ी शान वाला है। हज़रत आमिना बीबी ने उन दोनों को आपके हमल से लेकर वक्ते विलादत का वाक्या सुनाया फिर आप दोनों मुतमयिन होकर वापस अपने घर चले गये।

इसी तरह आप का शक्के सदर 4 मर्तबा हुआ है। उसमें नुर व हिकमत का खज़ाना भरा गया। अल्लाह की तरफ से।

मोहम्मद के बारे में बादशाह इब्ने ज़ी बज़न की बशारत?

एक रिवायत में है कि जब मोहम्मद ﷺ की विलादत हो चुकी थी तो उस ज़माने में इब्ने ज़ी बज़न की हब्शा में हुकूमत क़ाएम हो गई तो उस वक़्त अब्दुल मुत्तलिब, बिन अब्दुल मुनाफ़ और कुरैश के तमाम सरकर्दा अफ़राद उसे मुबारक बाद देने के लिये यमन में सिंआ़ गए और इजाज़त लेकर अंदर गए तो अब्दुल मुत्तलिब उस के नज़दीक बैठ गए और बात चीत के लिये इजाज़त चाही अब्दुल मुत्तलिब ने निहायत फ़सीह व बलीग़ अंदाज़ में दुआ व सना और मुबारक बादी दी। बादशाह को यह अंदाज़ बहुत अच्छा लगा तो पूछा आप कौन हैं? अब्दुल मुत्तलिब कहने लगे मैं हाशिम का बेटा हूँ।

बादशाह ने उन को अपने पास बुलाया और तमाम शरफ़ाऐ कुरैश की ताज़ीम व इज़्ज़त की और उन्हें दारूल ज़ियाफ़त में ले गया और उन की शायाने शान दो कमरे मुख़्तस कर दिऐ वहाँ एक महीना तक रहे उन्हों ने इस को देखा ना वापस जाने की रूख़सत चाही। एक महीना के बाद इसे इन का हाल पूछने की सूझी एक आदमी को अब्दुल मुत्तलिब के पास भेजा ताकि इसे बुला लाऐ। वह गऐ तो उस ने इन्हें ख़लवत में अपने सामने बिठाया और कहा ऐ अब्दुल मुत्तलिब मैं तुझे अपने इल्म के मुताबिक़ कुछ बताता हूँ अगर तेरी जगह कोई और होता तो मैं उस से हरगिज़ ना कहता चूंकि तुम इस चीज़ के माअ़दन हो इस लिऐ मैं तुम्हें सिर्फ़ ख़बरदार करता हूँ तुम्हें चाहिऐ कि इसे पोशीदा ही रखो।

जब इस के ज़ाहिर करने का वक़्त आऐगा तो अल्लाह तआ़ला इसे हर शख़्स पर ज़ाहिर कर देगा फ़िर कहा हम ने किताब मकनून और इल्मे मख़्ज़ून में एक बहुत बड़ी ख़बर पाई है जिस में तुम्हारी और तमाम मख़लूक़ की ख़ैरियत व आफ़ियत है और वह ख़बर यह है कि एक लड़का "तहामा" यानी मक्का मुकर्रमा में या तो पैदा हो चुका है या होने वाला है जिस का नाम मुहम्मद होगा और उस के वालिदैन इंतेक़ाल कर जाऐंगे और चचा और दादा उस की किफ़ालत करेंगे। अल्लाह तआ़ला उसे रसूल बना कर भेजेगा और हमें उस का मददगार और मुआ़विन बना देगा। वह अपने दोस्तों को अज़ीज़ रखेगा दुश्मनों को नज़दीक ना आने देगा। उस के बाद वह अपने दोस्तों की हर तरह मुआ़विनत करेगा और जिसे भी चाहेगा अच्छी

चीज़ों का मालिक बना देगा इस के सबब से आतिशे कुफ़्र बुझ जाऐगी हर शख्स अल्लाह तआ़ाला की इबादत का तरीक़ा इख़्तेयार करेगा शयातीन मक़हूर हो जाऐंगे और बुतों की परसतिश बंद हो जाऐगी और वह टूट फूट जाऐंगे और आप का फ़रमान क़ौले फ़ैसल होगा यानी हक़ व बातिल में फर्क़ पैदा करेगा। आप का हुक्म सरापा अदल होगा और अमर बिल–मारूफ़ में कामिल होगा और खुद उस पर अमल पैरा होगा और नही अनिल–मुंकर करेगा और खुद उस से गुरेज़ करेगा। जब अब्दुल मुत्तलिब ने यह बातें सुनीं तो दुआ व सना के बाद कहा ऐ बादशाह इस राज़ को ज़रा खुल कर बयान करो। इब्ने ज़ी बज़न ने उस अज़ीम हस्ती की क़सम खाई और कहा ऐ अब्दुल मुत्तलिब आप उस के बिला शुबा दादा हैं।

जब अब्दुल मुत्तलिब ने सुना तो फ़ौरन सजदा रेज़ हुऐ। और कहा हाँ मैं ही उसका दादा हूँ और मैंने ही उसका नाम मुहम्मद रखा है। इब्ने ज़ी बज़न बोला जो भी मैंने तुम्हें कहा है इस लिऐ कहा है कि तुम उसके हालात यहूदियों से पोशिदा रखो क्यूंकि वह उस के दुशमन हैं लेकिन हक़ तआ़ाला उन को आप पर ग़ालिब न होने देगा और देखिऐ यह बातें अपने हमराहीयों को भी ना बताइऐ क्यूंकि मैं इन के मकर व फ़रेब से भी डरता हूँ मुबादा हुज़ूर की वजह से तुम्हें इन पर सियादत व सरदारी हासिल हो जाऐ तो वह या इन के बच्चे हुज़ूर को हलाक करदें।

फ़िर कहा अगर मुझे पता चल जाए कि उन की विलादत से पहले मुझे मौत ना आऐगी तो मैं हर तरह सवार या प्यादा यसरब जाता और उसे अपना दारूल मुल्क बनाता और आप की मुआ़विनत व नुसरत पर कमर बस्ता हो जाता क्यूंकि मैंने साबिक़ा उलूम की कुतुबे नातिक़ा में पढ़ा है कि आपका ﷺ दारूल मुल्क मदीना मुनव्वरा होगा और उसी जगह आप का सिलसिला कार मुस्तहकम होगा और उसी शहर से आप के आअ़वान व अंसार उठेंगे और आप का मदफ़न भी वहीं होगा वरना उन पर मसाइब के तूफ़ान से डरता और आप के हाल से दुसरों को आगाह करता और अरब को आप का मुतीअ़ व मुंक़ाद बनाता। लेकिन एक हक़ीक़त तुम पर वाज़ेह करदूँ तुम से कोई तक़सीर ना होगी यानी तुम अपने फ़राइज़ से अच्छी तरह ओहदा बरआ होगे।

बादअज़ीं क़ुरैश के हर फ़र्द को दस दस गुलाम, दस दस कनीज़ें, दो दो चादरें, सो सो ऊंट और पाँच पाँच रतल सोना, दस दस रतल चांदी

और अंबर से भरे हुऐ बर्तन दिऐ और अब्दुल मुत्तलिब को उन तमाम के बराबर चीज़ें दीं और कहा आइंदा साल भी आइऐगा लेकिन वह खुद उसी साल मर गया। उस के बाद अब्दुल मुत्तलिब कुरैश से कहा करते मुझसे ना बढ़ा करो क्युंकि बादशाह की अता इस निस्बत बुजुरूगी व शर्फ़ से कमतर है जो मुझे मेरे फ़र्ज़न्दों से है जब अबु तालिब से उन फ़र्ज़न्दों के बारे में पूछा जाता तो आप उन के नाम ज़ाहिर ना करते। (मआ़रिजुन नबुवत)

मोहम्मद ﷺ की परवरिश

अल्लाह ने कायनात में सबसे पहले मुहम्मद ﷺ के नूर को पैदा किया। अल्लाह तआ़ला हर चीज़ पर क़ादिर है मगर इंसान एक महदूद दिमाग़ रखता है। अल्लाह ने अपने महबूब को इंसानी शक्ल–सुरत में दुनिया में भेजा मगर इनकी परवरिश का ज़िम्मा अपने हिस्से रखा। जैसा की आपने कई बार कहा भी है। मेरा रब मुझको खिलाता है मेरा रब मुझको पिलाता है।

आप जब 6 साल के हुऐ तो आपकी वालिदा माजिदा का विसाल हो गया। फिर आपकी परवरिश आपके दादा हज़रत अब्दुल मुत्तलिब ने की। उन्होंने बहुत प्यार से आपकी तरबियत की। पर जब 8 साल के हुऐ तो कुछ दिनों बाद उनका भी विसाल हो गया। तब आपकी उम्र 8 साल थी।

फिर आप की परवरिश चाचा जनाब अबू तालिब ने शुरू की वो मोहम्मद ﷺ से बहुत प्यार करते थे। यहाँ तक वो कभी आप को खुद से दूर न रखते, अपने साथ खिलाते पिलाते।

अबू तालिब का बयान है मैंने कभी भी नहीं देखा की मुहम्मद ﷺ ने कभी भी झूट बोला हो। कभी किसी को धोखा दिया हो। या कभी किसी को इज़ा (तकलीफ़) पहुंचाई हो। या बेहुदा लड़को के साथ खेलने–कूदने गये हो।

मुहम्मद ﷺ हमेशा इंतेहाई खुश–अखलाक़ नेक आदत नर्म गुफ़तार, बुलन्द किरदार और आला दर्जे के पारसा और परहेज़गार रहे।

आप ﷺ की दुआ से बारिश

एक साल मक्का में बड़ा ही खौफनाक क़हत (सुखा) पड़ गया। लोगों ने कहा चलो अबू तालिब के पास जाया जाये वो बनिये काबा हज़रत

इब्राहीम की नस्ल से और मक्का के मुतवल्ली भी है। लोग अबू तालिब के पास पहुंचे और माजरा बयान करके कहा आप दुआ कीजिये। सारा माजरा सुन कर आप का दिल भर आया था। अबू तालिब मुहम्मद ﷺ को लेकर हरम में गये। आपको काबा की दीवार से टेक कर बिठा दिया। और अबू तालिब दुआ करने लगे। दर्मियाने दुआ में मुहम्मद ﷺ ने अपनी अंगुस्ते मुबारक आसमान की तरफ उठाई देखते–देखते चारों तरफ से बदलियाँ नमूदार हुई और फौरन बारिश होने लगी। इतनी बारिश हुई की जंगलों मैदानों में चारों तरफ पानी ही पानी नज़र आने लगा। सारी ज़मीन सर सब्ज़ हो गई। और सारा अरब खुशहाल हो गया। उसी वक़्त अबू तालिब ने मुहम्मद ﷺकी शान में शेर पढ़ा :

यानी वो मुहम्मद ﷺ से गोरे रंग वाले हैं उन के रूखे अन्वर के ज़रिये बदली से बारिश तलब की जाती है वो यतीमों का ठिकाना और बेवाओं के निगहबान है। यूही वक़्त का पहिया धुमता रहा और कई मोजज़ों और कारनामों से गुज़रते मुहम्मद ﷺ उम्र जवानी की ओर बढने लगी।

सफरे शाम और बुहैरा पादरी

आप की उम्र जब 12 साल हुई तो अबू तालिब ने तिजारत की गर्ज़ से मुल्के शाम का सफर किया। चुंकी आप से बहुत प्यार था वो आपको अपने साथ ही रखते थे। आपको ﷺ भी साथ लेकर गये।

(ऐलाने नबुवत से पहले आप ﷺ ने 3 बार तिजारती सफर किया)

इस सफर के दौरान बुशरा में बुहैरा राहिब (ईसाई पादरी) के पास क़याम हुआ। वो तौरत व इंजील का आलिम था। उसने नबी ए आखिरूज –ज़मा की निशानियों से आप को देखते ही पहचान लिया और बहुत ही अक़ीदत से पेश आया और आप सब की दावत की, बुहैरा अबू तालिब से बोला यह तो अल्लाह के आखरी नबी हैं इनको अल्लाह ने रहमतुल लिल–आलमीन बनाकर भेजा है। अब्र (बादल) इन पर साया करता है इनके दोनों शानों के दरमियान मोहरे नबुवत है इनके और आपके हक़ में यही बेहतर है की आप इनको लेकर आगे न जाऐं। तिजारत यहीं बेचकर मक्का वापस चले जाऐं। क्योंकि मुल्के शाम में यहूदी इनके बड़े दुश्मन है वह उनको क़त्ल कर देंगे। मुहम्मद ﷺ जनाब अबू तालिब को बुहैरा की बातों से कुछ खतरा महसूस हुआ। वह तिजारती माल वहीं बेचकर मक्का

वापस रवाना हो गये। यू धिरे–धिरे वक़्त गुज़र गया और आप जवान होते गये.........

मोहम्मद ﷺ को झगड़ा ना पसंद, सुलह बहुत पसंद थी

ये उस वक़्त का वाक्य है, जब जंगे फुज्जार हुई जिसमें आपने शिर्कत की। मगर हथियार नहीं चलाये सिर्फ चाचाओं की मदद की उनको तीर उठा कर दिया। इस तरह जो जंग क़ैस क़बीला और क़ुरैश के दरमियान हुई थी क़ुरैश इसमें गालिब आ गये। आखिरकार लड़ाई सुलाह पर खत्म हुई।

हिल्फुल फुजूल

अरब अक्सर अपनी दुनियावी शान–बान की खातिर छोटी–छोटी बातों पर लड़ने को तैय्यार रहते। क़बीलों की लड़ाईयॉ (खानदानी) उनमें आम थी। पर अब उन लोगों ने सोचा हम लड़ाईयॉ बन्द करके चैन से रहेंगे। इसमें कई क़बीले शरीक हुऐ और सबसे कुछ बात पर अमन/शांती का समझौता कर लिया। यह मुआऐदा मुहम्मद ﷺ को बहुत पसंद था। इसकी मिसाल आप उमर भर कई बारे देते थे।

मुहम्मद ﷺ फरमाते हैं जो दो लोगों में सुलह करादे अल्लाह उसको पसंद करता है।

☆ ☆ ☆

मोहम्मद ﷺ का उम्मी (ना पढ़ा हुआ) लक़ब?

उम्मी के माने मक्का मुकर्रमा का रहने वाला भी होता है और उम्मी का माने है न पढ़ा हुआ। दुनिया में कई लोग है जो उम्मी का माना अनपढ़ लेते हैं। वो लोग (यहूद/नसारा) वगैरा... कहते हैं की मुहम्मद ﷺ ने किसी दुनियावी उस्ताद से तरबीयत नहीं ली थी।

अगर हम इसी बात को पैमाना बना लें तो हज़रत आदम और हव्वा भी "उम्मी" ही है मगर नहीं, खुदा ने उन्हें आदम को सिखाया था। आप को भी आदम की तरह खुद खुदा ने सिखाया था। इसी तरह अल्लाह ने आप को बेहिसाब इल्म अता फरमाया, यहाँ तक की आप को "इल्मे ग़ैब" भी अता किया जो दुनिया का कोई महदूद इल्म रखने वाला नहीं सिखा सकता है। आप क़ानून को बनाने (स्थपित) करने वाले नबी थे।

इस हक़ीक़त का राज़ सबसे बेहतर अल्लाह ही जानता है। मगर कुछ नुकात यूँ है.........

पहलाः तमाम दुनिया को जो आप सिखाने वाले थे। इससे पहले कभी किसी नबी ने सिखाया नहीं था। और आप उस क़ानून को नाफिज़ करने वाले थे। और सबसे पहले आप उस राह पर खुद चलने वाले थे। आप का उस्ताद सिर्फ खुदा रहा। ताकी कल आप की अज़मत बयान हो तो कोई ये न कह दें, मैं मुहम्मद ﷺ का उस्ताद हूॅ। मैंने उसे सिखाया है।

दूसराः आप पर ये इल्ज़ाम बहुत पुख्तगी से आयद करते यहूद और नसारा, के मुहम्मद ﷺ ने कुरान खुद लिख ली है पिछली किताब पढ़ कर। जो वो आज कहने भी लगे हैं।

तिसराः शागिर्द उस्ताद से आला नहीं हो सकता। जिस मुहम्मद ﷺ की ताज़ीम रब्बुल आलमीन ने सारी कायनात पर फर्ज़ की है। जिसे फरिश्ते दुरूद व सलाम भेजते हैं। वह नबी भी या उसकी नज़रे ताज़िम भी किसी के सामने झुके (खम हो) खुदा को ये गवारा नहीं। इस लिऐ गैबदॉ नबी का उस्ताद अल्लाह (आलिमुल गैब ही रहा) बाक़ी मशियते खुदा वन्दी को तो बस वही जानता है।

चौथाः खुदा ने आप को खुद सिखाया है वरना क्या जिब्रील अलैहिस्सलाम को भेजता तो जिब्राईल अलैहिस्सलाम जानते थे। वो नबी करीम ﷺ से कैसे कहते पढ़ऐ जब वो जानते की ये नबी पढ़ा हुआ नहीं है।

तो भला वो मुहम्मद ﷺ से कैसे कहते पढ़ीये! वो बाखुबी जानते थे मुहम्मद ﷺ को अल्लाह ने इल्म खुद ही दिया है मगर ज़ाहिरी दुनिया में आपका कोई उस्ताद नहीं है।

पाँचवां: बाक़ी आपने जो क़ानून (नियम) बनाये और दुनिया में इंकेलाब लाया वो रहती दुनिया तक किसी के करना तो दुर वहम व गुमान में लाना मुश्किल है। आगे हम खुद देखेंगे आपकी हिकमते अ़मली ज़िंदगी के हर शोबे में जो नायाब है। इस तरह की कमायब हिकमते अ़मली बना कर और उस पर अ़मल कर के उसे लागू (स्थापित) किया हो। और सारी क़ौम से उस क़ानून पर अ़मल करवाया हो। मुझे तो इस रूऐ ज़मीन पर दुसरा कोई आदमी दिखाई नहीं पड़ता जो मुहम्मद ﷺ के बराबर खड़ा हो सकें। **मोहम्मद ﷺ का इल्मे गैब, इल्मे लदुन्नी और उनका ला–महदूद इल्म (Infinite Knowledge) इसकी तफसील (Detail) हम आगे देखेंगे।**

आप ﷺ का मुल्के शाम का दूसरा सफर

अब आप की उम्र तक़रीबन 25 साल हो चुकी थी। अब आप के चरचे मक्का में सादिक़ (सच्चा) अमीन (अमानतदार) लफ्ज़ से होते थे। आपको लोग निहायत नेक पारसा कहते थे और आपका लक़ब अमीन (अमानतदार) था।

मक्का में एक मालदार औरत हज़रत खदीजा रहती थी, आप बेवा थी, आप तिजारती घराने से थी, आप सोचती थी कोई अमानतदार आदमी मिल जाऐ तो मैं अपना तिजारती माल मुल्के शाम भेजुं। आपको खबर मिली मुहम्मद ﷺ बहुत सच्चा और अमीन है वो कभी झुट नहीं बोलते। हज़रत खदीजा ने आप का इंतेखाब किया। मुहम्मद ﷺ राज़ी हो गऐ और तिजारती सामान लेकर मुल्के शाम रवाना हुऐ। हज़रत खदीजा ने अपने एक गुलाम मैसरा को आप के साथ आपकी खिदमत के लिए भेजा। जब आप मुल्के शाम के मशहूर शहर के बाज़ार ''बुशरा'' पहुचे तो वहॉ वो 'नसतूरा' राहिब की खानक़ाह के पास ठहरे। नसतूरा ये मैसरा को पहले ही से जानता था। मुहम्मद ﷺ की सूरत देख वो मैसरा के पास आया मैसरा से पुछ ये कौन है तुम्हारे साथ। मैसरा बोला ये मुहम्मद ﷺ है खानदाने बनु हाशिम के चश्मो–चिराग़, इनको लोग सादिक़ और अमीन कहते है।

नसतुरा हैरान होकर बोला : सिवाये इनके आज तक कोई इस पेड के निचे नहीं उतरा ये तो नबी आखिरू ज़मा है। जो मैंने आखरी नबी की निशानियाँ तौरात और इंजील में पढ़ी है। वह सब मैं इन में देख रहा हूॅ। काश मैं उस वक़्त तक ज़िंदा रहता जब ये अपनी नबुवत का ऐलान करेंगे। मैं इनकी जॉ निसारी के साथ खिदमत करता। ऐ मैसरा तुम इनकी खुब खिदमत करो क्योंकि अल्लाह ने इनको खातिमुल अंबिया बना कर भेजा है।

यू आप तिजारती सामान बेचकर मक्का वापस चले। जब आप का क़ाफिला मक्का में दाखिल होने लगा तब हज़रत खदीजा कफिला वापसी का मंज़र देख रही थी। आपको नज़र आया की जैसे दो फरिश्ते मुहम्मद ﷺ पर धुप से साया किये हुऐ है। आप के दिल पर इस नूरानी मंज़र का बड़ा असर हुआ। यू क़ाफिला आन पहुंचा। फिर कुछ दिन बाद हज़रत खदीजा ने मैसरा से इस बात का ज़िक्र किया। मैसरा बोला मैं तो पुरे सफर में यही मंज़र देखता हूँ कि कडी धुप में एक बादल इन पर छांव करके चलता है। इसके अलावा बहुत सी अजीब–गरीब बातों का मुशाहेदा किया है और फिर मैसरा ने नस्तुरा राहिब की पेशनगोई वाली बात बताई। यह सब सुनकर हज़रत खदीजा को आपसे बे पनाह क़लबी तअल्लुक़ और बेहद अक़ीदत वो मुहब्बत हो गई। और आप का दिल माईल हो गया और मुहम्मद ﷺ से निकाह की रग़बत हुई।

मोहम्मद ﷺ का निकाह

हज़रत खदीजा जिनसे अरब के बड़े–बड़े घराने के लोग और सरदार शादी की ख्वाहिश रखते थे। मगर हज़रत खदीजा ने कईयों के रिश्ते ठुकरा भी दिये थे। मगर मुहम्मद ﷺ की तारीफ व उनके मुशाहदों को सुनकर हज़रत खदीजा को उनसे दिली मुहब्बत हो गई थी और उनका दिल हुजूर की तरफ माईल हो गया था। फिर उन्होंने नफीसा बिन्ते उमय्या के हाथों मुहम्मद ﷺ के पास निकाह का पैग़ाम भेजा। कह भेजा की मैं खदीजा मैंने आपके अच्छे अख़लाक़ और आप की सच्चाई को पसंद किया।

मोहम्मद ﷺ ने इस रिश्ता को चाचा अबू तालिब और खान–दान के बड़ों के सामने पेश किया। सबने खुशी–खुशी इस रिश्ते को मंजूर कर लिया। और निकाह की तारीख मुक़र्रर हुई।

निकाह के दिन अबु तालिब का खुतबा

मुकर्रर शुदा तारीख को आप अपने खानदान वालों के साथ निकाह करने पहुचे रस्म अदायगी के वक़्त आप के चाचा अबु तालिब ने निहायत फसीह हो बलीग़ खुतबा पढ़ा वो यूँ है:

तमाम तरीफें उस खुदा के लिये है जिस ने हम लोगों को हज़रत इब्राहीम عليه السلام की नस्ल और हज़रत इसमाईल عليه السلام की औलाद में पैदा किया, अपने घर काबा का मुन्तज़िम बनाया और हम लोगों को हाकिम बनाया।

ये मेरे भाई के फरज़न्द मुहम्मद ﷺ बिन अब्दुल्लाह है। ये ऐसा शख्स है के कुरैश के किसी भी शख्स का इस से मवाजना (Compare) किया जाऐ ये उससे शान में बढा हुआ ही रहेगा। मुकर्रर मेहर के साथ वो खदीजा बिन्ते खुवैल्द से निकाह करता है और इस का मुस्तक़बिल बहुत ही ताबनाक, अज़ीमुश्शान और जलीलुल कद्र है।

इस तरह आगे की कुछ वक़्ती रस्म अदायेगी के बाद आप का निकाह मुकम्मल हुआ।

नोटः यू आप का निकाह 25 साल की उर्म में हज़रत खदीजा से हुआ। (जो 40 साल की एक बेवा औरत थी) फिर आप की ज़िंदगी यू ही आगे चलती रही। आगे चलकर आपकी बेटी हज़रत फातेमा की पैदाइश (जन्म) हज़रत खदीजा से हुआ था। इस्लाम में दाखिल होने वाली पहली हस्ती आपकी ही है।

कअ़बा की तअ़मीर

आप की सदाक़त और अमानत व दियानत की बदौलत ख़ुदावन्दे आलम ने आप को इस क़दर मक़बूले ख़लाएक़ बना दिया। और अक्ले सलीम (Sharpness) और बे मिसाल दानाई (Intelligent) का ऐसा अज़ीम जौहर अता फरमा दिया कि कम उम्री ही में आप ने अरब के बड़े बड़े सरदारों के झगड़ों का ऐसा ला जवाब फैसला फरमा दिया कि बड़े बड़े दानिशवरों और सरदारों ने इस फेसले की अज़्मत के आगे सर झुका दिया। और सब ने बिल इत्तिफ़ाक़ आप को अपना हकम और सरदारे आअ़ज़म तस्लीम कर लिया।

चुनान्चे इस क़िस्म का एक वाक़िआ तअ़मीरे कअ़बा के वक़्त पेश आया। जिस की तफ्सील ये है कि जब आप की उम्र पैंतीस बरस की हुई तो ज़ोर दार बारिश से हरमे कअ़बा में ऐसा अज़ीम सैलाब आ गया। कि कअ़बा की दीवार बिल्कुल मुनहदम हो गई। हज़रते इब्राहीम व हज़रते इस्माईल (अलैहिस्सलाम) का बनाया हुआ कअ़बा बहुत ही पुराना हो चुका था। अमालका क़बीलए जुरहम और कुसय्यी वगैरा अपने अपने वक़्तों में इस कअ़बे की तअ़मीर व मरम्मत करते रहे। मगर चूँकि इमारत नशेब में थी। इस लिए पहाड़ियों से बरसाती पानी का बहाओ का ज़ोरदार धारा वादीए मक्का में हो कर गुज़रता था और अकसर हरम कअ़बा में सैलाब आ जाता था।

कअ़बा की हिफ़ाज़त के लिए बालाई हिस्से में कुरैश ने कई बन्द भी बनाए थे मगर वो बन्द बार–बार टुट जाते थे इस लिए कुरैश ने ये तय किया कि इमारत को ढहाकर फिर से कअ़बा की एक मज़बूत इमारत बनाई जाए। जिस का दरवाज़ा बुलन्द हो। और छत भी हो। चुनान्चे कुरैश ने मिल जुल कर तअ़मीर का काम शुरू कर दिया। इस तअ़मीर में हुज़ूर ﷺ भी शरीक हुए। और सरदाराने कुरैश के दोश बदोश पत्थर उठा– उठा कर लाते रहे मुखतलिफ क़बीलों ने तामीर के लिये मुखतलिफ हिस्से आपस में तक़सीम कर लिये। जब इमारत "हजरे असवद" तक पहुंच गई तो क़बाएल में सख्त झगड़ा खड़ा होगया। हर क़बीला यही चाहता था कि हम ही "हजरे असवद" को उठा कर दीवार में नसब करें। ताकी हमारे क़बीले के लिये यह फ़ख्र व एअ़जाज़ का बाइस बन जाऐ।

इसी कश्मकश में चार दिन गुज़र गये। यहाँ तक नौबत पहुंची कि तलवारें निकल आई। बनू अब्दुद–दार, और बनू अदी के क़बीलों ने तो इस

पर जान की बाज़ी लगादी। और ज़मानए जाहिलीयत के दस्तूर के मुताबिक़ अपनी क़समों को मज़बूत करने के लिए एक पियाला में खून भर कर अपनी उंगलियाँ उस में डिबोकर चाट ली। पाँचवे दिन हरमे कअ़बा में तमाम क़बाएले अरब जमअ़ हुए। और इस झगड़े को तय करने के लिये एक बूढ़े शख़्स ने ये तजवीज़ पेश की। कि कल जो शख़्स सुबह सवेरे सब से पहले हरमे कअ़बा में दाखिल हो उस को पन्च मान लिया जाए वो जो फैसला कर दे सब उस को तस्लीम करलें। चुनान्चे सब ने ये बात मान ली।

खुदा की शान कि सुबह को जो शख़्स हरमे कअ़बा में दाखिल हुआ वो मोहम्मद ﷺ ही थे। आप को देखते ही सब पुकार उठे कि वल्लाह (खुदा क़सम) ये ''अमीन'' हैं। लिहाज़ा हम सब इनके फैसले पर राज़ी हैं। आप ﷺ ने इस झगड़े का इस तरह तसफिया फरमाया कि पहले आपने ये हुक्म दिया कि जिस जिस क़बीले के लोग हजरे असवद को उसके मक़ाम पर रखने के मुद्दई हैं उन का एक एक सरदार चुन लिया जाए। चुनान्चे हर क़बीले वालों ने अपना अपना सरदार चुन लिया।

फिर मोहम्मद ﷺ ने अपनी चादर मुबारक को बिछा कर हजरे असवद को उस पर रखा। और सरदारों को हुक्म दिया कि सब लोग इस चादर को थाम कर मुकद्दस पत्थर को उठाएँ। चुनान्चे सब सरदारों ने चादर को उठाया और जब हजरे असवद अपने मक़ाम तक पहुंच गया तो मोहम्मद ﷺ ने अपने मुतबर्रक हाथों से उस मुक़द्दस पत्थर को उठा कर उसकी जगह पर रख दिया। इस तरह एक ऐसी खून रेज़ लड़ाई टल गई। जिस के नतीजे में न मालूम कितना खून खराबा होता।

(सीरते इब्ने हश्शाम जि. 1 स. 196 ता 197)

खानऐ कअ़बा की इमारत बन गई। लेकिन तामीर के लिये जो सामान जमअ़ किया था वो कम पड़ गया। इस लिये एक तरफ कुछ हिस्सा बाहर छोड़ कर नई बुनियाद क़ाएम करके छोटा सा कअ़बा बना लिया गया। कअ़बा मुअज़्ज़मा का यही हिस्सा जिस को कुरैश ने इमारत से बाहर छोड़ दिया। ''हतीम'' कहलाता है। जिस में कअ़बा मुअज़्ज़मा की छत का परनाला गिरता है।

☆ ☆ ☆

मोहम्मद ﷺ की शख्सियत
(Muhammad Personality)

मोहम्मद ﷺ का किरदार
(Muhammad's Character)

मोहम्मद ﷺ खानदानी पेशा तिजारत था। क्योंकि आप बचपन से ही चाचा अबु तालिब के साथ कई बार तिजारती सफर कर चुके थे। आप तिजारती लेन देन का काफी तर्जुबा ले चुके थे। आप बहुत ही अमानत व दयानत के साथ तिजारत करते थे।

तमाम अहले अरब आप को ''अमीन'' के लक़ब से पुकारते थे।

हज़रत अबु बकर رضي الله عنه आप के साथ तिजारत पर जाते थे। आप के क़रीबी और राज़दार थे। यूँ ही आप के कई और अज़ीज़ वो अकारीब थे।

ऐलाने नबुवत से क़ब्ल आप की ज़िन्दगी बेहतरीन अख़लाक़ से भरी हुई थी।

- सच्चाई दियानददारी,
- वफादारी,
- अहद की पाबंदी,
- बुजुर्गों की अज़मत छोटो से शफक़त,
- रिश्तेदारों से मोहब्बत रहम, सखावत,
- ग़रीबों मुफलिसों की खबर गिरी,

गर्ज़ की हर वो खुबी जो एक आम आदमी में नहीं पाई जाती है। किसी बरतर अल्लाह के बंदे में ही होती है, आप में मौजूद थी।

मोहम्मद ﷺ की आदत

(Muhammad's Habits and Behaviour)

- कम बोलना,
- फजुल बाते न करना,
- मुस्कुराते हुऐ,दोस्तों दुश्मनों से मिलना सादगी व सच्चाई से बात करना। हिर्स न करना,
- दग़ा, झूठ, शराब खोरी न करना।
- बदकारी, नाच–गाना, लूटमार, इश्कबाज़ी जो अ़रब में दौरे जाहिलियत में आम थी। पर आप इन सब बुराईयों से पाक दामन थे।
- हत्ताकि खान–ऐ काबा में बुत परसतिश के दौर में भी कभी आपने बुत–परस्तीश न की। आप सच्चाई व अमानत दारी का पुरे अरब में चर्चा था।
- बचपन से तक़रीबन चालीस बरस की उम्र हो गई। आप की नुमाया पहचान बन गई थी। सादिक़ और अमीन,

नोट : यूं ऐलाने नुबुवत से पहले आप की इस पहचान का फायदा आप को ऐलाने नुबुवत के बाद अल्लाह ने बहुत अता किया। लोग बाद में इस्लाम में जौक दर जौक दाखिल होते गये)

इस वक्त लोगों को क्या पता था ये अल्लाह का आखरी नबी है। और ये अरब और दुनियाँ का शैतानी कुफ्रिया निज़ाम दरहम बरहम करके नया निज़ाम क़ायम करेंगे। जो रहती दुनियाँ तक मिसाली होगा।

कद व क़ामत : मोहम्मद ﷺ जिस्मानी तौर पर कैसे दिखते थे?

कदः– आप ﷺ न बहुत लंबे न पस्त क़द के थे। आपका ﷺ क़द दरमियानी क़द था। आप ﷺ झुक कर चलते थे।

सरः– आप का सर बड़ा था। अगर आप ﷺ हज़ारों लोगों की भीड़ में भी होते तो आप का सर सबसे ऊँचा नज़र आता था।

रूख (चेहरा)ः– आपका रूखे अनवर भरा हुआ और गोल था।
(नोटः– सहाबा कहते हैं आप का चेहरा चाँद की मिस्ल चमकदार है)

कई बार लोग ये कह कर ईमान ले आते थे कि ऐसी सुरत वाला झूठा नहीं हो सकता। यह किसी झूठे नबी की सूरत नहीं है।

कहते हैं उनकी सूरत दुश्मनों को भी ''मोह'' लेती थी।

(ऐलाने नुबुवत के वक़्त दुश्मन कहा करते थे। मुहम्मद ﷺ का चेहरा न देखना। क्योकि जो उनका चेहरा देखता है उन पर ईमान ले आता है। उनका दीन कुबुल कर लेता है।)

माथा (पेशानी):— आपकी पेशानी चौड़ी थी।

नाक:— आपकी नाक उँची—लंबी थी।

आवाज़:— आपकी आवाज़ उँची व मीठी थी।

बाल:— आपके बाल खुबसुरत व कंधे तक लटकते थे।

दस्ते मुबारक (दोनों हाथ):— आपकी हथेलियाँ चौड़ी कलाई लंबी, गोश्त से भरी हुई थी।

सीना व शिकम :— आपका सीना चौड़ा, आपका पेट सीने से अंदर दबा था, आपके कंधों के बीच मोहरे नबुवत थी।

पैर:— आप ﷺ के पाँव चौड़े थे। मांसदार थे। पिंडलियाँ पतली थी।

लिबास:— आपका लिबास सादा था। आप ﷺ सर पर ऐमामा रखते थे। आप सफ़ेद, सियाह, हरा रंग के कपड़े पहनते थे। पर सफेद आपकी पसंदीदा पोशाक थी।

खुशबू:— आपको इत्र लगाना पसंद था।

सुर्मा:— आप ﷺ दोनों आँखों में सुर्मा लगाते थे।

अंगुठी:— आप ﷺ चांदी की अंगुठी पहनते थे। जो आप के मोहरे नुबुवत के काम आती थी।

आप ﷺ के खास गुण

1) अल्लाह (रब्बुल आलमीन) कहता है: नबी मासूम होते हैं वो झुठ नहीं बोलते हैं। ठीक उसी तरह मुहम्मद ﷺ सादीक़ और अमीन है। आप ﷺ सच्चे दिल के है, साफ़—साफ़ सीधी व सच्ची बातें करते। बातें पेचीदा न करते। और अपनी बातों को 3 बार दोहरा देते थे,ताकि लोग अच्छे से समझ ले। किसी भ्रम (Confusion) में न पड़े। यह खूबी सभी नबियों में थी।

2) मुहम्मद ﷺ को छल—कपट नहीं आता था। आप ﷺठट्ठा मार कर नहीं हंसते, बस मुस्कुरा देते।

4) आपﷺके जिस्म पर मक्खी, मच्छर न बैठते थे।

5) आपﷺके जिस्म से हमेशा भिनी—भिनी खुशबू आती रहती थी।

6) आप ﷺका साया ज़मीन पर नहीं पड़ता था।

मोहम्मद ﷺ का ऐलाने नबुवत

आखिरकार जब आप उम्र के 40 वें साल में पहुंचे तो अब आप का दिल बहुत ज़्यादा खुदा की इबादत में माईल हो गया। और आप रात को अल्लाह की इबादत में मशगूल रहने लगे। जैसा की उस समय भी एक खुदा के मानने वाले जो सिर्फ एक खुदा की इबादत करते थे। उन्हें मुवाहिद कहा जाता था। जो बुत पसस्ती से पाक रहते थे।

इसी तरह अब आप तन्हाई को पसंद करते और इबादत के लिये गारे हिरा पर तशरीफ ले जाते थे। आप ﷺ अक्सर कई दिनों का खाना–पानी साथ ले जाते थे और जब खत्म होता तो आप खुद घर आकर ले जाते कभी बिबी खदीजा आप को लाकर देती थी। इसी तरह अब आप सुकून वाले माहौल में अल्लाह की इबादत में मशगूल रहने लगे। यानी अब रूहानी (अध्यात्मिक) तौर पर खुदा की इबादत में दिल व ज़हनी तौर पर बढ़ते चले गये। और तन्हाई में रहकर सिर्फ खुदा की इबादत में लिन हो जाया करते।

गारे हिरा

ये गारे हिरा जिस पहाड़ की चोटि पर है उसका नाम जबले नूर है। ये गार 4 गज़ लम्बी और 2 गज़ चौड़ी है। उसकी उसअत इतनी है के एक आदमी उसमे लेट सकता है। जबले नूर और उसके इर्दगिर्द जितने पहाड़ है। खुशक और बंजर है। रास्ता इतना मुश्किल और दुश्वार गुज़ार है, सेहत मंद और ताकतवर आदमी भी वहाँ बड़ी मुश्किल से पहुंचने में कामियाब होता है। (ये पहाड़ मक्का मुकर्रमा से तकरीबन 3 मील के फासले पर है) अगरचे दूसरे पहाड़ों की चोटियों पर भी इस किस्म की तन्हाई (एकांत स्थान) को तलाश किया जा सकता था।

लेकिन सरवरे आलम ने अपनी गोशा नशीनी के लिए गारे हिरा को इसलिए पसंद फरमाया के यहाँ बैठ के बैतुल्लाह शरीफ की ज़ियारत भी हो सकती थी। उसवक्त तो जबले नूर मक्का मुकर्रमा से 3 मील के फासले पर था। लेकिन अब ये शहर काफी वसी हो गया है और उसकी हूदूद जबले नूर को छूने लगी है।

मौर्रीखीन ने कयाम़ की मुद्दत को मुबहम रखा। क्योंकि ये मुद्दत मुताईयन ना थी। कभी 3 रात कभी 5 कभी 7 रातें। कभी रमज़ान का पूरा

महीना यहाँ कयाम फरमाया करते थे। बाज़ हज़रात ने लिखा है, के सिर्फ रमज़ान शरीफ का पूरा महीना यहाँ गुज़ारते थे। लेकिन हदीसे सहीहा के मुतआला से यही पता चलता है के अगरचे हुजूर रमज़ानुल मुबारक का पूरा महीना यहाँ गुज़ारते थे, लेकिन उसके अलावा भी बकसरत यहाँ आया करते थे। इस रिवायत के अल्फाज़ भी इस तरफ इशारा करते है।

हुजूर चंद रोज़ के लिए खाने पीने का सामान लेकर गारे हिरा में तशरीफ ले जाते। जब ये राशन खत्म होजाता तो फिर उम्मुल मोमेनीन हज़रते खदीजा के पास आते। चंद रोज़ कयाम फरमाते। खाने पीने का सामान लेकर फिर उस गार में अपने अल्लाह को याद करते और अल्लाह की इबादत करते। **मसलन : जैसे मूसा अ.स. ने कोहेतूर पर 40 दिन तक तन्हाई में अल्लाह की इबादत करते रहे।** वहीं उन्हें 10 आज्ञाऐं खुदा की तरफ से अता कि गई इसी हालत में वही का आगाज़ हुआ।

जब मोहम्मद ﷺ पर पहली वही नाज़िल हुई

फिर रोज़ की तरह आप एक दिन गारे हिरा में अल्लाह की इबादत में मशगूल थे बिल्कुल अचानक गारे हिरा में फरिश्ता हज़रत जिब्राईल अलैहिस्सलाम नाज़िल हुऐ, कहा पढ़हिये!

आप: मैं पढ़ने वाला नहीं हूँ। फिर जिबराईल अलैहिस्सलाम ने आप को ज़ोर से दबोच लिया फिर छोड़ा और कहा पढ़ीये। आप ने कहा मैं पढ़ने वाला नहीं हूँ। फिर तिसरी बार जिबराईल अ.स. ने आप को ज़ोर से अपने सीने से जकड़ा फिर छोड़ कर कहा पढ़ीये अपने रब के नाम से

اِقْرَاْ بِاسْمِ رَبِّكَ الَّذِیْ خَلَقَ ۚ﴿۱﴾ خَلَقَ الْاِنْسَانَ مِنْ عَلَقٍ ۚ﴿۲﴾

اِقْرَاْ وَرَبُّكَ الْاَكْرَمُ ۙ﴿۳﴾ الَّذِیْ عَلَّمَ بِالْقَلَمِ ۙ﴿۴﴾ عَلَّمَ الْاِنْسَانَ مَا لَمْ یَعْلَمْ ؕ﴿۵﴾

तर्जमा: पढ़ो अपने रब के नाम से जिसने पैदा किया आदमी को अ़लक़ से, पढ़ो तुम्हारा रब ही सबसे बड़ा करीम जिसने क़लम से लिखना सिखाया आदमी को सिखया जो न जानता था। आदमी सरकसी करता है खुद को गनी समझ लिया। बेशक आदमी को तुम्हारे रब ही की तरफ फिरना है।

ऐसे आप पर पहली बार ये वही नाज़िल हुई। फिर आप घर तशरीफ़ लाये। इस वाक़्ये से आप के क़ल्बे मुबारक पर लरज़ा तारी था। आपने हज़रत खदीजा से कहा मुझे कंबल उड़ाओ मुझे मंबल उड़ाओ।

थोड़ी देर बाद आप का खौफ दुर हुआ और कुछ सुकून हुआ तो आप ने हज़रत खदीजा को गारे हिरा का पसमंज़र ब्यान किया। बोले मुझे अपनी जान का डर है सुन कर हज़रत खदीजा ने बोली नहीं हरगिज़ नहीं। अल्लाह कभी आप को रूस्वा नहीं करेगा। आप बेहतरीन सुलुक वाले, खुद कमा कर मुफलीसों मोहताजों को अता करते हैं। आप हक़ और इंसाफ की खातिर सब की मुसीबतों और मुश्किलात में काम आते हैं।

वरक़ा बिन नौफल की पेशनगोई

इसके बाद आपको हज़रत खदीजा चचा ज़ाद भाई वरक़ा बिन नौफिल के पास ले गई। जो इंजील के आलिम थे। मगर बहुत बुढे और नाबीना हो गये थे। फिर उनको गारे–हिरा का पुरा वाक्या सुनाया। वरक़ा बिन नौफिल बोले ये तो वही फरिश्ता है जो हज़रते मूसा(अलैहिस्सलाम)के पास उतरा था। फिर वरक़ा बिन नौफिल बोले काश मैं आप के ऐलाने नबुवत के वक़्त ज़िंदा रहता जब आपकी अपनी क़ौम आप को मक्का से निकालेंगे। इस पर मुहम्मद ﷺ ने कहा क्या मक्का वाले मुझे निकाल देंगे? तो वरक़ा ने कहा जी हॉ। हर नबी के साथ लोगों ने दुशमनी की है। उसके बाद आप घर वापस आगये।

फिर आप अगली वही के इंतेज़ार में

फिर इसके बाद कुछ दिनों तक आप पर वही नहीं उतरी। आप वही उतरने के इंतेज़ार में रहने लगे। एक दिन आप घर से बाहर कही तशरीफ़ ले जा रहे थे, किसी ने आप को आवाज़ ''या मोहम्मद'' आप ने आसमान की तरफ नज़र उठा कर देखा, आप को वही फरिश्ता जिब्राईल (अलैहिस्सलाम) जो गारे–हिरा में आये थे। वो आप को आसमान और ज़मीन के दरमियान कुर्सी पर बैठे हुऐ दिखे। और आप पर खौफ की कैफीयत तारी हुई। आप ने घर आकर घरवालों से कहा मुझे कंबल उढादे। आप कंबल ओढ़ कर लेटे हुऐ थे। और आप पर अल्लाह का ये फरमान आगया सुरआ मुदसिर..........

''ऐ कंबल ओढ़ने वाले खड़े हो जाओ। फिर डर सुनाओ और अपने रब की ही बढ़ाई बोलो। और अपने कपड़े पाक रखो। और बुतों से दूर रहो''

1) इस आयत के उतरने के बाद अल्लाह ने आप को दावते इस्लाम के मनसब पर फ़ाईज़ किया। और मुहम्मद ﷺ ने अल्लाह के हुक्म के

मुताबिक़ दअ़वते हक़ और इस्लाम की तबलीग़ के लिये कमर कस ली। यूँ अल्लाह (रब्बुल आलमीन) ने अपने रसूल को बता दिया। अब वक़्त आ गया है कि आप अपने मक़सदे दुनिया की शुरूवात करें।

2) अब मोहम्मद ﷺ रूहानीयत (अध्यात्म/Meditation) की मंज़ील की तरफ गामज़न हुए। आखिरकार आप मंज़ीले मकसूद को पहुँचे। और आपको अल्लाह की तरफ से तसदीक कराया गया के आप कोई आम इन्सान नही बल्की अल्लाह के चुने हुए रसूल हैं और आप ही वो "आखरी नबी" है जिसका ज़िक्र तमाम सईफो में किया गया है। अब ऐ मोहम्मद आपको अपने मिशन का आगाज़ करना है।

वही आने की क़िस्में (प्रकार)

1) फरिश्ता वही लेकर आये और एक घंटी जैसी आवाज़ मालूम होती। यही सबसे सख्त तरीक़ा था। नबी ﷺको बहुत तकलीफ मालूम होती थी। आप फरमाते थे ऐसा लगता था जैसे मेरी जान निकल जाऐगी।

2) फरिश्ता दिल में वो बात डाल दे।

3) अल्लाह जागते में नबी से कलाम करे।

4) फरिश्ता आदमी की शक्ल में आकर बात करे। मोहम्मद ﷺ फरमाते यही सबसे आसान था और इसमे तकलीफ न होती थी।

नोटः अल्लाह फरमाता है अगर हम कुरान को किसी पहाड़ पर उतारते तो वह फट जाता (अल–कुरान)

इस फरमान के बाद आपने तबलीगे इस्लाम का काम शुरू किया और छुप–छुप कर इस्लाम की दावत दी। जिसकी बरकत की वजह से सबसे पहले हज़रत ख़दीजा इस्लाम में दाखिल हुईं। मर्दों में अबू बकर सिद्दीक़ और हज़रत ज़ैद बिन हारसा ने इस्लाम कुबूल किया।... आगे चलकर बच्चों में हज़रत अली ने सबसे पहले इस्लाम कुबूल किया।

☆ ☆ ☆

इस्लाम की तबलीग़
(इस्लाम के प्रचार व प्रसार की शुरूआत)
इस्लाम की तबलीग़ का पहला दौर
(उम्र शरीफ़ 42 साल, 612 ई ﷺ)

हुज़ूरे पाक ﷺ ने तीन साल खुफ़िया तौर पर, निहायत राज़दारी से इस्लाम की तबलीग़ की। हज़रत अबू बकर सिद्दीक़ हज़रत ख़दीजतुल–कुबरा और ज़ैद बिन हारसा की कोशिशों से दीगर अश्ख़ास दाइरा इस्लाम में दाखिल हुए। जिनमें ख़ास तौर पर हज़रत उस्मान ग़नी, हज़रत ज़ुबैर बिन अवाम हज़रत अब्दुर्रहमान बिन औफ़ हज़रत सअद बिन वक़ास हज़रत तलहा बिन अब्दुल्लाह वग़ैरह थे ख़्वातीन में हज़रत फातिमा बिन्ते ख़त्ताब, हज़रत उमर फरूक़ की बहन फातिमा और बहनोई, हुज़ूर पाक की हक़ीक़ी चची हज़रत उम्मे फ़ज़ल हज़रत अब्बास की बहन और अस्मा बिन्ते अबू बकर वग़ैरह मुसलमान हुए। उन्हें साबेक़ीन अव्वलीन कहा जाता है।

इस्लाम की तबलीग़ का दूसरा दौर
आपके करीबी रिश्तेदारों को दावत देने का हुक्मे ख़ुदा

तर्जुमा : और आप डाराया करें अपने करीबी रिश्तेदारों को और नीचे किया कीजीये अपने परों को उन लोगों के लिए जो आपकी पैरवी करते हैं अहले ईमान में से (सुरह अलअशरा 214–215)।

इस हुक्मे खुदावंदी की तामील जरूरी थी लेकिन ये कोई आसान काम न था। कुफ्र व शिर्क से भरे माशरे में ऐसे लोगों को तौहीद की दावत देना जो सैंकडों सालों से पत्थर के बने अंधे बहरे बेजान बुतों की पूजा के मतवाले थे। और उनकी आन पर अपनी जान तक कुरबान करना अपने लिए सरमाया सआदत तसव्वुर करते थे और वो भी इस तरह की दावत हो जो उनके दिलों में उतर जाए, उनके जहनों में उजाला करदे, उनकी रूह बनकर उनकी रगों में दौडे। यह बडा कठिन काम था। कई हफ्तों तक मोहम्मद ﷺ इस सोच में बेचैन रहते थे। रात व दिन इसी गौर व फिक्र में बीत जाते। मोहम्मद ﷺ घर में गोशा नशीन (तन्हा) रहे, इस खामोशी और

बेचैनी के वजह से मोहम्मद ﷺ की फूफी को यह अंदेशा लाहक हो गया कि मोहम्मद ﷺ कहीं बीमार तो नहीं। अयादत के लिए जब आपकी फूफी आईं तो मोहम्मद ﷺ ने बताया कि मेरी सेहत बिल्कुल ठीक है।

लेकिन मैं सोच में खोया खोया रहता हूँ कि अपने रब के उस हुक्म को कैसे बजा लाऊँ जो मुझे दिया गया है। आपकी फूफी ने अर्ज किया बेशक आप अब्दुल मुत्तलिब की औलाद को बुलाकर ये पैगाम पहोंचायें लेकिन अब्दुल अज़्ज़ा (अबु लहब) को ना बुलाऐं वो आपकी बात नहीं मानेगा।

मोहम्मद ﷺ ने बनू अब्दुल मुत्तलिब को बुलावा भेजा वो भी आए और अब्दे मुनाफ की औलाद में से भी चंद लोग पहोंच गए। सब की तादाद 45 के करीब थी। इस से पहले मोहम्मद ﷺ अपना मदाअ बयान फरमाते अबु लहब ने गुफ्तगु का आगाज़ कर दिया। उस ने कहा ये आपके चचे हैं और चचा ज़ाद भाई हैं। अब आप जो कहना चाहते हैं कहें। लेकिन ये बात ना भूलीये कि आपकी कौम में इतनी कुव्वत नहीं के वो सारे अहले अरब का मुकाबला कर सके। मुनासिब तो यही है के जो काम आपने शुरू किया है आपके कबीले वाले और आपके रिश्तेदार आपको इस से रोक दें। ये इनके लिए आसान है। बजाए इसके के कुरैश के सारे खानदान आपके खिलाफ मुत्तहिद होकर मुकाबले के लिए खडे हो जाएं और अरब के सारे कबीले तुम पर टूट पडें।

ऐ मेरे भतीजे! कोई आदमी ऐसा फितना व फसाद का पैगाम लेकर अपनी कौम के पास नहीं आया जो फितना व फसाद का पैगाम लेकर आप आए हैं। अबु लहब कहता रहा और मोहम्मद ﷺ खामोश रहे और उस मजलिस में कोई गुफ्तगु न की। चंद रोज़ खामोशी में गुज़र गये....

फिर जिबरीले अमीन आए और उन्होंने अल्लाह का पैगाम मोहम्मद ﷺ को पहोंचाया के आप दीने हक़ की तब्लीग़ का सिलसिला जारी रखें। अल्लाह तआला आपका हामी व मददगार होगा।

दूसरी बार फिर मोहम्मद ﷺ ने अपने करीबी रिश्तेदारों को बुलावा भेजा वो सब जमा हो गए। फिर आप ﷺ ने इरशाद फरमाया। सब तारीफें अल्लाह ही के लिए हैं मैं उसकी हम्द करता हूँ और उसी से मदद तलब करता हूँ और उस पर ईमान लाया हूँ और उसी पर तवक्कल (यकीन) करता हूँ। और मैं गवाही देता हूँ कि कोई इबादत के लायक़ नहीं सिवाए

अल्लाह तआला के जो खुदाए वाहिद है जिसका कोई शरीक नहीं।

और फरमाया! काफ़िले का पेशवा अपने काफ़िले वालों से झूठ नहीं बोलता, ये ना मुमकिन है अगर मैं दूसरों लोगों से झूठ बोलूं तो मैं बाखुदा तुम से झूठ नहीं बोल सकता। बिलफर्ज़ अगर मैं सारी दुनिया के साथ धोका करूं मगर तुम से धोका नहीं कर सकता। उस ज़ात की क़सम जिस के सिवा कोई मअबूद नहीं, मैं अल्लाह का रसूल हूँ। तुम्हारी तरफ बिलखुसूस और सारी इन्सानियत के तरफ हक़ के साथ बाखुदा तुम्हें मौत इसी तरह आएगी जिस तरह तुम्हें नींद आती है। कब्रों से जिन्दा यूं उठाये जाओगे जैसे तुम नींद से बेदार हुए हो और जो अमल करते हो उसकी तुमसे पूछताछ होगी, तुम्हारे अच्छे आमाल की अच्छी जज़ा और बुरे कामों की जज़ा तुम्हें दी जाएगी। ठिकाना अब्दी जहन्नम या अब्दी जन्नत (स्वर्ग अनंत)।

बाखुदा ऐ फरज़न्दाने अब्दुल मुत्तलिब!

मैं किसी ऐसे नवजवान को नहीं जानता जो इस चीज़ से बहेतर अपनी कौम के पास लेकर आया जो मैं लेकर आया हूँ। मैं तुम्हारे पास दुनिया और आखिरत की कामियाबी लेकर आया हूँ।

दूसरे लोगों ने इन बातों का माकूल जवाब दिया लेकिन अबु लहब ने सख्त ज़बान से गुस्से में बोला, ऐ फरज़न्दाने अबु मुत्तलिब यही चीज़ हमारे लिए जिल्लत और रूस्वाई का बाइस बनेगी। तुम आगे बढ़कर इसके हाथ पकड लो इस से पहले के दूसरे लोग इसके हाथ पकडें। इस वक्त अगर तुम इसको इन लोगों के हवाले करदोगे तुम ज़लील व रूस्वा होंगे। और अगर तुम इसका दिफा करोगे तो वो लोग तुम्हें तहे–तेग कर मार देंगे।

हज़रत सफिया जो मोहम्मद ﷺ की फूफी थीं वो अबु लहब की ये बात सुनकर सब्र न कर सकीं उन्होंने फरमाया ऐ भाई तुम्हें ये बात ज़ेब देती है के तुम अपने भतीजे मोहम्मद ﷺ को बेयार व मददगार छोड दो। बाखुदा आज तक हमें अहले इल्म (यहूद और ईसाइ) ये बताते रहें है के अब्दुल मुत्तलिब की नस्ल से एक नबीं ज़ाहिर होगा, बाखुदा ये वही है। फिर अबु लहब बोला! ये सब बातें बे सर पैर की हैं। और आपकी खुशफहमियां हैं और जिस वक्त कुरैश के सारे खानदान तुम्हारे खिलाफ खडे हो जाएंगे और जज़ीर–ए–अरब के सारे कबीले उनकी मदद कर रहे होंगे। तो उस

वक्त हमें अपनी हकीकत मालूम हो जाएगी।

इसके बाद अबु तालिब उठे और ऐलान कर दिया। बाखुदा जब तक हमारे जिस्म में जान है हम इनकी हिफाज़त व दिफा करेंगे। इससे पहले दो इज्तेमा में सिर्फ अब्दुल मुत्तलिब का खानदान मदअू था और वही लोग शरीक हुए थे। (फिर तीसरे इज्तेमा में मोहम्मद ﷺ बहुक्मे ख़ुदा तआला अलल ऐलान इस्लाम की पहली दावत का आग़ाज़ किया)।

इस तरह तीन साल तक मोहम्मद ﷺ इस्लाम की तबलीग़ करते रहे और इस अरसे में मुसलमानों की एक बड़ी जमाअ़त बन गई उसके बाद अल्लाह तआ़ला ने सूरः शुअ़रा के ज़रिए दुसरी वही नाज़िल की। उस में हुक्म हुआ। ऐ महबूब! अपने क़रीबी ख़ानदान वालों को खुदा से डराइए। तो आप ﷺ कोहे सफ़ा की चोटी पर चढ़ कर ''या मअ़शरे कुरैश'' कह कर पुकारा आपकी आवाज़ दूर–दूर तक पहुंच गई और तमाम कुरैश जमा हो गये।

उस वक़्त कुरैश में रिवाज था कि अगर किसी क़बीले को जमा करना होता तो वह अपने कपड़े उतार कर हवा में लहरा कर लोगों को आगाह करता था। मगर हमारे आक़ाए नामदार ने ऐसा नहीं किया। सिर्फ़ एक आवाज़ लगाई और लोग ज़ौक़ दर ज़ौक़ दौड़े चले आए। आप ﷺ ने लोगों से फरमाया कि ''अगर मैं कहूँ कि इस पहाड़ के पीछे दुश्मनों का लश्कर है और हमला करने वाला है तो क्या तुम मुझ पर यक़ीन कर लोगे?''

सबने एक ज़बान हो कर कहा ''बेशक! हमें आप ﷺ पर पूरा भरोसा है। क्योंकि हमने आपको अमीन पाया। आप ﷺ ने फरमाया तो सुनो मैं कहता हूँ। तुम अज़ाबे इलाही से डरो अगर तुम अल्लाह तआ़ला पर ईमान न लाओगे तो अज़ाबे इलाही नाज़िल होगा। यह सुनकर तमाम कुरैश जिनमें आप ﷺ का चाचा अबू लहब भी था, सख़्त नाराज़ हो कर भला बुरा कहता हुआ चला गया उसके पीछे तमाम कुफ़्फ़ार चले गये।

मोहम्मद ﷺ की दावत क्या थी?

तौहीद : अल्लाह एक है और कोई माबूद नहीं।
रिसालत : मैं अल्लाह का नबी हूँ।
कुरआन : यह अल्लाह का कलाम (किताब) है।

क़यामत : कयामत हक़ (सत्य) है।

ऐ लोगो कहो ''लाइलाहा इल्लल्लाह'' दोनों जहान में निजात (मोक्ष) पा जाओगे। दोनों जहान में कामयाब हो जाओगे।

ये मोहम्मद ﷺ की शुरूआती दावते इस्लाम थी। फिर धीरे धीरे इस में इज़ाफा होता गया।

तबलीग़े इस्लाम का तीसरा दौर

हुज़ूरे पाक ﷺ के ऐलाने नुबुव्वत के बाद 613 ई ﷺ और 43 साल की उम्र शरीफ़ में और एक आयत नाज़िल हुई कि ''फ़स्दअ़ बेमा तुअ़मरू'' यानी अब आपको जो हुक्म दिया गया उसे पूरा कीजिए। चुनांचे अब आपने खुल्लम खुल्ला दीने इस्लाम की तबलीग़ शुरू की। जिस की वजह से अहले मक्का आप ﷺ की जान के दुशमन हो गये।

मोहम्मद ﷺ की दावत और कुफ्फार का हैरान होना?

कुफ्फार हैरान होकर कहते अजीब बात करता है। ये मोहम्मद कहता है, सारी दुनिया का खालिक़ और मालिक एक खुदा है। भला कैसे मुमकिन है। ज़मीन, आसमान, हवा, पानी, आग, ज़िंदगी, मौत, बनाना, बिगाड़ना, हर काम कोई एक खुदा कर सकता है। उस दौर में वहाँ हर काम के लिये लोगों ने अलग–अलग खुदा के बुत बना रखे थे। वह उनकी पुजा करते, जैसे बरिश बरसाने वाला खुदा अलग, चांद–सुरज को काबु करने वाला खुदा अलग, इसी तरह हर चीज़ के लिये अलग–अलग खुदा की पुजा करते थे। कुफ्फार लोग सोचते यह मुमकिन ही नहीं यह सब काम एक खुदा कर सकता है। सारी कायनात का निज़ाम (System) एक खुदा संभाल ले भला ये नामुमकिन है। उनकी यही बात अल्लाह ने कुरआन में ज़िक्र की :

''क्या बना दिया है उसने बहुत से खुदाओं की जगह एक खुदा बेशक ये बड़ी अजीब व गरीब बात है''

''भला ये कैसे मुमकिन है जब हम मर कर मिटटी में मिल जाऐंगे तो हम और हमारे बाप दादा फिर जिंदा किये जाऐंगे।''

कुरैश का वफ़्द (Delegation) मोहम्मद ﷺ के पास आया

मुसलमानों की बढ़ती तादाद देख कर तमाम कुफ़्फ़ारे कुरैश ग़ज़ब में आ गये लेकिन उन में चन्द सुलह पसन्द भी थे। उन्हों ने सोचा कि बात चीत के ज़रिए मुआ़मला तय किया जाए। चुनांचे उतबा बिन रबीअ़ को मुशीर बना कर भेजा गया।

उस ने दरबारे रिसालत में पहुंच कर दरयाफ़्त किया कि आख़िर आपका मक़सद क्या है? क्या आपको सरदारी चाहिये? या फिर दौलत, इ़ज़्ज़त या किसी बड़े घराने में शादी के ख़्वाहिश मन्द हो? उतबा की तक़रीर सुन कर मोहम्मद ﷺ ने कुरआन की चन्द आयतें पढ़कर सुनाई जिसे सुन कर उतबा बेहद मुतअ़स्सिर हुआ और कहा बस अब उस से आगे सुनने की मुझ में ताब नहीं। उतबा वापस हुआ। मगर उसकी दुनिया ही बदल चुकी थी। उसने आकर लोगों से कहा मुहम्मद ﷺ जो कहता है और जो कलाम पेश करता है वह न तो कोई जादूई कलाम है और न शाइरी। तुम उन्हें उनके हाल पर छोड़ दो। लेकिन कुफ़्फ़ारे कुरैश पर कोई असर ही नहीं हुआ।

कुरैश का दूसरा वफ़्द अबू तालिब के पास

अब कुफ़्फ़ारे कुरैश के और कुछ समझदार और सुलह पसन्द लोग थे। जिन्होंने आपस में मश्वरा करके बड़े–बड़े रईस, अमीर आप ﷺ के चचा हज़रत अबू तालिब के पास आए और आप ﷺ की शिकायत की कि आपका भतीजा हमारे माबूदों की तौहीन करता है और बुतपरस्ती से रोकता है। उसे आप समझाएं या आप हमारे दर्मियान में न आएं ताकि दोनों तरफ़ में से किसी एक तरफ़ फ़ैसला हो जाए।

चुनांचे अबू तालिब ने मोहम्मद ﷺ को समझाया। "ऐ जाने अम! अपने बूढ़े चचा पर रहम कर। तमाम अहले कुरैश मेरा एहतराम करते हैं। मगर अब उनके तेवर बदल गये हैं वह तुम पर **तल्वार** भी उठा सकते हैं। मेरी मानो तो कुछ दिन के लिए दावते इस्लाम को मौकूफ़ रखो।" हज़रत अबू तालिब बातिनी तौर पर आप ﷺ के साथ थे इसलिए उन्हों ने नर्मी से समझाया। मगर हुजूर पाक ﷺ ने भर्राई हुई आवाज़ में कहा "चचा जान!

अल्लाह की क़सम! अगर कुरैश मेरे एक हाथ में सूरज और दूसरे हाथ में चांद भी रख दें तो भी मैं इस फ़र्ज़ से बाज़ न आऊंगा या तो खुदा इस काम को खुद पूरा करेगा या मैं खुद दीन की ख़ातिर **अपनी जान दे दूंगा।**" यह अल्फ़ाज़ सुन कर अबू तालिब बेहद मुतअ़स्सिर हुए और कहा प्यारे भतीजे! मैं तुम्हारे साथ हूँ जब तक मैं ज़िन्दा हूँ तुम्हें कोई भी नुक़सान नहीं पहुंचा सकता।

शुअ़बे अबू तालिब
(Boycott of Muhammad)

उम्र शरीफ़ के 48 वें साल 615 ई0 में कुफ़्फ़ारे मक्का ने देखा कि मुसलमानों की तादाद बढ़ती ही जा रही है और मोहम्मद ﷺ पर कुछ असर नहीं हो रहा है उन लोगों ने मिल कर तय किया कि मोहम्मद ﷺ और आपके ख़ानदान का बाईकाट किया जाए और उन्हें किसी तारीक जगह पर महसूर किया जाए और उनका दाना पानी बन्द कर दिया जाए और मुआहेदा लिखा। चुनांचे तीन साल तक शुअ़बे अबू तालिब में आपको और आपके साथियों को अबू तालिब के साथ महसूर किया गया। मुआहिदा यह लिखा गया कि (1) कोई बनू हाशिम के यहॉ शादी न करे। (2) उन लोगों से किसी क़िस्म का लेन–देन न करे। (3) किसी क़िस्म का मेल जोल न रखे। कोई खाने पीने की अशिया न ले जाए। इस मुआहिदे पर तमाम सरदाराने कुरैश ने दस्तख़त करके काबा के अन्दर आवेज़ॉ कर दिया।

अबू तालिब मजबूरन भतीजे की ख़ातिर तमाम ख़ानदान के साथ तीन साल शुअ़बे (घाटी) में महसूर रहे।

मोहम्मद ﷺ के बायकॉट (Boycott) के दस्तावेज़ जब फाड़ दिये गये

जिन लोगों को जुल्मो तशददुद की इस दस्तावेज़ को पारा पारा करने की सआदत नसीब हुई उनमें हश्शाम बिन हारिस का नाम सरे फहरिस्त है। ये उस वक्त तक मुशर्रफ ब इस्लाम नहीं हुए थे लेकिन बनु हाशिम के साथ उनकी करीबी रिश्तेदारी थी। इस तआल्लुक की वजह से ये दिन रात बेचैन रहा करते थे। और उनकी रिहाई के लिए मनसूबे सोचते रहते थे। जैसे आप पहले पढ चुके है के मुहासरा के अय्याम में रात की तारीकी मे गल्ला पहुंचाने का भी अहतेमाम किया करते थे। उंट पर खाने पीने का सामान लाद लेते। जब शाब के दहाने पर पहुंचते तो उंट की नकेल निकाल लेते और उँट के पहलू में दो थप्पड़ लगा कर उसे छोड़ देते वो भागता हुआ उन महसूलीन के पास पहुंच जाता।

वो उसे पकडते और उससे सामान उतार लेते फिर उसे छोड़ देते। वो आपने मालिक के पास वापस आजाता जिसकी तफसील पढ़ चुके है। ये

हश्शाम एक रोज़ जुहैर बिन अबी उम्मीया के पास गए जुहैर अब्दुल मुत्तलीब की साहिबज़ादी हज़रते आतेका के फरज़न्द थे। इस वजह से उनको भी बनु हाशिम की ये तकलीफ गवारा नही थी। हश्शम ने जुहैर को जाकर कहा।

ऐ जुहैर क्या तुम्हे ये बात पसंद है के तुम लज़ीज़ खाने खाओ , उम्दा लिबास पहनो और अपनी बीवी बच्चों के साथ बआराम ज़िन्दगी गुज़ारो और तुम्हारे ननीहाल भुके नंगे खस्ता हाल तरह तरह की मशक्कतों में घिरे ज़िन्दगी के दिन पूरे कर रहे है। मैं खुदा की कसम खाकर कहता हूँ। अगर तुम अबूल हकम (अबु जहल) के ननीहाल के खिलाफ ऐसा कदम उठाते और तुम उसे उस में शिर्कत की दावत देते तो वो हरगिज़ तुम्हारी उस दावत को कुबूल ना करता। जुहैर ने कहा सद अफसोस ऐ हश्शाम मैं तन्हा हूँ अकेला क्या कर सकता हूँ, अगर एक और साथी मुझे मिलजाए तो मैं इस मुहाएदे को तोड़ने के लिए खड़ा हो जाऊं। हश्शाम ने कहा एक आदमी तो मैं पेश कर सकता हूँ। उसने पूछा वो कौन है?

हश्शाम ने कहा मैं खुद। जुहैर ने कहा हिम्मत करो। एक तीसरा आदमी भी तलाश करो, चुनांच हश्शाम मुतइमबिन अदी के पास गया और उनसे जाकर कहा, एक मुतईम क्या ये बात तुम्हे पसंद है के बनी अब्दे मुनाफ के दो खानदान बनु हाशिम और बनु मुत्तलिब भूक से एडिया रगड़ते रगड़ते हलाक हो जाएं और तुम ये देख भी रहे हो और फिर भी कुरैश की इमदाद करो। अगर तुम कुरैश को इस तरह हलाक करने के दर पे होते तो वो तुम्हारा मुंह ना तकते रहते, बल्के तुम पर सब मिलकर हल्ला बोल देते।

मुतईम ने कहा तुम सच कहते हो। लेकिन मैं तन्हा सारी कौम का कैसे मुकाबला कर सकता हूँ। हश्शाम ने कहा तुम अकेले नही एक दूसरा आदमी भी तुम्हारे साथ होगा। पूछा कौन? कहा मैं खुद हाज़िर हूँ। मुतईम ने कहा एक तीसरा साथी भी तलाश करो,

हश्शाम ने कहा वो तीसरा आदमी मैंने ढूंढलिया है। पूछा कौन? कहा जुहैर बिन अबि उम्मीया। मुतईम ने कहा के चौथा आदमी भी तलाश करो, इस तरह हम पूरी कूवत से इस मकसद को हासिल कर सकेगें। हश्शाम उसके पास से उठकर अबुल बखतरी बिन हश्शाम के पास गया और उसके साथ भी वही गुफतगु की जो मुतईम के साथ की थी। उसने पूछा इस मामले में कोई और शख़्स भी हमारी मदद करेगा। हश्शाम ने जवाब दिया यकीनन। हश्शाम ने पूछा कौन? हश्शाम ने जवाब दिया जुहैर,

मुतईम और मैं खुद और तुम। हम चार आदमी इस मोहिम को सर करने के लिए मुत्तफीक है।

अबुल बखतरी ने कहा एक पांचवा साथी भी होना चाहिये। हश्शाम वहाँ से सीधा ज़मआ बिन अलअसवद के पास गया और उसके साथ इस मौजू पर गुफतगु की और उसे भी करीबी रिश्तेदारी का वास्ता दिया। जो उसकी बनु हाशिम के साथ थी। उसने भी पूछा के इस सिलसिले में कोई और शख़्स भी हमारा साथ देगा? हश्शाम ने कहा हाँ और उन अशखास के नाम गिन दिये जिनसे पहले बात हो चुकी थी। और उन्होंने हामी भरी थी। इब्ने साद ने उनके अलावा अदि बिन कैस के नाम का भी ईज़ाफा किया। और हज़रते अबुतालिब ने सोहेल बिन बैज़ा का नाम भी इस कसीदा में ज़िक्र किया है। जो इस कारे खैर में शरीक हुए। आगे चलकर उनमें से हश्शाम, जुहैर सोहेल, अदिबिन कैस को इस्लाम कबूल करने की सआदत नसीब हुई।

उन लोगों ने तय किया के मशवरा के लिए आज रात हजूम के फलां गोशे में सब जमा होंगे। चुनांच मुकरर्रा जगे पर इस रात ये सारे साहिबान जमा हुए और उन्होंने मुत्तफेका तौर पर ये तय किया के इस ज़ालिमाना मुहायदा को कल अदम (रद) कर के रहेंगे। जुहैर ने कहा के इस काम की इब्तेदा मैं करूंगा। कल सुबह सेहने हरम (काबा) में खड़ा होकर मैं इस मुहायदा के खातमे का ऐलान करूंगा। सुबह हुई तो रईसे कुरैश हस्बे दस्तूर हरम में अपने अपने मजालिस में जाकर बैठ गये।

लेकिन ज़ोहेर की आज शान ही निराली थी। वो बड़ी आन बान से हरम में दाखिल हुआ। इसने आज एक कीमती पोशाक ज़ेबतन की हुई थी। उसकी चाल में भी एक किस्म की अकड़ थी। पहले उसने बैतुल्लाह शरीफ का तवाफ किया फिर लोगों की तरफ मुतवज्जा हुआ। और बा आवाज़ बलंद अपने गुफतगु का आगाज़ किया। उसने कहा ऐ मक्का के बाशिंदो ये कितने शर्म की बात है के हम सब तो लज़ीज़ खाने खाए ज़र्क व बर्क लिबास पहने और खानदान हाशिम के मर्दोज़न भुके मर रहे हो। न उनके पास पेट भरने के लिए खाना हो और ना तन ढ़ांकने के लिए कपड़ा। हम उनके हाथ कीमत लेकर भी कोई चीज़ बेचने की लिए तैयार ना हों । आखिर में उसने कहा।

बखुदा मैं उस वक्त तक नही बैठूंगा जब तक इस कदर रहमी करने वाली ज़ालेमाना दस्तावेज़ को पूरज़े पूरज़े ना कर दिये जाये।

मस्जिद के एक कोने में अबु जहल बैठा हुआ था। उसने जब ज़ोहेर का ये ऐलान सुना तो गुस्सा से पेचों ताब खाता हुआ उठा और गरज कर बोला "कज़ीत्ता वल्लाही ला तु शक्कु" जुहैर तुम झूट कह रहे हो। बखुदा इस सहीफा को नही फाड़ा जायेगा। ज़मा बिन असवद फौरन खड़ा हो गया उसने अबु जहल को मुखातिब हो कर कहा सब से बड़े झूटे तुम हो, बखुदा इस तहरीर में हम राज़ी ना थे। उसकी ताईद करते हुए अबुल बख़्तरी कड़क कर बोला ज़मा ने सच कहा है। जो इस दस्तावेज़ में लिखा गया है हम ना उसको पसंद करते है और ना उसको बरकरार रहने देंगे। मुतईम ने कहा ऐ ज़मा और अबुल बख़्तरी तुमने सच कहा है। और इसके अलावा जो कहता है वो झूठ बकता है। जो कुछ इस सहीफा में लिखा गया है हम अल्लाह तआला की जनाब में इससे बरअत का इज़हार करते है। हश्शाम बिन अमर ने भी उठ कर अपने साथियों की पूर ज़ोर ताईद की। अबु जहल ने कहा ये सोची समझी साज़िश है और इसके बारे में रात को फैसला किया गया है। ये सारि बातें हो रही थी हज़रते अबु तालिब मस्जिद के गोशा में बैठे सुन रहे थे।

मुतईम ने इस सहीफा को फाड़ कर पुर्ज़ा पुर्ज़ा करना चाहा। देखा तो दीमक ने अल्लाह अज़ इस्महु के नाम के बगैर जो कुछ उस में लिखा गया था उसका सफाया कर दिया है। चुनांच उसे फाडकर तुकड़े तुकड़े कर दिया है। यूं मोहम्मद ﷺ और आपके खानदान को तीन साल के संगीन मुहासरे के बाद नजात नसीब हुई। नबुवत के दसवें साल हिजरत से तीन साल पहले बनु हाशिम और बनु मुत्तलीब को शोबे अबु तालिब की तन्हाई से रिहाई मिली।

☆ ☆ ☆

मुख़ालिफ़त जब ज़ुल्म में बदल गई

कुफ़्फ़ार आप के मोजज़ात और रूहानी तासीरात देख कर आप को सबसे बड़ा जादुगर कहने लगे। जब हुज़ूर ﷺ कुरआन की तिलावत करते तो कुफ़्फ़ार आप को ज़लील करते और अल्लाह को भला बुरा कहते, और बाज़ वक़्त गालियाँ भी देते। गली–कुचों में पहरा बिठा देते की कुरआन की आवाज़ किसी के भी कानों में न पड़ने पाऐ। और सीटियाँ–तालियाँ बजाते इस तरह शोर–गुल करते की कोई कहीं कुरआन सुन न लें।

मुहम्मद ﷺ किसी आम मजमाअ़ में, मेलों में लोगों को कुरआन पढ़कर सुनाते व ईमान की दावत देते। तो आपका चचा अबू लहब आप के पीछे से चिल्लाता हुआ आता, कहता ऐ लोगो ये मेरा भतीजा है ये झूटा है। ये दीवाना है तुम लोग इस की बातों में न आना। एक बार आप जुल –मजाज के बाज़ार में दावत दे रहे थे। अबू जहल धुल उठाता मोहम्मद ﷺ के चेहरे पर मारता जाता। और कहता जाता ऐ लोगों इसकी बातों में मत आना ये जादुगर है।

मगर दीने इस्लाम धीरे–धीरे बढ़ता गया और कुफ़्फ़ारों में बेचैनियाँ और बढ़ती रही और उन्होंने आप पर हद से बढ़ कर ज़ुल्म करने की ठान ली। अब कुफ़्फ़ार आप को काहिन (जादुगर) शाईर, मजनू कहने लगे। और इसे अरब में आम करने लगे। ताकि लोग आप से दुर रहें। अब रास्ते में आप पर फबतीयाँ कसते गालियाँ देते। कभी आप के रास्ते में काँटे डाल देते, कभी आप के उपर नजासत फेंक देते, कभी आप को धक्का दे देते। अब मुहम्मद ﷺ पर न क़ाबिले बर्दाश्त ज़ुल्म करना शुरू कर दिये।

मोहम्मद ﷺ और मुसलमानों पर ज़ुल्म ढाए जाने लगे

1) एक मरतबा आप हरमे काबा में नमाज़ पढ़ रहे थे कि एक काफिर उक़्बा बिन अबी मुईस ने गले में फनदा डाल कर इस क़द्र खींचा कि आप ﷺ का दम घुटने लगा। हज़रत अबू बकर सिद्दीक़ رضي الله عنه दौड़ते हुए आए और आपको छुड़ाया।

2) इसी तरह मुसलमान होने वालों पर भी कई मज़ालिम ढाए गये जिन में ख़ास तौर पर हज़रत अरक़म बिन अरक़म رضي الله عنه हज़रत खुबाब رضي الله عنه हज़रत बिलाल رضي الله عنه हज़रत आमिर बिन फहीरा رضي الله عنه वगैरह इसी तरह

सहाबियात में खुसूसन हज़रत सुमैया ؓ हज़रत लुबनिया जो हज़रत उमर की बांदी थीं। हज़रत ज़नीरह, हज़रत उम्मे अबीस।

4)हज़रत सुमैया ؓ को अबू जहल ने ऐसा नेज़ा मारा कि आप शहीद हो गईं।

आप का गला घोंटने की कोशिश

रिवायत है कि एक बार आप काबा में नमाज़ पढ़ रहे थे। एक काफिर उक़्बा बिन अबी मुऐत ने आप के गले में चादर का फंदा बना कर आप का दम घोटना चाहा। वह मंज़र देख कर अबु बकर सिद्दीक़ रज़ियल्लाहु अन्हू बे क़रार हो कर दौड़ पड़े उक़्बा को धक्का दिया आप से दूर किया। और कहा क्या तुम ऐसे आदमी को क़त्ल करना चाहते हो जो कहता है 'मेरा रब अल्लाह है' फिर हज़रत अबु बकर और कुफ़्फ़ार में लड़ाई हो गई। आप ने उनको मारा, और उन्हों ने आप को भी मारा। अब कुफ़्फ़ार के जुल्म बढ़ने लगे। वो अब मुसलमानों को कमज़ोर जानकर मार–पीट कर लेते थे।

इसी तरह एक बार मुहम्मद ﷺ काबा में नमाज़ पढ़ रहे थे। आप सजदे में गये तो अबुजहल काफिर ने ओझड़ी आप के कांधे पर रख दी। आप नमाज़ में थे तो देर तक ओझड़ी आपके गर्दन और कंधे पर पड़ी रही। यू कुफ़्फ़ार यह मंज़र देख कर ठहाके लगा कर हस्ते रहे। आखिर कार हज़रत फ़ातिमा ने ओझड़ी को हटाया। हुजूर को कुफ़्फ़ार की इस हरकत से बड़ा सदमा पहुंचा नमाज़ के बाद आप ने 3 बार ये दुआ मांगी।

ऐ अल्लाह तू कुरैश को अपनी गिरिफ़्त में पकड़ ले। फिर अबु जहल, उतबा बिन रबीआ, शैबा बिन रबीआ, वलीद बिन उतबा, उमय्या बिन खल्फ़, उमारा बिन वलीद का नाम लेकर कहा अल्लाह तू इन्को अपनी गिरिफ़्त में ले।

(नोटः– अब्दुल्लाह बिन मसऊद ؓ फरमाते हैं खुदा की क़सम। मैंने इन सब काफ़िरों की लाशें जंगे बदर के दिन देखा ज़मीन पर पड़ी है। फिर इन सब को निहायत ज़िल्लत के साथ घसीट कर एक गड्ढे में डाल दिया गया। तब हुजूर ने फ़रमाया, इन गड्ढे वालों पर खुदा की लानत है।)

सो यू मुहम्मद ﷺ पर और मुसलमानों पर दिन ब–दिन जुल्म बढ़ते गये। और हर जुल्म के बाद इस्लाम बढ़ता गया। दावते इस्लाम आम होती जा रही थी। मगर कुफ़्फ़ार की अज़ीयतें भी बढ़ने लगी थी। काफिर चाहते कैसे भी हम आप के दिन को रोक दें।

तायफ़ में पत्थरों की बारिश

मक्का वालों की दुश्मनी और सरकशी को देखते हुए जब मोहम्मद ﷺ को उन लोगों के ईमान लाने से मायूसी नज़र आई। तो आप ने तब्लीग़े इस्लाम के लिए मक्का के क़ुर्ब व जवार की बस्तियों का रूख़ किया। चुनान्चे इस सिलसिले में आप ने ''ताइफ़'' का भी सफ़र फ़रमाया। इस सफ़र में हुज़ूर ﷺ के गुलाम हज़रते ज़ैद बिन हारिसा ﷺ भी आप के हमराह थे। ताइफ़ में बड़े बड़े मालदार लोग रहते थे। उन रईसों में ''उ़मैर'' का ख़ानदान तमाम क़बाएल का सरदार माना जाता था। ये लोग तीन भाई थे। लैल, मसऊद, हबीब। मोहम्मद ﷺ उन तीनों के पास तशरीफ़ ले गए। और इस्लाम की दअ़वत दी। उन तीनों ने इस्लाम क़बूल नहीं किया। बल्कि इन्तिहाई बेहूदा और गुस्ताख़ाना जवाब दिया और ताएफ़ के शरीर गुन्डों को उभार दिया कि मोहम्मद ﷺ के साथ बुरा सुलूक करें। चुनान्चे लफ़ंगों का ये शरीर गिरोह हर तरफ़ से आप पर टूट पड़ा। और ये शरारती लोग आप पर पत्थर बरसाने लगे। यहां तक कि आप के मुक़द्दस पावॅ ज़ख़्मों से लहू लुहान हो गए और आप के मोज़े और नअ़लैने मुबारक खून से भर गए। जब आप ज़ख़्मों से बेताब हो कर बैठ जाते। तो ये ज़ालिम इन्तिहाई बेदर्दी के साथ आप का बाज़ू पकड़ कर उठाते। और जब आप चलने लगते तो फिर आप पर पत्थरों की बारिश करते और साथ साथ तअ़ना ज़नी करते। गालियाँ देते। तालियाँ बजाते। हंसी उड़ाते। हज़रते ज़ैद बिन हारिस ﷺ दौड़ दौड़ कर हुज़ूर ﷺ पर आने वाले पत्थरों को अपने बदन पर लेते थे। और हुज़ूर ﷺ को बचाते थे। यहाँ तक कि वो भी ख़ून में नहा गए। और ज़ख़्मों से निढाल हो गए।

ताईफ़ में अल्लाह से दुआ

ऐ अल्लाह मैं अपनी ताक़त की नातवानी अपनी कुवते अमल की कमी, लोगों की निगाहों में अपनी बेबसी का शिकवा, तेरी बारगाह में करता हूँ। ऐ रहमानोरहीम तू कमज़ोरों का रब है, तू मेरा भी रब है, तू मुझे किसके हवाले करता है, ऐसे बईद के हवाले तो तुर्श रवी से मेरे साथ पेश आता है, क्या किसी दुश्मन को तूने मेरी किसमत का मालिक बना दिया है। अगर तू मुझपर नाराज़ ना होतो मुझे इन तकलीफों की ज़रा परवाह नहीं। मैं तेरी रज़ा तलब करता रहुँगा, यहाँ तक के तू राज़ी हो जाए। तेरी ज़ात के बगैर न मेरे पास कोई ताक़त है न कुवत है, (सीरते इब्ने कसीर 150/2)

जिब्रील अलैहिस्सलाम का आना

आप ﷺ खून से लत–पत हो गये, खून जिस्म से बहता हुआ आपकी जूतियों में चला गया। आप रो पड़े और बैठ गये। इतने में हज़रत जिब्राईल (अलैहिस्सलाम) आप के पास आये और कहा या रसूलल्लाह! अगर आप का हुक्म होतो मैं इस बस्ती को ज़मीन के अंदर पलट दूँ। इन लोगों को खत्म करदूँ। मगर नबी करीम ﷺ ने फरमायाः ऐ जिब्राईल, मैं यहाँ अल्लाह की रहमत बनकर आया हूँ, इन पर अज़ाब बनकर नहीं। यह लोग अभी मुझे नहीं जानते हैं।

इसाई मोमिन हो गया : यहॉ तक कि आख़िर आप ने अंगूर के एक बाग़ में पनाह ली। ये बाग़ मक्का के एक मशहूर काफ़िर उ़तबा बिन रबीआ़ का था। हुज़ूर ﷺ का ये हाल देखकर उतबा बिन रबीआ़ और उस के भाई शैबा बिन रबीआ़ को आप पर रहम आ गया। और काफ़िर होने के बावजूद ख़ानदानी हमय्येत ने जोश मारा। चुनान्चे इन दोनों काफ़िरों ने हुज़ूर ﷺ को अपने बाग़ में ठहराया। और अपने नसरानी गुलाम ''अ़द्दास'' के हाथ से आप की ख़िदमत में अंगूर का एक गुच्छा भेजा। हुज़ूर ﷺ ने बिस्मिल्लाह पढ़ कर गुच्छा को हाथ लगाया तो अ़द्दास तअ़ज्जुब से कहने लगा। कि इस अतराफ़ के लोग तो ये कलिमा नहीं बोला करते। हुज़ूर ﷺ ने इस से दर्याफ़्त फ़रमाया कि तुम्हारा वतन कहॉ है अ़द्दास ने कहा कि मैं शहरे ''नैनवा'' का रहने वाला हूँ आप ने फ़रमाया कि वो हज़रते यूनुस बिन मत्ता का शहर है। वो भी मेरी तरह खुदा के पैग़म्बर थे। ये सुनकर अ़द्दास आप के हाथ पावॅ चूमने लगा। और फ़ौरन ही आप का कलिमा पढकर मुसलमान हो गया।

जिन्नों का ईमान लाना

इसी सफ़र में जब आप मक़ाम ''नख़्ल'' में तशरीफ़ फ़रमा हुए और रात को नमाज़े तहज्जुद में कुरआन मजीद पढ़ रहे थे। तो ''नसीबीन'' के जिन्नों की एक जमाअ़त आप की ख़िदमत में हाज़िर हुई और कुरआन सुन कर के सब जिन्न मुसलमान हो गए। फिर इन जिन्नों ने लौट कर अपनी क़ौम को बताया। तो मक्का मुकर्रमा में जिन्नों की जमाअ़त ने फ़ौज दर फ़ौज आ कर इस्लाम क़बूल किया। चुनान्चे कुरआन मजीद में सूरए जिन की इब्तिदाई आयतों में खुदावंद आलम ने इस वाक़िआ़ का तज़्किरा फ़रमाया है। (ज़रक़ानी जि. 1 स. 303)

मोहम्मद ﷺ : ऐ लोगों तुम पर मेरा कोई ज़ोर नहीं

इमाम बुखारी ने अपनी तारीख में और तीबरानी ने कबीर में मुदरिक बिन मुनिरूल आमिरी से अपने बाप और दादा के ज़रिये से ये रिवायत नकल की है।

मुदरीक ने कहा मैंने ज़मानाए जाहिलियत में रसूलउल्लाह ﷺ को देखा के हुज़ूर ﷺ फरमा रहे थे। ऐ लोगों कहो "ला ईलाहा इल्लल्लाह" दोनो जहानों में नजात (मोक्ष) पा जाओंगे। ये सून कर किसी ने हुज़ूर ﷺ के रूखे अनवर पर थूंकना शुरू कर दिया। किसी ने मुठ्ठी में मिट्टी भर कर मोहम्मद ﷺ पर फेंकना शुरू कर दिया। और बाज़ लोग गालीयाँ बकने लगे ये सिलसिला जारी रहा। यहाँ तक के दोपहर हो गई पस एक बच्ची पानी का प्याला ले आई हुज़ूर ﷺ ने अपने रूखे अनवर को और अपने मुबारक हाथों को धोया और फरमाया ऐ मेरी बेटी अपने बाप के बारे में ये अंदेशा मत करो के उसको कोई मगलूब (Resist) कर लेगा। या कोई रूसवा करेगा, मैंने पुछा ये बच्ची कौन है लोगों ने बताया के मोहम्मद ﷺ की बेटी जिसका नाम ज़ैनब है।

आमिर बिन मुसलेमा अन हनफी जो नबीए रहमत की ज़िन्दगी के आखरी अय्याम में मुशर्रफ ब इस्लाम हुऐ। और बनी हनफीया कबीला का एक फर्द था। उसने कहा मैंने मोहम्मद ﷺ को लगातार 3 साल देखा के आप आकाज़, मज़ना, और जिल मजाज़ की मंड़ीयों में तशरीफ लाते और हमें अल्लाह अज़वजल में ईमान लाने पर दावत देते। और नीज़ हमें फरमाते के मेरा दिफा करो के मैं अपने रब के पैगामात पहुंचाऊ। और उसके बदले में आप हमें जन्नत का मुज़दा (खुशखबरी) सुनाते। मगर ना आपकी दावत को हमने कबूल किया और ना कभी कोई खुबसूरत जवाब दिया। बल्के हम आपके साथ बड़ी सख़्ती से पेश आते फिर भी आप सब्र का मुज़ाहिरा फरमाते।

आमिर कहते हैं के मैं अपने वतन हज करके वापस गया तो। मुझे हुदा बिन अली ने कहा इस सफरे हज की कोई खास खबर सुनाओं। मैंने कहा मैंने एक कुरैशी को देखा जो बारी बारी सब कबीलों के पास जाता और उन्हे अल्लाह तआला वहदहू पर ईमान लाने की दावत देता। और उनसे ये मुतालेबा करता के दुश्मनों से वो उनका दिफा (रक्षा) करे ताके वो अपने रब का पैग़ाम पहुंचा सके। और अगर उन्होंने ऐसा किया तो वो

जन्नत के मुस्तहिक हो जाएंगे। हुदा ने कहा वो कुरैश की किस खानदान से है। मैंने कहा नसब के लिहाज़ से सबसे आला खानदान बनी अब्दुल मुत्तलीब से। हुदा ने पुछा क्या वो मोहम्मद बिन अब्दुल्लाह तो नही। मैंने कहा हॉ बिलकुल वही है। हुदा ने हैरत से कहा उसका दीन यहॉ तक अनकरीब गालीब आजाऐगा। मैंने भी हैरत से कहा यहॉ तक उसने कहा बल्के इससे भी आगे।

फिर दूसरे साल मैंने हज किया और वापस आया तो हुदा ने मुझ से पूछा उस सख़्स की कोई बात सुनाओ। मैंने कहा बखुदा जिस तरह गुज़िश्ता साल उसे देखा था इस साल भी उसी तरह देखा है।

फिर तीसरे साल जब मैं हज के लिए गया और ये आखरी ज़ियारत थी जो मुझे नसीब हुई तो अब हालात बिलकुल बदल गये थे अब उनकी दावत की बड़ी शान थी जगह जगह उनका चर्चा था। अल्लामा इब्ने कसीर मुसाबिन अक्बा से रिवायत नकल करते हैं के मोहम्मद ﷺ हर साल हज के मौके पर दूर दराज़ से आये हुए कबाईल अरब के सामने अपनी दावत पेश करते और हर कबीला के रईस और शरीफ आदमी से बातचीत (गुफतगु) फरमाते। हुजूर की इरशाद का खुलासा ये है। हुजूर उन रईसों और शुरफा को फरमाते मैं तुमसे किसी को किसी चीज़ पर ईमान लाने पर मजबूर नही करता जो दावत मैं देता हूं जिसे वो पसंद आजाए बेशक उसे कूबूल करलें और जिसे पसंद ना आए मैं उसे मजबूर नही करूंगा। ऐ लोगों मेरा तुम पर कोई ज़ोर नही जिसे मेरी दावत पसंद आये वो कबूल करे या ना कबूल करे।

मैं तो ये चाहता हूँ कि मुश्रेकीन जो मेरे कत्ल के मनसूबे बना रहे है उनसे मेरा दिफा करो यहॉ तक के मैं मेरे रब के पैग़ाम उसके बन्दों तक पहुंचादूं। यहॉ तक के अल्लाह तआला मेरे बारे में और मेरे साथियों के बारे में जो चाहे फैसला फरमाये। मैं कोई उजरत (पैसा) तुम लोगों से नही मांगता हूँ।

☆ ☆ ☆

क़बाइल में तब्लीग़े इस्लाम

हुज़ूर नबीए करीम ﷺ का तरीक़ा था कि हज्ज के ज़माना में जब कि दूर दूर के अ़रबी क़बाइल मक्का में जमअ़ होते थे तो हुज़ूर ﷺ तमाम क़बाइल में दौरा फ़रमा कर लोगों को इस्लाम की दअ़वत देते थे इसी तरह अरब में जा ब–जा बहुत से मेले लगते थे। जिन में दूर दराज़ के क़बाइले अ़रब जमअ़ होते थे उन मेलों में भी आप तब्लीग़े इस्लाम के लिए तशरीफ़ ले जाते थे। चुनान्चे उ़काज़, मजिन्ना, ज़ूलमजाज़ के बड़े बड़े मेलों में आप ने क़बाइले अ़रब के सामने दअ़वते इस्लाम पेश फ़रमाई।

अ़रब के क़बाइल बनू आ़मिर, मुहा़रिब, फ़ज़ारा, ग़स्सान, मुर्रा, सुलैम, अ़बस, नज़र, किन्दा, कलब, उ़ज़रा, ह़ज़ारमा वग़ैरा इन सब मशहूर क़बाइल के सामने आप ने इस्लाम पेश फ़रमाया, मगर आप का चचा अबू लहब हर जगह आप के साथ साथ जाता। और जब आप किसी क़बीला के सामने वअ़ज़ फरमाते। तो अबु लहब चिल्ला चिल्ला कर ये कहता कि ये "दीन से फिर गया है।" "ये झूट कहता है"। (ज़रक़ानी जि. 1 स. 309)

क़बीलए बनू ज़हल बिन शैबान के पास जब आप तशरीफ़ ले गए। तो हज़रत अबू बकर सिद्दीक़ रदियल्लाहु अन्हु आप के साथ थे। उस क़बीला का सरदार "मफ़रूक़" आपकी तरफ़ मुतवज्जह हुआ। और उस ने कहा कि ऐ कुरैशी बिरादर! **आप लोगों के सामने कौन सा दीन पेश करते हैं? आप ﷺ ने फ़रमाया कि खुदा एक है। और मैं उस का रसूल हूँ।** फिर आप ने सूरए इनआ़म की चन्द आयतें तिलावत फ़रमाईं। ये सब लोग आप की तक़रीर और कुरआनी आयतों की तासीर से इन्तिहाई मुतास्सिर हुए। लेकिन ये कहा कि हम अपने इस ख़ान्दानी दीन को भला एक दम कैसे छोड़ सकते हैं? जिसकी हम बरसों से पैरवी कर रहे हैं।

इस के अ़लावा हम मुल्के फ़ारस के बादशाह किसरा के ज़ेरे असर और रअ़इय्यत हैं। और हम ये मुअ़हदा कर चुके हैं कि हम बादशाह किसरा के सिवा किसी और के ज़ेरे असर नहीं रहेंगे। मोहम्मद ﷺ ने उन लोगों की साफ़ गोई की तअ़रीफ़ फ़रमाई। और इर्शाद फ़रमाया कि ख़ैर। खुदा अपने दीन का ह़ामी व नासिर और मुईन व मददगार है। (रौज़ुल अनफ़ बहवाला सीरतुन नबी)

मदीना वाले जब हज पर आये तो उनको इस्लाम की दअ़वत

मदीना वाले भी बुतपरस्त थे मगर यहुदियों जो मदीना में बसे हुए थे अन्सार का यहूदियों से मेल जोल था। यहूदी अक्सर तौरत और अपने नबियों की पेशन गोईयॉ बताते थे। कि **नबी आख़िरूज्ज़मा** के आने का वक़्त आ गया है। **यहूदी बुत परस्तीस को पसंद नहीं करते थे।** वो अंसार को कई बार धमकियॉ भी देते की आख़री नबी आने के बाद हम इस ज़मीन को बुत परस्तीस से पाक कर देंगे। यहुदियों के साथ–साथ अंसार को भी आख़री नबी की मालुमात थी।

सन 72 नबवी में हज्ज के वक़्त मुहम्मद ﷺ किना के मैदान में इस्लाम की दावत दे रहे थे। तो क़बीलए ख़ुजरज़ के 6 लोग आप के पास आये। जो आप की बातों से बहुत ही मुतास्सिर हुए। और अपस में बात की कहा यहूद जिस नबी की बात करते हैं यक़ीनन यह वही है लिहाज़ा कहीं ऐसा न हो की यहूदी हमसे पहले ईमान ले आये। और वो ईमान ले आयें और फ़िर मदीना पहुंच कर अपने ख़ानदान वालों को भी इस्लाम की दावत दी। इस तरह मदीना वालों पर अल्लाह का फ़ज़ल हुआ और यूॅ आगे चल कर अल्लाह ने इनको चुन लिया। और यही लोग सबसे ज़्यादा तअ़दाद में इस्लाम में दाख़िल हुए।

1) बैअ़ते उक़बा पहली।
2) बैअ़ते उक़बा दुसरी।

इन दो बैअ़तों में लोग हर साल मक्का हज़ को आते थे कुछ तीन साल हज के दौर में मोहम्मद ﷺ हर साल उनको हर साल हज में दावत देते और मदीना के अलग–अलग क़बीले मुशरफ़्फ़ ब इस्लाम होते गये। अब तक लगभग सारा मदीना इस्लाम ला चुका था। सिर्फ़ यहूदीयों को छोड़ कर। इसी तरह इस्लाम बहुत तेज़ी से मदीना में फ़ैला। मगर यहूदी को जब ख़बर पड़ी तो वो अकड़ गये। उन्होने अकड़ की नबी आख़िरूज़्ज़मा तो सिर्फ़ हमारी (यहूद) से होंगे। वो गैर बनी इस्राईल में नहीं हो सकते। दर–असल यहूद नस्ल परस्त क़ौम है। उन के अहम को चोट लगी गैरे बनी इसराईल में नबी कैसे आ सकता है। और वो अकड़ गये।

जब ज़ुल्म की इंतिहा हो गई

कुफ़्फ़ारे मक्का के बहुत ही मुखालिफ़त (विरोध) के बावजुद हर क़िस्म की पाबंदियों के बाद भी कुफ़्फ़ार देखते की मुहम्मद ﷺ का दीन हर दिन बढ रहा है। कई जगह के लोग मुशर्रफ़ ब इस्लाम हो रहे हैं, **फिर क्या था उन्होंने ज़ुल्म बढा दिया। मुसलमानों पर, की शायद ये दीन से अब फ़िर जाये, अब मुसलमानों पर जानों के लाले पढ़ने लगे। और बहुत ही ज़लील किया जाने लगा, मुसलमानों को मारा भी जाने लगा,** मुसलमानों ने मुहम्मद ﷺ से कहा या रसूलल्लाह ﷺ हमें भी आप हुक्म दें। कि हम अपनी इज़्ज़त और जान बचाने के लिये कुफ़्फ़ारे मक्का से लड़ें। हम उन्के ख़िलाफ़ जिहाद करें। मगर मुहम्मद ﷺ ने सहाबा को रोका कहा अल्लाह का हुक्म नहीं है। हुक्म है मुसलमानों सब्र करो। हत्ता के कई सहाबाओं को मक्का छोड़कर हबशा की तरफ़ और कुछ मुसलमानों को मदीना की तरफ़ रवाना किया। यूँ शुरूआती दौर था मुसलमानों को बड़े मज़ालिम से होकर गुज़रना पड़ा। मगर अब ज़ुल्म की इंतेहा हो गई थी।

अब मोहम्मद ﷺ को क़त्ल करदो

कुफ़्फ़ारे मक्का ने देखा हमारी लाख़ अज़ियतों और सख़्तीयों के बावजूद इस्लाम बढ़ ही रहा है। क्या बात है आख़िर जो मोहम्मद ﷺ के हाथों एक बार इस्लाम लाता है वो किसी भी क़ीमत पर वापस इस्लाम से फ़िरता नहीं। सो उन्हों ने सोचा अब यह बंद करना पढ़ेगा सो उन्होंने पंचायत बुलाई एक रात।

उस रात पंचायत में मक्का के बड़े–बड़े कुफ़्फ़ार शामिल हुए। कुछ के नाम ये हैः अबु जहल, उतबा, जुबैर बिन मुतअ़म, नज़र बिन ख़ल्फ़ वगैरा. ..कहते हैं इस पंचायत में इबलीसे लईन भी शरीक हुआ था। लोगों ने पुछा आप कौन? वो बोला मैं ''शैख़े नज्द'' हूँ। मैंने भी मोहम्मद ﷺ का चर्चा सुना है। सोचा मैं भी अपनी राय रखूँ। फ़िर अलग–अलग हिकमत लोग रखते गये। किसी ने कहा मोहम्मद ﷺ को कोठरी में बंद करदो। इबलीस बोला उनके जॉ–निसार सहाबा को जब पता चलेगा तो यक़ीनन उन्हें छुड़ा लेंगे। अबुल असवद ने कहा उन्हें मक्का से निकाल दो। ताकि हमें छुटकारा मिल जायें। इबलीस बोला क्या तुम्हें मालूम नहीं, मोहम्मद ﷺ के कलाम में कितनी मिठास है। और दिलकश है। खुदा क़सम अगर तुमने उन्हें शहरे बदर किया तो ये पुरे अरब को कुरआन सुना–सुना कर सबको मुसलमान बना देंगे। और फिर तुमसे बदला लेने भी आसकते हैं। यूँ अलग–अलग कुफ़्फ़ारी तदाबीर पेश होती रही।

अचानक अबु जहल बोला मेरे ज़हीन में जो बात है वो अभी तक किसी को नहीं सुझी है लोग बोले कहो। अबु जहल बोला हर क़बीले का एक–एक मशहूर बहादुर तलवार ले उठें और **मोहम्मद ﷺ पर हमला कर के कत्ल कर दें।** अबु जहल की यही ख़तरनाक तजवीज़ सुन कर इबलीस खुशी से उछल पड़ा। लिहाज़ा तमाम लोगों ने एक राय से इस बात पर हामी भर दी। और वक़्त मुक़र्रर कर लिया। शैतानी चाल अब पाये तकमील पर पहुंचे की... अल्लाह ने अब मोहम्मद ﷺ को हुक्म दिया। अब आप मक्का से हिजरत कर लीजिए, आज रात को। यूँ रात का वक़्त आ गया। और कुफ़्फ़ारों ने रात में आप को घर में घेर लिया। ब–हुक्मे खुदा भरी रात में आप घर से हिजरत के लिये निकले की छुपे हुए कुफ़्फ़ारों ने आप को घेर लिया। आप ने मुट्ठी में धुल उठाई और कुफ़्फ़ारों की तरफ़ फ़ेंकी। उन्के आखों के सामने परदा पड़ गया। जब तक उन्हें कुछ दिखाई

देता, मोहम्मद ﷺ वहाँ से निकल चुके थे। जब कुफ़्फ़ारों को होश आया तो वो घर के अंदर गये। अंदर जाकर उन्होंने मुहम्मद ﷺ बिस्तर पर जो चादर थी वो उठाई तो देखते हैं की आप के बिसतर पर हज़रत अली सोए हैं। आप नहीं हैं। (आप ने हज़रत अली को रख छोड़ा था ताकि आप के पास जो लोगों के अमानतें रखी हैं वो लौटा दें।)

सफ़रे हिजरत और ग़ारे सौर

मोहम्मद ﷺ वहां से निकल कर हज़रत अबू बकर सिद्दीक رضي الله عنه के मकान पर तशरीफ ले गये। इधर वह मोहम्मद ﷺ के इंतिजार में कई रातों से जग रहे थे आहट पाते ही दरवाज़ा खोल दिया। चूंकि मोहम्मद ﷺ ने आप से पहले ही कह रखा था कि हमें हिजरत करना होगी। इसलिए आप तब ही से हुजूर ﷺ का इंतिज़ार कर रहे थे। आखिर वह वक्त आ गया और 'बेइज्निल्लाह' मक्का मुकर्रमा से मदीना मुनव्वरा का सफर शुरू किया।

622 ई. यकुम रबीउल–अव्वल बरोज़ जुमेरात सफर का आगाज़ किया। हज़रत अबू बकर सिद्दीक رضي الله عنه ने अव्वल ही से दो ऊंटनियां तैयार रखी थी। उधर जब शैतान ने देखा कि तमाम मुहासिरीन ख्वाबे गफलत में पड़े हुए तो उसने सबके मुंह पर खाक डाल कर जगाया और बताया कि मोहम्मद ﷺ जा चुके हैं। अब सभी लोग हज़रत अबू बकर सिद्दीक رضي الله عنه के घर पहुंच कर तलाश किया। वहां ना मिलने पर तेज घोड़ सवार सुराका को तआकुब के लिए रवाना किया। जब हज़रत अबू बकर सिद्दीक् رضي الله عنه ने देखा कि दुश्मन करीब आ गये हैं तो घबरा कर कहा "या रसूलुल्लाह'' दुश्मन हमारे करीब आ गये है।" आपने फरमाया "घबराओ मत! अल्लाह तआला हमारे साथ है" जब सुराका का घोड़ा करीब आ गया तो उसके घोड़े ने ठोकर खाई और गिर पड़ा। दोबारा सवार हो कर चलने की कोशिश की घोड़े के पैर जमीन में धंस गये। सुराका घबरा कर पुकार उठा।

अल–अमान! अल–अमान तब मोहम्मद ﷺ ने फरमाया, जा तुझे मुआफ किया मगर ऐ सुराका उस वक्त तेरा क्या होगा जब मुल्के फारस के बादशाह किसरा के कंगन तुझे पहनाए जाएंगे। (मोहम्मद ﷺ की पेशनगोई सच साबित हुई। हज़रत उमर फारूके आज़म के दौर में फारस फतह हुआ तो हजरत उमर फारूक ने उस वक्त उन्हें कंगन दिए)

हुजूर ﷺ थोडी दूर निकले तो मकामें हजवरह पर आकर रूक गये और हसरत से काबा की तरफ देख कर कहा। ''ऐ शहर मक्का! तू तमाम

दुनिया में मुझे सबसे अज़ीज़ है। अगर मेरी क़ौम मुझे यहां से निकलने पर मजबूर न करती तो मैं सिवाए तेरे कहीं सुकूनत पज़ीर न होता।" गर्ज़ हुजूर ﷺ जबले सौर के क़रीब पहुंचे और ग़ार में तशरीफ ले गये। जिसका रास्ता निहायत ख़तरनाक था। हज़रत अबू बकरसिद्दीक ؓ आपको अपने कन्धे पर बिठा कर चल पड़े। उनके पैरों में छाले पड़ गये। वह आपके कदमे मुबारक चूम रहे थे मुहब्बत का आलम था कि खुशी से फूले नहीं समा रहे थे कि हुजूर मेरे कन्धों पर सवार हैं। जब आप लोग गार में पहुंचे तो हजरत अबू बकर सिद्दीक ؓ ने अपना पैरहन फाड़–फाड़ कर गार के तमाम सूराख़ बन्द कर दिए और एक सूराख़ को अपनी एड़ी लगाई। हुजूर ﷺ आपके जानुए मुबारक पर सरे मुबारक रखकर लेट गये। इधर गार के मुंह पर मकड़ी ने जाला बुन दिया। दुश्मन आकर लौट गये। गर्ज़ हज़रत अबू बकर सिद्दीक ؓ ने जिस सूराख को एड़ी से बन्द किया था वहां एक सांप ने एड़ी को काट लिया। दर्द की वजह से कुछ कह न सके। क्योंकि हुजूर ﷺ आपके जानों पर आराम फरमा रहे थे। मोहम्मद ﷺ ने आंख खोल कर पूछा! "क्या बात है?" हज़रत अबू बकर सिद्दीक ؓ ने एड़ी हटा ली वहां से एक सांप पछाड़े खाता मोहम्मद ﷺ के कदमों में गिर पड़ा।

खुदा की कुदरत से उसे कुब्वते गोयाई अता हुई उस ने कहा कि पांच सौ साल क़ब्ल मैं एक दरख़्त पर बैठा था। वहां हज़रत ईसा वअज़ (उपदेश) फरमा रहे थे और इंजील का दर्स दे रहे थे कि आखिरी दौर में पैगम्बर आख़िरुज्जमां पैदा होंगे और आपकी तारीफ बयान फरमा रहे थे। मैंने उसी वक्त अल्लाह तआला से दुआ की कि मुझे आपका दीदार नसीब करे अल्लाह तआला ने मेरी दुआ कुबूल की और मैं तब से इस गार में आपके इंतेज़ार में था। जब आपके दीदार का वक्त आया तो आपके यारे गार ने मेरा रास्ता रोक दिया। इस लिए मजबूरन काटना पड़ा। मुझे मुआफ कर दें। मोहम्मद ﷺ ने मुआफ कर दिया उधर उसने अपनी जान आप परनिसार कर दी उस दर्मियान हज़रत अबूबकर ؓ का गुलाम आमिर बिन फहीरा दिन भर की ख़बरें पहुंचाता और हज़रत अस्मा बिन्ते अबू बकर सिद्दीक अपने दो पट्टे को फाड़ कर कमर से बांध कर रोटी पानी लाती इसलिए दो पट्टे वाली का खिताब अता हुआ। आप ﷺ मक्का मुकर्रमा से 27 सफर बरोज़ इतवार यकुम हिजरी 13 सितम्बर 622 ई0 को निकले तो तीन दिन ग़ारे सौर में क्याम फरमा कर यकुम रबीउल–अव्वल को मदीना के लिए रवाना हुए। 8 रबीउल–अव्वल बरोज़े जुमेरात मकामे कुब पर पहुंचे।

मदनी ज़िन्दगी

(हिजरत / प्रवास)
मक्का से मदीना

(Time Period : 622-633 CE)
Age : 53 to 63 years (10 years)

मोहम्मद ﷺ मदीना पहुंचे

आप चलते चलते कुबा पहुंचे। आप ने वहॉ एक मस्जिद बनवाई, जिस का नाम मस्जिदे कुबा रखा यहाँ पर आपको लगातार मदीने के सहाबी अब आप से मिलने जुलने आने लगे थे। आपकी ख़बर ख़ैरियत मदीने वालों तक पहुंचाते थे। अल्लाह ने कुरआन में भी मस्जिदे कुबा का बयान किया है।

आप ने कुबा में 20 दिन क़याम किया और फ़िर आप और सहाबा मदीना की तरफ़ रवाना हुए। फ़िर रास्ते में बनी सलाम क़बीले में आप ने जुमा पढ़ाया, उसी जगह को मस्जिदे जुमा कहते हैं। ये दोनों मस्जिदें आज भी मौजूद है।

मदीना में आप की आमद

आप के दादा अब्दुल मुत्तलिब की नन्हाली रिश्तेदार 'बनू नज्ज़ार' हथियार लगाये कुबा से मदीना शहर तक दो सफ़ें बनाये आप के साथ चल रहे थे और रास्ते में लोगों का शुक्रिया अदा कर रहे थे। सभी ख़ैर और बरकत की दुआऐं देते जोश व ख़रोश का ये आलम था बच्चे, बुढे, मर्द औरतें सभी आप के इस्तक़बाल में लगे थे और सभी खुशी के साथ ये पढ़ रहे थे।

इस्तिक़बालिया अश्आर पढ़ने लगी कि–

طَلَعَ الْبَدْرُ عَلَيْنَا   مِنْ ثَنِيَّاتِ الْوَدَاعِ
وَجَبَ الشُّكْرُ عَلَيْنَا   مَا دَعَىٰ لِلّٰهِ دَاعِ

1) हम पर चॉद तुलुअ़ हो गया वदाअ़ की घाटियों से – हम पर खुदा का शुक्र वाजिब है जब तक अल्लाह से दुआ़ माँगने वाले माँगते रहें।

اَيُّهَا الْمَبْعُوثُ فِيْنَا   جِئْتَ بِالْاَمْرِ الْمُطَاعِ
اَنْتَ شَرَّفْتَ الْمَدِيْنَهْ   مَرْحَبًا يَا خَيْرَ دَاعِ

2)ऐ वो ज़ाते गिरामी! जो हमारे अन्दर मबऊस किए गए। आप वो दीन लाए जो इताअ़त के क़ाबिल है आप ने मदीना को मुशर्रफ़ फरमा दिया तो आप के लिए ''खुश आमदीद'' है। एक बेहतरीन दअ़वत देने वाले।

فَلَبِسْنَا ثَوْبَ يَمَنٍ   بَعْدَ تَلْفِيْقِ الرِّقَاعِ
فَعَلَيْكَ اللّٰهُ صَلّٰى   مَا سَعٰى لِلّٰهِ سَاعِ

3) तो हम लोगों ने यमनी कपड़े पहनेए हाँलाकि इस से पहले पैवंद जोड़ जोड़ कर कपड़े पहना करते थे। तो आप पर अल्लाह तआ़ला उस वक़्त तक रहमतें नाज़िल फ़रमाए। जब तक अल्लाह के लिए कोशिश करने वाले कोशिश करते रहें।

4) मदीना की नन्ही नन्ही बच्चियाँ जोशे मसर्रत में झूम झूम कर गाती थीं कि–

نَحْنُ جَوَارٍ مِّنْ بَنِي النَّجَّارِ   يَا حَبَّذَا مُحَمَّدٌ مِّنْ جَارِ

5) हम ख़ानदाने ''बनू नज्जार'' की बच्चियाँ हैं, वाह, क्या ही ख़ूब हुआ कि हज़रत मुहम्मद ﷺ हमारे पड़ोसी हो गए।

6) छोटे छोटे लड़के और गुलाम झुंड के झुंड मारे खुशी के मदीने की गलियों में मोहम्मद ﷺ की आमद आमद का नअ़रा लगाते हुए दौड़ते फिरते थे सहाबीए रसूल बरा बिन आ़ज़िब रदियल्लाहु अन्हू फ़रमाते हैं कि जो फ़रहत व सुरूर और अनवार व तजल्लियात हुज़ूर ﷺ के मदीना में तशरीफ़ लाने के दिन ज़ाहिर हुए। न इस से पहले कभी ज़ाहिर हुए थे न इस के बाद। (मदारिजुन नुबुव्वत जि. 2 स. 65)

आप मदीना में कहाँ ठहरे?

आप के साथ तमाम सहाबा और तमाम अंसारी ख़ुशी से मचल रहे थे, और हर अंसारी यही कहता या रसुलल्लाह आप हमारे यहॉ तशरीफ़ लाऐं और हमारे घरों को मुनव्वर और मुजल्ला करें। आप ﷺ ने कहा मेरी ऊंटनी 'क़िस्वा' की महार छोड़ दो ये जिस जगह बैठ जाएगी मेरा क़याम भी वहीं होगा। क़िस्वा को छोड़ा गया और वो जहॉ बैठी उसके बाजु में हज़रत अय्युब अंसारी का मकान था। लिहाज़ा नबी करीम ﷺ ने यहीं ठहरने का इरादा किया और आप का सामान हज़रत अय्युब अंसारी अपने घर में ले गये। और जिस जगह ऊँटनी बैठी थी उसी जगह आज मस्जिदे नबवी है। इस तरह नबी करीम ﷺ 7 माहीने तक हज़रते अय्युब अंसारी के यहॉ ठहरे। हज़रत अय्युब अंसारी ने सरवरे कायेनात ﷺ की खुब ख़िदमत गुज़ारी की।

मस्जिदे नबवी की तामीर

मुसलमानों को बजमाअ़त नमाज़ पढने के लिये अब मदीना में एक मस्जिद दरकार थी। क्योंकि वह ब जमाअ़त नमाज़ नहीं पढ़ पाते थे।

जहॉ नबी करीम ﷺ की ऊँटनी बैठी थी, उसी जगह का इंतेख़ाब किया गया। दर असल वो जगह दो यतीम बच्चों की थी, आप ने उन बच्चों को बुलाया उनसे इस ज़मीन की बात की। उन बच्चों ने हुजूर को यह ज़मीन नज़्र (Gift) करनी चाही, मगर हुजूर ने मना कर दिया। फ़िर अंसार ने भी कहा या रसुलल्लाह हम ख़ुदा के घर के लिये, लगने वाली ज़मीन की क़ीमत कैसे ले सकते हैं। मगर नबी करीम ﷺ नहीं माने, और आप के कहने पर हज़रत अबु बकर ने इस ज़मीन की क़ीमत उन यतीम बच्चों को अदा की।

फ़िर बाग़ की सफ़ाई की गई, और पुराने ख़ंडर को साफ़ कर के ज़मीन को यकसॉ किया गया। फ़िर कच्चे गारे और इंटों से तामीर शुरू की गई। कच्चे सुतून (Piller) बनाये गये। और खजूर की पत्तियों से छत बनाई गई। जो बरसात में टपकती थी। तमाम सहाबा साथ मिलकर गारा ईंट लाते और साथ में हुजूर भी ईंटें उठा–उठा कर लाते थे। और दुआ देते थे।

'ऐ अल्लाह भलाई तो सिर्फ़ आख़िरत की भलाई है।
'ए अल्लाह तू अंसार व मुहाजिरीन को बख़्श दे।

इस तरह मस्जिदे नबवी बन कर तैयार हुई, जो की लंबाई चौड़ाई के हिसाब से इस्लाम की पहली बड़ी मस्जिद थी। इस में एक चबुतरा बनाया गया था। ताकि जिन सहाबा का घर नहीं था वो इस जगह उठते बैठते थे। इसे सुफफा कहा जाता था।

काशानए नबुवत

मस्जिदे नबवी से लग कर अपके लिये दो हुजरे (कमरे) भी बनाऐ गये थे। उस समय आप की दो अज़वाज थी। हज़रत बीबी सुदह और हज़रत आइशा सिद्दीक़ा ؓ थीं। दोनों हुजरे भी निहायत आम दरजे के थे।

फ़िर तामीर मुकम्मल हुई। और आप अब अपने हुजरे में रहने आ गये थे।

मेरा घर जन्नत का हिस्सा है। एक दफ़ा नबी करीम ﷺ दर्स दे रहे थे। आप सहाबा से फ़रमाते हैं 'मेरे मिंबर से लेकर मेरे हुजरे (घर) का ज़मीन का हिस्सा जन्नत का टुकड़ा है।

वैसी भी सारी कायनात में मक्का और मस्जिदे नबवी ये दोनों सबसे अ़ज़ीम जगह है। दुनिया के किसी हिस्से को इन दोनों पर बरतरी हासील नहीं।

गुलामे मुस्तफ़ा ने क्या खुब कहा।...

मदीने के खित्ते खुदा तुझ को रखे
ग़रीबों फ़क़ीरों को ठहरा ने वाले

☆ ☆ ☆

यहूदी जब आखरी नबी के इन्तेज़ार में मदीना बस गये थे

यहूदीयों के मदीना/यसरब आकर आबाद होने की मुताअद्दीद वजूहात है, एक वजह तो ये बयान की गई है के हज़रते मूसा (अलैहिस्सलाम) को जब फिरौनीयों पर गलबा हासिल हुआ तो आपने एक लशकर शाम पर हमला करने के लिए रवाना किया। वहॉ कनानी कबाईल रिहाईश पज़ीर थे। उस लश्कर ने शाम को फतह किया। और कनानी कबाएल के अफराद को तहतैग किया। आपने दूसरा लश्कर हिजाज़ पर हमला करने के लिए भेजा। वहां अमालेका आबाद थे। वो उस खित्ते के हुकमरान भी थे।

हज़रते मूसा (अलैहिस्सलाम) ने अपनी फौज को हुक्म दिया के अमालेका पर गलबा हासिल करने के बाद उनके सामने दीने मुसवी पेश करें। और उन्हे दावत दे के वो उस को कबूल करें। लेकिन जो बालिग लोग इस दीन को कबूल करने से इन्कार करे उनमें से किसी को ज़िन्दा ना छोड़े। चुनांचे आपके भेजे हुए लश्कर ने हिजाज़ पर हमला किया। अल्लाह तआला ने उन्हे फतह व नुसरत से नवाज़ा। हसबे इरशाद उन्होने उन लोगो के सामने हज़रते मूसा (अलैहिस्सलाम) के दीन को पेश किया और उन्हे उस पर ईमान लाने की दावत दी। वहॉ के बादशाह अबी अरकम समेत अमालेका में से जिसने भी इस दीन को कबूल करने से इन्कार किया उन्हे मौत के घाट उतार दीया गया। एक नौजवान जो चंदे आफताब और चंदे महताब था उसके बेमिस्ल हुस्नो जमाल की वजह से उसको कत्ल ना किया और तय किया के हम उसे हज़रते मूसा (अलैहिस्सलाम) के सामने पेश करेंगे आप जो चाहे उसके बारे में फैसला सुनादे।

जब ये फातेह लश्कर वापस पहुंचा तो हज़रते मूसा अलैहिस्सलाम वफात फरमा चुके थे। बनी इस्राईल के लोगों ने उनसे उनकी मोहीम के बारे में दरयाफत किया। उन्होने बताया के अल्लाह तआला ने हमें फतह दी है। उसके बाद हमने उनको दीने मुसव्वी कबूल करने की दावत दी जिन्होंने इस दावत को कबूल करलिया वो ज़िन्दा सलामत रहे और जिन्होने इन्कार किया उन्हे हमने हसबे इरशाद क़त्ल कर दिया। उन्होने इस जवान की तरफ इशारा करते हुए पूछा ये कौन है। उन्होने बताया के ये भी बनी अमालेका का एक फर्द है जिसके हुस्नो जमाल की वजह से हम

उसको क़त्ल करने की जुर्रत न कर सके।

हम उसे लेकर आये थे के इसके बारे में हमारे नबी हज़रते मूसा जो मुनासिब समझेंगे फैसला सुनाएगे। वो लोग इतनी सी बात पर बिगड़ गए। और उन पर इल्ज़ाम लगाया के तुमने अपने नबी की हुक्म उदूली की है। हम तुम्हे अपने साथ इस इलाका में रिहाईश पज़ीर होने की इजाज़त नही देंगे। जाओ जहां तुम्हारा जी चाहे वहॉ जाकर रहो।

उन लोगों ने बाहमी मशवरे से ये तय किये के अगर हमे हमारी कौम शाम में रहने की इजाज़त नही देती तो चलो उस शहर में जाकर आबाद हो जाए जिसको हमने फतह किया। और जिसके बाशिंदो को कत्ल कर दिया हे। इस तरह यहूदीयों का पहला काफला हिजाज़ में इकामत गुजी हो गया। कुछ अरसा बाद काहीन बिन हारून (अलैहिस्सलाम) की औलाद भी यहॉ आकर बस गई अल्लामा समहोदी हज़रते अबू हुरैरा रज़ि. के वास्ते से नकल करते हें के जब बख्त नज़र (नबुदेकनजर बेबीलोन का राजा) ने शाम को फतह किया और येरूशिलम पर कबज़ा करके उसकी ईंट से ईंट बजा दी और यहूदीयों के कत्ले आम से खून के दरया बहा दिये और लाखों की तादाद में उन्हें बा ज़ंजीर हांक कर बाबुल ले आया।

उस वक्त यहूदीयों की जमाअत का शिराज़ा बिखर गया। उनमे से चंद कबाएल हिजाज़ की तरफ रवाना हुए क्योंकि **उन्होने अपनी आसमानी किताब तौरात में जा बजा मोहम्मद ﷺ का ज़िक्रो खैर पढ़ा था। वहां ये भी लिखा था के वो नबी करीम अपना वतन छोड़कर ऐसी जगह कयाम पज़ीर होंगे। जहां नखलिस्तान होंगे। दोनो तरफ जले हुए पत्थरों के खुले मैदान होंगे। उन्हे ये शौक़ हिजाज़ की तरफ ले आया के शायद उन्हें मोहम्मद ﷺ की ज़ियारत का शर्फ हासिल हो जाये और वो मोहम्मद ﷺ पर इमान लाने की सआदत से बहरोबर हो जाये। अगर उन्हे अपनी ज़िन्दगी में सआदत नसीब ना हुई तो वो अपनी आईन्दा आने वाली नसलों को ये वसीयत कर जायेंगे के जब भी वो नबीए मुकर्रम मबअूस हो जायेंगे तो ज़रा भी तआम्मुल किये बगैर आगे बढ़ें और उसके दस्ते मुबारक पर बैत करें। और अस्साबेकुल अव्वलीन में शामिल होने का ऐजाज़ हासिल करें।**

जब यसरब के मकाम पर उनका कारवां पहुंचा तो उन्हें ये तमाम अलामते नज़र आई जो नबीउल आखीरूज़्ज़मान के मकामे हिजरत के बारे में तवरात में मौजूद थी। उन्होने वही रिहाईश इख्तियार कर ली। और मोहम्मद ﷺ की बेसत का इन्तेज़ार करने लगे। इस इन्तेज़ार में सदियॉ बीत गई लेकिन जब वो महरे मुबीं मतला मदीने में नूर अफशां (प्रकट) हुआ तो

हसद के मारे उन्होने मोहम्मद ﷺ पर ईमान लाने से इन्कार कर दिया और इस्लाम की तहरीक को नाकाम करने के लिए अपने सारे वसाएल और सलाहियते (संसाधन) लगा दी।

इमाम इबने जरीर तिबरी ने भी यहूद के हजाज़ में आकर आबाद होने की यही वजह लिखी है। के जब **राजा नबुकदनेस्सर** ने शाम को फतह किया बैतुल मुकद्दस हैकले सुलेमानी और दीगर मज़हबी इबादतगाहों को पैबंदेखाक कर दिया। तो ये लोग वहां से जान बचाकर हिजाज़ के मुखतलीफ मुकामात पर आबाद हो गये और उनके चंद कबाएल ने मदीना को अपना वतन बना लिया।

मुरूरे ज़माना से यहूद के दो कबाएल इब्तेदा में आकर यहां आबाद हो गये थे। उनकी नसल बढ़ी उनके अलावा दूसरे यहूद कबीले भी यहाँ आकर आबाद होते रहे। यहां तक के यहूदी कबाएल की तादाद 25 से 30 के करीब हो गई। जब उनकी बस्तीयों में रौनक बड़ी तो इर्द गिर्द के अरबी कबाएल भी वहाँ आकर रिहाईश पज़ीर होने लगे। उन सबने हालते जंग या हालते फितना फसाद में अपने अपने दिफा के लिए छोटे छोटे किले तामीर कर लिये थे। यहूदीयों के किलों की तादात 59 थी। और अरब कबाएल के बस्तीयों की तादाद 13 थी।

☆ ☆ ☆

कुफ्फार का खत : मुसलमानों को निकाल दो

कुफ्फार ने मक्का में बैठ कर मदीना (यसरब) के उन लोगों से अपना राबता कायम किया जो दिल मे मुसलमानों का बैर रखते थे। इनमें अब्दुल्लाह बिन उबई और उसके साथियों और यहूदी कबाएल के ऐसे लोग थे जिनको वो बा आसानी मुसलमानों के खिलाफ इस्तेमाल कर सकते थे। अब्दुल्लाह बिन उबैइ के दिल में इस्लाम की अदावत का जज़्बा अपने उरूज पर था। जिसकी वजह आप पहले पढ़ चुके है। सबसे पहले कुफ्फार ने अब्दुल्लाह बिन उबई से राबता किया।

1. अब्दुल्लाह बिन उबई को खत

कुफ्फारे कुरैश ने अब्दुल्लाह बिन उबै (रईसे मुनाफेकीन) और ओस व खज़रज़ कबीलो के उन लोगो की तरफ जो अभी तक बुत परस्त थे। ये खत उस वक्त लिखा जब मोहम्मद ﷺ मदीना तय्यबा में तशरीफ फरमा थे। और अभी गज़वे बद्र नही हुआ था। उन्होने लिखा के तुमने हमारे आदमी को अपने यहॉ पनाह दी है। और हम अल्लाह की कसम खाकर तुम्हे कहतें हैं । के या तो तुम उनसे जंग करो या उनको वहाँ से निकालो। वरना हम लश्करे जर्रार (सेना) लेकर तुम्हारी तरफ कूच करेंगे। तुम्हारे जंगजू जवानो को तह–तैग़ कर देंगे। तुम्हारी औरतों को अपनी लौंडिया बना लेंगे। जब ये पैग़ाम अब्दुल्लाह बिन उबैइ और उसके साथियों को पहुँचा तो उन्होंने बाहमी मशवरे से ये फैसला किया के वो मोहम्मद ﷺ से जंग करेंगे।

इसकी इत्तेला जब मोहम्मद ﷺ को मिली तो मोहम्मद ﷺ उनसे मिलने के लिए तशरीफ ले आये और उन्हें फरमाया। के अगर कुरैश की धमकी से डर कर तुम हमारे साथ जंग करोगे। तो तुम्हे ज़्यादा नुकसान पहुँचेगा बनिस्बत इसके के तुम अहले मक्का के साथ जंग करो, क्योंके वो तुम्हारे रिशतेदार नही। तुम्हारे कबीला के अफराद नही उनसे लड़ाई के वक्त तुम उन्हे कत्ल करो तो तुम अगीयार (पराये लोग) को कत्ल करोगे। लेकिन हमारे साथ जंग करोगे तो तुम्हे अपने बेटों अपने भाईयों और अपने अज़ीजो अकारिब जो मुसलमान हो चुके है उनसे जंग करना पड़ेगी इस तरह तुम अपने बेटों भाईयों और रिश्तेदारों को कत्ल करोगे।

तुम खुद सोचलो के तुम्हारे लिए कौनसा रास्ता बेहतर है। इस इरशादे नबी का ऐसा असर हुआ के वो सब लोग मुनतशीर हो गये और

मुसलमानों से जंग करने का मंसूबा नाकाम हो गया। अहले मक्का ने यसरब के इस्लाम दुश्मन अनासिर से साज़ बाज़ करके ऐसी सूरते हाल पैदा करदी थी के अगर मोहम्मद ﷺ मौके पर पहुँचकर अपने कलाम मौजेज़ा निज़ाम से उनपर हकीकत को आशकार ना करते तो किसी भी वक्त मुसलमानों पर हमला आवर हो सकते थे। जिसे मोहम्मद ﷺ ने नाकाम कर दिया।

2. मदीना के यहूद को खत

कुरैशे मक्का को इस नाकामी पर भी चैन नही मिला बल्के उनके बेईमान रईसों ने एक और खतरनाक चाल चली। उन्हें मालूम था के यहूद की एक असीर तादाद वहां रिहाईश पज़ीर है। इल्मी और मआशी लेहाज़ से उनको यसरब के मुआशरा में एक अहम मुकाम हासिल है। और वो भी दिल से मुसलमानों से नफरत करते है। उनकी इस इस्लाम दुश्मनी से फायदा उठाने के लिए उन्होने यसरब की यहूदी कबाइल से राबता कायम किया। और उन्हे मुतवज्जा किया के वो मुसलमानों से बरसरे पैकार हों और उन्हे वहॉ से निकलजाने पर मजबूर करें। उन्होने वाकया बद्र के बाद यहूदीयों को ये खत लिखा के तुम लोग हथियारों का जखीरा और क़िलों के मालिक हो। तुम्हे चाहिये के हमारे इस आदमी के साथ तुम जंग करो। वर्ना हम तुमपर हमला आवर होंगे। फिर हमारे दरमियान और तुम्हारी औरतों के पाज़ेबों के दरमियान कोई चीज़ हाईल न हो सकेगी। यानी वही धमकी जो उन्होने अब्दुल्लाह बिन उबै को दी थी। उसी को यहॉ भी दोहराया के हम तुमपर हमला आवर होंगे। तुम्हारे जवानों को कत्ल कर देंगे। और तुम्हारी औरतों को अपनी लौंडिया बना लेंगे।

3. मदीना के मुसलमानों को धमकी भरा खत

मुसलमानों तुम खुश ना हो के तुम हमारे चुंगल से निकल कर वहाँ पहुँच गये हो जहाँ तुम आज़ादी से ज़िन्दगी बसर कर सकते हो। याद रखो हम जल्द ही तुम पर हमला करेंगे।

रियासते मदीना की बुनियाद कैसे पडी थी?

1. इस्लामी भाईचारा
(Islamic Brotherhood)

जैसे आप पढ़ आऐं है के अहले मक्का में कबीलाई कट्टरता का जूनून ज़ोरों पर था, बाकायदा हुकूमती निज़ाम की कमी की वजह से हर फर्द मुश्किल औकात में अपने कबीला की पनाह लेने पर मजबूर था। अगर किसी का कबीला उसकी मदद ना करता तो मज़लूम अपनी मदद के लिए किसी का दरवाज़ा ना खटखटा सकता। अपने बेटे भाई और बाप के कातिल से भी वो इन्तेकाम ना ले सकता। इस समाजी ज़रूरत ने हर कबीला के अफराद में अपने कबीला परस्ती के जज़्बे को ना काबिले शिकस्त बना दिया था। क्योंकि उसके बगैर इस जाहिली मुआशरा में बाईज़्ज़त ज़िन्दगी गुज़ारने का तसव्वुर भी नही कर सकते थे।

नबीए रहमत ﷺ ने "कुलु ला ईलाहा इल्लल्लाहो तुफलेहु" का नारा बुलंद किया। कई सईद रूहें लब्बेक या रसूल अल्लाह कहती हुई लपकी और इस दावत को कबूल कर लिया। उसका रद्दे अमल ये हुआ के उनके कबीला वालों ने उनसे हर किसम के तालुकात तोड़ लिये और उनपर जुल्म व सितम के पहाड़ तोड़ने शुरू कर दिये। ये नये नये मुसलीम अपने खानदानों से कटकर तन्हा रहगये। वो अपने शहर में रहते हुए अजनबी सी ज़िन्दगी बसर कर रहे थे।

मोहम्मद ﷺ से अपने जानिसार साथयों की ये बेबसी देखी ना जासकी। नबूवत की दूर अन्देश निगाहों ने एक नई बिरादरी की तशकील की अहमियत को महसूस किया जिसकी बुनियाद उस दिने तौहीद पर मबनी हो। **उसमे कुरैशी–गैरकुरैशी, अरबी–अजमी, अमीर–ग़रीब, काला–गोरा के तमाम इम्तियाज़ात (पक्षपात) मिटा दिये गये।** हर वो शख्स जो अल्लाह तआला की तौहीद और मोहम्मद ﷺ की नबुवत पर ईमान ले आता। वो इस बिरादरी में शामिल हो सकता था। चुनांचे सरकारे दो आलम ﷺ ने तमाम मुसलमानों को उस इस्लामी भाईचारा के रिश्तो में पीरोने के लिए 2 मर्तबा अमली कदम उठाया एक बार हिजरत से पहले मक्का में दूसरी बार हिजरत के बाद मदीना में ।

खुदा की नज़र में कोई इंसान छोटा बड़ा नहीं : मोहम्मद ﷺ

मक्का मुकर्रमा में जितने लोग इस्लाम कबूल कर चुके थे, उनमें से दो दो को आपस में भाई बना दिया। इस तरह वो शेरो शुक्र हो गये। बाहमी मोहब्बत का जज़बा यू उमट के आया के गैरीयत की सारी बुनियादे खत्म हो गई। जो लोग इस्लाम कबूल करने के बाईस अपनी बिरादरी से कट गए थे। और अपने आप को तन्हा तन्हा और बेसहारा महसूस करते थे। अब वो अपने आप को आलमी बिरादरी का एक मोअज़्ज़ज़ रूकन तसव्वुर करने लगे।

इन तमाम अराकीन में अपनाईयत का वो जज़बा पैदा हो गया के तन्हाई और बेबसी का ख्याल फिर कभी उन्हे परेशान न कर सका। ये इस्लामिक भाई चारा ऐसा भाई चारा था, जिसकी बुनियाद खून रंग नस्ल व ज़बान और ऐलाकाइयत जैसी इन्सानी वहदत को पारा पारा करदेने वाले गुरूर पर न रखी गई थी। बल्के उसकी बुनियाद अकीदए तौहिद था। एक खुदा एक रसूल एक किताब एक कबीला और एक कल्मा इस भाई चारा के दरवाज़े बिला इम्तियाज़ हर इन्सान के लिए हर वक्त खुले थे।

जिसका जी चाहे जिस वक्त जी चाहे “अश्हदुअल्लाह ईलाहा इल्ललल्लाहो व आश्दुअन्ना मोहम्मदुर्रसूलउल्लाह” दिल के यकीन के साथ ज़बान से कहे, और इस बिरादरी में शामिल हो जाये। इसमें शामिल होने वालों से ये नही पूछा जाता के तुम किस कबीला के फर्द हो। तुम किस मुल्क के बाशिंदे हो । तुम्हारी मादरी ज़बान कौनसी है। तुम्हारी माली हालत कैसी है, ये सब इम्तियाज़ात बनावटी हैं, इन्सानियत की इज्ज़त व शर्फ को तार तार कर देने वाले हैं। नबीए करीम ने बेशुमार बुराईयों की जंजीरों में जकड़ी हुई इन्सानियत को दावत दी के उठो इन बनावटी ऊंच–निच को अपने पावं तले रौंदते हुए आगे बड़ो। कहो अल्लाह का कोई शरीक नही वो एक है वही रब्बूल आलमीन है और उस नबीए मुकर्रम का दामन पकड़लो जो रहमतुलल्लि आलमिन है। और इस इस्लामी बिरादरी में शामिल हो जाओ।

आज नबीए करीम ﷺ ने अंसार और मुहाजेरीन को मिलाया ही ना था बल्के आगे चल कर उन्होंने सभी मुसलमानों को एक उम्मत करार दिया है। कहा मेरी सारी उम्मत एक जिस्म की तरह है, अगर जिस्म के किसी हिस्से पर चोट लगे तो सारे जिस्म को तकलीफ होती है। इसतरह मस्जिदे नबवी में पहली आज़ान दी गई और नमाज़ पढ़ाई गई। इसी के साथ नबीए

करीम ﷺ ने मदीना के लिए भी दुआ की। क्योंकि मदीने की आबो हवा अच्छी नही थीं, कई बार वबा (महामारी) भी आया करती थी। बुखार तो आम था, आपने दुआ की ऐ अल्लाह हमारे दिलो में मदीना की मोहब्बत डाल दे जैसी मक्का की मोहब्बत है। इसी दुआए नबी की बरकत से मदीना में न दज्जाल दाखिल हो सकेगा ना ही कोई वबा (महामारी) दाखिल हो सकेगी।

जिन हज़रात सहाबा को मोहम्मद ﷺ ने हिजरत से पहले मक्का मुकर्रमा में इस्लामें रिश्ते इख्वत में पिरोया। उन सबके नाम तो मुझे मिल न हो सके जिन हज़रात के अस्मए गिरामी कुतूबे सीरत व तारीख में महफूज़ रह गये है उनकी फहरीस्त पेशे खिदमत है। अबु याला ने सही सनद से अब्दुर्रमान बिन सालेह अल असदी के वास्ते से ज़ैद बिन हारेसा से रिवायत किया है। मोहम्मद ﷺ ने इन हज़रात को आपस में भाई भाई बना दिया।

हज़रते हमज़ा बिन अब्दुल मुत्तलीब		भाई हज़रते ज़ैद बिन हारेसा
हज़रते उस्मान बिन अफ्फान	–	हज़रते अब्दुर्रमान बिन औफ
हज़रते ज़ुबैर बिन अव्वाम	–	हज़रते इब्ने मसऊद
हज़रत उबेदा बिन हारिस	–	हज़रते बिलाल
हज़रते मुसअब बिन उमैर	–	हज़रते साद बिन अबी वक्कास
हज़रते अबु उबैदा बिन जर्राह	–	हज़रते सालिम मौला अबी हुज़ैफा
हज़रते सईद बिन अबी ज़ैद	–	हज़रते तलहा बिन उबैदउल्लाह
हज़रते अबुबकर सिद्दक	–	हज़रते उमर फारूक
हज़रते मोहम्मद ﷺ	–	हज़रते अली बिन अबु तालिब

से भाई चारा बड़ी बरकतों का बाईज़ बना पहली बरकत तो ये हुई के जिन हज़रात से इस्लाम कबूल करने के बाईस उनके भाई बंधू ने सलाम व कलाम तक खत्म कर दिया था। और एहसासे तन्हाई जिन्हे बार बार डस्ता रहता था। उन्हे इससे निजात मिल गई। अब वो अपने महदूद खानदान के बजाए अपने आप को एक अज़ीम पाकीज़ा और तरक्की पज़ीर बिरादरी का रूक्न समझने लगे। कुरैशी गैर कुरैशी, हाश्मी, अमवी, मखज़ूमी व अदबी वगैरे छोटे छोटे कबीलों में बट जाने से इस मुआशरा में जो रकाबते (Competition) पैदा हो गई थी जिनकी जड़े दिन ब दिन गहरी होती चली जाती थी उन सब का किला ढह गया। और उनकी जमीअत एक सीसा पीलाई हुई दिवार के मानिन्द मुसतहकम हो गई जिसकी हर ईंट दूसरी ईट का सहारा बन गई ।

2. यहूदियों से मुआ़हदा

मदीना में अंसार के अ़लावा बहुत से यहूदी आबाद थे। उन यहूदियों के तीन क़बीलेः (1) बनू कैनुक़ाअ़ (2) बनू नज़ीर (3) बनू कुरैज़ा। मदीना के अतराफ़ में आबाद थे और निहायत मज़बूत मह़ल्लात और मुस्तह़कम क़िलअे बनाकर रहते थे। हिजरत से पहले यहूदियों और अंसार में हमेशा इख़्तलाफ़ (असहमति) रहता था। और वो इख़्तलाफ़ अब भी मौजूद था। और अन्सार के दोनों क़बीलेः (1) ओस व (2) खज़रज बहुत कमज़ोर हो चुके थे। क्योंकि मशहूर लड़ाई ''जंगे बुआ़स'' में इन दोनों क़बीलों के बड़े बड़े सरदार और नामवर बहादुर आपस में लड़ लड़कर क़त्ल हो चुके थे। और यहूदी हमेशा इस क़िस्म की तदबीरों और शरारतों में लगे रहते थे कि अन्सार के ये दोनों क़बाएल हमेशा टकराते रहें। और कभी भी मुत्तह़िद न होने पाएँ।

इन वुजुहात की बिना पर मोहम्मद ﷺ ने यहूदियों और मुसलमानों के आइन्दा तअ़ल्लुक़ात के बारे में एक मुआ़हदा की ज़रूरत मह़सूस फ़रमाई। ताकि दोनों फ़रीक़ अमन व सुकून के साथ रहें। और आपस में कोई बुराई और टकराव न हो। इस लिऐ आपने अन्सार और यहूद को बुलाकर सनद बनाई और दोनों ने रज़ामंदी से दस्तखत किये।

मुआहदा (संधी/Agreement)

1) कत्ल के मुतालिक़ खुन का बदला खून, यह तौरात का ही क़ानून लागु होगा।

2) यहूद को अपनी मज़हबी आज़ादी पहले की तरह ही रहेगी।

3) मुसलमान और यहूदी दोस्ताना बरताव करेंगे।

4) किसी और से लड़ाई पेश आने पर दोनों एक–दुसरे की मदद करेंगे।

5) अगर मदीना पर कोई हमलावर हुआ तो दोनों मिलकर हमलावर का मुक़ाबला करेंगे।

6) मुसलमान, यहूदी व उन्के सभी लोग जमात तसौव्वुर होंगे। अलबत्ता जिसने अहद–शिकनी की (वादा –तोड़ा) तो वो खुद अपने आप को व घर वालों को मुसीबत में डालेगा।

☆ ☆ ☆

जंगों की शुरूआत
(मारका-ए-हक व बातिल)

कुफ्फारे मक्का ने 13 साल तक मुसलमानों पर जुल्म के पहाड़ तोडे, मुसलमानों की खामोशी पर कुफ्फार और जोश में आकर जुल्म करते थे। यहां तक कि कुछ लोगों का क़त्ल भी कर दिया था। बस यह कहते हुए कि तुम इस्लाम छोड़ दो और अपने पुराने रिवाज वो कुफ्र में वापस आ जाओ। मगर मुसलमानों ने जामे शहादत नोश किया पर अपने ईमान से वापस न फिरे। लाख जुल्म सहते रहे। मगर अभी तक मुसलमानों ने बदले के लिए तलवार न उठाई। आखिर कार मोहम्मद ﷺ ने उन्हें अलग अलग देशों (राज्यों) में भेज दिया ताकि मुसलमानों की जान बची रहे।

फिर एक रात मोहम्मद ﷺ हिजरत करके मदीना पहोंच गये। मोहम्मद ﷺ की हिजरत के बाद मक्का लगभग मुसलमानों से खाली हो गया था।

अब नबी–ए–करीम ﷺ ने सब मुसलमानों को मदीना में जमा कर लिया और अहले मदीना के बेशतर लोग पहले ही मुसलमान हो चुके थे। अब सब मिल जुलकर रहने लगे चैन से। मगर कुरैश को अभी चैन नहीं मिल रहा था कि मदीना में इस्लाम का छोटा सा जो चराग जल रहा है उसे कैसे भी बुझा देना है। मगर जब वो इस चिराग को बुझा न पाये तो अब अय्यारी व टकराव शुरू कर दिया।

मदीना के रास्ते उनका तिजारती काफिला शाम जाता था और वापस आ जाता था। कुरैश इस तिजारती माल में से एक हिस्सा अलग कर रहे थे। **उस माल से वो जंगी साज़ो सामान खरीदकर मदीना पर हमलावर होना चाहते थे**। अब उन्होंने धमकी भरे खत अहले मदीना को लिखना शुरू किया कि मदीना वालो मोहम्मद ﷺ को और उनके 50 साथियों को जो मुहाजिर कुरैशी (प्रवासी लोग) हैं उनको निकाल दें। वरना हम मदीना पर एक बडे लश्कर के साथ हमला करेंगे। और सबका कत्ल कर देंगे।

यह खत सबसे पहले अब्दुल्लाह उबई को भेजा... अब्दुल्लाह उबई यह मोहम्मद ﷺ से बहुत नफरत करता था क्योंकि मोहम्मद ﷺ के हिजरत के पहले अहले मदीना इसे अपना सरदार बनाने का इरादा रखते थे। मगर हुजूर ﷺ की हिजरत के बाद ऐसा न हुआ। इस सियासी नुकसान की वजह

से वह दिल ही दिल में इस्लाम दुश्मन बन गया था। अब हाल तो ये हो गया कि अब यहां जो मुसलमान आबाद थे। मदीना में यहां भी कुफ्फारे कुरैश उन्हें चैन से रहने नहीं दे रहे थे और बडे हमले की तैयारी में लगे थे।

एक दिन अल्लाह की तरफ से आयत नाज़िल हुई..

तर्जुमा : ''जिन से लड़ाई की जाती है (मुसलमान) उन को भी अब लडने की इजाज़त दी जाती है क्यों कि वो (मुसलमान) मज़लूम हैं और ख़ुदा उनकी मदद पर यकीनन क़ादिर है।''

13 साल तक मुसलमानों ने सबर का मुज़ाहेरा किया पर अब मज़ीद मुमकिन ना था कि वो मदीना में हाथ पर हाथ धरे बैठे रहें। और उस वक्त का इंतिज़ार कर के जब कुफ्फारे मक्का पूरी तौर पर मुसल्ला होकर मदीना पर हमलावर हों। उनके इस गुलशन को भी बरबाद कर के रख दें।

मोहम्मद ﷺ ने इन तमाम सुरते हाल का जायज़ा लिया और अपने दीन–ए–इस्लाम और मदीना तैय्यबा की बक़ा के लिये मुनज़्ज़म तौर पर मनसूबा बनाया।

अपने आस पास के कबीलों के लिये मुखतलिफ मुहीमें रवाना की। जिसकी कयादत आपने खुद की। ये मुहिमें रवाना करने के कई मकसद थे।

1. इन मुहिमों के जरिये अलग अलग कबीलों से राबते कायम किये।
2. उनको इस्लाम की दावत दी गई और उनके साथ बहम जंग न करने के मुआहेदे (अग्रीमेंट) किये गये।
3. इन मुहिमों से कुफ्फारे मक्का (जो जंग की तैयारी में लगे थे) उनको यह अहसास दिलाया गया कि मुसलमानों से टकराव की सुरत में अब उन्की तिजारत महफूज़ नहीं रहेगी।
4. इन मुहिमों के जरिये कुरैशे मक्का और दिगर कबाईल को ये अहसास दिलाना भी था कि मुसलमानों को कमज़ोर समझना एक बहुत बड़ी गलती होगी। और उसके नताएज बहुत ही संगीन होंगे।

इन मुहिम में से कुछ ऐसी भी थी जिनका नतीजा अच्छा न रहा और छुट–पुट टकराव लाया। जिस से जानी व माली नुकसान भी हुआ। उधर कुफ्फार भी कई कबीलों को अपने साथ मिलाकर मदीना पर हमलावर होने की तैयारी में लगे थे। इस हक व बातिल की कशमकश में एक तरफ कुफ्फारे मक्का दूसरी तरफ मुसलमान थे।

बस यही मुहिमें मुसलमानों के लिए अमन (शांति) क़ायम करने की

आखरी उम्मीद थी। मगर इस से भी वो हल न निकला। जिसकी तवक़्क़ो थी।

अब तो मानों मरके हक व बातिल (सत्य व असत्य का युध्द) शुरू होने को था। यूं हुई जंग की शुरूआत।

जिस जंग में मोहम्मद ﷺ खुद शामिल होते उसे गज़वा कहते। गज़वात कुल 27 हैं। जिस जंग में मोहम्मद ﷺ शामिल न होते थे जिस में सिपहसालार कोई सहाबी होते थे उसे सरिया कहते हैं। यह कुल 56 हैं।

गज़वा-ए-अबवा

यह ग़ज़वा मक़ामे अबवा पर हुआ। मोहम्मद ﷺ की विलादत (पैदाइश) से कुछ अरसा (चंद माह) पहले मोहम्मद ﷺ के वालिद हज़रत अब्दुल्लाह तिजारत के सिलसिले में मुल्के शाम गए तो वहां से वापसी पर बीमार हो गए और मदीना के रास्ते में मक़ामे अबवा पर इन्तिक़ाल कर गए। यहां उनके रिशतेदार रहते थे जिनके क़बीले का नाम बनू नज्जार था। चुनांचे उनको बनू नज्जार के क़बरिस्तान में दफ़न कर दिया गया। जब मोहम्मद ﷺ की उम्र 6 साल हुई तो मोहम्मद ﷺ की वालिदा माजिदा बीबी आमिना मोहम्मद ﷺ को आप के वालिद की क़ब्र की ज़ियारत के लिए अबवा ले गईं।

मदीना आने के बाद मोहम्मद ﷺ ने सन् 2 हिजरी में सहाबा ؓ के साथ इसी मक़ाम–ए–अबवा की तरफ कूच किया। इस सफ़र का मक़सद तबलीग़–ए–इस्लाम था। मोहम्मद ﷺ ने अपने मुख़्तसर लशकर (जो सिर्फ 60 लोगों की फौज थी) का अलमबरदार (सालार) हज़रत हमज़ा ؓ को बनाया जो मोहम्मद ﷺ के चाचा थे। आठ मनज़िले तय कर के मोहम्मद ﷺ अबवा के मक़ाम पर पहुंचे और क़ियाम फ़रमाया। वहां मोहम्मद ﷺ ने क़बीला बनू ज़मरा से बाहमी इमदाद और तआवुन का मुआहिदा किया। इस मुआहिदे की शर्तें ये थी कि बनू ज़मरा आप से जंग नहीं करेंगे, न मोहम्मद ﷺ के ख़िलाफ़ अपनी जमाअत (फ़ौज) में इज़ाफ़ा करेंगे और न मोहम्मद ﷺ के मुक़ाबले में आप के दुश्मनों की मदद करेंगे, बल्कि अगर कोई दुशमन मोहम्मद ﷺ पर हमला करेगा तो बनू ज़मरा आप की मदद करेंगे। यह एक तहरीरी मुआहदा (Written Agreement) था। इस ग़ज़वा में मोहम्मद ﷺ के साथ सिर्फ 60 मुहाजिर मुसलमान थे।

गज़वा-ए-बुवात

हिजरत के तेरहवे महीने में गज़वा–ए–बुवात पेश आया। इसमें मोहम्मद ﷺ के साथ सिर्फ़ 200 मुहाजिरीन थे। मोहम्मद ﷺ को ख़बर मिली कि मक्का के कुरैश का एक क़ाफ़िला उधर से गुज़र रहा है जिसमें कुरैश के एक सौ आदमी और सामाने तिजारत से लदे हुए डेढ़ हज़ार ऊंट हैं। मोहम्मद ﷺ ने कुरैश के इस क़ाफ़िले का सुराग़ लगाना चाहा, लेकिन क़ाफ़िला न मिल सका। चुनांचे मोहम्मद ﷺ जंग किए बग़ैर वापस मदीना तशरीफ़ ले गए।

पहला ग़ज़वा-ए-बद्र

(वह वाकया/घटना जिसने जंगे बदर की निव रखी)

एक दिन मोहम्मद ﷺ मस्जिद–ए–नबवीं में मौजूद थें। आप के पास उस वक़्त हज़रत सिद्दीके अकबर ﵁ हज़रत साद ﵁ हज़रत अली ﵁ और दूसरे इस्लाम के जांनिसार बैठे थे कि एक मुसलमान परेशानी की हालत में मोहम्मद ﷺ के पास आया और अर्ज़ किया...

"या रसूलुल्लाह ﷺ! मक्का का एक सरदार कर्ज़ बिन जाबिर हमारी चारागाह पर हमला करके हमारे ऊंट साथ ले गया है।"

इस ख़बर पर मोहम्मद ﷺ का चेहरा–ए–मुबारक सुर्ख़ हो गया। आप ने फ़रमाया कि कुफ़्फ़ार हमें मक्का से तीन सौ मील दूर भी चैन नहीं लेने देते। ऐसी हरकतों से वो हमें दावत–ए–जंग देते हैं। इसके बाद आप ﷺ ने कुरैश के सरदार कर्ज़ बिन जाबिर फ़हरी का पीछा करने के लिए लशकर कशी फ़रमाई। मक्का के कुरैश का मुसलमानों की चारागाह पर हमला करने का मक़सद मुसलमानों पर यह ज़ाहिर करना था कि वे तीन सौ मील दूर भी उन्हें नुक़सान पहुंचा सकते हैं।

मोहम्मद ﷺ मुजाहिदीने इस्लाम के साथ कुफ़्फ़ार के लशकर को तलाश करते हुए बद्र की वादी सफ़वान तक पहुंचे लेकिन कर्ज़ बिन जाबिर और उसके साथी न मिल सके। चुनांचे, आप ﷺ वापस मदीना चले गए। ग़ज़वा को पहला ग़ज़वा–ए–बद्र कहा जात है।

ग़ज़वा-ए-उशैरा

हिजरत के दूसरे साल जमादी–उल–अव्वल में नबी करीम ﷺ को इत्तिला मिली कि कुरैश का एक क़ाफ़िला मक्का से रवाना हुआ है जिसमें अबू सुफ़ियान अपने सामान और बहुत से साथियों के साथ तिजारत के लिए जा रहे है। मोहम्मद ﷺ इस क़ाफ़िले को रोकने के लिए डेढ़–दो सौ मुहाजिरीन के साथ मदीना मुन्नवरा से निकले। इन मुजाहिदीन के साथ सिर्फ़ 30 ऊंट थे।

जब आप ﷺ मक़ामे उशैरा पर पहुंचे जहां क़बीला बनू मुदलिज आबाद था तो आप को मालूम हुआ कि क़ाफ़िला चन्द रोज़ पहले ही वहां से गुज़र चुका है। चुनांचे आप ﷺ ने मज़ीद सफ़र करने की बजाए कुछ दिन उसी जगह क़ियाम फ़रमाया। यहां मोहम्मद ﷺ ने क़बीला बनू मुदलिज और उनके हलीफ़ क़ौम बनू ज़मरा से मुसालहत (सुलह) फ़रमाई। उसके बाद मदीना वापस हुए। इस ग़ज़वा को तारीख़–ए–इस्लाम में ग़ज़वा–ए–उशैरा के नाम से याद किया जात है।

वाकिआ-ए-नख़्ला (सरिया अब्दुल्लाह बिन जहश رضي الله عنه)

रजब सन् 2 हिजरी में मोहम्मद ﷺ ने हज़रत अबू उबैदा बिन जर्राह رضي الله عنه को सफ़र की तैयारी का हुक्म फ़रमाया, लेकिन अबू उबैद رضي الله عنه को सदमा हुआ, क्योंकि वह मोहम्मद ﷺ से जुदा नहीं होना चाहते थे। आप ने उन्हें ग़मगीन पाकर अब्दुल्लाह बिन जहश असदी को बारह मुहाजिरीन के साथ एक नख़लिस्तान की तरफ़ रवाना किया जो मक्का के क़रीब इब्ने आमिर का बाग़ था। उसे नख़्ला कहा जाता है। यह वह मक़ाम है जहां मोहम्मद ﷺ ने ताइफ से मक्का वापसी पर क़ियाम फ़रमाया था और जिन्नों की एक जमाअत ने इस्लम क़बूल किया था।

नबी करीम ﷺ ने अब्दुल्लाह बिन जहश को एक परचा दिया और फ़रमाया कि इसे दो दिन की मसाफ़त (दो दिन के सफ़र) के बाद खोलना और इसमें लिखे हुए हुक्म पर अमल करना, लेकिन इस काम के लिए अपने साथियों को मजबूर मत करना। चुनांचे दो दिन की मसाफ़त के बाद फ़रमान–ए–रसूल ﷺ के मुताबिक़ अब्दुल्लाह बिन जहश ने परचा खोलकर पढ़ा तो उसमें लिखा था कि मक्का और ताइफ़ के दरमियान

मौजूद बाग़ (नख़्ला) में जाकर ठहरें और कुरैश की ताक में रहें, उनके हालात मालूम करें और फिर अपने साथियों को इत्तिला दें। मोहम्मद ﷺ के ये अहकामात सुनकर सब साथी बखुशी अब्दुल्लाह बिन जहश के साथ आगे रवाना हो गए। नख़्ला पहुंच कर मुजाहिदीन–ए–इस्लाम का इस्लाम के दुश्मनों से टकराव हुआ।

यह रजब का महीना था जिसमें अरब में जंग नहीं होती थी, लेकिन दुश्मन के मुक़ाबले में मुसलमानों को मजबूरन जंग करना पड़ी। इस लड़ाई में कुफ्फार का एक आदमी उम्र बिन हज़रमी मुसलमानों के तीरों से क़त्ल हुआ जबकि दो अफ़राद गिरफ्तार हुए। इस जंग में मुसलमानों को माले ग़नीमत (Booty) भी मिला लेकिन जब ये मुजाहिदीन दोनों क़ैदियों के साथ वापस मदीना मुनव्वरा पहुंचे तो हुज़ूर ﷺ ने फ़रमाया कि मैंने तुम्हें लड़ाई का हुक्म नहीं दिया था। इस पर उन मुसलमानों को सख़्त नदामत हुई।

लेकिन फिर मोहम्मद ﷺ पर अल्लाह तआला की तरफ़ से वह़ी नाज़िल हुई जिसमें अल्लाह तआला ने उनकी तसल्ली फ़रमाई। यह सूरह बक़रा की 217 वीं आयत थी जिसमें हक़ तआला की तरफ़ से यह बात वाज़ेह कर दी गई कि बेशक हराम महीनों में जंग करना बड़ा गुनाह है, लेकिन इससे बड़ा गुनाह तो यह है कि लोगों को हरम (काबा) में दाख़िल होने से रोका जाए और उनको जिला वतन किया जाए।

इस आयत–ए–करीमा से मुसलमानों को दिली इत्मीनान हासिल हुआ और दोनों क़ैदियों को फ़िदया लेकर आज़ाद कर दिया गया। इस लड़ाई को तारीख़–ए–इस्लाम में वाक़िआ–ए–नख़्ला कहा जाता है।

जंगे बद्र : 313 V/s 1000

वाक़िआ–ए–नख़्ल में मुसलमानों के हाथों अम्र बिन हज़रमी के क़त्ल और दो आदमियों के क़ैद हो जाने पर मक्का के क़ुरैश इन्तिक़ाम की आग में जलने लगे थे। रमज़ान सन् 2 हिजरी में अबू सुफ़ियान बहुत बड़ा तिजारती क़ाफ़िला लेकर सत्तर आदमियों के साथ शाम से वापस आ रहा था। कुफ्फारे मक्का अपने आदमी के कत्ल का बदला लेने के लिए आग बगूला हो रहे थे, लेकिन यह ख़ौफ भी था कि मुसलमान उनके काफ़िले को लूट लेंगे।

इधर मोहम्मद ﷺ को भी खबर मिल चुकी थी कि मक्का वालों का एक काफ़िला शाम से आ रहा है जिसका सालार अबू सुफ़ियान है। आप ﷺ ने मुसलमानों की एक जमाअत को हुक्म दिया कि वे इस काफ़िले को रास्ते में रोक लें ताकि मक्का के कुफ़्फ़ार पर मुसलमानों का रोब हो और उन्हें यह बात मालूम हो जाए कि अगर अब उन्होंने मुसलमानों से बिगाड़ पैदा किया तो उनके तिजारती क़ाफ़िलों को मदीना के पास से नहीं गुज़रनें देंगे और मुल्के शाम से उनकी तिजारत बंद हो जाएगी। और अगर अब कुफ्फार मुसलमानों को कमज़ोर समझकर हमला करेंगे तो उनको माकूल जवाब दिया जाएगा।

आप ﷺ ने खुद 60 मुजाहिदीन को मुन्तख़ब फ़रमाया। उबैदा बिन हर्स رضي الله عنه को लशकर का सरदार मुक़र्रर करके हरा रंग का परचम (झंडा) अता फ़रमाया। लेकिन मदीना के मुनाफ़िक़ीन ने अबू सुफ़ियान को मुसलमानों के हमले की ख़बर कर दी। चुनांचे वह अपने सामने तिजारत से लदे हुए एक हज़ार ऊंटों का क़ाफ़िला लेकर असल रास्ते से कतराकर निकल गया और साथ ही उसने एक क़ासिद को मक्का की तरफ़ पैग़ाम देकर दौड़ाया कि मुसलमानों के हमले का ख़तरा है, फ़ौरन मदद रवाना करो।

जब अबू सुफ़ियान के क़सिद ने मक्का पहुंच कर हालात बयान किए तो मक्का वालों ने फ़ौरन एक अज़ीम फौज तैयार की। इस में मक्का के तमाम मशहूर सरदार और तजुरबेकार जरनेल व जंगजू शामिल थे। अबू जहल इस लश्कर का सालार मुन्तख़िब हुआ। अबू लहब मक्का में ही रहा और उसने अपनी जगह आसिम बिन हिशाम को चार हज़ार दिरहम देकर रवाना किया। यह सब के सब अबू सुफ़ियान के तिजारती क़ाफ़िले की

हिफ़ाज़त और मदद के इरादे से रवाना हुऐ थे। लशकर में मक्का के तक़रीबन एक हज़ार अफ़राद शामिल थे जिसमें से छह सौ ज़िरह (कवच) पहने हुए थे। सौ घुड़ सवार ज़िरह पोश थे और सात सौ ऊंट थे। खाने के इन्तिज़ाम पर बारह अफ़राद मामूर (नियुक्त) थे। लशकर में रजज़ (जंगी तराने) पढ़ने वाली औरतें भी शामिल थीं जो मुशरिकीने मक्का के जोश–ए–इन्तिक़ाम को बढ़ती और मुसलमानों की हज्व (बुराई) करती थीं।

मुसलमानों को भी ख़बर मिल गई थी कि कुरैश का लशकर आ रहा है। चुनांचे मोहम्मद ﷺ 313 मुजाहिदीन के साथ मदीना से निकले। यह पहला गज़वा था जिसमें मुहाजिरीन के अलावा मोहम्मद ﷺ के साथ अनसार (मदीना के मुसलमान) भी थे और उनकी तादाद 207 थी। इस्लामी लशकर में कुल सत्तर ऊंट और सिर्फ़ पांच घोड़े थे।

कुरैश के लश्कर को रास्ते में ख़बर मिली कि अबू सुफ़ियान का क़ाफ़िला बख़ैरियत मक्का पहुंच गया है और क़ाफ़िले को किसी क़िसम का नुक़सान नहीं पहुंचा। यह ख़बर मिलने पर लशकर के बाज़ सरदारों ने राय दी कि अब वापस लौट जाना चाहिए क्योंकि मुसलमानों ने अबू सुफ़ियान के क़ाफ़िले को नुक़सान नहीं पहुंचाया, लेकिन अबू जहल ने कहा कि अब हमें मुसलमानों को मौत के घाट उतार कर ही वापस जाना है। उसकी राय पर सब लोग मुत्तफ़िक़ हो गए और यह लश्कर बढ़ता हुआ बद्र के मक़ाम पर जा पहुंचा। लश्कर के साथ अरब की गाने बजाने वाली हसीन व जमील औरतें भी थीं। चुनांचे वहां पड़ाव डालने के बाद गाने बजाने की महफ़िलें सजाई जाने लगीं और शराब का दौर चलने लगा।

जंग की तय्यारी

जब मोहम्मद ﷺ के हुक्म पर मुसलमान जंग के लिए रवाना हुए तो चन्द बच्चों ने भी जाने पर ज़िद किया। मोहम्मद ﷺ ने एक नेज़े पर निशान लगाकर बच्चों से फ़रमाया कि जिसका क़द इस निशान तक होगा, उसे लशकर में शामिल कर लिया जाएगा। चूंकि सब बच्चों के क़द छोटे थे इसलिए निशान तक किसी का क़द न पहुंचा। लेकिन जब मोहम्मद ﷺ एक बच्चे का कद नापने लगे तो वह पंजों के बल खड़ा होकर अपना क़द पूरा करने की कोशिश करने लगा। उसका जोश व ख़रोश देखकर मोहम्मद ﷺ

खुश हुए और उसे लश्कर में शामिल होने की इजाज़त अता फ़रमा दी।

दूसरे लड़के ने हुज़ूर ﷺ से अर्ज़ किया कि मेरे मां–बाप आप ﷺ पर कुरबान! इस लड़के से मेरी कुश्ती कराई जाए, अगर मैं इसे गिरा लूं तो मुझे भी जिहाद में शामिल कर लिया जाए। इस लड़के का जज़्बा देखकर मोहम्मद ﷺ ने इसे भी इस्लामी लशकर में शामिल कर लिया। बाक़ी बच्चों को आप ने वापस कर दिया। आप ﷺ ने आठ सहाबा ؓ को मदीना में अपना जानशीन मुक़र्रर किया। मदीना में छोड़े जानेवाले इन सहाबा ؓ में हज़रत उसमान ग़नी बिन अफ़्फ़ान ؓ भी थे, जिन्हें अपनी बीवी हज़रत रूक़ैय्या ؓ की तीमारदारी के लिए रूकना पड़ा क्योंकि वह बीमार थीं।

मुजाहिदीन की रवानगी

मदीना से रवानगी से पहले मोहम्मद ﷺ ने अबू सुफ़ियान के क़ाफ़िले का हाल दरियाफ़्त किया और उसका रूख़ मालूम करने पर सहाबा ؓ से फ़रमाया कि मक्का से कुरैश का लशकर रवाना होचुका है। अब तुम्हारी मरज़ी है कि अबू सुफ़ियान के क़ाफ़िले पर हमला करके माल व दौलत हासिल करो या इस अज़ीम जंगी लशकर का मुक़ाबला करो जो क़ाफ़िले की मदद के लिए जा रहा है।

सहाबा ؓ का ज़्यादा रूजहान (झुकाव) इस जानिब था कि अबू सुफ़ियान का क़ाफ़िला लूट लिया जाए ताकि वे जंग के लिए साज़ व सामान ख़रीद सकें। लेकिन हज़रत अबू बकर सिद्दीक़ ؓ और उमर ؓ ने कुफ़्फ़ार के लश्कर से लड़ने के लिए पुरजोश तक़रीरें कीं और सब मुत्तफ़िक़ (सहमत) हो गए। फिर मोहम्मद ﷺ ने मदीना के अन्सार से उनकी मरज़ी मालूम की, क्योंकि मोहम्मद ﷺ ने उनसे मुआहिदा किया था **जिसके मुताबिक वे सिर्फ मदीना के अन्दर जंग में मुसलमानों का साथ देने के पाबन्द थे।**

उस वक्त मोहम्मद ﷺ के एक अज़ीम सहाबी और अनसार के सरदार साद बिन उबादा ؓ ने खड़े होकर अपने तआवुन (सहयोग) का यक़ीन दिलाया और फ़रमाया,

"अल्लाह की क़सम! हम जंग करने वालों में बेहतरीन बहादुर और मैदान–ए–जंग में साबित क़दम रहने वाले लोग हैं।"

मोहम्मद ﷺ ने अंसार से उनकी मरज़ी दरियाफ़्त करने का यह अंदाज़ एक तरफ़ आप ﷺ की फ़िरासत का गवाह और दूसरी जानिब जंगी

हिकमत–ए–अमली की एक आला मिसाल है। आप ﷺ को इस फौजी हिकमत–ए–अमली का एक मक़सद यह भी था कि मुहाजिरीन और अंसार का इत्तिहाद क़ायम रहे, उनके दिलों में एक दूसरे के ख़िलाफ़ मैल न आए और फिर अल्लाह के लिए सब्र व इस्तिक़ामत का एक मुज़ाहरा इस जंग में भी हो जाए।

मैदान-ए-जंग के हालात (नक़्शा)

कुरैश का लश्कर वादी–ए–बद्र के इन्तिहाई आख़िरी जानिब पड़ाव डाल चुका था। चुनांचे मुसलमानों का लशकर वहां पहुंचा तो उसे रेतीली ज़मीन पर ख़ैमाज़न होना पड़ा। इस रेतीली ज़मीन में जानवरों के पाव धंसते थे। कुफ़्फ़ार के लश्कर ने मुसलमानों से पहले यहां पहुंचकर बद्र के चश्मा (पानी का झरने) पर क़ब्ज़ा कर लिया था और उनके पास पानी का वाफ़िर इन्तिज़ाम था जबकि मुसलमानों को पीने, वुज़ू और गुस्ल करने के लिए भी पानी मयस्सर न था। गोया मैदान–ए–जंग में मक्का के कुरैश को फ़ौजी बरतरी भी हासिल थी और तमाम आसानियां भी थीं जो उनकी कामयाबी का सबब बन सकती थीं और बज़ाहिर उनकी फ़तह यक़ीनी मालूम होती थी।

लेकिन मुसलमानों का अल्लाह पर तवक्कल था और अल्लाह पर तवक्कल कामयाबी की ज़मानत है, क्योंकि अल्लाह का वादा सच्चा होता है। चुनांचे अल्लाह तआला ने मुसलमानों के दिलों को तसल्ली देने और उन्हें आराम पहुंचाने के लिए कुफ़्फ़ार पर नींद का ग़लबा तारी कर दिया। बारिश हुई और रेतीली ज़मीन बैठ गई जिससे उसपर चलना–फिरना आसान हो गया। मुसलमानों ने तालाब बना कर बारिश का पानी महफ़ूज़ कर लिया और पानी मिलने से वे ताज़ा दम हो गए।

बारिश के मुतअल्लिक़ सीरत निगरों ने लिखा है कि जब बद्र में पहुंचकर मुसलमानों को पानी की तकलीफ़ हुई तो हुज़ूर–ए–अकरम ﷺ ने मुसलमानों को नशीबी जगह तालाब खोदने का हुक्म फ़रमाया। मुसलमानों ने जल्द ही तालाब खोदकर तैयार कर लिया फिर मोहम्मद ﷺ ने मुसलमानों के साथ नमाज़ अदा की और अल्लाह तआला की बारगाह में बारिश के लिए दुआ फ़रमाई। चुनांचे चन्द लम्हों बाद ही आसमान पर हल्के–हल्के बादल नमूदार होने लगे। थेड़ी देर बाद इस ज़ोर की बारिश हुई कि हर तरफ़ जल–थल हो गया और तालाब पानी से लबरेज़ हो गया।

मोहम्मद ﷺ ने कुफ्फारों के मरने की जगह बताई

रात के वक़्त बारिश बन्द हुई तो मुसलमानों ने इशा की नमाज़ अदा की और फिर अपने हथियारों को सैक़ल (चमकाने और तेज़ करने) लगे। मोहम्मद ﷺ के लिए एक टीले पर ख़ैमा तैयार किया गया। हज़रत सिद्दीके अकबर ؓ तलवार सूंतकर पास खड़े हुए। हुजूर नबी करीम ﷺ ने वहां से मैदान–ए–जंग का मुशाहदा फ़रमाया और जगह–जगह अपने दस्ते मुबारक के इशारे से फ़रमाते रहे कि इन्शाअल्लाह याहं पर फ़लां आदमी मारा जाएगा और यहां फ़लां शख़्या हलाक होगा। चुनांचे जंग के दौरान एक जगह भी इसके ख़िलाफ़ नहीं हुआ और मोहम्मद ﷺ का फ़रमान हर्फ़–ब–हर्फ़ दुरूस्त साबित हुआ।

जंग का आगाज़

दूसरे रोज़ मुसलमान फ़ज्र की नमाज़ से फ़ारिग़ हुए तो कुफ़्फ़ार मैदान में सफ़बंद हो चुके थे। उनका एक दस्ता टीले पर चढ़ गया जहां से मुसलमान उन्हें साफ़ दिखाई दे रहे थे। वे मुसलमानों की थोड़ी तादाद और बेसरोसामानी देखकर अपनी फ़तह के यक़ीन पर खुश थे और डींगें मार रहें थे कि वे मुसलमानों को फ़ना कर देंगे।

मोहम्मद ﷺ ने मक्का के कुफ़्फ़ार को सफ़बस्ता देखा, फिर अपने जांनिसारों की बेसरोसामानी और जज़्बा–ए–शहादत से मुतअस्सिर होकर सजदे में गिर गए और अल्लाह तआला की बारगाह में दुआ करने लगे कि...

हुजूर ﷺ सजदे में रो रहे थे और
अल्लाह (रब्बुल आलमीन) की बारगाह में अर्ज़ कर रहे थे....

"ऐ अल्लाह! ये तेरे बन्दे तेरे नाम को बुलन्द करने के लिए मैदान में हाज़िर हो गए हैं। अगर ये मिट गए तो क़ियामत तक तेरा नाम बुंलन्द करने वाले पैदा ना होंगे। ऐ अल्लाह! इनकी मदद फ़रमा! इस्लाम के दुशमनों को अपनी कुव्वत पर नाज़ व फ़ख़्र है। मुसलमानों को सिर्फ़ तेरा सहारा है।

"ऐ अल्लाह! अगर कुफ़्र व इस्लाम की इस पहली जंग में मुसलमानों को शिकस्त हो गई तो दुनियावाले तुझसे बाग़ी हो जाएंगे।"

"ऐ रब्बुल–इज़्ज़त! तेरी मदद का इन्तिज़ार है जिसका तूने वादा फ़रमाया है। ऐ अल्लाह! तू उनके तकब्बुर को ख़ाक में मिला दे। ऐ अल्लाह! तेरे ये बंदे जो मेरे साथ हैं, अगर हलाक हो गए तो फ़िर ज़मीन पर तेरी इबादत करने वाला कोई न रहेगा।"

जिस जगह हुज़ूर ﷺ सजदे में पड़े रो रहे थे, वो जगह आप ﷺ के आंसूओं से गिली हो गई थी। अपने प्यारे रसूल ﷺ की यह हालत देखकर रहमत–ए–खुदावन्दी जोश में आई और यह आयत नाज़िल हुई कि "कुफ़्फ़ार को शिकस्त होगी और वे भाग जाएंगे।" (कुरआन मजीद)

कुफ़्फ़ार का सिपह सालार मारा गया

कुफ़्फ़ार का सिपह सालार उतबा बिन रबीआ अपने सीने पर शुतुर मुर्ग का पर लगाए हुए अपने भाई शैबा बिन रबीआ और अपने बेटे वलीद बिन उतबा को साथ ले कर गुस्से में भरा हुआ अपनी सफ़ से निकल कर मुक़ाबला की दअ्वत देने लगा। इस्लामी सफ़ों में से हज़रते औफ व हज़रते मुआज़ व अब्दुल्लाह बिन रवाहा ؓ मुक़ाबले को निकले। उ़तबा ने उन लोगों से नाम व नसब पूछे। जब मालूम हुआ कि ये लोग अन्सारी हैं। तो उतबा ने कहा कि हम को तुम लोगों से कोई ग़र्ज़ नहीं।

फिर उ़तबा ने चिल्लाकर कहा कि ऐ मुहम्मद! ﷺ ये लोग हमारे जोड़ के नहीं हैं। अशरफ़े कुरैश को हम से लड़ने के लिए मैदान में भेजिए। हुज़ूर ﷺ ने हज़रत हम्ज़ा ؓ व हज़रते अली ؓ व हज़रते उबैदा ؓ को हुक्म दिया कि आप लोग इन तीनों के मुकाबले के लिए निकलें। चुनांचे ये तीनों बहादुराने इस्लाम मैदान में निकले। चूँकि ये तीनों हज़रात सर पर खूद पहने हुए थे। जिस से उन के चेहरे छुप गए थे इस लिए उतबा ने इन हज़रात को नहीं पहचाना और पूछा कि तुम कौन लोग हो?

जब उन तीनों ने अपने नाम व नसब बताए। तो उतबा ने कहा कि हाँ अब हमारा जोड़ है। जब उन लोगों में जंग शुरू हुई तो हज़रते हम्ज़ा ؓ व हज़रते अली ؓ व हज़रते उबैदा ؓ ने अपने ईमानी शुजाअ़त का ऐसा मुज़ाहरा किया कि बदर की ज़मीन दहल गई। और कुफ़्फ़ार के दिल थर्रा गए और उनकी जंग का अंजाम ये हुआ कि हज़रते ह़म्ज़ा ؓ ने उतबा का मुकाबला किया। दोनों इन्तिहाई बहादुरी के साथ लड़ते रहे। मगर

आख़िरकार हज़रते ह़म्ज़ा ﷺ ने अपनी तलवार की वार से मार मार कर उ़तबा को ज़मीन पर ढेर कर दिया।

वलीद ने हज़रते अ़ली ﷺ से जंग की। दोनों ने एक दूसरे पर बढ़ बढ़कर क़ातिलाना ह़मला किया और खूब लड़े। लेकिन असदुल्लाह ग़ालिब की जुलफ़िकार ने वलीद को मार गिराया और वो ज़िल्लत के साथ क़त्ल हो गया। मगर उ़तबा के भाई शैबा ने हज़रते उ़बैद ﷺ को इस तरह ज़ख़्मी कर दिया कि वो ज़ख़्मों की ताब न लाकर ज़मीन पर बैठ गए। ये मंज़र देखकर हज़रते अ़ली ﷺ उन को अपने कांधे पर उठाकर बारगाहे रिसालत में लाए। उन की पिन्डली टूट कर चूर चूर हो गई थी और नली का गूदा बह रहा था। इस हालत में अर्ज़ किया या रसूलल्लाह ﷺ! क्या मैं शहादत से मह़रूम रहा? इरशाद फ़रमाया कि नहीं, हरगिज़ नहीं। बल्कि तुम शहादत से सरफ़राज़ हो गए। हज़रते उ़बैदा ﷺ ने कहा कि या रसूलल्लाह ﷺ! अगर आज मेरे और आप के चचा अबू तालिब ज़िन्दा होते तो वो मान लेते कि उनके इस शेअर का मिसदाक मैं हूँ।

यानी : हम मुहम्मद ﷺ को उस वक़्त दुश्मनों के हवाले करेंगे जब हम उनके गिर्द लड़ लड़कर पछाड़ दिए जाएँगे। और हम अपने बेटों और बीवीयों को भूल जाएँगे।

हज़रते ज़ुबैर की तारीख़ी बरछी

इसके बाद सईद बिनुल आ़स का बेटा 'उबैद' सर से पाँव तक लोहे के लिबास और हथियारों से छुपा हुआ सफ़ से बाहर निकला और ये कहकर इस्लामी लश्कर को ललकारने लगा कि 'मैं अबू करश हूँ,'' उस की यह मग़रूराना ललकार सुनकर हुजूर ﷺ के फूफी ज़ाद भाई हज़रते ज़ुबैर बिनुल अ़व्वाम ﷺ जोश में भरे हुए अपनी बरछी लेकर मुकाबला के लिए निकले मगर ये देखा कि उन की दोनों आँखों के सिवा उसके बदन का कोई हिस्सा भी ऐसी नहीं जो लोहे से छुपा हुआ न हो। हज़रते ज़ुबैर ﷺ ने ताक कर उस की आँख में इस ज़ोर से बरछी मारी कि वो ज़मीन पर गिरा और मर गया। बरछी उस की आँख को छेदती हुई खोपड़ी ही हड्डी में चुभ गई थी।

हज़रते जुबैर ؓ ने जब उस की लाश पर पाँव रखकर पूरी ताकत से खींचा तो बड़ी मुश्किल से बरछी निकली। लेकिन उस का सर मुड़कर ख़म हो गया। बरछी एक तारीख़ी यादगार बन कर बरसों तबर्रूक बनी रही।

हुजूरे अक़दस ﷺ ने हज़रते जुबैर ؓ से ये बरछी तलब फरमा ली और इस को हमेशा अपने पास रखा। फिर हुजूर ﷺ के बाद चारों खुलफ़ाए राशिदीन के पास मुन्तकि़ल होती रही। फिर हज़रते जुबैर ؓ के फ़रज़न्द हज़रते अब्दुल्लाह बिन जुबैर ؓ के पास आई। यहाँ तक कि 73 हिजरी में जब बनू उमय्या के कब्ज़े में चली गई। फिर इस के बाद ला पता हो गई। (बुखारी ग़ज़वए बदर, जि. 2, स 500)

हज़रते उ़मैर ؓ का शौक़े शहादत

मोहम्मद ﷺ ने जब जोशे जिहाद का वअ्ज फ़रमाते हुए इर्शाद फ़रमाया कि मुसलमानों उस जन्नत की तरफ बढ़े चलो जिस की चौड़ाई आस्मान व ज़मीन के बराबर है। तो हज़रते उमैर बिनुल हमाम अन्सारी ؓ बोल उठे कि या रसूलल्लाह ﷺ क्या जन्नत की चौड़ाई ज़मीन व आस्मान के बराबर है? इर्शाद फ़रमाया कि "हाँ" ये सुनकर हज़रते उ़मैर ؓ ने कहा कि "वाह–वाह" आप ने दर्याफ़्त फ़रमाया कि ऐ उ़मैर तुम ने वाह–वाह किस लिए कहा? अर्ज़ किया कि या रसूलल्लाह ﷺ! फ़क़त इस उम्मीद पर कि मैं भी जन्नत में दाखिल हो जाऊँ। आप ने खुशख़बरी सुनाते हुए इरशाद फ़रमाया कि ऐ उ़मैर! तू बेशक जन्नती है। हज़रते उ़मैर ؓ उस वक्त खजूरें खा रहे थे। ये बशारत सुनी तो मारे खुशी के खजूरें फेंक कर खड़े हो गए। और एक दम कुफ़्फ़ार के लश्कर पर तलवार ले कर टूट पड़े और जाँबाज़ी के साथ लड़ते हुए शहीद हो गए।

अबू जहल ज़िल्लत के साथ मारा गया

हज़रते अब्दुर्रहमान बिन औ़फ ؓ का बयान है कि मैं सफ़ में खड़ा था। और मेरे दाएँ बाएँ दो नव उम्र लड़के खड़े थे। एक ने चुपके से पूछा कि चचा जान! क्या आप अबू जहल को पहचानते हैं? मैंने उस से कहा कि क्यों भतीजे! तुम को अबू जहल से क्या काम है? उसने कहा कि चाचा जान मैंने खुदा से अहद किया है कि मैं अबू जहल को जहाँ देख लूँगा। या तो

उसको कत्ल कर दूंगा या खुद लड़ता हुआ मारा जाऊँगा। क्योंकि वो अल्लाह के रसूल का बहूत ही बड़ा दुश्मन है। हज़रत अब्दुर्रहमान कहते हैं कि मैं हैरत से उस का मुँह तक रहा था कि दूसरे नव जवान ने भी मुझ से यही कहा।

इतने में अबू जहल तलवार घुमाता हुआ सामने आ गया। और मैंने इशारे से बता दिया। कि अबू जहल यही है बस फिर क्या था। ये दोनों लड़के तलवारें ले कर उस पर इस तरह झपटे जिस तरह बाज़ अपने शिकार पर झपटता है। दोनों ने अपनी तलवारों से मार मार कर अबू जहल को ढेर कर दिय। ये दोनों लड़के हज़रते मुऔज़ और मुआज़ ﵄ थे "उफ़रा" के बेटे थे। अबू जहल के बेटे इकरमा ने अपने बाप के क़ातिल हज़रते मुआज़ पर हमला कर दिया। और पीछे से उन के बाँए शाने पर तलवार मारी जिस से उन का बाजू कट गया लेकिन थोड़ा सा चमड़ा बाकी रह गया। और हाथ लटकने लगा हज़रते मुआज़ ने इकरमा का पिछा किया और दूर तक दौड़ाया। मगर इकरमा भाग कर बच निकला।

हज़रते मुआज़ ﵁ इस हालत में भी लड़ते रहे। लेकिन कटे हुए हाथ को लटकाने में ज़हमत हो रहीं थी। तो उन्होंने अपने कटे हुए हाथ को पावँ से दबाकर इस जोर से खींचा कि तस्म (चमडा) अलग हो गया। और फिर वो आज़ाद हो कर एक हाथ से लड़ते रहे। हज़रते अब्दुल्लाह बिन मसऊद ﵁ ने उस की गर्दन को अपने पावँ से रौंद कर फ़रमाया कि "तू ही अबू जहल है? बता आज तुझे अल्लाह ने कैसे रूसवा किया" अबू जहल ने इस हालत में भी घमंड के साथ ये कहा कि तुम्हारे लिए ये कोई बड़ा करनामा नहीं है। मेरा क़त्ल हो जाना इस से ज़्यादा नहीं है कि एक आदमी को उसकी क़ौम ने क़त्ल कर दिया। हाँ मुझे इस का अफ़सोस है कि काश मुझे किसानों के सिवा कोई दूसरा शख़्स क़त्ल करता। हज़रत मुऔज़ ﵁ और हज़रत मुआज़ ﵁ चूँकि ये दोनों अन्सारी थे और अन्सार खेती बाड़ी का काम करते थे और क़बीलए कुरैश के लोग किसानों को बड़ी हिक़ारत की नज़र से देखा करते थे। इसलिए अबू जहल ने किसानों के हाथ से क़त्ल होने का अपने लिए क़ाबिले अफ़सोस बताया।

जंग खत्म हो जाने के बाद हुज़ूर अकरम ﷺ हज़रते अब्दुल्लाह बिन मसऊद ﵁ को साथ लेकर जब अबू जहल की लाश के पास गुज़रे। तो लाश की तरफ इशारा करके फ़रमाया कि अबू जहल इस ज़माने का फ़िरऔन है। फिर अ़ब्दुल्लाह बिन मसऊद ﵁ ने अबू जहल का सर काट

कर ताजदारे दो आ़लम ﷺ के क़दमों में डाल दिया।

अबुल बख़्तरी का क़त्ल

मोहम्मद ﷺ ने जंग शुरू होने से पहले ही फ़रमा दिया कि कुछ लोग कुफ़्फ़ार के लश्कर में ऐसे भी हैं। जिनको कुफ़्फ़ारे मक्का दबाव में डाल कर लाए हैं। ऐसे लोगों को कत्ल नहीं करना चाहिए। इन लोगों के नाम भी मोहम्मद ﷺ ने बता दिए थे। उन्ही लोगों में से अबुल बख़तरी भी था जो अपनी खुशी से मुसलमानों से लड़ने के लिए नहीं आया था बल्कि कुफ़्फ़ारे कुरैश इस पर दबाव डाल कर ज़बरदस्ती कर के लाए थे। अ़ैन जंग के हालत में हज़रत मुजज़िर बिन ज़ियाद رضي الله عنه की नज़र अबुल बख्तरी पर पड़ी जो अपने एक गहरे दोस्त जुनादह बिन मलीह के साथ घोड़े पर सवार था हज़रते मुजज़िर ने कहा हम लोगों को तेरे क़त्ल से मना फरमाया है इस लिए मैं तुझ को छोड़ देता हूँ। अबुल बख़्तरी ने कहा कि मेरे साथ जुनादह के बारे में तुम क्या कहते हो? तो हज़रते मुजज़िर رضي الله عنه ने साफ़ साफ़ कह दिया कि इस को हम ज़िंदा नहीं छोड़ सकतें ये सुनकर अबुल बख़तरी तैश में आ गया। और कहा कि मैं अ़रब की औ़रतों का ये तअ्ना सुन्ना पसंद नहीं कर सकता। कि अबुल बख़्तरी ने अपनी जान बचाने के लिए अपने साथी को तन्हा छोड़ दिया। ये कहकर अबुल बख़्तरी ने रजज़ का ये शेअ्र पढ़ा कि ...

एक शरीफ़ ज़ादा अपने साथी को कभी हरगिज़ नहीं छोड़ सकता। जब तक मर न जाए। या अपना रास्ता न देख ले।

उमय्या की हलाकत

उमय्या बिन ख़ल्फ़ बहुत ही बड़ा दुशमने रसूल था। जंगे बदर में कुफ्र व इस्लाम के दोनों लश्कर गुथ्थम गुथ्था हो गए। तो उमय्या अपने पुराने तअ्ल्लुकात की बिना पर हज़रते अब्दुर्रहमान बिन औफ رضي الله عنه से चिमट गया कि मेरी जान बचाईए। हज़रते अब्दुर्रहमान बिन औफ رضي الله عنه को रहम आ गया। और आप ने चाहा कि उमय्या बचकर निकल भागे। मगर हज़रते बिलाल رضي الله عنه ने अन्सार को पुकारा। अन्सारी लोग दफ़अतन टूट पड़े। हज़रते अ़ब्दुर्रहमान बिन औ़फ رضي الله عنه ने उमय्या से कहा कि तुम ज़मीन पर लेट जाओ वो लेट गया तो हज़रते अ़ब्दुर्रहमान बिन औ़फ رضي الله عنه उसको बचाने के

लिए उस के ऊपर लेट कर उस को छुपाने लगे लेकिन हज़रते बिलाल और अन्सार ﷺ ने उन की टाँगों के अंदर हाथ डाल कर और बग़ल से तलवार घोंप घोंप कर उस को क़त्तल कर दिया।

कुफ़्फ़ार की शिकस्त

उसके बाद हज़रत ज़ुबैर ﷺ ने शमशीर (तलवार) के जौहर दिखाए और इब्ने सईद को क़त्ल किया। यके बाद दीगरे कई काफ़िर उनके मुक़ाबले में आए। आपका कंधा शदीद ज़ख़मी हो गया। लेकिन आप मैदान–ए–जंग में डटे रहे। दुश्मन पर ख़ौफ़ व हरास तारी हो चुका था। यह हालत देखकर कुफ़्फार सरदार ने अपने लशकर को आम हमले का हुक्म दिया और घमासान जंग शुरू हो गई।

हुज़ूर ﷺ अपने ख़ेमे से बाहर आए और मुट्ठी भर कंकरियां लेकर कुरैश की तरफ़ फेंकीं जिससे अल्लाह तआला ने उनके चेहरे मस्ख़ कर दिए।

कुरआने हकीम में फ़रमाने इलाही है कि,
''ऐ रसूल! यह आपने नहीं, हमने ही कंकरियां फेंकी थीं''

इस जंग में मुसलमान जिस बहादुरी, जांनिसारी और सरफ़रोशी से लड़े, वह अपनी मिसाल आप है। अल्लाह तआला ने भी अपने फ़रिशतों के ज़रिए मुसलमानों की मदद फ़रमाई जिसका ज़िक्र कुरआन मजीद की सूरह अनफ़ाल में आया है। **ये फ़रिश्ते बद्र की जंग के दिन सियाह या सुर्ख़ और हरा व सफ़ेद अमामे बान्धे हुए थे और हज़रात जिबराईल (अलैहिस्सलाम) का अमामा पीले रंग का था। उनके घोड़े अबलक़ और निशानज़दा थे। यो फ़रिश्ते बादलों के साया में आए हुए थे।** इसका मन्ज़र आम लोगों ने यूं देखा कि जब कोई मुसलमान मुश्रिक पर तलवार चलाता तो उसके जिस्म पर तलवार लगने से पहले ही उसका सर तन से जुदा होकर नीचे गिर पड़ता।

इस जंग में मुसलमानों को फ़तह हुई। कुरैश के 70 आदमी क़त्ल किए गए जिनमें से अकसर अपनी क़ौम या क़बीले के सरदार थे और 70 काफ़िर मुसलमानों के कैदी बने। मुजाहिदीन में से सिर्फ़ 14 सहाबा ﷺ शहीद हुए। उनमें से 6 मुहाजिरीन और 8 अनसार थे। शहादत पानेवालों में सबसे पहले उमैर बिन हम्माम अंसारी ﷺ थे। जंग के दौरान एक मौक़े पर

वह खजूरें खा रहे थे। हुजूर ﷺ ने फ़रमाया कि "जन्नत अपनी वुसअतों (हुदूद) में ज़मीन व आसमान के बराबर है।" यह सुनकर आप ﷺ बोले, "फिर देर किस बात की।" यह कहते हुए उन्होंने खजूरें फेंकी और मैदान–ए–जंग में दुश्मन पर टूट पड़े और काफ़िरों से लड़ते हुए शहीद हो गए।

अबू जहल का अन्जाम

जंग ख़त्म हुई तो किसी को अबू जहल का हाल मालूम न था। इसलिए मोहम्मद ﷺ ने सहाबा ﷺ को उसकी तलाश का हुक्म दिया कि उसे लाशों में ढूंढ़ो। अबू जहल वहीं लाशों में इस हाल में मिला कि दम तोड़ रहा था। लेकिन उस आखरी वक्त पर भी उसके ज़ेहन से फ़िरऔनियत न गई। उसने मरते वक्त अपने कातिल का नाम पूछा ताकि उसकी कौम कातिल से बदला ले सके। उसने कहां कि मेरा सर कन्धों के पास से काटना ताकि हर शख़्स समझ जाए कि यह बड़ा सरदार था। जब उसका कटा हुआ सर मोहम्मद ﷺ की ख़िदमत में पेश किया गया तो आप ﷺ ने फ़रमाया, "यह शख़्स इस उम्मत का फ़िरऔन और कुफ़्र की इमारत की चोटी था।"

मोहम्मद ﷺ के हुक्म पर एक गढ़ा खोदा गया और कुफ़्फ़ार की लाशें उसमें डाल दी गई।

फतह के असरात

ग़ज़वा–ए–बद्र मोहम्मद ﷺ की जंगी हिकमत–ए–अमली, तनज़ीमए फ़िरासत, शुजाअत (बहादुरी) और नुसरात–ए–इलाही की आला तरीन मिसाल है। बद्र में इस कामयाबी का मदीना और आस–पास के इलाकों में गहरा असर हुआ और दुश्मन मुसलमानों से ख़ौफ़ज़दा हो गए। बहुत से यहूदी इस्लाम ले आए। उन्हीं में मशहूर मुनाफ़िक् अब्दुल्लाह बिन उबई था जो दिल से मुसलमान न हुआ था और मुसलमानों की इन कामयाबियों के बावजूद यहूद की साज़िशों, इस्लाम दुश्मनी और मुख़ालफ़त में उनका शरीक रहा।

मक्का के कुरैश पर मुसलमानों की फ़तह के असरात मुख़्तलिफ़ थे। उनकी औरतों ने अपने कत्ल होने वालों का एक माह तक सोग

मनाया। अबू लहब ने अबू सुफ़ियान से बद्र में कुरैश की शिकस्त की दास्तान सुनी तो होश व हवास खो बैठा और सात दिन के अन्दर चेचक की बीमारी में मुब्तला होकर मर गया। इस की लाश बेकफ़न–दफ़न पड़ी रही। जब लाश गलने–सड़ने लगी तो उसे लकड़ी की मदद से एक गढ़े में धकेल कर दबा दिया गया। मक्का के हर घर से रोने पीटने की आवाज़े बुलन्द हो रही थीं। मगर मदीना में ...

☆ ☆ ☆

इस्लाम की तबलीग़ (प्रचार प्रसार) अब ज़ोर-शोर से शुरू हुई

आख़िर क्या है इस्लाम?

इस्लाम का लुग़ती माना है खुद को अल्लाह के सुपुर्द कर देना, या अमन/सलामती। और इस्लाम को मानने वाले मुसलमान कहलाते हैं। इस्लाम ने भला अमन कैसे क़ायम किया।

मुहम्मद ﷺ के आने से पहले अहले अरब के हालात

शिर्क अपने उरूज पर था। लोग पत्थर की पूजा, चूहे की पूजा, दरिया की पूजा, मअज़अल्लाह अपनी मर्ज़ी के खुदाओं की इबादत करते।

काबा में नंगे होकर तवाफ़ करते। जबकी आदमी अपने घर में नंगा नहीं घुम सकता।

काबा में 360 बुतों को सजा रखा था। ज़िना (ऐय्याशी) आम बात थी। शराब, जुआ बहुत ही आम था। तिजारती क़ाफ़लों को लुटना और लोगों को क़त्ल कर देना। यह बहुत ज़्यादा आम था।

- चोरी डाका आम था।
- कमज़ोर दबाए जाते थें छोटी–छोटी बातों पर क़बीले आपस में कट मरते थे।
- नस्ल परस्ती (ऊंच नीच) अपने उरूज पर थी।
- बेटियों को पैदा होते ही ज़िन्दा गाड़ दिया जाता था।
- हत्ता की हर बुराई अपने उरूज पर थी। इंसानियत दम तोड़ चुकी थी।
- ग़रीबों कमज़ोरों को कुछ पैसों के एवज़ ग़ुलाम बना लिया जाता था।
- कोई ऐसा निज़ाम नहीं था, जो ग़रीबों की भी सुन लेता। उनके साथ इंसाफ कर देता।
- सारे कानुन गरीबों पर जुल्म वो जबर (उत्पीडन) करते थे। मुट्ठी भर लोग अपने हिसाब के कानुन बनाकर बाकिया लोगों को उन के हक़ से महरूम रखे थे।
- धर्म, न्याय, समाज, सबका ईस्तेमाल खुद के हिसाब से करते, खुदा का

कोई डर न रह गया था। हर तरफ़ जुल्म के अंधेरे थे, कहीं उम्मीद की किरण नज़र न आती थी।

अरब में बुतपरस्ती का आग़ाज़ और दीने इब्राहीमी का खात्मा

अह्दे जाहिलीयत के अह्ले अरब के मोरेखीन ने बड़ी वज़ाहत से लिखा है के अमरू बिन लुही अल–खज़ाई से पहले अद्नानी और कह्तानी दोनों अरबी क़बाईल खलीलुर्रहमान सैय्यदना इब्राहीम (अलैहिस्सलाम) की शरीअ़त के पाबन्द थे और आप की तालीमात के मुताबिक़ इबादात सर अंजाम देते थे उन का ये अक़ीदा था के अल्लाह तआ़ला एक है और उस की ज़ात व सिफ़ात में कोई भी उस का शरीक नहीं वह क़ादिरे मुत्लक़ है कायेनात की तख़लीक़ इस की नशो व नुमा और इस की बक़ा के लिऐ उसे किसी वज़ीर,और किसी मुशीर की इम्दाद की ज़रूरत नहीं। हयात, कुदरत, इरादा, इल्म, समी, बसीर और कलाम वगैरह तमाम सिफाते कमाल से वह ब–ज़ाते खुद मुत्तसिफ़ है तमाम खामियों, कमज़ोरियों और उयूब से मुबर्रा और मुनज़्ज़ा है अल्लाह तआ़ला की तौहीद पर ईमाने कामिल के साथ–साथ रोज़े कियामत पर भी उनका मोह्कमे यक़ीन था।

वह जानते थे के रोज़े मह्शर आऐगा जब अल्लाह तआ़ला कायेनात की हर ज़िन्दा मख़लुक को मौत का ज़ायक़ा चखाने के बाद और बर्ज़ख की ज़िन्दगी गुज़ारने के बाद फिर जिन्दा करेगा तमाम इन्सान उस की बारगाहे आली में हाज़िर होंगे। और वह अपने अद्ल,फ़ज़्ल व अहसान के मुताबिक़ उनके दरमियान फैस्ला करेगा **दीने इब्राहीमी** की हिदायात के मुताबिक़ वह नमाज़ें पढ़ते,रोज़े रखते,हज करते, ज़कात अदा करते, रिश्तेदारों के साथ सिला–रहमी का बरताओ करते।

ग़रीबों, मिस्कीनों की इम्दाद और महेमानों की इज़्ज़त व तकरीम उन का शिआर था लेकिन जब अह्दे नबुव्वत से उन का ज़माना बहुत दूर हो गया तो तालीमाते इब्राहीमी की रौशनी मध्हम पड़ने लगी जिहलत और नफ्स परस्ती ने अपने पंजे गाढ़ दिऐ अह्कामे इलाही के बजाऐ वह अपनी नफ्सानी ख्वाहिशात के बन्दे बन गऐ उन में गलत अफ्कार जड़ पकड़ने लगे और बातिल अक़ाइद को पज़ीराई हासिल होने लगी उस इस्ना में अमरू बिन लुही अल–खज़ाई का वाक़ेया पेश आया जिस ने एक कियामत बर्पा करदी।

अहले अरब में बुतपरस्ती का आगाज़

अमरू जब बालिग हुवा तो उस ने बनू इस्माइल के साथ मिल कर बनी जरहम के साथ जंग की उनको शिकस्त फाश दी और उन्हें मक्का से जिलावतन कर दिया और खुद खाना ए काबा का मुतवल्ली बन गया उसे कोई संगीन नौईयत का मर्ज़ लाहिक़ हो गया। किसी ने उसे बताया कि मुल्के शाम में बिल्क़ा के मुक़ाम पर एक गर्म पानी का चश्मा है अगर तुम वहाँ जाकर उस पानी से गुस्ल करो तो तुम शिफायाब हो जाओगे। यह बिल्क़ा पहुंचा उस चश्मा के पानी से गुस्ल किया और सेहतयाब होगया वहाँ के रहने वालों को इसने देखा कि वह बुतों की परस्तिश कर रहे हैं इस ने उनसे पूछा कि तुम यह क्या कर रहे हो। उन्हों ने बताया...

तर्जुमा : ''कि हम इन के ज़रीये से बारिश तलब करते हैं और इनके ज़रिये से दुश्मन पर फतेह हासिल करते है,''

इस ने कहा मुझे भी इन बुतो से चंद एक बुत दो। उन्हों ने इसको चंद बुत दिये वह इस को लेकर मक्का आया और खाना ए काबा के इर्दगिर्द इन्हें नस्ब कर दिया। उस रोज़ से अहले अरब में बुत परस्ती का आगाज़ हुआ। अल्लामा इब्ने खलदुन लिखते हैं: ''अमरू बिन लुही वह पहला शख्स है जिसने दीने इस्माइल को तबदील किया और बुतों की परस्तिश शुरू की और अहले अरब को उनकी इबादत का हुक्म दिया। **उसी के बारे में नबी करीम ﷺ का इर्शाद है कि मैं ने अमरू बिन लुही को देखा कि वह आतिशे जहन्नम में अपनी आंतें घसेट रहा था''**

अल्लामा अली बिन बुरहानुद्दीन अपनी किताबुस सीरतुल हुलियत में रक़मतराज़ हैं ''इस बात पर उलमा ए किराम की ब–कस्रत तस्रीहात हैं कि अहले अरब, हज़रत इब्राहीम (अलैहिस्सलाम) के ज़माने से लेकर अमरू बिन लुही के ज़माना तक आप के अक़ाइद पर ही साबित क़दम रहे यह वह पहला शख्स है जिस ने दीने इब्राहीमी को तबदील किया और अहले अरब के लिऐ तरह–तरह की गुमराहियाँ शुरू कीं उस ने बुतों की पुजा की। साइबा और बहीरा की बिदअ़त का आगाज़ किया''। **यूं अरब के हालात बहुत ही बुरे थे। जिसकी तफसील हम मोहम्मद ﷺ के आने से पहले अरब के हालात में देख चुके हैं। इसलिए मोहम्मद ﷺ ने एक नये इन्साफ के निज़ाम को तशकील (निर्माण) शुरू कर दिया।**

☆ ☆ ☆

रियासते मदीना और निज़ामे मुस्तफा क्या है?

मोहम्मद ﷺ ने अब मदीना में इस्लाम के क़ानून लागू करना शुरू किया। और खुद को किसी बादशाह की तरह न रखा और आम व खास, अमीर–गरीब, हर नस्ल, हर अरबी–अजमी, कोई बादशाह या फक़ीर हो, इंसाफ (न्याय) सब पर एक समान लागु हो, सब को इस कानून की ज़द (Under) लाया इस लिऐ उस क़ानून को निज़ामे मुस्तफ़ा कहा जाता है और उस रियासत को रियासते मदीना कहा गया। बल्की कहा हक़ीक़ी बादशाही अल्लाह ही की है, मैं तो सिर्फ उसका पैग़ंबर हूँ। जैसे इब्राहीम (अलैहिस्सलाम) थे। मुसा (अलैहिस्सलाम) थे। ईसा (अलैहिस्सलाम) थे।

हर मुसलमान से अल्लाह हशर में पुछेगा। मैंने तुम्हें,

(1) ज़िंदगी दी,

(2) सेहत दी,

(3) माल दिया तुमने कहॉ –कहॉ खर्च किया।

ऐ मुसलमानों! खुद को शैतान की राह से रोको (बुराईयाँ छोड़ो) और नेको की जिंदगी गुज़ारो। इसलिये इस्लाम सबसे अच्छा रास्ता है ज़िंदगी गुज़ारने का। अब हम इस नई इस्लामी रियासत व निज़ाम की तफसील (Detail) देखेंगे।

मुहम्मद ﷺ ने दुनिया का निज़ाम पलट दिया और नया निज़ाम (System) नाफ़िज़ किया?

मोहम्मद ﷺ ने मदीना रियासत बनाई और जिस कानून के तहत उसे चलाया उसे ही निज़ामे मुस्तफा कहते हैं।

मोहम्मद ﷺ ने एक इंक़ेलाब (Revolution) बरपा किया और खुद उस पर अ़मल कर के दिखाया। ताकि लोग भी उसको माने और अ़मल करें।

आज के हिसाब से मोहम्मद ﷺ ने (अदभुत, अद्वित्य, अकल्पनीय) Social, Political, Economical, Religious System लागु कर दिया था। जिससे पुरे अरब दुनिया में इंक़ेलाब बरपा हुआ, जो हज़ारों साल पुराना कुफ्फारी शैतानी निज़ाम (Corrupt System) था उसे पलट कर रख दिया, ऐसा इंक़ेलाब (Revolution) बरपा किया, जिसने शैतानी फरेब के जाल को, यूँ साफ कर दिया जैसे किसी ने मकड़ी के जाले को साफ किया हो। के फिर उस पुराने रिवाजों का कोई अरब में नाम लेवा न रहा। सारे अरबों की दुनिया ही बदल गई। ऐसा बदलाव (परिवर्तन) दुनिया ने इससे पहले कभी नहीं देखा था। न आज तक दिखाई दिया।

वह मुखतसर सा यूँ है:–

रूहानी क्रांति

(Spiritual Revolution)

यह वह क्रांति (इंकेलाब) है जो मोहम्मद ﷺ के ज़रिये आया, मुसलमानों में ऐसी तबदीली आई, लोगों के मुसलमान बनते ही ऐसी तबदीली आई जिसकी मिसाल रहती दुनिया तक नहीं मिलती, वो लोग जो कल तक बुतपरस्ती में मशगुल थे। आज मुसलमान होने पर ऐसे पक्के बन्दे हो गये कि शिर्क करने से बेहतर खुद को आग में झोंकना ज़्यादा पसंद करते। नये नवेले मुसलमान ऐसे आशिक़े मुस्तफ़ा बने कि अपना सब कुछ मोहम्मद ﷺ पर लुटाने को हर–पल तैय्यार रहते। अक़्ल दंग है इंसान की, आखिर कैसे मुमकिन है के वो लोग जो कल तक खुद मोहम्मद ﷺ की

जान लेने पर आमादा थे। आज वो मुसलमान होते ही अपनी जानें मोहम्मद ﷺ पर कुर्बान करने को पल भर के लिए हिचकते नहीं। कैसे आखिर, जान ही इंसान के लिये सब कुछ है जान है तो जहान है, सब को पता है।

ये दरअसल मुमकिन हुआ उसी रूहानी इंकेलाब से, के मुसलमानों को पक्का दिली यकीन हो गया।

इस्लाम के बुनियादी 5 अरकान (मूल नियम):–

1) कलमा ए तौहीद
2) नमाज़
3) ज़कात
4) रोज़ा
5) हज

कलमा शहादत

मुसलमान होने पर हर शख्स का गवाही देना।

لَآ اِلٰهَ اِلَّا اللّٰهُ مُحَمَّدٌ رَّسُوْلُ اللّٰهِ

''नहीं कोई खुदा, मगर अल्लाह और मोहम्मद ﷺ अल्लाह के रसूल हैं।''

कल तक जो लोग लाखों खुदाओं के पैरोकार थे। आज कैसे ये शहादत (गवाही) दे रहे हैं। ऐसी गवाही दी के सारी उमर उसी पर क़ायम रहे। क्योकि उनमें नबी मौजूद है। जिसके मोजज़े (Miracle) हैरतअंगेज़ (अदृभुत/अद्वितीया अकलपनिया) है (Unique Miracle) एक आम इंसान या किसी जादुगर के बस में नहीं है ये मौजज़े। जो नबी कहते हैं वो सच हो रहा। गैब की खबर देते है वो भी सच है। फरिश्ते मिलने आते हैं लोगों ने इतना ज़हीन,सच्चा,न मुमकिन को मुमकिन करने वाला, इतना ताक़तवर की ज़मीन,आसमान पर भी इनका हुक्म चलता है, हवा, पानी, आग, परिंदे, जानवर, पेड़ पौधे, ज़िन्दा, मुर्दा, सब पर हुक्म चलता है।

चांद और सूरज इनका हुक्म मान रहे हैं। बड़ी से बड़ी ताक़त वाला अगर जंग करता है तो हार जाता है। ये सिफतें तो अरबों के मजाज़ी खुदाओं में भी न थी। अरबों को लगता ही था ये बड़ी अज़ीम हस्ती है। अभी

मुसलमान कुव्वते मोहम्मद ﷺ को ही न समझ सके थे कि मोहम्मद ﷺ ने यह भी कह किया है कि मैं और मेरी कुव्वत ये सब मुझे दी गई है, उसकी तरफ़ से जो मेरा भी मालिक और जहानों का खालिक़ (पैदा करने वाला) है।

जिसने सब कुछ पैदा किया है और मुझे भेजा है, बशीर और नज़ीर बना कर जैसे भेजा था खुदा ने मुझसे पहले इब्राहीम (अलैहिस्सलाम) मुसा (अलैहिस्सलाम) ईसा (अलैहिस्सलाम) को हक़ के साथ। वह सब सुनता जानता है। यही वो रूहानी ताक़त थी जो दिलों पर घर करती थी। कि ये जो मोहम्मद ﷺ का ये हाल है तो वो खुदा कैसा होगा जिसका बंदा खुद मोहम्मद ﷺ हैं। फिर मुसलमानों का भरोसा यकीने कामिल में बदल गया। इस लिये मुसलमान झुम झुम कर कहते...
''अश्हदु अल्लाह ईलाहा इल्लल्लाह व अशहदु अन्ना मोहम्मदन अब्दुहु व रसूलुहु''

नमाज

ये इबादत का नायाब तरीक़ा जो दुनिया की सबसे बेहतरीन Meditation है। दुनिया जहाँ Meditation को खुदा को ढुंढने का तरीक़ा बताती है वही नमाज़ में बंदा अपने खुदा से हम–कलाम होता है, के खुदा बंदे को देख रहा है, बंदा वजु बनाकर एक अदब के साथ हाथ बांध कर खुदा का गुणगाण करता है।

फिर रूकु में खुदा के सामने अपना सर झुकाता है। उस हाल में भी बंदा खुदा की हम्द (गुणगाण) करता है फिर अपने खुदा को सज्दा करता है जो साष्ठांग होता है यानी बंदा खुदा के सामने (अपने जिस्म के आठ हिस्से (2 हाथ, 2 पॉव, 2 पंजे, पेशानी, नाक) सबको ज़मीन पर रख कर खुदा को सज्दा करता है। बड़ा से बड़ा बादशाह भी खुशी–खुशी अपना सर अल्लाह रब्बुल आ़लमीन के आगे झुकता है फिर सारी नमाज़ में बंदा सारी चिंताओं को छोड़ खुदा से बातों में लिन हो जाता। दुनिया में ''नमाज़'' मोमिन कि मेराज है। खुदा से मिलने का बेहतरीन ज़रिया है।

रोज़ा

ये बहुत बड़ी रूहानी जुडाव की मिसाल है। अल्लाह का बंदा जमा देने वाली ठंड हो या तपती गरमी हो....किसी भी हाल में अपने अल्लाह को राज़ी करने के लिये सारा दिन 1 माह तक भुखा रहे। जिस गरमी में आदमी 1 घंटे से भी ज़्यादा प्यासा न रह सके, वहाँ पुरा दिन भुका प्यासा रहना, महफिल क्या तन्हाई में भी 1 घुंट पानी न पीना चाहे प्यास से निढाल हो गया है जबकि कोई इन्सान उसे न देख रहा हो। ये सोच कर की कोई देखे न देखे खुदा देख रहा है। इससे बड़ी इंसान और खुदा में रूहानी लगाव की मिसाल नहीं मिलती।

ज़कात

अल्लाह के रसूल ﷺ का हुक्म मानकर अपनी गढी कमाई से पुरी ज़िंदगी भर खुद ज़कात (दान) करना। बिना किसी जोर जबर के ढुंढ ढुंढ कर ज़रूरत मंदों की मदत करना। इंसान को माल दौलतें बड़ी अज़ीज़ है पर अपने नबी का हुक्म मुसलमानों को 1500 साल बाद भी दौलत से ज़्यादा महबूब (प्रिय) है ये रूहानी इंक़ेलाब की बेहतरीन मिसाल है।

हज

इस्लाम के शुरूवाती दिनों में जब लोग भारी गिरोह (Group) में मुसलमान होने लगे तो मोहम्मद ﷺ को देखकर उन्के दीवाने हो जाते थे। मगर जब अहले किताब (यहूद व नसारा) ईमान लाते तो वो पैगम्बरी सिलसिले के पैरो थे जिसमें खुदा और रसूलों का उनको इल्म होता। मगर जब इनके अलावा लोग ईमान लाते तो। कुछ का मोहब्बते खुदा के सबब ईमान जोश मारता तो सवाल करते या रसूलल्लाह ﷺ हमारा खुदा कैसा है।

खुदा का जवाब : 'ऐ नबी हम देख रहे अपने उन बंदों को जो आपसे हमारे बारे में पुछते हैं''(अल–कुरआन)

फिर नबी ने मुसलमानों को यक़ीन दहानी कराई....''के जन्नत में तुम्हें अल्लाह का दीदार होगा। तुम ऐसे देखोगे जैसे तुम चौदावी का

चमकता चाँद अपनी आँखों से देखते हो।

इस दुनियाँ में ताब नहीं की वो तजल्लिये खुदा को बरदाश्त करलें। इस लिये हम मुसलमान जो नबी ने दिया उसे ले लिया जिससे नबी ने रोका हम रूक गये। हाँ हमारे खुदा की निशानियाँ कुरआन की आयतों की शक्ल में हमारे पास है। क़ौले मोहम्मद मुस्तफा ﷺ है:

''मेरी उम्मत अब क़यामत तक शिर्क नहीं करेगी'' (बुखारी शरीफ)

1500 साल बाद भी आज मुसलमान अल्लाह ही को माबूद समझते हैं। मोहम्मद ﷺ की मुहब्बत हर शय/चीज़ से ज़्यादा करते हैं यहाँ तक मुसलमान मोहम्मद ﷺ से मुहब्बत अपनी जान से ज़्यादा करता है। ये अल्लाह की खास रहमत है के मुसलमान आज भी शक (Confuse) नहीं होते है। बल्कि सुरज पुरब के बदले पक्षिम से निकल सकता मगर मुसलमान का ईमान नहीं डगमगा सकता है।

सिर्फ अल्लाह ही हमारा रब है और मोहम्मद ﷺ अल्लाह के रसूल हैं। इस लिये हम 1500 साल बाद भी अपने रब की निशानियाँ देखने हज पर जाते हैं, मक्का व मदीना काबा और मस्जिदे नबवी की ज़ियारत करने, वहाँ हम अल्लाह की निशानियाँ देखते हैं और हमारे रूहानी पेशवा जनाबे मोहम्मद ﷺ की ज़ियारत करते हैं। क़यामत तक मुसलमान आक़ा ﷺ को खिराजे मोहब्बत पेश करते रहेंगे। और कहते रहेंगे.

''एक मेरा ही रहमत में दावा नहीं
शाह की सारी उम्मत पे लाखों सलाम''

अल्लाह रब्बुल आलमीन के करम से आज भी मुसलमानों के दिल ज़हन और रूह में जो रूहानी इंक़ेलाब हुआ है के मुसलमान कभी भटक नहीं सकते।

☆ ☆ ☆

मज़हबी क्रांति
(Religious Revolution)

1) हक़ीक़ी मालिक (हाकिम) अल्लाह है।
2) अमन–इंसाफ........पर सब का हक़ है।
3) सभी इंसान बराबर है।
4) हराम रोज़ी न खाओ।
5) जन्नत–जहन्नम हक़(सच) है।
6) अल्लाह पर ईमान लाओ मुझ पर ईमान लाओ, उसके सब रसूलों पर और फरिश्तों पर ईमान लाओ।
7) अल्लाह और रसूल का कहा मानो।
8) क़यामत हक़ है।
9) अल्लाह मुर्दों को ज़िंदा करेगा।
10) ईसा (अलैहिस्सलाम) मरियम का बेटा है। हज़रत मरियम एक पाकीज़ा खातून है, ईसा (अलैहिस्सलाम) अल्लाह के मुक़द्दस रसूल हैं।
11) आखिरत में सब का हिसाब होगा।
12) अल्लाह शिर्क को माफ़ नहीं करेगा।
13) क़ानून के सामने सब बराबर होंगे, चाहे बादशाह हो या फ़क़ीर।
14) तमाम हालात पर इंसाफ़ (न्याय) के क़ानून है। Example

- क़त्ल
- खुदकुशी (आत्महत्या)
- निकाह
- तालिम, चोरी–डंका
- Civil Cases
- Crime Cases
- कारोबारी हालात पर
- जंग के हालात पर
- हत्ता की सभी हालात में नबी ने रहनुमाई की है।

☆ ☆ ☆

आर्थिक क्रांति

(Economical Revolution)

इस्लाम में हर चीज़ का हक़ीक़ी मालिक अल्लाह है। तुम धारक (Holder) हो।

अल्लाह आखिरत में हर बन्दे से सवाल करेगा, मैं ने तुम्हें:

ज़िन्दगी दी,
सेहत दी
माल दिया,
इन्हें तुमने कैसे खर्च किया।

हालाँकि इंसान को पूरा इखतियार है, वह चाहे जैसे इन्हें खर्च करे, या फिर वैसे ही खर्च करे जैसे अल्लाह और रसूल ने बताया, और बन्दा अपने रब को राज़ी करले। क्योंकि मुसलमानों के लिए दुनिया दारूल इम्तिहान है।

तिजारत के मुतालिक़ कुछ 15–20 क़ानून (नियम) हैं, जो आदमी न करे। फिर चाहे जो करे, हम यहाँ कुछ मुख्तसर में देखेंगे।

1) **रिबा** (Riba) : सुद लेना–देना मना है। ब्याज़ से अमीर और अमीर होता है, गरीब और गरीब होता है।
आप Profit Sharing करें ।
Ex–Share Purchase, Mutul Profit, Islamic Financial System.

2) धोखा / Fraud: ऐसा लेन–देन न करें, जिसमें सिर्फ एक फरीक़ को फायदा हो, और दुसरे को नुक़सान हो। Ex. मिलावट खोरी, नक़ली माल बनाना।

3) जमाखोरी / कालाबाज़ारी (Black Marketing) **न करना:** किसी भी चीज़ (अनाज, गल्ला, वगैरा) को हद से ज़्यादा जमा करना, उसकी क़ीमत बढ़ाने के लिये।

लोगों की भूक, परेशानी से फायदा न उठाओ, लोगों की मजबूरी का फायदा न उठाओ।

4) हराम कमाई मना है (illigal Earnings) : जैसे वह कमाई जिस से दुसरों को सिर्फ और सिर्फ नुक़सान हो,

Ex. दारू बनाना, जुआ।

5) बेचने वाला उसका मालिक हो: यानी आप फायदा कमाते हैं तो फिर नुक़सान हुआ तो वह भी आप को हो। फायदा आपका नुकसान सिर्फ दुसरे का नहीं होना चाहिऐ।

हाँ मगर आप खरीदने वाले और बेचने वाले से अपनी दलाली (Brokerage) मांग कर ले सकते हैं।

6) सोने के बराबर में सोना तौलो (Weight Gold Equal to Gold not Silver) : यानी चांदी के बदले सोना बराबर तौलके नहीं ले सकते।

हाँ चांदी के बदले सोना या सोने के बदले चांदी ले सकते हैं। मगर चांदी के बराबर चांदी लो सोना नहीं।

7) ज़कात (Annual Tax From Rich for Poor) : माल आप खूब कमाओ, मगर साल में एक बार ज़रूरी है के मुसलमान अपनी कुल कमाई में से 2.5 फिसद रकम गरीबों को दान देने के लिये निकाले।

8) सदक़ा (Chariety): गरीबों फकीरों ज़रूरत मन्दों की ज़रूरत पुरी करना, या माली मदद करना। ज़कात जिस तरह साल में एक ही बार फर्ज़ है, मगर सदक़ा आप साल भर कर सकते हैं।

9) वसीयत (Will) **करो** : अगर आप ने बहुत ज़्यादा माल कमा लिया है तो नेक कामों के लिये एक तिहाई (1/3) जायदाद दान करलो, मरने से पहले। हाँ मगर बाक़ी दो तिहाई रखदो अपने घर वालों के लिये।

10)उजरत और तनख्वाह (Wages & Salary) : मजदूर की मजदूरी उसका पसीना सुखने से पहले देदो।

11) वज़न न घटाओ/चोरी न करो (To Steal) : यानी तुम वज़न/तोल करते वक़्त काटा न मारो। सामान की चोरी न करो।

☆ ☆ ☆

सामाजिक क्रांति
(Social Revolution)

मुहम्मद ﷺ की (शिक्षा) क्या थी : मुहम्मद ﷺ की मुल शिक्षा कई थी, पर मुखतसर में कुछ का बयान करेंगे।

1) मुसलमान अब सिर्फ अल्लाह की इबादत करेंगे। (यानी अब लोग अपने बाप–दादा की पैरवी नहीं करेंगे) अब अल्लाह ने जो सनद (कुरआन) उतारी है और मुहम्मद ﷺ की ही इताअ़त करेंगे।
2) इस्लाम के 5 फ़र्ज़ को पुरा करेंगे:
3) जुआ–शराब इस्लाम में हराम कर दिया।
4) यतीमों–ग़रीबों का खयाल रखा जाऐगा।
5) अब हर मुसलमान आपस में भाई भाई होगा।
6) इस्लाम में कोई नस्ल वाला अपने आप को आला न समझे, हर एक मुसलमान बराबर है।
7) कोई काला गोरे से अफ़ज़ल नहीं,
8) कोई गोरा काले से अफ़ज़ल नहीं,
9) कोई अ़रबी गैर अ़रबी से अफज़ल नहीं,
10) जो जितना नेक वह उतना अफज़ल है।
11)क़ानून सब पर यकसॉ लागू होगा, गरीब/अमीर सब के साथ इंसाफ होगा।
12)सज़ा का प्रवाधान अमीर/गरीब दोनों के लिये समान होगा। Example

मुहम्मद ﷺ ने कहा मेरी बेटी फ़ातिमा पर भी वही क़ानून लगेगा जो सब पर लागू है। ताकि हाकिम (Judge) अपने बच्चों को बचाने कि लिये अन्याय न कर सकें।

13) किसी बेगुनाह को सज़ा न मिलें, चाहे 10 गुनेहगार छुट जाये।
14) जो तुम अपने लिये पसंद करो वही अपने भाई के लिये पसंद करो।
15) औरतों के साथ भलाई (अच्छा सुलूक) करो।
16) अपनी बीवी का नान व नफ़क़ा (हर जायज़ जरूरत) पूरी करना शौहर की जिम्मेदारी है।
17) औरत (माँ, बीवी, बहन, बेटी) सब के हुकूक़ (अधिकार) मोहम्मद स ने बताए हैं।

18) औरत के तुम पर हुकूक हैं और तुम्हारे उन पर हुकूक हैं।
19) माँ के कदमों के नीचे जन्नत है।
20) बेटियाँ खुदा की रहमत है।
21) इंसान अशरफुल मखलुक़ात है।
(Humans are greater then All Living Thing)

अरब और अजम में कानून के नाम पर मन मर्जीया थीं। कानून यह अमीरों का गुलाम था। इसको लागू सिर्फ गरीबों, कमजोरों पर किया जाता था। आज मोहम्मदे अरबी ने कहा खुदा की नजर में सब इंसान बराबर हैं।

बातें तो बोहतेरे ने की थी पर मोहम्मदे अरबी ने अपने कहे पर अमल करके दिखाया और अपने पैरोकारों से भी उस पर अमल करवाया।

☆ ☆ ☆

शरिअत / कुरआन व हदीस

अरब में पहली बार ऐसा हुआ था कि कोई गरीब, कमज़ोर और यतीमों के लिये इन्साफ और बराबरी की बात कर रहा था। वरना तो अरब यह हसब–नसब, ऊँच–नीच, और कबीलों में तकसीम था। इस्लामी इंसाफ का निज़ाम जो गरीबों, मज़लूमों, बेसहारों के लिए खुदा की रहमत बनकर आया है।

मोहम्मद ﷺ ने सारे इंसानी इम्तियाज़ात (पक्षपात) खत्म कर दिये। ऐसा अरब की तारीख में पहली बार हुआ था कि कोई गरीबों के लिए इंसाफ कायम कर रहा था। मोहम्मद ﷺ ने अहकामे खुदावंदी, हर किस्म के इंसानी हुकूक, हलाल–हराम, जाएज़–नाजाएज़, हत्ता कि जिन्दगी के हर शोबे में इंसानों की रहबरी के लिए एक नया Social, Political, Religious और Economical System लागू किया, जिसके मर्कज (Centre) में इंसान हैं।

मानव इतिहास में और ना अब तक कोई इसके न्याय संगत व न्याय प्रिय व्यवस्था मौजूद थी और ना है बशर्ते इसे लागू करने वाले की नियत साफ हो। मोहम्मद ﷺ ने एक आईन तशकील दिया जिसका आधार **कुरआन और हदीस** (सुन्नत) था। इसी को शरिअते मोहम्मदी ﷺ कहा गया जो बेमिस्ल व बेमिसाल है।

कुरआन (ख़ुदा का पैग़ाम)

यह एक आसमानी किताब है जो आखरी नबी मोहम्मद ﷺ को दी गई। जैसे पिछले नबियों को तौरात, इंजील और ज़ुबूर दी गई। इसमें अल्लाह रब्बुल आलमीन ने सारे संसार के लोगों के लिये अपनी आयते (निशानियाँ) भेजी ताकि नबी लोगों को बुराई से रोके और लोगों को डर सुनाये, ताकि इंसान शैतान की राह न चले। गुनाह (पापों) से बचा रहे, और अच्छे काम करें। कुरआन में 30 पारे, 114 सुरह और 6666 आयतें हैं।

कुरआन में दुनिया (सुष्टि उत्पती) बनने से लेकर आदम (अलैहिस्सलाम) के बनने से लेकर क़यामत (दुनिया का अंत) तक का ज़िक्र है। इसमें तमाम नबियों जैसे आदम, नुह, इब्राहीम, मुसा, ईसा (अलैहिस्सलाम) और आखरी नबी मोहम्मद ﷺ का भी ज़िक्र किया गया, ताकि मौजुदा इंसानों को उनका सही इल्म हो जाये। अगर हम आज के दौर के हिसाब का पैमाना जो की विज्ञान है देखे तो कुरआन विज्ञान से भरी हुई है। यानी कुरआन में 6666 आयतें हैं। जिसमें से लगभग 1000 आयतें ऐसी हैं जो साईंस के बारे में ज़िक्र करती हैं।

यह खुदा की किताब है जो आज तक बिना किसी मुदाख़िलत (Interference) के अपनी Original हालत में मौजूद है और इन्सान की रहनुमाई का सब से बहेतरीन जरिया है।

जब भी कोई ज्ञानी किसी भी तहक़ीक़ (सवाल) के साथ कुरआन पढ़ता है तो उसे जवाब (उत्तर) ज़रूर मिलता है। मगर कोई जब सिर्फ शैतानी फितुर लेकर अगर कोई इसमें गलतियाँ निकालने की नियत से पढ़ेगा तो उसे कभी राह नहीं मिलेगी। अल्लाह रब्बुल आलमीन कहता है ऐ अक़्ल वालो! तुम्हारे लिये कुरआन में निशानियाँ (Signs) हैं ये सनद मैंने हक़ के साथ तुम्हारे रहनुमाई के लिये भेजी है, ताकि तुम शैतान की राह से बचे रहो। नेक और परहेज़गार बनो। अल्लाह नेको को दोस्त रखता है। कुरआन में...

(1) पुथवी की उत्पत्ती, (पैदाईश)
(2) आदम, हव्वा की उत्पत्ती,
(3) नबियों के मोजज़े,

(4) अंतरिक्ष विज्ञान, (खलाई साइंस)
(5) जल विज्ञान,
(6) वनस्पती विज्ञान, (नबातियात)
(7) जीव विज्ञान, (हयातियात)
(8) चिकित्सा विज्ञान,
(9) एक इश्वरवाद (तौहीद)
(10) नबियों रसूलों की तस्दीक़, (रिसालत)
(11) न्यायशास्त्र का ब्यान (क़ानून का इल्म)
(12) समाजिक जिवन का ब्यान (जिंदगी जीने का तरीका)
(13) कयामत (दुनिया का अंत का ब्यान)
(14) हशर का दिन (Day of Judegement) का ब्यान ....
(15) जन्नत और जहन्नम का बयान... आदि

ख़ुदा कैसा है

لَيْسَ كَمِثْلِهٖ شَيْءٌ

अल्लाह की मिस्ल कोई शैय (वस्तू) नहीं।

قُلْ هُوَ اللّٰهُ اَحَدٌ ۞ اَللّٰهُ الصَّمَدُ ۞ لَمْ يَلِدْ ۙ وَلَمْ يُوْلَدْ ۞ وَلَمْ يَكُنْ لَّهٗ كُفُوًا اَحَدٌ ۞

तर्जमाः—तुम कहदो (फरमाओ) अल्लाह एक है, अल्लाह बेनियाज़ है,न उसकी कोई औलाद, न वो किसी से पैदा हुआ, और न उसके जोड़ का कोई।

कुरआन में मोहम्मद ﷺ की शान का ज़िक्र

वैसे तो हर नबी अल्लाह रब्बुल आलमीन की बारगाह में मुकर्रब है (इज़्ज़त वाला) मगर मोहम्मद ﷺ को अल्लाह ने कुरआन में महबुब कह के खिताब (संबोधित) किया है यह खिताब बस मोहम्मद ﷺ के लिये है, कुरआन में अल्लाह के कुछ मख्सूस खिताब जो मोहम्मद ﷺ से किये है देखेंगे।

- "क़सम है उनकी जो उल्टे फिरे, सीधे चले, थम रहे और रात को जब पीठ दी, सुबह को दम ले। **बेशक ये इज़्ज़त वाले रसूल का पढ़ना है जो कुव्वत वाला है। मालिक अर्श के हुजूर, इज़्ज़त वाला वहाँ उस का हुक्म माना जाता है, अमानतदार है और तुम्हारे साहिब मजनून नहीं। बेशक उन्होंने उसे रौशन किनारों पर देखा। और ये नबी गैब बताने में बखील नहीं।** और कुरआन मर्दूद शैतान का पढ़ा हुआ नहीं, फिर किधर जाते हो, वो तो नसीहत ही है सारे जहान के लिये। उसके लिये जो तुम में सिधा होना चाहे। और तुम क्या चाहो मगर जो चाहे अल्लाह सारे जहान का रब।" (सुरह तकवीर)
- हम ने ईमान वालों पर एहसान किया, अपना महबूब ﷺ उनके बीच उतार दिया।
- हमने आप का ज़िक्र ऐसा बुलंद किया जैसा आप ﷺ चाहते थे।
- तुम दीने खुदा की मदद करोगे तो अल्लाह तुम्हारी मदद करेगा और तुम्हारे क़दम जमा देगा। (सुरह मोहम्मद)
- मुसलमानों का मौला अल्लाह है। काफिरों का कोई मौला नहीं। (सुरह मोहम्मद)
- ऐ ईमान वालों अल्लाह का हुक्म मानों और रसूलका हुक्म मानों।
- ऐ महबूब हम ने आपको बेशुमार खुबियाँ अता फरमाई।
- आप को हम ने कौसर अता किया।
- हम आप को मक़ामे महमुद पर खड़ा करेंगे। (जहाँ सब तुम्हारी तारीफ करेंगे।) (सुरह बनी इसराइल:79)
- हम ने आप को शाफे महशर बनाया है। (सुरह तकवीर)
- जिस ने रसूल ﷺ की इताअ़त की उस ने अल्लाह की इताअ़त की।
- ऐ ईमान वालो! तुम अल्लाह और उसके रसूलﷺ का कहा मानो।

हदीस क्या है?

(हदीस मोहम्मद ﷺ की शिक्षाएँ हैं)

मोहम्मद ﷺ की तालिम (शिक्षाओं) को और मोहम्मद ﷺ की सुन्नत (मार्गदर्शन) को हदीसों में लिखा गया है। पुरी दुनियाँ में मुझे कोई ऐसा इंसान न मिला, जिसका मनवता (इंसानियत) के लिये योगदान और शिक्षा जैसा समाजिक, धार्मिक, आर्थिक, न्ययिक इसमें से खुसूसन इंसाफ ऐसा रहा हो सब के लिये समान, गोरा काले से, अमीर गरीब से अरबी गैर अरबी से, बढ़ कर नहीं। इंसान सब खुदा की नज़र में समान है। अपनी ज़िन्दगी में ही मोहम्मद ﷺ जज़ीरा अरब को (जो आज लग–भग 22 देश है) कुफ्र व शिर्क से आज़ाद कर लिया था। और एक अल्लाह का इबादत गुज़ार (उपासक) बना दिया, और अलग–अलग ज़ातों नस्लों काबिलों, गाँव शहरों, सुबो जबानो, मुल्को, गोरो–कालो, अमीरो गरीबों को एक साथ लाकर खड़ कर दिया, जो आज तक नस्ले इंसानी में कोई न कर सका है।

मोहम्मद ﷺ की हदीसें लाखों की तादाद में हैं पर इनको जमा (संकलन) मुख्यता से 6 किताबों में किया गया है। यही 6 हदीसों की मुख्य किताबें हैं। सारी किताबें यहां बयान करना हमारे लिये मुमकिन नहीं। चुनांचे इनमें से एक किताब जो बुखारी शरीफ के नाम से प्रचलित है जिसमें 7563 हदीसें हैं। जिसमें से सिर्फ 100 हदीसों को हम नीचे देखेंगे।

हदीसें:- नबी करीम ﷺ की तालीम (सीख) : यू मोहम्मद ﷺ 1 हदीस पर पुरी एक किताब लिखी जा सकती है। पर हम कुछ हदीसें (अनमोल मोती) मुख्तसर बयान करेंगे। (किताब सहीह बुखारी से)

1) जो तुम्हारे साथ बुरा सुलूक करे तो तुम उससे अच्छा सुलूक करो। अख्लाक़ अच्छे करलो।

2) मैने ईसा, मूसा और इब्राहीम ﷺ को देखा है। ईसा ﷺ निहायत सुर्ख घुंगराले बालों वाले और चौड़े सीने वाले थे, और मूसा ﷺ गंदुमगो (गेंहुआ रंग) दराज़ क़ामत और सीधे बालों वाले थे, जैसे कोई कलिबा ज़त का आदमी हो।

3) आमाल का दारोमदार सिर्फ नियत पर है।

4) मुसलमान वह है जिसके ज़ुबान और हाथ से मुसलमान सलामत रहे, और खुदा की मना की हुई चीज़ों को छोड़ दें।

5) तुम में से कोई उस वक़्त तक मोमिन नहीं हो सकता, जब तक कि मैं

उसकी नज़र में उसके वालिदैन और औलाद से ज़्यादा महबूब न हो जाऊँ।

6) जिस शख्स में तीन बातें मिलेंगे उसमें ईमान की मिठास मिलेगी : (1) अल्लाह और रसूल ﷺ उसे दुनियाँ में हर चीज़ से ज्यादा महबूब हो। (2) जिस की दोस्ती/दुश्मनी सिर्फ अल्लाह ही के लिये हो। (3) कुफ्र की तरफ लौट जाने को ऐसे बुरा समझता हो जैसे आग में गिराया जाने को जानता हो।

7) हया ईमान का हिस्सा है।

8) जब दो मुसलमान तलवारें ले कर भिड़ जाऐ तो कातिल और मक्तूल (जिस का कत्ल हुआ) दोनों जहन्नमी है। (मक्तुल इस लिऐ वो भी क़त्ल की हिर्स रखता था)

9) मुनाफ़िक़ की 3 पहचान हैः (1) जब वह वादा करे तो पुरा न करें। (2) बात करें तो झुठ बोलें। (3) अमानत में खयानत करें।

10) मुसलमान को गाली देना फिस्क़ है, उसको क़त्ल करना कुफ्र है।

11) यह भी याद रखो कि जिस्म में एक टुकड़ा है कि अगर वह दुरूस्त है तो सारा बदन ठीक है अगर वह बिगड़ गया तो सारा बदन बिगड़ जाता है तो सुनो वह टुकड़ा ''दिल''है।

12) ईमान क्या हैः– इस बात की गवाही देना। अल्लाह रब्बुल आलमीन के सिवा कोई इबादत के लायक़ नहीं। उसका कोई शरीक नहीं, और मोहम्मद ﷺ उसके रसूल हैं।

13) अगर आदमी अपने घर वालों (बिवी बच्चों) पर नेक नियती और सवाब की उम्मीद से खर्च करे तो यह उस के लिये सदक़ा है।

14) असानी पैदा करो, दुश्वारी पैदा न करो। खुशखबरियाँ दो और नफरत न फैलाओ।

15) मैं सिर्फ तक़सिम करने वाला हूँ बाक़ी खुदा देता है।

16) जो शख्स मुझ पर झुठ बोले, उसने अपना ठिकाना जहन्नम कर लिया।

17) जो शख्स सच्चे दिल से لَآ اِلٰهَ اِلَّا اللّٰهُ مُحَمَّدٌ رَّسُوْلُ اللّٰهِ कहेगा उस पर अल्लाह रब्बुल आलमीन दोज़ख हराम कर देगा।

18) सलाम में पहल करो।

19) अल्लाह (रब्बुल आलमीन) को सबसे प्यारी नमाज़ हज़रत दाऊद अलैहिस्सलाम की थी।

20) मेरे मकान और मेरे मिंबर के बीच का ज़मीन का हिस्सा जन्नत के बागों में से एक बाग है।
21) मुझे तुम्हारे (मुसलमानो) के मुश्रिक हो जाने का खौफ नहीं है बल्कि इस का डर है कि मेरे बाद तुम ज़मीन के खज़ानों का लालच करने लगोगे।
22) हर बच्चा फितरते इस्लाम में पैदा होता है मगर बाद में उसके माँ–बाप उसे यहूदी या ईसाई या मजूसी बना लेते हैं।
23) खुद–कुशी करने वाला जहन्नमी है।
24) अल्लाह ने माल पर ज़कात फर्ज़ की है जो मालदारों से लेकर गरीबों को दी जायेगी।
25) रिश्तेदारों पर मेहरबानी करो।
26) लोगों पर एक ऐसा ज़माना भी आऐगा की उन को परवाह न होगी की माल किस ज़रिये से कमाया हलाल या हराम।
27) किसी के घर के अंदर जाने से पहले इजाज़त मांगो, न मिले तो लौट जाओ।
28) झुठी क़सम न खाओ (ये तुम्हारे माल बरबाद और बरकत को खत्म करती है।)
29) आपने मना फरमाया:–

- सुद लेने / देने से।
- गोदने / गुदवाने से (Tatto)
  तस्वीर बनाने से। (जानदार की)

30) एक का मर्ज़ (बीमारी) दुसरे को नहीं होती।
31) जिस घर में तस्वीर (जानदार की) हो उस घर में रहमत के फरिश्ते नहीं आते।
32) काबा को ढाने का इरादा करने वाला लश्कर जब पहुंचेगा तो उन सब को ज़मीन में धंसा दिया जाऐगा।
33) कोई शख्स दुसरे के मोल पर मोल न करें।
34) सोना सोने के बराबर चाँदी–चाँदी के बराबर बेचा करो (कमी बेशी न करो) हाँ सोने के बदले में चाँदी या चाँदी के बदले में सोना जैसे चाहो बेचा करो।
35) शराब, मुर्दार, सुअर और मुर्तियों की बेअ् (खरीदी / बिक्री) हराम है।
36) जादुगर (काहिन) की मिठाई न खाओ।
37) मज़दूर की मज़दूरी उसका पसीना सुखने से पहले दे दो।

38) अनस इब्ने मालिक के घर बैठ मोहम्मद ﷺ ने अंसार और कुरैश में भाई चारा (मोआ़हिदा) कराया था।

39) तुम में बेहतर वह आदमी है जो कर्ज़ अदा करने में बेहतर हो।

40) नबी करीम ﷺ ने ज़मीन किराये पर देने से मना नहीं फरमाया है। हाँ यह जरूर फरमाया है कि किसी भाई को मुफ्त ज़मीन देने से यह बेहतर है कि ज़मीन का कुछ हिस्सा (यानी पैदावार) तै कर लिया जाऐ।

41) जो शख्स लोगों के कर्ज़ अदा करने का इरादा कर लेता है खुदा अदा कर देता है, और जो माल मारने के इरादे से लेता है खुदा उसे तबाह कर देता है।

42) मेरी उम्मत में से अगर कोई शख्स बिना शिर्क किऐ मर जाऐ, तो वह जन्नती है।

43) अल्लाह ने माँ की नाफर्मानी और बेटियों को मारने, और किसी का हक़ छीनने से मना फरमाया है।

44) मुसलमान–मुसलमान भाई है इस लिऐ न कोई दुसरे पर जुल्म करें, न उसे तबाही में डाले, जो शख्स अपने भाई की ज़रूरत पुरी करने को तैय्यार होगा, अल्लाह (रब्बुल आलमीन) उसका मक़सद पुरा करेगा।

45) जो शख्स किसी मुसलमान की मुसीबत दुर करेगा अल्लाह (रब्बुल आलमीन) क़यामत के दिन उसकी मुसीबत दुर कर देगा।

46) जिस शख्स ने कुछ ज़मीन जुल्म से ले ली, उस को साल दर साल ज़मीन का तौक़ पहनाया जाऐगा।

47) नबी करीम ﷺ ने कहा 7 हलाक करने वाली चीज़ों से बचोः– 1.खुदा का शरीक बनाना, 2.जादु करना, 3.सुद खाना, 4.यतीम का माल खाना, 5. क़त्ल करने से, 6.जिहाद में पीठ दिखाने से, 7.मुसलमान पाक दामन औरत पर तोहमत लगाने से।

48) नबी करीम ﷺ ने फरमाया मेरा कोई वारिस नहीं हो सकता, छोड़ा हुआ माल मेरी बीवियों के खर्च और कारिंदों की तनख्वाहो के बाद जो बाक़ी रहे वह खुदा की राह में खैरात है।

49) जिस ने मेरी इताअ़त की उसने खुदा की इताअ़त की, जिसने मेरी नाफरमानी की उसने खुदा की ना फरमानी की।

50) दुश्मन से मुक़ाबले में तुम लोग जल्दी न करो, बल्कि अल्लाह (रब्बुल आलमीन) से आफ़ियत मांगो और मुक़ाबले के वक़्त सबर से काम लो, क्योंकि जन्नत तलवारों के साऐ के निचे है।

51) कैदी को रिहा कराओ, भुखे को खाना खिलाओ, मरीज़ की इयादत करो।

52) दज्जाल (Anti-Christ) काना होगा।

53) अगर मेरे पास पेड़ों की मिक़दार में चौपाये होते तो वह भी मैं तुम लोगों में बाटा करता, तुम मुझे आज़मा लो इंशा–अल्लाह तुम मुझे झुठा, कंजुस और बुजदिल नहीं पाओगे।

54) जब खुदा और खुदा का रसूल इंसाफ नहीं करेगा तो दुसरा कौन करेगा, मैंने जन्नत में अक्सर फ़क़ीर लोग देखे और जहन्नम में अक्सर तर औरतें देखीं।

55) नबी करीम ﷺ ने फरमाया एक शख्स जहन्नम में डाला जाऐगा तो लोग कहेंगे तू तो नेक काम का बताता था, बुरे काम से रोकता था। वो कहेगा मैं तो तुम को नेक काम को कहता था पर खुद नहीं करता था। और तुम को बुरे कामों से रोकता था पर खुद करता था।

56) नबी करीम ﷺ फरमाते हैः कुछ लोगों के पास शैतान आता है और यह कहता है कि यह किसने पैदा किया, यहाँ तक कि सवाल करता है कि खुदा को किसने पैदा किया (नउज़ बिल्लाह) जब शैतान इस सवाल पर पहुंचे तो इंसान को चाहिऐ वह खुदा से पनाह मांगे और इस कुरेद को छोड़ दें।

57) अल्लाह ने जन्नत काफिरों पर हराम करदी है।

58) नबी करीम ﷺ ने फरमायाः सोहबत में अगर मर्द का पानी (X) औरत के पानी (Y) पर गालिब हुआ तो बच्चा मर्द जैसा होगा। अगर औरत का पानी मर्द के पानी पर गालिब आता है तो बच्चा औरत जैसा होगा। मिसाल : माडर्न साईंस भी यही कहता है (See Theory of Choromosome)

59) करीम का बेटा, करीम का पोता, करीम है। युसूफ ﷺ है।

60) कोई नबी ऐसा नहीं कि जिसने बकरियाँ न चराई हो।

61) मेरी तारीफ़ इतनी बढ़–चढ़ा कर न करो। जिस तरह ईसाई ने ईसा इब्ने मरियम की की है। क्योंकि मैं उसका बंदा हूँ। यूँ कहा करो खुदा के बंदे और उसके रसूल।

62) नबी करीम ﷺ ने फरमायाः मैं सारे लोगों के मुक़ाबले में हज़रत ईसा अलैहिस्सलाम से करीब हूँ और सभी पैगम्बर सौतेले भाई है, क्योंकि उनकी माऐं अलग–अलग है दीन एक ही है।

63) जिस वक़्त दज्जाल निकलेगा तो उसके साथ आग और पानी होगा। जिसको लोग आग खयाल करेंगे, वह पानी होगा। पानी आग होगा। तुम में

जो शख्स उससे मिले तो उसका आग को चुने, क्योंकि वह मीठा व ठंडा पानी होगा।

64) जिसने मेरी तरफ झुठी हदीस जोड़ी उसने अपना ठिकाना दोज़ख किया।

65) **महामारीः**– ताऊन(महामारी)एक अज़ाब है। नबी करीम ﷺ ने फरमायाः अगर तुमको मालूम हो कि किस जगह है तो वहाँ मत जाओ। और अगर तुम्हारी जगह शुरू हो तो वहाँ से भागो मत।

66) मुश्रिकों की जंग तुम्हारे किसी मुल्क और हिस्से पर न थी बल्कि वह सिर्फ़ दीन पर लड़ते थे।

67) वह मुसलमान नहीं जो खुद पेट भर के खाये और उसका पड़ोसी भुखा सोऐ।

68) अपने पड़ोसी को तकलीफ़ न दो, और अपनी बीवी से अच्छा सुलूक करो।

69) किसी औरत को यह जायज़ नहीं कि अपने शौहर की बिना इजाज़त रोज़ा रखे, बिना इजाज़त किसी दुसरे के घर जाऐ, या बिना इजाज़त किसी को कुछ दें। क्योंकि उसमें आधा हक़ मर्द का है।

70) खाते वक़्त बिस्मिल्लाह पढ़ लिया करो, दाहिने हाथ से खाया करो, पानी हमेशा बैठ कर पियो। नबी करीम ﷺ ने फरमायाः– रेशम का इस्तेमाल न करो, न सोने–चाँदी का, न सोने–चाँदी के बर्तनों में खाओ, क्योंकि दुनियाँ में यह कुफ्फार का हिस्सा है,और आखिरत में हमारा।

71) मुसलमान को जब कोई तकलीफ, मुसीबत पहुंचती है यहाँ तक काँटा भी लग जाता है तो अल्लाह (रब्बुल आलमीन) उसके ज़रिऐ उसके गुनाह माफ करता है।

72) सबसे बड़ा गुनाह वह है कि कोई शख्स अपने माँ–बाप को लानत करे।

73) माँ–बाप से मोहब्बत करो।

74) अल्लाह रब्बुल आलमीन ने रहमत के 100 हिस्से में से 99 हिस्से अपने पास रखे, एक हिस्सा मखलुक़ के हिस्से आया जिसकी वजह से वो एक दुसरे पर रहम करते हैं।

75) दुसरों में ऐब तलाश न करो।

76) दोस्त को दुश्मन न बनाओ।

77) किसी के बारे में झुठ न बोलो।

78) अच्छे कामों में दुसरों की मदद करो।

79) फैसले से पहले मश्वरा ज़रूर करो, मश्वरा हमेशा समझदार के बजाऐ तजुर्बाकार से करो।

80) नबी करीम ﷺ ने कभी किसी सवाल करने वाले के जवाब में नहीं न कहा।

81) हाकिम अगर कुफ्र करे तो उसकी इताअ़त न करना जाइज़ है।

82) अल्लाह (रब्बुल आलमीन) के नज़दीक सबसे बुरा शख्स हमेशा झगड़ने वाला है।

83) नबी करीम ﷺ ने फरमायाः अगर काफिर को खुदा की रहमत की इंतिहा मालुम हो जाऐ तो वह जन्नत से न उम्मीद न हो, अगर मोमिन को खुदा के अज़ाब की हालत मालूम हो जाऐ तो वह जहन्नम की आग से बेखौफ न हो।

83) जो शख्स जिस्म की ताक़त और मालदारी में ज़्यादा है, तो चाहिऐ कि अपने से कमतर को भी देख लें।

84) कयामत के दिन सबसे पहले हिसाब खुन के बारे में किया जाऐगा।

85) कलौंजी के दाने में मौत के अलावाह हर बिमारी का इलाज है।

86) नबी करीम ﷺ ने हिजामा (ब्नचचपदह जींतंचल) का हुक्म किया है।

87) औलाद को इस डर से क़त्ल न करो कि वो तुम्हारे साथ खाऐगी।

88) सलाम की इबतेदा करो।

89) शिर्क (खुदा का शरीक ठहराना) सबसे बड़ा गुनाह है।

90) अच्छे ख्वाब नबुवत का 46वाँ हिस्सा है जो लोगों पर सख्ती करता है, अल्लाह उस पर सख्ती करेगा।

91) अल्लाह ही ने ज़मीन और आसमानों को हिलने से रोक रखा है।

92) हक़ीक़ी मालिक अल्लाह है।

93) खुदा के हाथ से मुराद दस्ते–कुदरत है।

दौरे फित्न का ब्यानः

94) नबी करीम ﷺ ने फरमाया जिस शर से अरबों की खराबी है वह नज़दीक आ गया।

95) नबी करीम ﷺ ने फरमायाः– मेरी उम्मत की हलाकत कम उमर और बेवकुफ़ लड़कों के हाथ में है।

96) फितना मशरिक़ (पुरब) से ज़ाहिर होगा।

97) हर आने वाला ज़माना पिछले से बुरा होगा।

98) बुराई को देखो तो रोको अपने हाथों से नही तो ज़बान से अगर न हो तो करने वाले को दिल से बुरा जानो।

99) कयामत के क़रीब फितने बाढ़ की तरह आऐगे। मरने वाला जब क़ब्र के पास से गुज़रेगा तो कहेगा काश मैं इस कब्र में होता।

100) मेरी उम्मत में से 1 गिरोह हमेशा हक़ की खातिर लड़ता रहेगा। यहाँ तक कि उनमें आखिर में 1 गिरोह दज्जाल से जंग करेगा : मोहम्मद ﷺ

आखरी नबी मोहम्मद ﷺ के आने की पेशनगोइयां मुखतलिफ मज़ाहिब में ?

दीने यहूदियत में

हमेर रियासत मे पहले अक्सरीयत मजुसियों और आफताब परस्तों की थी। उनके बाद यहाँ यहूदी मज़हब को कबूले आम और गलबा हासिल हो गया। उसकी वजह ये बताई जाती है के जब राजा तबआ शाम वगैरा मुमालिक को फतह करने के बाद वापिस लौटा तो उसका गुज़र यसरब की बस्ती के पास से हुआ। उसने ओहद की तराई में अपने खेमे नसब किये और यसरब पर हमला करके 350 बाशिंदों को कत्ल कर दिया। उसने चाहा के वो यसरब को नेस्तो नाबूद करदे। एक यहूदी आलिम जीसकी उम्र करीब 250 साल थी वो उसके करीब आया और कहा ऐ बादशाह गुस्से से बेकाबू होकर तू हमें क़त्ल न कर हमारे बारे में झूठी अफवाहों को कबूल न कर तू जो कुछ भी करे इस बस्ती को नही उजाड सकता। तबआ ने पूछा क्यों? तो उस बूढ़े ने कहा ये वो जगह है जहाँ इस्माईल (अलैहिस्सलाम) की नस्ल से एक नबी हिजरत करके तशरीफ लायेगा। जिसको मक्का से जिला वतन किया जायेगा। तबआ अपने इरादे से बाज़ आ गया।

उस यहूदी आलिम की माईयत में और एक दूसरे यहूदी आलिम की संगत में मक्का की तरफ रवाना हुआ वहाँ पहुंच कर खानए काबा पर गिलाफ चढ़ाया फिर वो अपने वतन यमन को वापस लौटा। उसके साथ ये

दोनो यहूदी आलिम भी थे। वो उनकी तबलीग से मूसा अलैहिस्सलाम पर ईमान ले आया। जब ये खबर अहले यमन ने सूनी तो उन्होंने उसके खिलाफ बगावत करदी। आखिरकार फैसला ये हुआ के आग जलाई जाये और उसमें ये दोनो यहूदी आलिम भी दाखिल हो और अहले यमन के चंद लोग भी दाखिल हो। आग जिनको जला दे वो झूटे और जो महफ़ूज़ रहे वो सच्चे। चुनांचे ऐसा हि किया गया जब ये दोनो फरीक उस आतिशकदे में दाखिल हुए तो आग के शोलों ने यमनीयों को जलाकर खाक अस्तर करदिया और दोनो यहूदी आलिम सही सलामत आग से बाहर आगये। इस वाकया से मुतासिर होकर अहले यमन ने यहूदियत को इख्तियार किया। इनके अलावा बनी कनाना कुंदा बनी हारिस से भी चंद लोगों ने यहूदियत को कबूल करलिया था। उसकी वजह ये थी के उनके पड़ोस में यहूदी आबाद थे। उनकी तबलीग़ और तालीम से ये लोग मुतास्सीर हुए, और यहूदी बन गये।

ईसाईयत में

इसी तरह इसाईयों के पास जो आसमानी सहीफे थे उनमें भी कई मुकामात पर उन नबीए मुकर्रम की आमद की बशारत दर्ज थी। इसलिए वो भी उसी रसूल की आमद के लिए मुंतज़ीर थे। ईसा अलैहिस्सलाम अपने हवारियों से कहते हैं। मिसाल के तौर पर Gospel of Yuhanna के सुत्र मुलाहेज़ा फरमाऐं ।

1) तो भी मैं तुम से सच कहता हूँ कि मेरा जाना तुम्हारे लिये अच्छा है, क्योंकि यदि मैं न जाऊँ तो वह सहायक तुम्हारे पास न आएगा। परंतु, यदि मैं जाउँगा तो उसे तुम्हारे पास भेजूंगा। वह आकर संसार को पाप और धार्मिकता और न्याय के विषय में निरूत्तर करेगा। पाप के विषय में इसलिये कि वे मुझ पर विश्वास नहीं करते और धार्मिकता के विषय में इसलिए कि मैं पिता के पास जाता हूँ। और तुम मुझे फिर न देखोगे। न्याय के विषय में इस लिये कि संसार का सरदार दोषी ठहराया गया है।

2) मुझे तुम से और भी बहुत सी बातें कहनी हैं, परंतु अभी तुम उन्हें सह नहीं सकते। परंतु जब वह अर्थात सत्य की आत्मा आएगा, तो तुम्हें सब सत्य का मार्ग बताएगा, क्योंकि वह अपनी ओर से न कहेगा परंतु जो कुछ सुनेगा वही कहेगा और आनेवाली बातें तुम्हें बताएगा।

(BSI : Bible Society of India, Bangalore)

बाज़ अहले हक

जिनको आखरी नबी का इल्म आसमानी किताबों से हासिल था।

ज़मानए जाहिलीयत में अहले अरब ने जिस किस्म के अकाएदे बातीला को अपना रखा था उसका सरसरी जायज़ा आपके सामने पेश करदीया गया है। लेकिन उस दौर मे जबके हर तरफ कुफरो शिर्क और फिसको फिदूर की काली रात छाई हुई थी। बाज़ ऐसे नफूसे कुदसिया भी थे। जो अगरचे तादाद में बहुत कम थे लेकिन अल्लाह तआला की तौहिद पर उनका यकीने महतम और उसकी सिफते कमाल पर उनका ईमान पुखता था। माबूदाने बातिल से वो कतअन बेज़ार थे। अंधेरी रात में आसमान पर जिस तरह सितारे चमक रहे होते है। इसी तरह उन भयानक अंधेरों में उनका वजूद मुंबए अनवार था, जो दीने इब्राहीम के पैरोकार थे उन्हे मुवाहिद कहा जाता था। उनमें से चंद बरगुजीदा हस्तीयों के अकाएद और अतवार के बारे में मुखतसरन तहरीर किया जाता है।

1. उस बिन साएदल ईयादी

उनका शुमार उन लोगों में होता है जिन्होंने तवील उम्र पाई, उबए हातिम अज़सजिस्तानी ने अपनी तसनीफ किताबुल मुअम्मरेन में लिखा है के उनकी उम्र 380 साल थी। उन्होंने हमारे नबी करीम ﷺ का ज़माना पाया। हुजूर ﷺ के इशादात सुने, अहदे जाहिलियत में ये पहले शख़्स थे जो कयामत पर ईमान लाये। इमाम ज़हबी अल्लामा इब्ने हजर और दिगर उलमा ने उनको सहाबा में शुमार किया है। लेकिन इब्ने सकन ने सराहत से लिखा है के हुस्ने हुजूर ﷺ की बेसत से कब्ल वफात पाई। इब्ने सय्यदुन नास से अपनी तसनीफ असीरत में एक वाक्या लिखा है जो उन्होंने अपनी सनद से हज़रत इब्ने अब्बास रज़ि. से रिवायत किया है। उन्होने कहा जारूत बिन अब्दुलल्लाह जो अपने कौम के सरदार थे। रसूले करीम की खिदमते आलिया में हाज़िर हुए और अर्ज़ की उस ज़ात की कसम जिसने आपको हक के साथ मबूस फरमाया है। मैने तौरात में हुजूर ﷺ की सीफत पढ़ी है।

हज़रते मसीह अलैहिस्सलाम ने आपके आमद की बशारत दी है। ''(फअन्ना अशहदोअल्लाह ईलाहा इल्लललाहो व अन्नका मोहम्मदुर्रसूल अल्लाह)'' पस मैं भी गवाही देता हूं कि अल्लाह के सिवा कोई माबूद नहीं

और आप मोहम्मदुर्रसूल अल्लाह के रसूल हैं। चुनांचे जारूत भी ईमान लाया और उसकी कौम भी मुशर्रफ ब इस्लाम हुई। हुजूर नबी करीम ﷺ को उस से निहायत ही मसर्रत हुई। हुजूर ने पूछा ऐ जारूत वफ्द अब्दुल कैस में कोई ऐसा आदमी भी है जो हमें कुस का तआर्रुफ कराये। और उसके हालात से आगाह करें। जारूत ने कहा या रसूल अल्लाह हम सब उसको जानते है और मैं तो वो शख़्स हूं जो उसके पीछे पीछे चला करता था वो अरब के शरीफ कबीले का शरीफ फर्द था। उसकी फसाहत मुसल्लेमा थी। उसकी उम्र 700 साल थी और उसने हज़रत ईसा अलैह सलाम के हवारीयों में समान की सोहबत का शर्फ हासिल किया। वो पहला शख़्स है जिसने अल्लाह तआला की इबादत की मैं गोया उसे अपने ऑखों से देख रहा हूँ की वो अल्लाह तआला की कसम खाकर कह रहा है की यकीनन किताब अपनी मुकर्ररा मुद्दत तक पहुॅचेगी। और हर अमल करने वाले को उसकी पूरी जज़ा दी जायेगी।

2. ज़ैद बिन अमर बिन नुफैल

उस खुश नसीब गिरोह में से है जिन्हों ने गुमराही की अंधेरी रात में भी हक का दामन मज़बूती से पकड़े रखा। ज़ैद बिन अमर बिन नुफैल है। ये अपने अहले वतन के मुशरेकाना अकाएद से बचपन से ही मुतनफ्फीर थे। ये ना उनकी पूजा करते थे और ना उनके लिए जानवरों की कुरबानीयां देते थे।

अल्लामा अलफाकही ने अपनी सनद से आमिर बिन रबीया से रिवायत किया। आमिर कहते हैं मेरी मुलाकात ज़ैद बिन अमर से हुई, जब वो मक्का से निकलकर हिरा की तरफ जा रहे थे। उन्होंने मुझे कहा ऐ आमिर मैंने अपनी कौम के बातिल अकीदा को तर्क कर दिया है। और मिल्लते इब्राहीमी का इत्तेबा इखतियार कर लिया है।
मैं उस खुदा की इबादत करता हूं जिसकी इस्माईल अलैहिस्सलाम इस काबा की तरफ मुंह करके इबादत किया करते थे। मैं एक नबी का इन्तेज़ार कर रहा हूं जो हज़रते इस्माईल और फिर हज़रते अब्दुल मुत्तलिब की पुश्त से होगा। लेकिन मेरा ख्याल है के उस नबी का ज़माना ना पा सकूंगा।

सूनो मैं उस नबी पर ईमान ले आया हूँ जिस की तसदीक करता हूँ और गवाही देता हूं के वो अल्लाह तआला का सच्चा नबी है। वाकेदी के रिवायत में ये भी है के इन्होने आमिर को कहा अगर तेरी उम्र दराज़ हो और

तु उस नबी का ज़माना पाए तो उसकी बारगाहे अक्दस मे मेरा सलाम अर्ज़ करना। आमिर कहते है। जब मैं मुशर्रफ बा इस्लाम हुआ तो बारगाहे रिसालत में अर्ज़ किया। हुज़ूर ﷺ ने उनके सलाम का जवाब दिया, और उस पर रहमत भेजी। फरमाया उसको मैं जन्नत में देख रहा हूं इस हाल में के वो अपनी चादर का पल्लू घसीटते चले जा रहे है।

ज़ैद ने हुजूर ﷺ की ज़ियारत हासिल तो किया लेकिन हुजूर के मबूस होने से पहले इन्तेकाल कर गया। उन्होने हुजूर ﷺ की खिदमत में एक बार अर्ज़ किया के मैंने नसरानियत और यहुदियत को सूंघा है लेकिन मैंने उनमे वो चीज़ नही पाई जिस की मुझे तलब थी। मैंने ये बात एक राहीब को बताई तो उसने मुझे कहा के तुम शायद मिल्लते इब्राहीमी के मुतलाशी हो। जो आज तुम्हें कहीं नही मिलेगी। तुम अपने शहर वापस चले जाओ। वहाँ अल्लाह तआला तुम्हारी कौम में से एक नबी मबूस फरमाएगा। जो मिल्लते इब्राहीम की दावत ले कर आऐगा। और वो अल्लाह तआला की सारी मखलूक से उसकी जनाब में ज़्यादा मोअज़ज़ होगा।

3. बादशाह सैफ बिन ज़ियज़न

आप पहले पढ़ आये हैं के हबशीयों ने यमन पर कब्ज़ा किया था। अहले यमन पर जुल्मों सितम की इन्तेहा कर दी थी। सैफ बिन ज़ियज़न किसरा से मदद तलब की और यमन पर चढ़ाई की। हबशीयों को शिकस्त दी और अपने अहले वतन की ज़िल्लत और अज़ीयत रसानी से निजात दिलाई। ये वाकया हुजूर नबीए करीम ﷺ की विलादत बा सआदत के बाद यूँ रूनुमा हुआ। जज़ीरए अरब के गोशे–गोशे से वफूद (Delegates) सैफ बिन ज़ियज़न को मुबारकबाद देने आए। शोअरा ने उसकी मदहा में कसीदे लिखे। जिसमें उसके एहसान का ज़िक्र किया गया। के उसने अहले यमन को हबशीयों के ज़िल्लत आमेज़ गुलामी से निजात दिलाई और उस पर उसकी खिदमत में खिराजे तशक्कुर पेश किया।

उन उफूद में एक वफद मक्का के कुरैश का भी था। इस वफद में हज़रते अब्दुल मुत्तलिब बिन हाशिम उम्मीया बिन शम्स्, अब्दुल्लाह बिन जदआन और असद बिन खोएलत जैसे रईस थे। जब अब्दुल मुत्तलिब उसके दरबार मे पेश हुए। आपने गुफ्तगु करने की इजाज़त तलब की। सैफ ने कहा अगर तुम्हे दरबारे शाही में लब कुशाई के आदाब का इल्म है तो हम तुम्हे गुफतगु की इजाज़त देते है।

हज़रत अब्दुल मुत्तलीब ने इस फसाहत व बलागत से अपना मुद्दा पेश किया। बादशाह सरापा हैरत बनकर रह गये। और उन्हें कहा के आप अपना तआर्रूफ करा दिजीये। अपने बताया मैं हाशिम का बेटा अब्दुल मुत्तलीब हूँ। उसने आपको अपने करीब किया और उनके दिलजोई में कोई कसर न रखी। और अपने दरबार के मुलाज़मीन को हुक्म दिया के उन्हे शाही मेहमान खाने में ठहराया जाये। एक माह तक वो वहां ठहरे रहे। और शाही ज़याफतो से लुत्फ अंदोज़ होते रहे इस इस्लाह में न बादशाह को फुरसत मिली के दोबारा उनसे मुलाकात करे। और न जुरत हुई। इससे मक्का जाने के लिए रूखसत तलब करते।

एक माह बाद बादशाह ने अब्दुल मुत्तलीब को अपनी खलवत में बुलाया और कहा, ऐ अब्दुल मुत्तलीब मैं एक राज़ से तुम्हे आगाह करना चाहता हूं क्योंकि मैं तुम्हे उसका अहल समझता हूं तुम्हें उस राज़ को अफशां नहीं करना होगा। यहॉ तक के अल्लाह तआला अपने फैसले को खुद ज़ाहिर फरमादे। मैंने अपनी किताब में पढ़ा है जो हमारे पास एक सीर्रेमकतूम (राज़नुमा) है हम अपने अलावा किसी को इसके मुताला की इजाज़त नही देते। अब्दुल मुत्तलीब ने कहा, ऐ बादशाह खुदा तुम्हे सलामत रखे मुझे बताईये के वो राज़ क्या है। उसने कहा के जब तहामा (मक्का में) में एक ऐसा बच्चा पैदा हो जिसके कंधो के दरमियान निशान हो वही इमाम होगा और उसके सदके कयामत तक तुम्हे सरदारी नसीब रहेगी।

अब्दुल मुत्तलीब ने कहा अगर शाही जलाल और उसका अदब माने ना होता मैं उस बशारत की तफसील के बारे में इल्तेमास करता ताके मेरी मुसर्रतों में मज़ीद इज़ाफा होता। सैफ ने कहा ये उसका वक्त है अभी पैदा होगा। मुमकीन है पैदा हो भी चुका हो उसका नाम अहमद है उनके वालिद और वालदा फौत हो जायेंगे। उनके दादा और चचा जान उनकी किफालत करेंगे। उसकी वजह से बुतों को तुकडें तुकडे कर दिया जायेगा। आतिश कदे बुझादिये जायेंगे। खुदा वंद रहमान की इबादत की जायेगी। और शैतान को धुतकारा दिया जायेगा। हम उसके मदद गार होगें उसके दोस्तों की फतह का हम बाईस बनेगे। उसके दुश्मनों को ज़लील व रूसवा करेंगे। हज़रत अब्दुल मुत्तलीब ने मज़ीद वज़ाहत चाही, तो इब्ने ज़ियज़न ने साफ कह दिया के ऐ अब्दुल मुत्तलीब तुम उनके दादा हो। ये सूनते ही अब्दुल मुत्तलीब सजदे में गिर गये।

बादशाह ने उन्हें कहा सर उठाईये और मुझे बताईये के जो अलामात मैंने आपको बताई है क्या उनमें के आपने कुछ मुशाहेदा किया है आपने मोहम्मद ﷺ की विलादत मोहम्मद ﷺ का नाम मुबारक वालदैन की वफात पाने और कंधो के दरमियान पाये जाने वाले निशान के बारे में बताया। इबने ज़ियज़न ने उन्हें हिदायत की के इस बात से किसी को आगाह ना करें। कहीं हसद के जज़बात आपके बाकी साथीयों के सीनों में भडक ना उठे। मीज़ यहूदियों से मोहम्मद ﷺ को महफूज़ रखने की खुसूसी ताकीद की। और बताया के यहूद मोहम्मद ﷺ के बदतरीन दुश्मन होंगे। उसके बाद कुरैश के काफला के तमाम अरकान को शरफे बाज़ियाबी बख़्शा और उनको इनामात से माला माल कर दिया। हज़रत अब्दुल मुत्तलीब को दूसरों से 10 गुना ज़्यादा अतियात से नवाज़ा ।

4. पादरी वरका बिन नौफल

वरका बिन नौफल इब्न असअद बिन उज़्ज़ा बिन कुसै का सिलसिलए नसब कुसै में हुजूर नबी करीम ﷺ के सिलसिलए नसब में मिल जाता है। उम्मुल मोमेनीन हज़रते खदीजतुल कुबरा (رضي الله عنها) वरका के चचा ख्वेलद बिन असद की साहिबज़ादी थी। अबुल हसल अलबकाई ने आपके बारे में एक मुस्तकील किताब लिखी है। जिसमें आपका साहाबी होना साबित किया है। वरका बिन नौफल उन सआदत मंद अफराद में से थे जो ज़माना जाहिलीयत में भी अल्लाह तआला की वहदानियत पर ईमान रखते थे। कुरैश और दिगर बुत परस्त अरब कबाएल से उनका कोई वास्ता न था। आपने अपनी अकले सलीम से ये नतीजा अखज़ किया था। के अरब के बुत परस्त दीने इब्राहीमी से भटक गए है। वो हमेशा इस तलाश में रहते थे उन्हे वो तरीका मालूम हो जाए जिस तरह इब्राहीम (अलैहिस्सलाम) अल्लाह तआला की इबादत किया करते थे। ताके वो ज़्यादा से ज़्यादा अल्लाह तआला की खुशनूदी हासिल कर सके। इसी मकसद के लिए उन्होंने कई मुल्कों का सफर भी इख्तियार किया।

मुताअद्दीद अहले इल्म की खिदमत में हाज़िर हुए जो उन आस्मानी सहिफो के अमीन थे जो अल्लाह तआला ने मुखतलीफ ज़मानो में मुखतलिफ अंबीया पर नाज़िल किये थे। इस तलाश व जुस्तजु के बाईस वो इस नतीजे पर पहुंचे के आखरी दिन दीने नसरानीयत है उन्होंने ईसाईयों के उन अकाएद का इत्तेबा नही किया जिनमें उन्होनें अपने नबी की वाज़य

तालिमात से इनहेराफ किया था।

इसी असना में वो नबी के बारे में भी तजस्सुस करते रहे। जिसके आमद की बशारत हज़रते मुसा, हज़रते ईसा और दिगर अंबीया अलैहमुस्सलाम ने दी थी। जब आपकी चचा ज़ात बहन हज़रते खदिजतुल कुबरा ने हुजूर ﷺ के बारे में बताया तो आपको यकीन हो गया के आपकी ज़ात ही वो नबी ﷺ है जिसका उन्हें शिद्दत से इन्तेज़ार था। हज़रते वरका की खुशी की हद न रही। के उनके ज़िन्दगी में ही वो नबीए मुकर्रम तशरीफ ले आए। उन्होंने बरमला ऐलान कर दिया।

उन्होने गवाही दी के उनके पास वो अज़ीम फरीश्ता आया है। जो उनसे पहले अंबीया के पास वही लेकर आया करता था। गवाही दी के आप पर अल्लाह तआला का कलाम नाज़िल किया गया है। और गवाही दी के आप उस उम्मत के नबी है। और इस तमन्ना का इज़हार किया के काश वो उस वक्त तक ज़िन्दा रहे के उनके माईयत में जिहाद में शिर्कत कर सके।

हज़रत इमाम बुखारी ने अपने सही मे हज़रत का कौल इन अल्फाज़ में नक्ल किया है।

नुजूले वही के वक्त जब उम्मुल मोमेनीन हज़रते खदीजा हुजूर को लेकर हज़रते वरका के पास गई तो उन्होनें कहा ये वो फरिश्ता है जो अल्लाह तआला ने मुसा अलैहिस्सलाम पर नाज़िल किया था। ऐ काश मैं उस वक्त नौजवान होता ऐकाश मैं उस वक्त ज़िन्दा होता जब आपकी कौम आपको यहॉ से जिला वतन करेगी। रसूलउल्लाह ﷺ ने पूछा क्या वो मुझे यहॉ से निकाल देंगे। वरका ने कहा हां कोई आदमी भी आज तक वो अमानत लेकर नही आया जो आप लेकर आये है। मगर ये उसके साथ अदावत कि गई अगर आपका वो दिन मुझे मिले तो मैं आपकी भरपूर मदद करूंगा। फिर कलील मुद्दत के बाद वरका वफात पा गए।

आपके बहोत से अशआर है जिस में आपने हुजूर ﷺ की नबुवत व रिसालत का ऐलान किया और यहीं बताया है के अल्लाह तआला के हुक्म से जिब्राईल और मिकाईल उन्हे वहीये ईलाही से बा खबर करते हैं। चन्द शेर मुलाहेज़ा फरमाऐं अरबी का तरजुमा है।

अगर ये सच है ऐ खदीजा जो यकीन कर के अहमद ﷺ अल्लाह तआला के रसूल है।

जिब्राईल और मिकाईल अल्लाह तआला की तरफ से वही लेकर उनके पास आते हैं और ऐ खदीजा जान ले इस वही से सीना मुनश्शरह हो जाता

है।
जो तौबा करके रूजू करता है वो कामियाब व कामरान हो जाता है। और जो सरकशी करता है तकब्बुर करता है गुमराही इख्तियार करता है वो बदबखत हो जाता है।

5. खालिद बिन सनान बिन ग़ैस अल अबसी

खालिद बिन सनान भी अल्लाह तआला की तौहीदे उलूहियत और तौहिदे रबुबियत पर महकम यकींन रखते थे। उनका तरीकए कार वही था जो मिल्लते हनफीया का था बाज़ मौअरेखीन का ये ख्याल है के ये नबी थे। बुलूगुल अरब में एक हदीस नकल की गई है जिस में मज़कूर हूं ज़का नबीई अज़ाअहू तौमहू" ये नबी थे जिनको उनकी कौम ने ज़ाया कर दिया।

ज़ाया करने की सूरत यूं बयान की गई है के जब उनकी वफात का वक्त आया तो उन्होने अपनी कौम की वसीयत की के मुझे दफन कर देना। तीसरे दिन एक हिरनी आयेगी। जब वो हिरनी आये तो मुझे कब्र से निकाल लेना, मैं तुम्हें बताउंगा के इस मुद्दत में मुझे अल्लाह तआला ने क्या हुक्म दिया है के आपके इरशाद के मुताबिक तीसरे दिन हिरनी आई लेकिन कौम ने उनको कब्र से ना निकाला और कहा के अगर हमने ऐसा किया तो सारे अरब कहेंगे के हमने अपने मुर्दे को कब्र से निकाला है।

खालिद बिन सनान की एक बेटी हुजूर ﷺ कि खिदमत में हाजिर हुई उसने हुजूर ﷺ को सूरह इखलास की तिलावत करते सुना, अर्ज़ करने लगी मेरा बाप भी ये सूरत पढ़ा करता था।

मोरखीन का इस बारे में इखतेलाफ है। के खालिद का कौनसा ज़माना था। बाज़ उन्हें ईसा अलैह सलाम के बाद ज़मानाए फितरत का शख्स कहते है, बाज़ की राय ये है के उनका ज़माना हज़रत ईसा अलैहिस्सलाम के ज़माने के पहले का था। अगर दूसरा कौल सही हो तो बारगाहे रिसालत में हाज़िर होने वाली लड़की खालिद की सलबी लड़की न थी। बल्के उनकी नस्ल से कोई खातून थी।

इन हज़रात के अलावा और भी कई ऐसे सआदतमंद नुफूसे कुदसिया थे जिन्होनें कुफ्रो शिर्क के उस तारीक दौर में भी तौहीद की शमा का फरौंज़ा रखा। अल्लाह तआला उन सब पर अपनी रहमते और बरकतें नाज़िल फरमाए। आमीन

क़िबला की तबदीली

ये वाक्या सन 2 हिजरी का है जब मुसलमान मक्का में थे तो नमाज़ काबा की तरफ रूख़ करके पढ़ते थे। मगर मदीना में हिजरत के बाद से बहुक्मे खुदा मोहम्मद ﷺ से बैतुल मुकद्दस को क़िबला बना लिया। लगभग 16 महीने तक यही क़िबला रहा मगर मोहम्मद ﷺ की दिली तमन्ना यही रहती के काबा को ही किबला बनाया जाए। इस लिए आप ﷺ अकसर अवकात आस्मान की तरफ सर उठा उठाकर वही का इंतेज़ार किया करत थे।

फिर एक दिन अल्लाह रब्बुल आलमीन ने अपने हबीब मोहम्मद ﷺ की दिली तमन्ना पूरी करदी। और वही नाज़िल हुई ....

तर्जुमा : हम देख रहे है बार बार तरफ आस्मान की तरफ मुंह करना तो हम जरूर आपको फेर देंगे उस क़िबला की तरफ जिसमें आपकी खुशी है। तो अभी फेर दिजीए अपना चेहरा मस्जिदे हरम की तरफ।'' (अलकुरआन)

इस वक्त मोहम्मद ﷺ कबील–ए–बनी सलमा की मस्जिद में ज़ोहर की नमाज़ पढा रहे थे कि ये वही नाज़िल हो गई। फिर मोहम्मद ﷺ नमाज़ के दौरान ही अपना रूख खाना–ए–काबा की तरफ फेर लिया। और लोगों ने भी आपकी पैरवी की। इस लिए इस मस्जिद को ''मस्जिदुल क़िबलतैन'' कहते हैं।

अब तक यहुदी मुसलमानों से खुश थे और कहते थे मोहम्मद ﷺ भी हमारे किबला ही की तरफ रूख करके नमाज़ पढ़ते हैं मगर इस वाक्ये के बाद यानी ''तहवीले किबला'' के बाद यहूद के दिलों की जलन भडक उठी। ये वो जलन थी के कैसे आखरी नबी बनी इस्राईल में ना आकर गैरे बनी इस्राईल में आ गया। जबकि वो जानते थे मोहम्मद ﷺ ही नबी आख़िरूज्ज़मा हैं। सारी निशानियां और पेशनगोईयां इनकी किताबों में मौजूद थीं। मगर फिर भी इनके रब्बी (आलिम) इन्कार करते रहे। जैसा कि इस से पहले भी इन (यहूदियों) ने ईसा अलैहिस्सलाम के साथ भी किया था।

यहूद यह नस्ल परस्त कौम है ये बात उनको दिल ही दिल चुभती थी अब उनको मौका मिल गया था खुल कर इल्जाम लगाने का। यहूद अब कहने लगे मोहम्मद ﷺ ने हमारी मुखालिफत में क़िबला बदल लिया है। इस

में उनको मुनाफ़िकों का भी साथ मिल गया था। फिर अल्लाह रब्बुल इज्ज़त ने कुरआन की ये आयत नाज़िल फरमाई...

तर्जुमा : अब कहेंगे बेवकूफ लोग किसने फेर दिया मुसलमानों को उनके उस किबले से जिस पर थे। तुम फरमा दो पूरब पश्चिम सब अल्लाह ही का है, जिसे चाहे सीधी राह चलाता है। (सुरह अलबक़रह, 142)

"बनी इसराईल से पूछो हमने कितनी रौशन निशानियाँ उन्हें दी और जो अल्लाह की आई हुए नेअमतों को बदल दे, तो बेशक अल्लाह का अज़ाब सख्त है।"

(सुरह अलबक़रह, 211)

ज़रा आप सोचें, नमाज़ मुसलमानों की, क़िबला मुसलमानों का, वो चाहे जैसे करें। किसी गैर मुस्लिम को क्या गर्ज़ इस से। यहूदियों ने अब खुलकर फितना अंगेज़ियां शुरू करदी।

☆ ☆ ☆

यहूद की फितना अंगेज़ी

1. मुसलमानों को आपस मे लड़ाने की कोशीशें

मोहम्मद ﷺ के आने से पहले मदीना के ओस व खज़रज कबीले मुद्दत दराज़ से एक दूसरे से लड़ते रहते थे। हज़ूर ﷺ की बरकत से वो दोस्त हो गये। इस्लामी की बरकत ने रिश्ते में बाहमी मोहब्बत पैदा करदी। उनका इन्तेशार, इत्तेहाद व इत्तेफाक में बदल गया। यहूदियों को इस बात का सख्त रंज था। वो हर ऐसे मौके की तलाश में रहते के वो मुसलमानों के दरमियान फितना व फसाद की आग भड़का कर उन्हें आपस में लड़ादें। शास बिन क़ैस बड़ा खबीस अलफितरत यहूदी था उम्मते मुस्लिमा के शहज़ादों को अलग करने के लिए वो हर वक्त तदबीरें सोचता रहता था।

एक रोज़ ओस व खज़रज के कुछ अफराद एक जगह बैठे थे। मोहब्बत व प्यार की बाते हो रही थी। शास बिन कैस का उधर से गुज़र हुआ, मुसलमानों को यूँ मुत्तहीद व मुत्तफीक देख कर उसके तन बदन में आग लग गई ।

ये उस सोच में डूब गया के उन दो मुसलमान कबीलों को वो किस तरह आपस में लड़ाए उसके साथ उस रोज़ एक दूसरा नौजवान यहूदी था। उसने उसको कहा जाओ और उनके साथ बैठों। बातों बातों में जंगे बआस (एक पुरानी जंग अंसार में पहले हुई थी) का ज़िक्र छेड़ दो। दोनों कबीलों के नोजवानों के जज़बात को यूँ भड़काओं के बाहम गुत्थम गुत्था हो जाऐं। वो मक्कार गया और उन में बैठ कर ऐसे मौके का इन्तेज़ार करने लगा जब वो उन कबीलों में फितना की ऐसी आग लगाए जो बुझने ना पाऐ।

बातों बातों में उसने जंग बआस का ज़िक छेड़ दिया और वो अश्आर पढ़ने लगा जो उस वक्त गुस्सा व गज़ब के आलम में फरीकैन के शोअरा ने एक दूसरे के बारे में कहे थे। ये साज़िश कामियाब रही। सहमे हुए जज़बात भड़क उठे आंखें गुस्से से सूर्ख हो गई। चंद नौजवान मुश्तईल होकर लढ़ाई के लिए आस्तीने चढाने लगे। ओवेस बिन कैज़ी जो कबीला ओवेस का फर्द था। जब्बार बिन सख्र जो खज़रज कबीले का फर्द था वो दोनो मरने मारने पर तैयार हो गये उस वाकए की इत्तेला रहमते आलम को पहुंची। हज़ूर ﷺ सहाबा की एक जमाअत को साथ लिए उस मौके पर पहुंचे जहां दोनो गिरोह एक दूसरे को धमकियां और चॅलेन्ज दे रहे थे।

नबीए करीम ने आते ही ये खुतबा इरशाद फरमाया।

ऐ मुसलमानों के गिरोह, अल्लाह से डरो, अल्लाह से डरो, क्या तुम जाहिलियत का नारा बुलंद करने लगे हो। हालांके मैं तुम्हारे दरमियान मौजूद हूं और तुम्हे इसके ज़रिए इज़्ज़त अता फरमाई है। और जाहिलीयत की कशमकशों से तुम्हे निजात दे दी है। और कुफ्र से तुम्हे बचा लिया है। और तुम्हारे दिलों को रिश्त–ए–उल्फत में पीरो दिया है। उसके बाद तुम क्या फिर कुफ्र की तरफ लौट जाना चाहते हो ?

इरशादात नबूवत सुनते ही उनकी आंखे खुल गई उन्हे अहसास हो गया के शैतान की पैरवी में वो बहुत दूर निकल गये है। शिद्दते ग़म और फितरते नदामत से उनकी आंखो से आंसूओं का सैलाब जारी हो गया। एक दूसरे को गले लगा रहे थे और माफियां तलब कर रहे थे। फिर बाहम शेरो शुक्र होकर हूजूर ﷺ की सोहबत में इताअत गुज़ार और फरमा बरदार गुलामों की तरह रवाना हो गये। उस वक्त ये आयात नाज़िल हुई ताके कयामत तक आने वाले मुसलमान व दुश्मनों की शरअंगेज़ियों और फितना पर दाज़ियों से मोहतात रहें और उनके फरेब में आकर अपनी वहदत को पारा पारा ना कर दें।

कुरआनः ऐ ईमान वालो ! अगर तुम कहा मानोगे एक गिरोह अहले किताब से तो नतीजा ये होगा के लौटा कर छोड़ेगें तुम्हे तुम्हारे ईमान कुबूल करने के बाद काफिरों में''।

''और ये कैसे हो सकता है के तुम अब फिर कुफ्र करने लगो हालांके तुम वो हो के पढ़ी जाती है तुम पर अल्लाह के आयतें। और तुम में अल्लाह का रसूल भी तशरीफ फरमा है। और जो मज़बूती से पकड़ता है अल्लाह के दामन को तो ज़रूर पहुंचाया जाता है। उसे सिधी राह तक।''

''ऐ इमान वालो डरो अल्लाह ताआला से जैसे हक है उस से डरने का और खबरदार मरना मगर इस हाल में के तुम मुसलमान हो और मजबुती से पकड लो अल्लाह की रस्सी को सब मिल कर और जुदा जुदा ना होना और याद रखो अल्लाह की नेमत जो उस ने तुम पर फरमाई है।''

''जबके तुम थे आपस में दुश्मन पस उस ने उलफत पैदा करदी तुम्हारे दिलो में तो बन गए तुम आपस में भाई भाई और तुम खडे थे दोजख के गढे के किनारे पर तो उस ने बचा लिया तुम्हें उस मे गिरने से यूंही बयान करता है अल्लाह तआला तुम्हारे लिये अपनी आयतें ताके तुम हिदायत पर साबित रहो।''

''जरूर होनी चाहिये तुम में से एक जमात जो बुलाया करे नेकी की तरफ और हुक्म दिया करे भलाई का और रोका करे बदी से यही लोग कामयाबो कामरान हैं। और न होजाना उन लोगों की तरह जो फिरकों में बट गऐ थे और इख्तेलाफ करने लगे थे उस के बाद भी जब आचुकी थीं उनके पास रौशन निशानीयां और लोगों के लिये अजाब है बहुत बडा।''

2. इस्लाम कबूल करने वालों की बेईज़्ज़ती (अपमान) करना

जब खुद यहूद चन्द सरकरदा अफराद ने इस्लाम कबूल करलिया तो बजाए इस के कि वह अपने इन नेक निहाद और रौशन जमीर उलमा व अहबार का इत्तेबा करते हुये अंधेरों से दामन छुडाकर नूरे हक के उजालों में अपना सफरे हयात शरू करते और सआदते दारैन की मंजिल की तरफ सुबुक खरामी से बढते चले जाते उन बद नसीबों ने अपने उन्ही बुजूरगों को तरह तरह से ताना करना शुरू कर दिया हजरात अब्दुल्लाह बिन सलाम, सालबा बिन सअया, उसेद बिन सअया, असद बिन उबैद वगैरहुम जैसी हसतियों के बारे में यह कहना शुरू कर दिया

यानी मोहम्मद ﷺ पर जो लोग इमान ले आये हैं वह हम में से शरीर (दुष्ट) किस्म के लोग थे अगर वह शोरफा मे से होते तो आबाई दीन को न छोडते और दूसरे दीन को कबूल न करते।

3. बारगाहे खुदावंद में उनकी गुस्ताखियां

एक रोज अबुबकर रजीअल्लाहु अनहु यहुदियों की एक दरसगाह में तशरीफ लेगये वहां बहुत से लोग जमा थे यह सब फनहास नामी अपने एक मजहबी पेश्वा की जियारत के लिये इकटठे हुये थे फनहास के साथ एक और हिबर भी था जिस का नाम अश्या था हजरत सिददीक ने फनहास को मुखातिब करते हुऐ फरमाया।

'ऐ फनहास तेरा भला हो अल्लाह से डरो और इस्लाम कबूल करलो बखुदा तुम खुब जानते हो कि मोहम्मद ﷺ अल्लाह के रसूल हैं और वह उस के पास से हक ले कर तशरीफ लाये हैं और उनकी आमद की बशारतें तौरात व इन्जील में मौजूद हैं।' यह सुन कर वह गुस्ताख कहने लगा।

बखुदा ऐ अबूकर हम अल्लाह के मोहताज नहीं हैं और मआजल्लाह वह हमारा मोहताज है हम उसके सामने इस तरह आजिज़ी नही करते जिस तरह वह हमारे सामने करता है हम उस से गनी हैं वह हम से गनी नही और अगर वह हम से गनी होता तो हमारे माल हम से करज ना मांगता जिस तरह तुम्हारा साहेब ख्याल करता है।

अल्लाह रब्बुल आलमीन के बारे में यह खसीस गुस्ताखियां सुन कर हजरत सिददीक को सबर न रहा आपने उस बद बख्त के मुह पर झन्नाटे दार थप्पड रसीद किया साथ ही फरमाया उस जात की कसम जिस के दस्त कुदरत में मेरी जान है अगर हमारे और तुम्हारे दरमियान अहद न होता तो मैं तुम्हारा सर कलम कर देता।

फनहास वहां से उठा सिधा बारगाहे नूबूव्वत में जाकर हजरत अबुबकर की शिकायत करदी कि आपके एक दोस्त ने देखीये मेरे साथ क्या किया है मोहम्मद ﷺ ने हजरत अबूबकर से फरमाया ऐ सिददीक तुमने ऐसा कियों किया उसे थप्पड कियों मारा आपने अरज की मेरे आका उस दुशमने खुदा ने बारगाहे रब्बुल इज्जत में बडी खुस्ताखी की है उस ने यहां तक कह दिया। के अल्लाह तआला उनका मोहताज है और उन्हे उसकी जरूरत नहीं जब उस ने यह बकवास किया तो में गुस्से से बे काबू होगया और उसके मुहं पर तमांचा दे मारा, फनहास ने कहा मुझ पर यह गलत इल्जाम है मैंने ऐसी कोई बात नही कही उस वक्त अल्लाह तआला ने हजरत अबूबकर की तसदीक और उस बदबख्त की तकजीब करते हुऐ यह आयत नाजिल फरमाई ।

"बेशक सुना अल्लाह ने कौल उन गुस्ताखों का जिन्हों ने कहा कि अल्लाह मुफलिस है हालाकि हम गनी है हम लिख लेंगे जो उन्हों ने कहा नीज कत्ल करना उनका अंबया को नाहक और हम कहेगें कि अब चखो आग का अज़ाब (मज़ा)।"

4. एक और शरारत

अन्सार के साथ यहुदियों के देरीना मरासिम थे बाहम आमदो रफत का सिलसिला भी जारी था यहूद की मक्कारी और अय्यारी में उनका कोई मुकाबला नहीं कर सकता था। उन में से जब कोई अय्यार यहुदी अन्सार के हां जाता तो अजराहे हमदर्दी उन्हें नसीहत करता कि ऐ भाईयो जिस बेदर्दी से उन मुफलिस और नादार मुहाजिरों पर तुम अपनी दौलत खर्च कर रहे हो और दरिया दिली से तूम ईस्लाम के लिये अपने खजाने लुटा रहे हो उस

के अंजाम पर भी कभी तुम ने गौर किया यह दौलत आसानी से हासिल नहीं होती उस को कमाने के लिये तुम ने बरसों अपनी जान जोखिम में डाली।

तरह तरह की मुशक्कते और सोहबतें बरदाश की तुम्हारे बाप दादा ने दिन रात मेहनत करके ये चंद टक्के तुम्हारे लिये जमा किये और तुम हो के इस बे परवाही से इसे लुटा रहे हो, कुछ तो ख्याल करो। अपने बच्चों और बुढ़े वालेदैन पर रहम करो। कल जब तुम बुढ़े हो जाओंगे, रिज़्क कमाने की हिम्मत न रह जायेगी तो फिर क्या कासए गदाई लेकर दर दर की भीक मांगोंगें। इस तरह ये लोग अंसार को घिनौने मुस्तिकबील से खौफ ज़दा करते। ताके वो अल्लाह तआला के दीन के लिए अपनी दौलत खर्च करने से अपने हाथ रोक लें।

5. सफेद झूट

झूट हर इन्सानी मुआशरा में नफरत की निगाह से देखा जाता है लेकिन इल्म की ये मुद्दई अल्लाह तआला के महबूब और फर्ज़न्द होने के दावे दार इस्लाम को ज़क पहुंचाने और सरवरे आलम ﷺ का दिल दुखाने व झूट बोलने में भी दरेग नही करते थे। उनकी बीसों मिसाले हैं हम एक मिसाल ज़िक्र करने पर इक्तेफा करते है। जंगे ओहद के बाद दो यहूदी सरगने काफ बिन अशरफ और है मिब अख्तर चंद और यहूदीयों के हमराह मक्का आगए ताके कुफफार को मुसलमानों पर हमला करने के लिए उकसाऐं। अबु सुफूयान ने उनसे पूछा के हम तो अनपढ़ है और आप लोग अहले ईल्म और साहिबे किताब तौरात हैं। हमें ये तो बताओ के रास्ते पर (हक पर) कौन है। हम या मोहम्मद?

ये जानते हुए की शिर्के महज़ को तौहीदे खालिस से क्या निसबत हो सकती है। उन्होंने कुफ्फारे मक्का को खुश करने के लिए पूरी बेबाकी से ये जवाब दिया के उनसे कहीं ज़्यादा तुम हिदायत पर हो। जानते बुझते सफेद झूट बोला।

6. एक और सफेद झूट

इनके दिलों में नबी ﷺ और मिल्लते इस्लामिया के खिलाफ हसद इनाद के कितने खैफनाक जज़बात मौजेज़न रहा करते थे। इस को साबित करने के लिए किसी खारजी शहादत की ज़रूरत नही। इनके अपने

अतवार ना काबिले तरदीद गवाही दे रहे है। इस्लाम दुश्मनी में वो इतने आगे निकल जाते के वो रौशन हकीकतें भी उनकी आंखों से ओझल हो जाती। जिन पर इनके मज़हबी सियासी और इज्तेमाई वजूद का दारो मदार था। सूकेन और अदमी बिन ज़ैद व यहूदी हजूर ﷺ के पास आये और कहने लगे। हम नहीं जानते के मूसा अलैहिस्सलाम के बाद अल्लाह तआला ने किसी बशर पर वही नाज़िल की हो।

इस लिए आपको हक नही पहुंचता के नबूवत का दावा करें और ये कहें के मुझ पर आसमान से वही नाज़िल होती है। इनकी इस बात के रद्द के लिए इस आयत का नुजूल हुआ....

"बेशक हमने वही भेजी आपकी तरफ जैसे वही भेजी नूह की तरफ और उन नबीयों की तरफ जो नूह के बाद आये। और जैसे वही भेजी हमने इब्राहीम, इस्माईल, इस्हाक, याकूब और उनके बेटों और ईसा, अय्युब, यूनुस, हारून और सुलेमान की तरफ और हमने अता फरमाई दाउद को ज़बूर और जैसे वही भेजी दूसरे रसूलों पर जिनका हामिल बयान कर दिया है। हमने आपसे इससे पहले और उन रसूलों पर भी जिनका ज़िक्र हमने अब तक आपसे नहीं किया और कलाम फरमाया अल्लाह ने मूसा से खास कलाम (भेजे हमने ये सारे रसूल) खूश खबरी देने के लिए और डराने के लिऐ ताके ना रहे लोगों के लिए, अल्लाह तआला के यहाँ कोई अज़र रसूलों के (आने के) बाद अल्लाह तआला ग़ालिब है हिकमत वाला है।"

7. मोहम्मद ﷺ के कत्ल की घिनौनी साज़िश

हूज़ूर करीम ﷺ अपने सहाबा के हमराह यहूद के बनी नज़ीर कबीले के पास तशरीफ ले गये। उन्हे फरमाया के हमारे एक आदमी ने दो आदमियों को गलत फहमी से क़त्ल कर दिया है। उनके वारिस देत का मुतालबा करते हैं इसलिए तुम लोग हसब मुहाएदा उन की देत में अपना हिस्सा दो। उन्होने कहा आप बैठें। खा पी ले फिर तामील हुक्म करेगें हूज़ूर ﷺ को एक पलंग पर बैठाया जो एक दिवार के साथ बिछा हुआ था। उन्होने ये साजिश कि के दिवार के उपर से एक भारी पत्थर आप पर पटक्कर आपको शहीद कर दिया जाये।

अल्लाह तआला ने अपने महबूब को उनके नापाक इरादे की खबर दे दी। हुज़ूर ﷺ वहां से उठकर तशरीफ ले गये। इस तरह अल्लाह तआला ने यहूदीयों की इस साज़िश को नाकाम कर दिया।

जंगे उहुद

उधर बद्र में कुरैश को ज़िल्लत आमेज़ शिकस्त हुई तो उन्होंने मुसलमानों से बदला लेने का फ़ैसला किया। औरतों ने अपने सर के बाल काट डाले, लेकिन आह व बुका (रोने–पीटने) से बाज़ रहीं ताकि मुसलमान उनकी हालत देखकर ख़ुश न हों और मज़ाक न उड़ाएं। बद्र में अबू सुफ़ियान का जो क़ाफ़िला बचकर निकल गया था, वह मक्का में दारूल–नदवा में तक़सीम की ग़रज़ से ठहरा हुआ था। और अभी उस का माल मालिकों को नहीं दिया गया था। चुनांचे कुफ़्फ़ारे में यह मशवरा हुआ कि सारा माल सामने जंग की तैयारी में सर्फ़ हो ताकि मुसलमानों से बद्र के मक़तूलों का इन्तिक़ाम लिया जा सके।

अबू सुफ़ियान की बीवी का भाई और बाप जंग–ए–बद्र में मारे गए थे। उसने चंद शाइरों से उनकी जुदाई में मरसिए और नौहे लिखवाए और दिन–रात उन्हें पढ़ती और रोती थी। उसने कपड़े बदलने और हार–सिंगार करना छोड़ दिया था। उसकी यह हालत देखकर अबू सुफ़ियान को जोश आया और वह दो सौ आदमियों को लेकर मक्का से मदीना की तरफ़ चल पड़ा। उसने मदीना से चन्द मील पीछे अरीज़ के मक़ान पर एक काश्तकार साद बिन अम्र को कत्ल कर दिया और उसके मकानों और खेतों को आग लगा दी, मगर जब उसे मुसलमानों की आमद की ख़बर हुई तो भाग निकला। भागते वक़्त उसके साथियों ने अपना बोझ हलका करने के लिए सत्तू के थैले गिरा दिये, सत्तू को सवीक कहा जाता है।

इसलिए इस वाक़िआ को ग़ज़वा–ए–सवीक़ कहते हैं। जब अबू सुफ़ियान भागता हुआ मक्का में दाखील हुआ तो लोगों ने उसे हिक़ारत की निगाह से देखा और मज़ाक उड़ाया जबकि उसकी बीवी ने उसे लानत–मलामत की। उसने क़स्म खाई कि जब तक हमज़ा ﵁ का कलेजा अपने दांतों से न चबाऊंगी, कभी आराम नहीं करूंगी। वह रोज़ाना रो–रो कर अपने शोहर अबू सुफ़ियान को मुसलमानों से इन्तिक़ाम लेने के लिए उभारती और उसे जोश दिलाती रहती थी।

कुफ़्फ़ार के लशकर की रवानगी

मक्का के कुफ़्फ़ार साल भर जंग की तैयाारियां करते रहे। अबू सुफ़ियान ने अपनी तरफ़ से पचास हज़ार किसक़ाल सोना और एक हज़ार

ऊंट इस जंग के लिए दान दिया। मक्का के आस–पास के हलीफ़ (सहयोगी) क़बाइल भी पूरे साज़ोसामान के साथ लशकर में शामिल हुए। अबू सुफ़ियान की बीवी हिन्दा ने नौजवान औरतों और लड़कियों को जंग में जाने पर आमादा किया। जंग–ए–बद्र में कत्ल होने वाले सरदारों की बीवियों को भी शामिल कर लिया गया ताकि उनकी बद हवासी, दीवानगी और नफ़रत सिपाहियों में इन्तिक़ाम की आग को मज़ीद भड़काए।

अबू सुफ़ियान का लशकर मदीना की तरफ़ रवाना हुआ तो उसमें तीन हज़ार जंगजू थे उनमें सात सौ ज़िरह पोश (कवच पहने हुए), दो सौ घुड़सवार और सत्तर औरतें भी थी जिनके साथ ढोल, गाने बजाने और शराब का सामान था। यह लश्कर 5 शव्वाल सन् 3 हिजरी को मक्का से रवाना हुआ तो हज़रत अब्बास ؓ ने एक ख़त के ज़रिए हुज़ूर ﷺ को इसकी ख़बर दी।

कुफ़्फ़ारे मक्का का लशकर पूरे जोश व ख़रोश से मदीना की तरफ़ बढ़ रहा था। लश्कर में शामिल बड़े–बड़े सरदारों की नौजवान लड़कियां हाथों में डफ़ लिए गाती हुई लश्कर का जोश बढ़ा रही थीं। वे कह रही थीं कि "बद्र में जो मुसलमानों के हाथों मारे गऐ, वे बहादुर थे। आज मक्का के बहादुर उनका इन्तेक़ाम लेने जा रहे हैं। यह शेरों का लशकर है, ये उस वक़्त तक लड़ेंगे जब तक एक भी मुसलमान ज़िंदा है। अगर ये मुसलमानों को मिटाकर वापस आएं तो हम इनसे खुश होंगी। अगर ये मैदान–ए–जंग से भाग जाए तो इनसे नफ़रत करेगी।

मुजाहिदीन की तैयारियां

हुज़ूर ﷺ को कुरैश के लश्कर की ख़बर मिली तो आप ﷺ ने जंगी हिकमत–ए–अमली के तहत सहाबा ؓ को यह मश्वरा दिया कि वे मदीना में ठहरे रहें। अगर मक्का के कुफ़्फ़ार मदीना में दाखिल हों तो उनसे जंग करें और घरों के ऊपर से उनपर पत्थर बरसाएं क्योंकि मुसलमानों ने मदीना के चारों तरफ ईटों की दीवारें खड़ी करके उसे क़िला बना दिया था। बाज़ मुहाजिरीन और अनसार की भी यही राय थी, लेकिन वे पुरजोश मुसलमान जो जंग–ए–बद्र में शरीक न हो सके थे, उन्होंने ज़िद की कि, या रसूलुल्लाह ﷺ! हमें मौक़ा दीजिए, हम भी अपने दिल की आरज़ू पूरी करें और मुक़ाबला मैदान–ए–जंग में हो ताकि दुश्मन यह न समझे कि हम बुज़दिली के सबब शहर से बाहर नहीं निकले।

हज़रत हमज़ा رضي الله عنه ने भी इन मुसलमानों की ताईद की। चुनांचे हुज़ूर ﷺ 14 शव्वाल जुमा के दिन एक हज़ार मुजाहिदीन–ए–इस्लाम के साथ मदीना से निकले। मुनाफ़िक़ अब्दुल्लाह बिन उबई चाहता था कि मदीना में रहकर जंग लड़ी जाए। चुनांचे इसका लशकर वापस चला गया और बहाना यह किया कि हुज़ूर ﷺ ने हमारे मश्वरे पर अमल नहीं किया। इस तरह अब आप ﷺ के लशकर में सिर्फ सात सौर मुजाहिदीन थे और घोड़े सिर्फ़ दो थे।

अब्दुल्लाह बिन उबई का ख़याल था कि उसके अलहदा होने पर मुसलमान बुज़दिल हो जाएंगे। मगर मुसलमान सिर्फ अल्लाह के भरोसे पर जंग करता है। चुनांचे मुसलमानों ने अब्दुल्लाह बिन उबई की इस हरकत की ज़रा परवाह न की। इस्लामी लश्कर क़ुबा से आगे बढ़ा तो एक जगह हुज़ूर ﷺ ने क़ियाम फ़रमाया। वहां असर की नमाज़ अदा करने के बाद लश्कर ने दोबारा कूच किया और निहायत दबदबा और शान के साथ उहुद पहाड़ के दामन में पहुंच गया। कुरैश का लश्कर दो दिन पहले ही वहां पहुंचकर ख़ैमाज़न हो चुका था।

हुज़ूर ﷺ ने अपनी कुदरती जंगी बसीरत और हिकमत–ए–अमली से काम लेते हुए मदीना के शुमाल–मग़रिब में मौजूद वादी–ए–उहुद के पहाड़ी सिलसिले के क़रीब क़ियाम फ़रमाया और उहुद पहाड़ को पुश्त पर लेकर (यानी पहाड़ की तरफ़ पुश्त करके) मुजाहिदीन की सफ़बंदी की। मुशरिक़ की तरफ़ ऐनैन का पहाड़ था जिसमें एक दर्रा था और उधर से कुफ़्फ़ार घुस कर अंदर आ सकते थे। चुनांचे हुज़ूर ﷺ ने पचास तीर अंदाज़ अब्दुल्लाह बिन ज़ुबैर رضي الله عنه की मातहती में दर्रे की हिफ़ाज़त के लिए मुक़र्रर फ़रमाए और यह हुक्म दिया कि जंग का ख़्वाह कुछ ही नक़्शा हो, वे लोग आख़िरी वक़्त तक वहां ठहरे रहें। किसी हालत में भी अपनी जगह से न हटें और साबित क़दमी से जमे रहें।

जंग का आगाज़

अगले रोज़ यानी 15 शव्वाल सन् 3 हिजरी हफ्ते के दिन सूरज के तुलू (उदय) के साथ दोनों लश्करों ने मैदान–ए–जंग में सफ़ आराई की। मुसलमानों को इतनी कम तादाद में देखकर कुफ़्फ़ार खुश होने लगे। अबू सुफ़ियान ने कहा कि ये थोड़े से मुसलमान हुबल (काबा में रखे बुत का

नाम) पर कुरबान होने के लिए हमारे सामने आए हैं। कुफ्फारे कुरैश के जंगजुओं की तादाद 3000 थी। अबू जहल के बेटे अकरमा ने कहा कि मुसलमानों को थोड़ा समझकर खुश नहीं होना चाहिए, बद्र की जंग में मुसलमानों की बहादुरी के कारनामें अभी तक मुझे याद है।

लश्करे इस्लाम के अज़ीम सिपाहसालार हज़रत मोहम्मद ﷺ ने मुजाहिदीन की इस तरह सफ़बंदी फ़रमाई कि मैमना (दाएं बाज़ू की फ़ौज) पर हज़रत ज़ुबैर बिन अव्वाम رضي الله عنه को, मैसरा (बाएं बाजू की फ़ौज) वा मुन्ज़िर बिन अम्र رضي الله عنه को, दरमियान में हज़रत हमज़ा رضي الله عنه को और झंडा (परचम) हज़रत मुसअब رضي الله عنه को इनायत फ़रमाया। दूसरी तरफ़ अबू सुफ़ियान ने ख़ालिद बिन वलीद को मैमना पर और अकरमा बिन अबू जहल को मैसरा पर मुकर्रर किया। सवारों के दस्ते पर सफ़वान बिन उमय्या को मुक़र्रर किया और झंडा तलहा को दिया।

कुरैश की औरतों और लड़कियों ने कुफ़्फ़ार में जोश पैदा करने के लिए दफ़ बजाना और गाना शुरू कर दिया कि आज उहुद की पहाड़ियों के सामने मक्का के शेर आए हैं। ये वे शेर हैं जिनका नाम सुनकर दुनिया कांपती है। हम आसमान के सितारों की बेटियां हैं। हम क़ालीनों पर चलने वालियां हैं। अगर तुम बढ़कर लड़ोगे तो हम तुम्हें गले लगाएंगी। अगर पीछे हटोगे तो हम तुमसे जुदा हो जाएंगी।

दोनों लश्कर एक–दूसरे की तरफ़ बढ़े। क़रीब पहुंचकर कुफ़्फ़ार के लश्कर से झंडा उठानेवाले तलहा ने लश्कर से निकल कर तनज़िया अन्दाज़ में मुसलमानों को ललकारा, मैं कुरैश का झंडा उठानेवाला हूँ। तुम कहते हो कि तुम्हारी तलवारें हमें जहन्नम में भेजती हैं और हमारी तलवारों तुम्हें जन्नत में। अब है कोई जो मेरा मुक़ाबला करे? जिस मुसलमान को जन्नत में जाना हो मेरे सामने आए।''

उसकी बकवास सुनकर शेर–ए–खुदा हज़रत अली رضي الله عنه मैदान में आए और आते ही तलवार का एक ऐसा भरपूर वार किया कि तलहा ज़मीन पर तड़पने लगा। तलहा का बेटा उसमान अपने बाप को क़त्ल होता देख मैदान में आया। हज़रत हमज़ा رضي الله عنه ने उसका मुक़ाबला किया और इस ज़ोर से उसके कंधे पर तलवार मारी कि कमर तक काटती चली गई। इसके बाद चार भाई बारी–बारी में निकले और मुसलमानों के हाथों क़त्ल हुए।

यह हालत देखकर अबू सुफ़ियान ने अपने लश्कर को आम हमले का हुक्म दिया और घमासान की जंग शुरू हो गई। मक्कावाले अपनी

तादाद पर भरोसा करके निहायत शिद्दत से हमलाआवर हुए, लेकिन मुसलमानों की तलवारों ने उनके ख़ून से मैदान–ए–जंग को सुर्ख़ कर दिया। हज़रत साद बिन वक़्क़ास ؓ, आसिम बिन साबित ؓ ने तीरों से अपने जौहर दिखाए। हज़रत अली ؓ और हमज़ा ؓ और हज़रत ज़ुबैर ؓ अपनी तलवारों से दुश्मन की सफ़ें उलटने लगे। काफ़िरों के ख़ून के फ़ौव्वारे हर जानिब रेतीली ज़मीन को लालाज़ार बना रहे थे।

कुरैश अपने झंडे को गिरने नहीं दे रहे थे क्योंकि झंडा गिरने का मतलब था कि झंडा बरदार मारा गया और जिस फ़ौज का झंडा बरदार मारा जाए उसके हौसले पस्त हो जाते हैं। चुनांचे एक झंडा बरदार के क़त्ल होते ही दूसरा शख़्स अलम (झंडा) बुलन्द कर देता था। लेकिन अब उनको यके बाद दीगरे क़त्ल होता देखकर कुफ़्फ़ार बदहवास हो रहे थे। उनके लश्कर में अफरा तफरी फैल गई और झड़प तेज़ हो गई।

अबू दुजाना की खुश नसीबी

मोहम्मद ﷺ ने कहा : बुज़दिली में शर्म है और आगे बढ़कर लड़ने में इज़्ज़त है और आदमी बुज़दिली करके तक़दीर से नहीं बच सकता।

"हुजूर ﷺ ने फ़रमाया कि कौन है जो इस तलवार को लेकर हक़ अदा करे" ये सुनकर बहुत से लोग इस सआदत के लिए लपके। मगर ये शर्फ हज़रते अबू दुजाना ؓ के नसीब में था कि ताजदारे दो आ़लम ﷺ ने अपनी तलवार अपने हाथ से हज़रते अबू दुजाना ؓ के हाथ में दे दी। वो ये एअ्ज़ाज़ पाकर जोश मुसर्रत में मस्ते बे खुद हो गए। और अर्ज़ किया कि या रसूल्लल्लाह ﷺ! इस तलवार का हक़ क्या है। इर्शाद फ़रमाया कि

"तू इस से काफ़िरों को क़त्ल करे यहाँ तक कि ये टेढ़ी हो जाए।"

हज़रते अबू दुजाना ؓ ने अर्ज़ किया कि या रसूलल्लाह ﷺ! मैं इस तलवार को इसके हक़ के साथ लेता हूँ फिर वो अपने सर पर एक सुर्ख़ रंग का रूमाल बाँध कर अकड़ते और इतराते हुए मैदाने जंग में निकल पड़े और दुश्मनों की सफ़ों को चीरते हुए तलवार चलाते हुए आगे बढ़ते चले जा रहे थे कि एक दम उनके सामने अबू सुफ़ियान की बीवी "हिन्दा" आ गई। हज़रते अबू दुजाना ؓ ने इरादा किया कि इस पर तलवार चला दें मगर फिर इस ख़याल से तलवार हटा ली कि रसूलल्लाह ﷺ की मुकद्दस तलवार के लिए ये ज़ेब नहीं देता कि वो किसी औरत का सर काटे।

हज़रते अबू दुजाना ؓ की तरह हज़रते हम्ज़ा ؓ और हज़रते अ़ली ؓ भी दुश्मनों की सफों में घुस गए और कुफ़्फ़ार का क़त्ले आ़म शुरू कर दिया। और उन्होंने लाशों के अंबार लगा दिये थे। मगर कुरैश अपने झंडे को गिरने नहीं दे रहे थे।

हज़रत हमज़ा (ؓ) की शहादत

जंग–ए–बद्र में अबू सुफ़ियान की बीवी का भाई और बाप हज़रत हमज़ा ؓ के हाथों क़त्ल हुए थे। जुबैर बिन मुतइम के चाचा को भी हज़रत हमज़ा ؓ ने जंग–ए–बद्र में हलाक किया था। इसने अपने गुलाम वहशी (जो हरबा चलाने में खूब माहिर था) से कहा कि अगर तू हमज़ा ؓ को मार डाले तो मैं तुझे आज़ाद कर दूंगा। अबू सुफ़ियान की बीवी हिन्दा ने भी वहशी से कहा था कि अगर तूने अपने हरबा से हमज़ा को क़त्ल कर दिया तो में अपना तमाम ज़ेवर तुझे दे दूंगी।

चुनांचे जंग के दौरान वहशी, हज़रत हमज़ा ؓ की तलाश में था। इत्तिफ़ाक से उसकी नज़र हज़रत हमज़ा ؓ पर पड़ी तो उसने हजरत हमज़ा ؓ का निशाना लेकर हरबा (एक हथियार) फेंका। हरबा हज़रत हमज़ा ؓ के पहलू में लगा और दूसरे पहलू से पार हो गया। आप ؓ शहीद होकर गिरे तो वहशी अपने मालिक और हिन्दा को यह खुशखबरी सुनाने के लिए भागा।

हज़रत अली ؓ की बहादुरी

हज़रत अली ؓ ने कुफ़्फ़ार के तकरीबन 10 झंडा बरदार क़त्ल किए। आखरी झंडा बरदार सवाब के क़त्ल होने पर किसी ने कुरैश का झंडा बुलन्द न किया तो कुफ़्फ़ार शिकस्त खाकर भागने लगे। यह देखकर अबू सुफ़ियान भी भाग निकला। उसकी बीवी हिन्दा और दुसरी गाने बजाने वाली औरतें भी अपनी–अपनी दफ़ फेंक कर भागी। मुसलमान उनके तआकुब में बराबर तलवारें चला रहे थें।

मुसलमानों की ग़लती

कुफ़्फ़ारे मक्का के भागने पर मुसलमान माले ग़नीमत समेटने लगे। ऐनैन के पहाड़ के दर्रे या घाटी पर मामूर मूसलमानों का दस्ता घाटी की

हिफ़ाज़त कर रहा था ताकि कुफ़्फ़ार दर्रे से गुज़र कर पीछे से मुसलमानों पर हमला न कर सकें। लेकिन जब उन्होंने कुछ मुसलमानों को माले ग़नीमत समेटते देखा तो सब्र न कर सके और दस आदमियों के सिवा सब हुज़ूर ﷺ का फ़रमान भूलकर कुफ़्फ़ार के पीछे भागे। उनके सरदार अब्दुल्लाह बिन ज़ुबैर رضي الله عنه ने उनसे कहा, ''मुसलमानों! क्या करते हो, हुज़ूर ﷺ का हुक्म था कि आख़िरी वक़्त तक इस जगह को कोई न छोड़े।'' उन मुसलमानों ने जवाब में कहा, ''हुज़ूर ﷺ का यह हुक्म जंग के वक्त था। अब कुफ़्फ़ार भाग गए हैं और अल्लाह ने मुसलमानों को फ़तह दे दी है।''

ख़ालिद बिन वलीद : ने घात लगाकर हमला कर दिया

ख़ालिद बिन वलीद जो अभी तक मुसलमान नहीं हुऐ थे, बड़े मौका शनास थे। उन्होंने जब दर्रे को ख़ाली देखा तो फ़ौरन अपने साथियों को इकटठा किया जिनकी तादाद सौ थी। वे एक लंबा चक्कर काटकर और मुसलमानों की निगाह से बचते हुए इस दर्रे में दाख़िल हुए और पीछे से मुसलमानों पर हमला कर दिया। दस तीर अन्दाज़ उन्हें रोकने में कामियाब न हो सके। अब्दुल्लाह बिन ज़ुबैर رضي الله عنه और उनके साथी शहीद हो गए। ख़ालिद अपने साथियों के साथ तेज़ रफ़्तारी से नीचे उतरे और हुज़ूर ﷺ के गिर्द मौजूद चन्द मुसलमानों पर हमला कर दिया।

कुफ़्फ़ार के तआकुब में जाने वाले मुसलमानों ने देखा तो पलट आए। लड़ाई का नक़्शा बदल गया। मुसलमान तितर–बितर होने लगे। ख़ालिद के हमले में सिवाय चन्द पुर अज़्म् सहाबा हज़रत अली رضي الله عنه, हज़रत अबूबकर رضي الله عنه और हज़रत तल्हा رضي الله عنه जैसी हस्तियां रह गईं।

मोहम्मद ﷺ ज़ख़्मी हुए

इसी सरासीमगी और परेशानी के आलम में जब कि बिखरे हुए मुसलमान अभी रहमते आ़लम ﷺ के पास जमा भी नहीं हुए थे कि अ़ब्दुल्लाह बिन कमीय्या जो कुरैश के बहादुरों में बहुत ही नामवर था। उसने नागाहँ हुज़ूर ﷺ को देख लिया। एक दम बिजली की तरह सफों को चीरता हुआ आया और ताजदारे दो आ़लम ﷺ पर क़ातिलाना हमला कर दिया। ज़ालिम ने पूरी ताक़त से आपके चेहर–ए–अनवर पर तलवार मारी जिस से खुद की दो कड़ियाँ रूखे अनवर में चुभ गई।

एक दूसरे काफिर ने आपके चेहरए अक़्दस पर ऐसा पत्थर मारा कि आपके दो दन्दाने (दांत) मुबारक शहीद, और नीचे का मुकद्स होंट ज़ख़्मी हो गया इसी हालत में उबई बिन खलीफ मलऊन अपने घोड़े पर सवार होकर आप ﷺ को शहीद कर देने की नीय्यत से आगे बढ़ा। हुज़ूर अक़्दस ﷺ ने अपने एक जाँ निसार सहाबी हज़रते हारिस बिन सिम्मा رضي الله عنه से एक छोटा सा नेज़ा लेकर उबई बिन ख़ल्फ़ की गर्दन पर मारा जिससे वो तिलमिला गया। गर्दन पर बहुत मामुली ज़ख़्म आया और वो भाग निकला मगर अपने लश्कर में जा कर अपनी गर्दन के ज़ख़्म के बारे में लोगों से अपनी तकलीफ़ और परेशनी ज़ाहिर करने लगा। और बे पनाह ना काबिले बर्दाशत दर्द की शिकायत करने लगा। इस पर उसके साथियों ने कहा कि "ये तो मामूली ख़राश है। तुम इस कदर परेशान क्यों हो? उसने कहा कि तुम लोग नहीं जानते एक मर्तबा मुझसे मुहम्मद ﷺ ने कहा था कि मैं तुमको क़त्ल करूँगा। इस लिए ये तो बहेर हाल ज़ख़्म है। मेरा तो ये एअ्तिक़ाद है कि अगर वो मेरे ऊपर थूक देते तो भी मैं समझ लेता कि मेरी मौत यक़ीनी है।

(इस का वाक़िआ ये है कि उबई ने मक्का में एक घोड़ा पाला था। जिसका नाम उसने "ऊद रखा था। वो रोज़ाना उसको चराता था। और लोगों से कहता था कि मैं इसी घोड़े पर सवार होकर मुहम्मद ﷺ को क़त्ल करूँगा। जब हुज़ूर ﷺ को इसकी ख़बर हुई। तो आप ने फ़रमाया कि इन्शा अल्लाह तआला मैं उबई बिन ख़ल्फ़ को क़त्ल करूँगा। चुनान्चे उबई बिन ख़ल्फ नेज़े के ज़ख़्म से बेकरार हो कर रास्ता भर तड़पता और बिलबिलाता रहा। यहाँ तक कि जंगे उहुद से वापस लौटते हुए मकाम "शरीफ" में मर गया।)

(इसी तरह बिन क़मीय्या मलऊन जिसने हुज़ूर ﷺ के रूखे अनवर पर अपनी तलवार चलादी थी। एक पहाड़ी बकरे को खुदावंदे क़ह्हार व जब्बार ने उस पर मुसल्लत फ़रमा दिया। और उसने उसको सींग मार मार कर छलनी बना डाला। और पहाड़ की बुलन्दी से नीचे गिरा दिया जिससे उसकी लाश टुकड़े टुकड़े होकर ज़मीन पर बिखर गई।)

बहादुर मुस्लिम खवातीन के कारनामें

जंगे उहुद में मर्दों की तरह औरतों ने भी बहुत ही मुजाहिदाना जज़्बात के साथ लड़ाई में हिस्सा लिया। हज़रते बीबी आइशा और हज़रते बीबी उम्मे सुलैम रदियल्लाहु अन्हुमा के बारे में हज़रते अनस ﷺ का बयान है कि ये दोनों पाएँचे चढ़ाए हुए मशक में पानी भर भर कर लाती थीं। और मुजाहिदीन खुसूसन ज़ख़मीयों को पानी पिलाती थीं। इसी तरह हज़रते अबू सईद खुदरी ﷺ की वालिदा हज़रते बीबी उम्मे सलीत भी बराबर पानी की मशक भरकर लाती थीं और मुजाहिदीन को पानी पिलाती थीं।

हज़रते उम्मे उ़म्मारा की जाँनिसारी

हज़रते बीबी उम्मारा जिनका नाम "नसीय्येब" है। जंगे उहुद में अपने शौहर हजरते जैद बिन आसिम और दो फरजन्द हज़रते उम्मारा और हज़रत अब्दुल्लाह रदियल्लाहु अन्हुम को साथ लेकर आई थी। पहले तो मूजाहिदीन को पानी पिलाती रही। लेकिन जब हुजूर (सल्लल्लाहु तआला अलैहि वाल्लम) पर कुफ्फार की यलगार का होशरूबा मंज़र देखा तो मशक को फेंक दिया और एक खंजर लेकर कुफ्फार के मुकाबले में सीना सिपर होकर खडी हो गई और कुफ्फार के तीर व तलवार के हर एक वार को रोकती रहीं।

चुनान्चे उनके सर और गर्दन पर तेरह ज़ख्म लगे। इब्ने कमय्या मलऊन ने जब हुजूर मोहम्मद (सल्लल्लाहु तआला अलैहि वसल्लम) पर तलवार चला दी तो बीबी उम्मारा रदियल्लाहु अन्हा ने आगे बढ़कर अपने बदन पर रोका चुनान्चे उनके कंधे पर इतना गहरा ज़खम आया कि गार पड गया। फिर खुद बढ़कर इब्ने कमय्या के शाने पर ज़ोरदार तलवार मारी। लेकिन वो मलऊन दोहरी बख़्तर पहने हुए था, इस लिए बच गया। हज़रते बीबी उम्मे उम्मारा के फरज़ंद हज़रते अब्दुल्लाह कहते है कि मुझे काफिर ने जख़्मी कर दिया और मेरा खून बंद नहीं हो रहा था पर मेरी वालेदा हज़रत उम्मे उम्मारा ने फौरन अपना कपडा फाडकर जख्म को बाँध दिया और कहा कि बेटा उठो, खडे हो जाओ और फिर जिहाद में मशगूल हो जाओ। इत्तिफाक से वही काफिर हुजूर सल्लल्लाहु तआला अलैहि वसल्लम के सामने आ गया।

तो आपने फरमाया कि ऐ उम्मे उम्मारा देख! तेरे बेटे को ज़ख्मी करने वाला यही हे। ये सुनते ही हज़रते बीबी उम्मे उम्मारा ने झपटकर उस

काफिर की टाँग पर तलवार का ऐसा भरपूर हाथ मारा कि वो काफिर गिर पडा और चल न सका बल्कि सुरीन के बल घसिटता हुआ भागा। ये मंज़र देखकर हुजूर (सल्लल्लाहू तआला अलैहि वसल्लम) हंस पडे। और फरमाया कि उम्मे उम्मारा तू खुदा का शुक्र अदा कर कि उसने तुझको इतनी ताकत और हिम्मत अता फरमाई कि तूने खुदा की राह में जिहाद किया। हज़रते बीबी उम्मे उम्मारा ने अर्ज़ किया कि या रसूलल्लाह! दुआ फरमाईए कि हम लोगों को जन्नत में आपकी खिदमत गुज़ारी का शर्फ हासिल हो जाए। उसी वक्त आपने उनके लिए और उनके शौहर और उनके बेटों के लिए इस तरह दुआ फरमाई कि

"अल्लाहुम्मज अल्ला हुम-मज अल-हुम रू-फ-काई फिल जन्नति"

या अल्लाह! इन सबको जन्नत में मेरा रफीक बना दे।

हज़रते बीबी उम्मे उम्मारा रदियल्लाहु अन्हा ज़िन्दगी भर ऐलानिया ये कहती रहीं कि रसूलुल्लाह सल्लल्लाहु तआला अलैहि की इस दुआ के बाद दुनिया में बड़ी से बड़ी मुसीबत भी मुझ पर आ जाए तो मुझे इसकी कोई परवाह नहीं है।

सहाबा का जोशे जाँ निसारी

जब हुजूर अकरम ﷺ ज़ख्मी हो गए तो चारों तरफ़ से कुफ़्फार ने आप पर तीर–तलवार से वार शुरू कर दिया। और कुफ़्फ़ार का बे पनाह हुजूम आपके चारो तरफ से हमला करने लगा जिस्से आप कुफ़्फ़ार के घेरे में फंस गए। ये मंज़र देखकर जाँ निसार सहाबा का जोशे जाँ निसारी से खून खौलने लगा। और वो अपनी जान हथेली पर रखकर आप ﷺ को बचाने के लिए इस जंग की आग में कूद पड़े। और आपके गिर्द एक ह़ल्का (घेरा) बना लिया। हज़रत अबू दुजाना ؓ झुक्कर आपके लिए ढाल बन गए। और चारों तरफ से जो तलवारें बरस रही थी उनको वो अपनी पुश्त पर लेते रहे। और आप तक किसी तलवार या नीज़े की मार को पहुँचने ही नहीं देते थे। हज़रते तलहा ؓ की जाँ निसारी का ये आलम था कि वो कुफ़्फ़ार की तलवारों के वार को अपने हाथ पर रोकते थे। यहाँ तक कि उनका एक हाथ कटकर शल हो गया। और उनके बदन पर पैंतीस या उंतालीस ज़ख्म लगे। ग़र्ज़ जाँ निसार सहाबा ने हुजूर ﷺ की हिफ़ाज़त में अपनी जानों की परवाह नहीं की और ऐसी बहादुरी और बाज़ी से जंग करते रहे कि तारीखे आ़लम में इसकी मिसाल नहीं मिल सकती। हज़रते अबू तलहा ؓ निशाना बाज़ी में मशहूर थे। मौक़आ पर इस कदर तीर

बरसाए कि कई कमाने टूट गईं उन्होंने हुज़ूर ﷺ को अपनी पीठ के पीछे बिठा लिया ताकि दुश्मनों के तीर या तलवार का कोई वार आप पर ना आ सके। कभी कभी आप दुश्मनों की फ़ौज को देखने के लिए गर्दन उठाते तो हज़रत अबू तलहा ؓ अर्ज़ करते कि या रसूलल्लाह ﷺ! मेरे माँ बाप आप पर कुर्बान आप गर्दन ना उठाएँ। कहीं ऐसा न हो कि दुश्मनों का कोई तीर आप को लग जाए। आप मेरी पीठ के पीछे ही रहें मेरा सीना अपके लिए ढाल बना हुआ है।

हज़रते क़तादह बिन नुअ़मान अन्सारी ؓ हुज़ुर ﷺ के चेहरए अनवर को बचाने के लिए अपना चेहरा दुश्मनों के सामने किए हुए थे। नागहाँ काफ़िरों का एक तीर उनकी आँख में लगा। और आँख बहकर उनके रूख़्सार पर आ गई। हुज़ूरे अक़दस ﷺ ने अपने दस्ते मुबारक से उनकी आँख को उठाकर आँख के हल्क़े में रख दिया और यूं दुआ फरमाई कि या अल्लाह क़तादह की आँख बचाले जिसने तेरे रसूल के चेहरे को बचाया मशहूर है कि उनकी वो आँख दूसरी आँख से ज़्यादा रौशन और खूबसुरत हो गई।

हज़रते सअ्द बिन अबी वक़्क़ास ؓ भी तीरन्दाज़ी में इन्तिहाई बा कमाल थे। ये भी हुज़ूर ﷺ की हिफ़ाज़त में जल्दी जल्दी तीर चला रहे थे। और हुज़ूरे अनवर ﷺ खुद अपने दस्ते मुबारक से तीर उठा उठा कर उनको देते थे और फ़रमाते थे कि ऐ सअ्द! तीर बरसाते जाओ। तुम पर मेरे माँ बाप कुरबान!

ज़ालिम कुफ़्फ़ार इन्तिहाई बेदर्दी के साथ हुज़ूरे अनवर ﷺ पर तीर बरसा रहे थे, मगर उस वक़्त भी ज़बाने मुबारक पर ये दुआ थी।

"ऐ अल्लाह! मेरी कौम को बख़्श दे वो मुझे जानते नहीं है"

हुज़ूर अक़दस ﷺ दन्दाने मुबारक के सदमे और चेहरए अनवर के ज़ख़्मों से निढाल हो रहे थे इस हालत में आप गढ़ों में से एक गढ़े में गिर पड़े जो आमिर फ़ासिक ने जा बजा खोदकर उनको छुपा दिया था। ताकि मुसलमान ला इल्मी में इन गढ़ों के अन्दर गिर पड़े हज़रते तलह बिन अ़ब्दुल्लाह ؓ ने आपको उठाया। हज़रते उबैदा इब्न जर्रह ؓ ने खूद (लोहे की टोपी) कड़ी का एक हल्का जो चेहरए अनवर में चुभ गया था अपने दाँतों से पकड़कर इस ज़ोर के साथ खींचा कि उनका एक दाँत

टूटकर ज़मीन पर गिर पड़ा, फिर दूसरा हल्क़ा दाँत से पकडकर खींचा तो दूसरा दाँत भी टूट गया। चेहरए अनवर से जो खून बहा उसको हज़रते अबू सईद खुदरी ؓ के वालिद हज़रते मालिक बिन सुनान ؓ ने जोशे अकीदत से चूस चूसकर पी लिया। और एक क़तरा भी ज़मीन पर गिरने नहीं दिया। हुज़ूर ﷺ ने फ़रमाया कि ऐ मालिक बिन सुनान! क्या तूने मेरा खून पी डाला। अर्ज़ किया कि जी हाँ। या रसूलल्लाह ﷺ! इर्शाद फ़रमाया कि जिसने मेरा खून पी लिया। जहन्नम की क्या मजाल जो उसको छू सके।

इस हालत में रसूलुल्लाह ﷺ अपने जाँ निसारों के साथ पहाड़ की बुलन्दी पर चढ़ गए। जहाँ कुफ़्फ़र के लिए पहुँचना दुश्वार था। अबू सुफ़ियान ने देख लिया। और फ़ौज लेकर वो भी पहाड़ पर चढ़ने लगा। लेकिन हज़रते उमर ؓ और दूसरे जाँ निसार सहाबा ने काफ़िरों पर इस ज़ोर से पत्थर बरसाया कि अबू सुफ़यान उसकी ताब न ला सका और पहाड़ से उतर गया।

हुज़ूरे अक़दस ﷺ अपने चन्द सहाबा के साथ पहाड़ की एक घाटी में तशरीफ फ़रमा थे। और चेहरए अनवर से खून बह रहा था। हज़रते अली ؓ अपनी ढाल में पानी भर भर कर ला रहे थे। और हज़रते फातिमा ज़हरा ؓ अपने हाथों से खून धो रही थी। मगर खून बंद नही होता था। बिल आखिर खजूर की चटाई का एक टुकड़ा जलाया और उसकी राख ज़ख्म पर रख दी। तो खून फौरन ही थम गया।

अबू सुफ़यान का नअ्रा और उसका जवाब

अबू सुफ़यान जंग के मैदान से वापस जाने लगा तो एक पहाड़ी पर चढ़ गया और ज़ोर ज़ोर से पुकारा कि क्या यहाँ मुहम्मद ﷺ हैं? हुज़ूर ने फ़रमाया कि तुम लोग उसका जवाब न दो। फिर उसने पुकारा कि क्या तुम मे अबू बक्र हैं। हुज़ूर ﷺ ने फ़रमाया कि कोई कुछ जवाब न दे। फिर उसने पुकारा कि क्या तुम में उमर हैं? जब इसका भी कोई जवाब नहीं मिला। तो अबु सुफ़ियान घमंड से कहने लगा कि ये सब मारे गए। क्योंकि अगर ज़िन्दा होते तो ज़रूर मेरा जवाब देते। ये सुनकर हज़रते उमर ؓ से ज़ब्त न हो सका। और आपने चिल्लाकर कहा कि ऐ दुश्मने खुदा तू झूठा है। हम सब ज़िंदा हैं।

अबू सुफ़ियान ने अपनी फ़तह के घमन्ड में ये नअ्रा मारा कि "उअ्लु हुबल–उअ्लु हुबल" याने ऐ हुबल! तू सर बुलन्द हो जा। ऐ हुबल! तू सर बुलन्द हो जा।

हुज़ूर ﷺ ने सहाबा से फ़रमाया कि तुम लोग भी उसके जवाब में नअ्रा लगाओ। लोगों ने पूछा कि हम क्या कहें? इर्शाद फ़रमाया कि तुम लोग ये नअ्रा मारो कि "अल्लाहु तआ्ला व अज़्वजल" याने अल्लाह सब से बुलन्द मरतबा और बड़ा है।

अबू सुफ़यान ने कहा कि "अनल उज़्ज़ा वला उज़्ज़ल लकुम" यानी हमारे लिए उ़ज़्ज़ा (बुत) है और तुम्हारे लिए "उज़्ज़ा" नहीं है।

हुज़ूर ﷺ ने फ़रमाया कि तुम लोग इसके जवाब में ये कहो कि "अल्लाह मौलाना वला मौला लकुम" यानी अल्लाह हमारा मददगार है और तुम्हारा कोई मददगार नहीं।

अबू सुफ़ियान ने बा आवाज़े बुलन्द बड़े फ़ख़्र के साथ एअ्लान किया कि आज का दिन बदर के दिन वाला जवाब है लड़ाई में कभी फतेह। कभी शिकस्त होती है। ऐ मुसलमानो! हमारी फ़ौज ने तुम्हारे मक़तूलों के कान, नाक काटकर उनकी सूरतें बिगाड़ दी हैं मगर मैंने न तो इसका हुक्म दिया था। न मुझे इस पर कोई रंज व अफ़सोस हुआ है। ये कहकर अबू सुफ़ियान मैदान से हट गया और चल दिया।

एक अंसारी औरत की मोहब्बते रसूल ﷺ

एक अंसारी औरत का सारा घर यानी शौहर, बाप और भाई सभी इस जंग में शहीद हो गए थे, उधर कुफ्फार ने यह खबर फैलादी के मोहम्मद स को मार दिया गया। ये खबर जंगल में आग की तरह फैल गई थी। मदीना वालों को जब यह खबर मिली तो वो सब बेचैन हो उठे, उसी वक्त यह अंसारी औरत मैदाने जंग की तरफ दौड़ पडी और लोगों से मोहम्मद ﷺ के मुतल्लिक़ दरयाफ्त किया तो लोंगो ने बताया हज़रत ﷺ तो खैरियत से हैं मगर है बुरी खबर इस जंग में तुम्हारा शौहर, बाप, बेटा गया है मर। ये खबर बारी बारी लोगों ने उसे बताई पर वो लोगों से हर बार यही पूछती रही मोहम्म्द ﷺ कैसे हैं? लोगों ने कहा वो जख़्मी हैं, अल्हम्दु लिल्लाह वो जिन्दा और सलामत हैं। ये सुनकर अंसारी औरत ने अल्लाह

रब्बुल आलमीन का शुक्र अदा किया और कहा...

'मैं भी और बाप भी, शौहर भी, बिरादर भी फ़िदा।
ऐ शाहे दीं तेरे होते हुए क्या चीज़ हैं हम।।'

(तबरी स. 1425)

ग़लती का ख़मियाज़ा

अकरमा बिन अबू जहल ने जब मुसलमानों को वापस जाते देखा तो अपने साथियों को पुकार कर रोका और उनके साथ मुसलमानों के तआक़्कुब में दौड़ पड़ा। अबू सुफ़ियान ने भी रूककर अपने लशकर को इकट्ठा किया और उन्हें साथ लेकर नए जोश से मुसलमानों पर हमला आवर हुआ। अब मुसलमान दोनों तरफ़ से कुफ़्फ़ार के घेरे में आ गए। अफ़रा तफ़री में किसी को किसी का होश न था। बाज़ मदीना की तरफ़ भागे, बाज़ पत्थरों के पीछे छुप गए। हुज़ूर ﷺ के गिर्द जो सहाबा ؓ मौजूद थे, उन्होंने हुज़ूर ﷺ पर अपनी जानें कुरबान कर दीं। हुज़ूर ﷺ भी ज़ख़्मी हो गए। चन्द मुसलमानों की ग़लती का नतीजा यह निकला कि कुफ़्फ़ार के हमले में 70 सहाबा शहीद हो गए जिनमें आप ﷺ के चाचा हज़रत हमज़ा ؓ और हज़रत जाबिर ؓ के वालिद हज़रत अब्दुल्लाह ؓ थे। अबू सुफ़ियान की बीवी हिन्दा अपने जोश–ए–इन्तिक़ाम में हज़रत हमज़ा ؓ का कलेजा चबाने लगी। हुज़ूर ﷺ के सरे मुबारक पर एक पत्थर इस ज़ोर से आकर लगा कि आप ﷺ ज़मीन पर गिर गए। हज़रत अली ﷺ और हज़रत तल्हा ﷺ ने आप ﷺ को हाथों में थाम कर सहारा दिया। आप ﷺ के चार दांत शहीद हुए। चेहरा–ए–मुबारक ज़ख़्मी हुआ।

फिर मुसलमानों ने एक भरपूर हमला करके कुफ़्फ़ार को पीछे धकेल दिया। हुज़ूर ﷺ के हुक्म पर मुसलमान पहाड़ पर चढ़ कर एक जगह जमा हो गए। अबू सुफ़ियान भी अपने साथियों के साथ पहाड़ पर चढ़ने लगा। मगर मुसलमानों ने ऐसा शदीद हमला किया कि उनको पीछे धकेल दिया। इससे कुरैश के हौसले दोबारा पस्त हो गए। तमाम मुसलमान पहाड़ पर पहुंच चुके थे और कुफ़्फ़ार उनतक नहीं पहुंच सकते थे। चुनांचे अबू सुफ़ियान अपने लशकर के साथ यह कह कर मैदान–ए–जंग से रवाना हुआ कि हम अब अगले साल बद्र में ही तुमसे निपटेंगे।

हुज़ूर ﷺ ने हज़रत अली ﷺ से फ़रमाया कि काफ़िरों का तआकुब

करके देखें कि घोड़ों पर सवार होकर ऊंट साथ ले ज रहे हैं या ऊंटों पर सवार होकर घोड़े साथ ले जा रहे हैं। फिर जब आप ﷺ को बताया गया कि कुफ़्फ़ार ऊंटों पर सवार हैं तो अप ﷺ समझ गए कि उनका रूख़ मक्का की तरफ़ है, मदीना की तरफ़ नहीं। इसके बाद आप ﷺ ने पहाड़ से उतर कर शहीदों की तदफ़ीन फ़रमाई।

हुज़ूर ﷺ जब मदीना वापस आए तो आप ﷺ ने शहीद होने वाले तमाम सहाबा (رضي الله عنهم) के घरों में जाकर ताज़ियत फ़रमाई।

ख़ुदा ने आलमे बरज़ख में तमाम अम्बिया से क्या वादा लिया है?

"और याद करो जब अल्लाह तआ़ला ने अम्बिया से यह अहद लिया था कि जिस वक़्त मैं तुम को किताब और हिकमत दूँ, फिर तशरीफ लाऐ तुम्हारे पास वह रसूल जो तस्दीक़ करने वाला हो इन (किताबों) की जो तुम्हारे पास हैं तो तुम ज़रूर ज़रूर ईमान लाना और इस पर और ज़रूर ज़रूर मदद करना इस की। (इस के बाद) फरमायाः क्या तुम ने इक़रार कर लिया और उठा लिया तुम ने इस पर मेरा भारी ज़िम्मा? सब ने अर्ज़ कीः हम ने इक़रार किया। (अल्लाह ने) फरमायाः तो गवाह रहना और मैं (भी) तुम्हारे साथ गवाहों में से हूँ।"

हज़रत इब्राहीम की दुआ

मोहम्मद ﷺ के इस दुनिया पर तशरीफ़ लाने से हज़ारों साल पहले आप के जद्दे अम्जद हज़रत इब्राहीम अलैहिस्सलाम ने अपनी नस्ल में जिस रसूले अज़ीम के मब्ऊस होने की दुआ की थी, इस दुआ में आप ने उन कामों का भी ज़िक्र किया था जो काम वह नबी इस दुनिया में आकर सर–अंजाम देगा। आप ने अर्ज़ की थी :–

"ऐ हमारे रब! भेज इन में एक बर–गुज़ीदा रसूल इन्ही में से ताकि पढ़ कर सुनाए इन्हें तेरी आयतें और सिखाऐ इन्हें यह किताब और दानाई की बातें और पाक साफ करदे इन्हें। बेशक तू ही बहुत ज़बरदस्त और हिकमत वाला है।"

☆ ☆ ☆

गज़वा-ए-ख़नदक

मदीना के यहूदियों की साज़िशों का सिलसिला कभी ख़त्म न हुआ। जब मुसलमान बद्र की जंग पर गए तो यहुदियों ने मदीना में एक मुसलमान को क़त्ल कर दिया था। बद्र से वापसी पर जब हुज़ूर ﷺ ने उनकी साज़िशों और शरारतों से तंग आकर उन्हें मदीना से ख़ारिज कर दिया। वो यहूदी कबीला वाले यानी बनू नुज़ेर मदीना से जिला वतन होने के बाद ख़ैबर में आबाद हो गए।

5 हिजरी में इन यहूदियों ने मुसलमानों को ख़त्म करने के लिए नए सिरे से साज़िशें शुरू कीं। यहूदियों के सरदार मक्का गए ताकि एक दफ़ा फिर मक्का के कुरैश को मुसलमानों के ख़िलाफ उभार कर जंग कराई जाए इन सरदारों ने मक्का के कुरैश से कहा कि अगर तुम जंग करने के लिए तैयार हो तो हम तुम्हारी हर तरह से मदद करेंगे। यहूदियों ने तमाम क़बीलों को दावत नामे रवाना किए और चन्दा दिया ताकि कुरैश जंग के लिए तैयार हो जाएं। कुरैश ने अपने हलीफ़ (सहयोगी) क़बीलों को जंग के लिए आमादा किया। क़बाइल के तमाम रईस और सरदारों ने काबा में अपने बुतों के सामने आखिरी दमतक लड़ने की क़समें खाईं। नतीजे में दस हज़ार का खूंख़ार लश्कर मदीना पर हमला करने के लिए तैयार हो गया। इस लश्कर में अम्र बिन अबदूद, अम्र बिन आस और ख़ालिद बिन वलीद जैसे बहादुर शामिल थे जिनमें से हर एक बहादुर एक हज़ार सिपाहियों के बराबर माना जाता था। जबकि मुसलमान सिर्फ 3000 ही थे।

हुज़ूर–ए–अकरम ﷺ को लश्कर–ए–कुफ़्फ़ार की आमद की ख़बर मिली तो आप ﷺ ने सहाबा ﷺ से मश्वरा किया।

सहाबा ﷺ ने राय दी कि मदीना के अन्दर रहकर दुश्मन का मुकाबला किया जाए ताकि मदीना में मौजूद यहूदियों और मुनाफ़िकों को साज़िशों का मौक़ा न मिले। चूंकि मदीना के चारों तरफ़ कोई दीवार या फ़सील नहीं थी, इसलिए हज़रत सलमान फ़ारसी ﷺ ने राय दी कि मदीना के चारों तरफ ख़न्दक खोदने का हुक्म दिया जाए। मुसलमान ख़न्दक से वाकिफ न थे, इसलिए हज़रत सलमान फ़ारसी ﷺ ने उन्हें समझाया और सब मुसलमान बड़े जोश व ख़रोश के साथ ख़न्दक़ की खुदाई में मसरूफ हो गए।

हज़रते अनस ﷺ का बयान है कि हुज़ूर ﷺ ख़न्दक़ के पास तशरीफ लाए और जब ये देखा कि अन्सार व मुहाजिरीन कड़कडाते हुए

जाड़े के मौसम में सुबह के वक़्त कई कई फ़ाक़ों के बा वजूद जोश व ख़रोश के साथ ख़न्दक़ खोदने में मशगूल हैं तो इन्तिहाई मुतास्सिर होकर आपने यह रदद पढना शुरू किया कि...

– ऐ अल्लाह! बिला शुबह ज़िन्दगी तो बस आख़िरत की ज़िन्दगी है। लिहाज़ा तू अन्सार व मुहाजिरीन को बख़्श दे।

इसके जवाब में अन्सार व मुहाजिरीन ने आवाज़ मिलाकर ये पढ़ना शुरू कर दिया कि....

– हम लोग हैं जिन्होंने जिहाद पर हज़रते मुहम्मद ﷺ की बैअ़त कर ली है। जब तक हम जिन्दा रहें हमेशा हमेशा के लिए।

– यकीनन उन काफिरों ने हम पर जुल्म किया है और जब भी उन लोगों ने फितने का इरादा किया तो हम लोगों ने इंकार कर दिया।

ख़न्दक की खुदाई

मदीना की आबादी के एक जानिब पहाड़ी थी, दूसरी तरफ़ मकानों की दीवारे और तीसरी तरफ़ नख़्लिस्तान था। सिर्फ़ एक तरफ़ ख़न्दक खोदने की ज़रूरत थी। हुज़ूर ﷺ ने अपने हाथ में नेज़ा लेकर निशान लगाए और अलग–अलग टुकड़े खुदाई के लिए मुसलमानों में तकसीम फ़रमाए। दुश्मन बहुत करीब था और शदीद सर्दी पड़ रही थी। इसलिए मुसलमानों ने दिन–रात खुदाई का काम जारी रखा। ख़न्दक पांच गज़ चौड़ी और इतनी ही गहराई की खोदी जानी थी। हुजूर ﷺ खुद इस काम में बराबर के शरीक थे। आप ﷺ अपनी पीठ पर मिट्‌टी लाद कर लाते थे और पुश्त पर फेंकते थे।

एक बड़ा पत्थर निकला

खुदाई के दौरान एक जगह बहुत बड़ा पत्थर (चटटान) नमूदार हुआ। उसे तोडने की बहुत कोशीशें की गई, लेकिन टूट न सका। फिर आपको ﷺ बताया गया। आप ﷺ ने अल्लाह का नाम लिया और पत्थर पर ज़र्ब लगाई तो पत्थर थोडा सा दरका।

आप ﷺ ने फिर दूसरी बार अल्लाह का नाम लिया और पत्थर पर ज़र्ब लगाई। आप ﷺ ने अल्लाहु अकबर का नारा बुलन्द किया। जब आप ﷺ ने तीसरी ज़र्ब लगाई तो पत्थर पाश–पाश हो गया। एक रिवायत ये है

कि आपने उस चट्टान पर तीन मर्तबा फावड़ा मारा। हर ज़र्ब पर उसमें से एक रौशनी निकलती थी। और उस रौशनी में आपने शाम व फारस और यमन के शहरों को देख लिया और तीनों मुलकों के फ़तेह होने की सहाबए किराम को बशारत दी।

और निसाई की रिवायत में है कि आपने मदाएन किसरा व मदाएन क़ैसर व मदाएन ह़ब्शा की फ़तूहात का एअ्लान फ़रमाया।

सहाबा भूके थे, पेट पर पत्थर बांध लिया

चंन्द रोज़ बाद कुफ़्फ़ार का लश्कर मदीना के क़रीब आ गया और उसने सख़्ती से पूरे इलाके का मुहासिरा कर लिया। नतीजे में बाहर से रसद (खाने–पीने का सामान आना) बन्द हो गई और लोग फ़ाके करने लगे। सहाबा किराम ﷺ ने इसकी परवाह न की। उन्होंने अपनी परवाह न की। उन्होंने अपने पेट पर पत्थर बान्धे, मगर भूक की शिकायत न की।

हज़रते जाबिर की दअ्वत

हज़रते जाबिर ﷺ कहते हैं कि फ़ाकों से शिकमे अक़दस पर पत्थर बंधा हुआ देखकर मेरा दिल भर आया चुनान्चे मैं हुज़ूर ﷺ से इजाज़त लेकर अपने घर आया। और बीवी से कहा कि मैंने नबीए अकरम ﷺ को इस कदर शदीद भूक की हालत में देखा है कि मुझको सब्र की ताब नहीं रही। क्या घर में कुछ खाना है? बीवी ने कहा कि घर में एक साअ जौ के सिवा कुछ भी नहीं है। मैंने कहा कि तुम जल्दी से इस जौ को पीस कर गूँध लो। और अपने घर का पला हुआ एक बकरी का बच्चा मैंने ज़िबह करके उसकी बोटीयाँ बना दी। और बीवी से कहा कि जल्दी से तुम गोश्त रोटी तैयार कर लो। मैं हुज़ूर ﷺ को बुलाकर लाता हूँ। चलते वक़्त बीवी ने कहा कि देखना सिर्फ हुज़ूर ﷺ और चन्द ही असहाब को साथ में लाना। खाना कम ही है कहीं मुझे रूसवा मत कर देना। हज़रते जाबिर ﷺ ने ख़न्दक पर आके चुपके से अर्ज़ किया या रसूलल्लाह ﷺ! एक साअ़ आटे की रोटीयाँ और एक बकरी के बच्चे का गोश्त मैंने घर में तैयार कराया है। लिहाज़ा आप सिर्फ चन्द अश्खास के साथ चलकर तनावुल फरमाईऐ।

ये सुनकर हुज़ूर ﷺ ने कहा ख़न्दक वालो! जाबिर ने दअ्वते तआ़म दी है। लिहाज़ा सब लोग चलकर उनके घर पर खाना खा लें। फिर मुझ से

फ़रमाया कि जब तक मैं न आऊँ रोटी मत पकवाना। चुनान्चे जब हुज़ूर ﷺ तशरीफ लाए तो गूँधे हुए आटे में अपना लुआ़बे दहन डालकर बरकत की दुआ फरमाई। और गोश्त की हाँडी में भी अपना लुआबे दहन डाल दिया। फिर रोटी पकाने का हुक्म दिया। और ये फरमाया कि हाँडी चुल्हे से न उतारी जाए। फिर रोटी पकनी शुरू हुई। और हाँडी में से हज़रत जाबिर ﵁ की बीवी ने गोश्त निकाल कर देना शुरू किया। एक हज़ार आदमियों ने पेट भरकर खाना खा लिया मगर गूँधा आटा जितना पहले था उतना ही रह गया और हाँडी चूल्हे पर ब दस्तूर जोश मारती रही।

बा बरकत खजूरें

इसी तरह एक लड़की अपने हाथ में कुछ खजूरें लेकर आई। हुज़ूर ﷺ ने पूछा कि क्या है? लड़की ने जवाब दिया कि कुछ खजूरें हैं। जो मेरी माँ ने मेरे बाप के नाश्ते के लिए भेजी हैं। आप ﷺ ने उन खजूरों को अपने दस्ते मुबारक में लेकर एक कपड़े पर बिखेर दिया। और तमाम अह्ले खन्दक को बुलाकर फ़रमाया कि खूब सैर होकर खाओ। चुनान्चे तमाम ख़न्दक वालों ने शिकम सेर होकर उन खजूरों को खाया।

ये दोनों वाकियात नूरे मुजस्स्म हुज़ूर सरवरे काएनात ﷺ के मुअ्जिज़ात में से हैं।

कुफ़्फ़ार का हमला

हुज़ूरे अक़दस ﷺ ने ख़न्दक तैयार हो जाने के बाद औरतों और बच्चों को मदीने के महफूज़ क़िलओं में जमअ फ़रमा दिया और मदीने पर हज़रते उम्मे मकतूम ﵁ को अपना ख़लीफा बनाकर तीन हज़ार अन्सार व मुहाजिरीन की फ़ौज के साथ मदीना से निकलकर सलअ पहाड़ के दामन में ठहरे। सलअ़ आपकी पुश्त पर था। और आपके सामने ख़न्दक थी। मुहाजिरीन का झन्डा हज़रते ज़ैद बिन हारिसा के हाथ में दिया। और अन्सार का अलमबरदार हज़रते सअ्द बिन उबादा ﵁ को बनाया।

अब कुफ़्फ़ारे कुरैश और उनके इत्तिहादियों ने दस हज़ार के लश्कर के साथ मुसलमानों पर हमला बोल दिया और तीन तरफ से काफ़िरों का लश्कर इस ज़ोर शोर के साथ मदीने पर उमड़ पड़ा कि शहर की फिज़ाओं में गर्द–गुबार का तूफ़ान उठ गया। इस खौ़फनाक चढ़ाई और

लश्करे कुफ़्फ़ार के दल बदल की मअ्रिका आराई का नक़्शा कुरआन की ज़बान से सुनिए:

तर्जमा : जब काफ़िर तुम पर आ गए तुम्हारे ऊपर से और तुम्हारे नीचे से और जबकि ठिठक कर रह गई निगाहें। और दिल गलों के पास (खौफ) से आ गए। और तुम अल्लाह पर (उम्मीद से यास से) तरह तरह के गुमान करने लगे। उस जगह मुसलमान आज़माइश और इम्तिहान में डाल दिए गए और वो बड़े ज़ोर के ज़लज़ले में झिन्झोड़कर रख दिए गए।

मुनाफ़िकीन जो मुसलमानों के ब–दोश बदोश खड़े थे। वो कुफ़्फ़ार के इस लश्कर को देखते ही बुज़दिल होकर फिसल गए और उस वक्त उनके निफ़ाक का पर्दा चाकर हो गया। चुनान्चे उन लोगों ने अपने घर जाने की इजाज़त माँगनी शुरू करदी जैसा कि कुरआन में अल्लाह तआ़ला का फ़रमान है कि
(सुरह अहज़ाब)

तर्जमा :– और एक गिरो (मुनाफ़िकीन) उनमें से नबी की इजाज़त तलब करता था। मुनाफिक कहते हैं कि हमारे घर खुले पड़े हैं हालाँकि वो खुले हुए नहीं थे। उनका मकसद भागने के सिवा कुछ भी न था।

लेकिन इस्लाम के जाँ निसार मुहाजिरीन व अन्सार ने जब लश्करे कुफ़्फ़ार की तूफानी यलगार को देखा। तो इस तरह सीना सिपर होकर डट गए कि ''सलअ़'' और ''उहुद'' की पहाड़ियाँ सर उठाकर उन मुजाहिदीन की ऊलल अज़्मी को हैरत से देखने लगी। उन जाँ निसारों की ईमानी शुजाअ़त की तस्वीर सफहाते कुरआन पर ब–सुरते तहरीर देखिए। इर्शाद रब्बानी है कि:

तर्जमा :– और जब मुसलमानों ने क़बाईले कुफ़्फ़ार के लश्करों को देखा तो बोल उठे कि ये तो वही मंज़र है जिसका अल्लाह और उसके रसूल ने हम से वादा किया था और खुदा और उसका रसूल दोनों सच्चे है और उसने उनके ईमान व ताअ़त को और ज़्यादा बढ़ा दिया। (सुरह अहज़ाब)

बनू कुरैज़ा की ग़ददारी

कबीलए बनू कूरैजा के यहूदी अब तक ग़ैर जानिबदार थे। लेकिन बनू नुज़ैर के यहूदियों ने उनको भी अपने साथ मिलाकर लश्करे कुफ़्फ़ार में शामिल कर लेने की कोशिश शुरू कर दी। चुनान्चे हुय्यी बिन अख़्ताब अबू सुफ़यान के मश्वरे से बनू कुरैजा के सरदार कअ्ब बिन असद के पास गया। पहले तो उसने अपना दरवाज़ा नहीं खोला। और कहा कि हम मुहम्मद ﷺ के ह़लीफ हैं। और हम ने उनको हमेशा अपने अहद का पाबन्द पाया है। इस लिए हम उनसे अहद शिकनी करना ख़िलाफे मुरव्वत समझते हैं। मगर बनू नुज़ैर के यहूदियों ने इस क़दर शदीद इसरार किया। और तरह तरह से वरगलाया कि बिल आख़िर कअ्ब बिन असद मुआहेदा तोड़ने के लिए राज़ी हो गया। बनू कुरैज़ा ने जब मुआहेदा तोड़ दिया। और कुफ़्फ़र से मिल गए। तो कुफ़्फ़ारे मक्का और अबू सुफ़यान खुशी से बाग़ बाग़ हो गए।

हुजूरे अक़दस ﷺ को जब इसकी ख़बर मिली तो आपने हज़रते सअ्द बिन मुआज़ और हज़रते सअ्द बिन उबादा ﷺ को तहकीके हाल के लिए बनू कुरैज़ा के पास भेजा। वहाँ जाकर मालूम हुआ कि वाकई बनू कुरैज़ा ने मुआहदा तोड़ दिया है। जब उन दोनों मुअ़ज़्ज़ सहाबियों ने बनू कुरैज़ा को उनका मुआ़हदा याद दिलया तो उन बद ज़ात यहुदियों ने इन्तिहाई बेहयाई के साथ यह तक कह दिया कि हम कुछ नहीं जानते कि मुहम्मद ﷺ कौन हैं। और मुआ़हदा किस को कहते हैं, हमारा कोई मुआ़हदा हुआ ही नहीं था। ये सुनकर दोनों हज़रात वापस आ गए। और सुरते हाल से हुज़ूर ﷺ को मत्तलअ़ किया। फिर यहुदियों ने खाना जंगी (गृहयुध्द) छेड़ दिया। यहुदियों ने उस क़िले पर हमले की साजिश की जिसमें मुसलमानों की औरतें और बच्चे महफूज़ थे। यह बड़ी ही खतरनाक सूरते हाल थी, फिर मुसलमानों का एक दस्ता इन अंदरूनी दुश्मनों से दिफा के लिए मोहम्मद ﷺ को भेजना पड़ा, जबकि मुसलमान पहले ही बहुत कम थे। तो आपने बुलन्द आवाज़ से "अल्लाहु अकबर" कहा और फ़रमाया कि मुसलमानों! तुम इससे न घबराओ। न इसका ग़म करो। इसमें तुम्हारे लिए बशारत है।

जंग की शुरूआत

कुफ़्फ़ार का लश्कर जब आगे बढ़ा तो सामने ख़न्दक देखकर ठहर गया। और शहरे मदीना का मुहासरा कर लिया और तक़रीबन एक महीने तक कुफ़्फ़ार शहरे मदीना के गिर्द घेरा डाले हुए पड़े रहे। और ये मुहासरा इस सख़्ती के साथ क़ाएम रह कि हुज़ूर ﷺ और सहाबा पर कई कई दिन फ़ाके गुज़र गए।

कुफ़्फ़ार ने एक तरफ़ तो ख़न्दक का मुहासरा कर रखा था और दूसरी तरफ़ इस लिए हमला करना चाहते थे कि मुसलमानों की औरतें और बच्चे क़िलओं में पनाह गज़ी थे। मगर हुज़ूर ﷺ ने जहाँ ख़न्दक के मुख्तलिफ हिस्सों पर सहाबए किराम को मुकर्रर फरमा दिया था कि वो कुफ़्फ़ार के हमलों का मुकाबला करते रहें। इसी तरह औरतों और बच्चों की हिफाज़त के लिए भी कुछ सहाबए किराम को मुतअय्यन कर दिया था।

कुफ्फारे मक्का के लश्कर ने मदीना का मुहासिरा करके खन्दक़ के सामने से मुसलमानों पर तीर चलाना शुरू कर दिया। मुसलमानों ने भी जवाब में तीर चलाये कुफ्फार ख़न्दक़ को पार करने की कोशिश करते लेकिन नाकाम रहते। मुसलमान दिन भर कुफ्फार का मुकाबला करते और रात को ख़न्दक़ की हिफाज़त के लिए जागते रहते। कुफ्फार ने तक़रीबन एक माह तक मदीना का मुहासिरा किए रखा, लेकिन वे ख़न्दक़ को पार न कर सके।

अम्र बिन अबदूद का अन्जाम

एक दिन कुफ़्फ़ार के लशकर से कुरैश का एक मशहूर पहलवान अम्र बिन अबदूद जो हज़ारों लोगों पर भारी समझा जाता था, अपने चन्द साथियों के साथ एक जगह से ख़न्दक पार करने में कामयाब हो गया। उसने मुसलमानों को ललकारा। जवाब में हज़रत अली رضي الله عنه उसके मुक़ाबले के लिए सामने आए। हज़रत अली رضي الله عنه ने जोश में आकर तलवार का वार किया और तलवार अम्र की ढाल को काटती हुई और शह रग को काटती नीचे उतर गई। हुज़ूर ﷺ ने बढ़कर हज़रत अली رضي الله عنه की पेशानी पर बोसा दिया और सीने से लगाया।

अबू सुफियान चन्द सरदारों के साथ ख़न्दक के किनारे खड़ा मुकाबला देख रहा था। उसने अम्र का अन्जाम देखा तो वापस लशकर में

जाकर मुसलमानों पर तीरों की बारीश कर देने का हुक्म दिया। चुनांचे शाम तक कुफ़्फ़ार मुसलमानों पर तीरों की बारिश करते रहे। मुसलमानों को अपने हलीफ़ यहूदी क़बीला बनू कुरैज़ा से उम्मीद थी कि वे अपने समझौते पर क़ायम रहेंगे और जंग में उनका साथ देंगे, लेकिन बनू कुरैज़ा ने बिल्कुल इन्कार कर दिया। यह मुहासिरा तक़रीबन एक माह तक क़ायम रहा। हुज़ूर ﷺ ने बड़ी फ़िरासत और अज़्म व इस्तिक़लाल के साथ ख़न्दक के मुख्तलिफ हिस्सों पर हिफ़ाज़ती दस्ते मुतअय्यन फरमा दिए थे। यहां ज़रा सी भी कोताही ख़तरनाक साबित हो सकती थी।

कुफ़्फ़ार की बद हवासी

एक माह के लम्बे मुहासिरे के सबब मदीना के लोग खाने–पीने की चीज़ों की कमी से परेशान हो गए थे। आख़िर अल्लाह तअ़ला को उनकी हालत पर रहम आ गया और कुदरत–ए–इलाही से तुन्द व तेज़ हवाएं चलने लगी। आसमान पर बादल छा गए और इतना ज़बरदस्त तूफ़ान आया कि कुफ़्फ़ार के ख़ैमे उखड़ गए। इस ज़ोर की बारिश हुई कि उनका रसद का तमाम सामान बह गया, घोड़े भागने लगे। कुफ़्फ़ार की हिम्मत टूट गई। वे बद हवास होकर भागने लगे। आखिर अबू सुफियान ने वापसी का फ़ैसला किया और सुबह होने पर वह मैदान जहां कुफ़्फ़ार का दस हज़ार का लश्कर पड़ा था, एक बयाबान नज़र आने लगा। कुफ़्फ़ार का लश्कर मक्का की तरफ़ भाग गया था।

हुज़ूर अकरम ﷺ को वही के ज़रिए कुफ़्फ़ार के भागने की इत्तिला हो गई। आप ﷺ ने उसी वक़्त हज़रत अबूबकर सिददीक़ ؓ को कुफ़्फ़ार की खबर लाने के लिए भेजा। उन्होंने वापस आकर कुफ़्फ़ार के भागने की इत्तिला दी तो हुज़ूर ﷺ ने मुसलमानों को इकट्ठा करके फतह की मुबारकबाद दी और फरमाया कि अब कुरैश कभी भी हम पर हमला आवर नहीं होंगे। हुज़ूर ﷺ की यह पेशनगोई पूरी हुई और मक्का के कुरैश ने फिर कभी मदीने पर हमला न किया। मुसलमान इस फतह से निहायत खुश थे।

इस जंग में 300 कुफ़्फ़ार क़त्ल हुए जबकि 6 मुसलमानों ने शहादत पाई जो हुज़ूर ﷺ की अस्करी (फौजी) फिरासत (समझ–बूझ) और जंगी हिकमत–ए–अमली का वाज़ेह सुबूत है। जंग के दौरान अबू सुफ़ियान ने अम्र बिन अबदूद की लाश ख़रीदने के लिए हज़ारों दीनार की पेश–कश

की, लेकिन हुज़ूर ﷺ ने फ़रमाया, "**तुम इसे यूंही ले जाओ, हम मुर्दे की कीमत नहीं खाते।**"

इस गज़वा को गज़वा–ए–अहज़ाब भी कहा जाता है।

गद्दार : बनू कुरैजा पर यलगार

मदीना के मुनाफ़िको और यहूदी क़बीला बनू कुरैजा को फिक्र हुई कि मुसलमान उन्हें अहद शिकनी (अहद तोड़ने) की सज़ा देंगे, क्योंकि समझौते के मुताबिक़ उन्होंने इस जंग में मुसलमानों का साथ नहीं दिया था। वे डर का क़िला कुरैजा में जमा हो गए।

हुज़ूर ﷺ गज़वा–ए–खन्दक़ से वापस घर तशरीफ लाए। आप ﷺ हथियार खोलकर गुसल फ़रमा रहे थे कि हज़रत जिबराईल (अलैहिस्सलाम) तशरीफ़ लाए और फ़रमाया कि अल्लाह तआला का हुक्म है कि फ़ौरन बनू कुरैजा पर चढ़ाई किजीए और उनके मसअले से फ़ारिग़ होने के बाद गुस्ल फरमाएं। चुनांचे हुज़ूर ﷺ ने उसी वक़्त लश्कर जमा फ़रमाया। हज़रत अली ؓ को झंडा अता फ़रमाया और दाएं–बाएं हज़रत उमर फारूक़ ؓ और हज़रत अबूबक्ऱ सिद्दीक़ ؓ को लेकर बनू कुरैज़ा की तरफ़ रवाना हो गए। आप ﷺ ने हुक्म फ़रमाया कि मुसलमान अस्र की नमाज़ बनू कुरैज़ा पहुंचकर अदा करे। हज़रत साद ؓ ज़ख्मी थे और ज़ख्मों से खून जारी था। इसके बावजूद जब उन्हें इस ग़ज़वा के बारे में मालूम हुवा तो वह भी साथ हो लिए। वहां पहुंचकर बनू कुरैजा का मुहासिरा कर लिया गया।

साद बिन मुआज (ؓ) की दुआ

गज़वा–ए–खन्दक में बनू कुरैज़ा की गददारी और अहद शिकनी का हज़रत साद बिन मुआज़ ؓ को बहुत दुख था। उन्होंने जंग के दौरात ज़ख्मी होने पर यह दुआ की थी,

"ऐ अल्लाह! मुझे उस वक़्त तक मौत न देना जब तक बनू कुरैज़ा के बारे में मेरी आंखें ठंडी न हों।"

बनु कुरैज़ा का मुहासिरा तक़रीबन एक माह जारी रहा। आखिर तंग आकर एक दिन बनू कुरैज़ा ने अपने–आपको मुसलमानों के हवाले करने का फैसला किया और हुज़ूर ﷺ से दरख़्वास्त की कि हमें साद बिन

मुआज़ ज का क़बीला औस बनू कुरैज़ा का हलीफ़ (दोस्त) था और उन्हें उम्मीद थी कि साद ज उनसे रिआयत करेंगे।

यह फिरासत–ए–नबवी ﷺ है कि आप ﷺ न उनकी दरख्वास्त क़बूल फरमाई। आप ﷺ ने इसे मशीयत–ए–इलाही समझा कि यहूदियों ने अपना फ़ैसला आप ﷺ पर छोड़ने के बजाए साद ؓ को अपना हाकिम तसलीम किया। चुनांचे आप ﷺ के फरमान पर हज़रत साद बिन मुआज़ ؓ ने अपना फ़ैसला उनकी ही मुक़ददस किताब तौरेत से यूं सादिर फ़रमायाः

1. बनू कुरैज़ा के जंगजू मर्द क़त्ल किए जाएं।
2. औरतें और बच्चे गुलाम बनाए जाएं।
3. माल तक़सीम किया जाए।

चुनांचे इसी फैसले पर अमल हुआ। यहूदी यह न समझें कि अगर हुज़ूर ﷺ पर फैसला छोड़ा गया तो ज़्यादा से ज़्यादा उन्हें वही सज़ा दी जाती जो बनू नज़ीर (जिन्हें मदीना से ख़ारिज कर दिया गया और वे ख़ैबर में जाकर आबाद हुए थे) को दी गई थी। लेकिन अल्लाह तअला को यही मंज़ूर था कि हज़रत साद ؓ की आरज़ू पूरी की जाए और यहूद का ज़ोर तोड़ा जाए। चुनांचे हज़रत साद ؓ का फ़ैसला सुन कर हुज़ूर ﷺ ने फरमाया, ''तूने अल्लाह के हुक्म के मुताबिक फैसला किया।''

यहुद के खिलाफ कार्रवाईयाँ क्यों हुई?

मोहम्मद ﷺ जब मदीना तय्यबा आए तो आपने यहूद को भी दावते इस्लाम देने का फरीज़ा अदा किया। और कई ऐसी तदबीरें भी की के मुसलमान और यहूदी अपने अपने दीन पर रहकर मदीना में अमन और सलामती के साथ रहे। मोहम्मद ﷺ का रवय्या यहूद से बहोत अच्छा था। जिन अमूर के बारे वही न मिली थी वो हुजूर ﷺ दीने मूसवी से ही अमल में लाते थे। मसलनः

1. यौमे आशुरा का रोज़ा :
2. बैतुल मुकद्दस को किबला बनाना
3. मीसाके मदीना (यहूदी से संधी)

इससे यहूद भी बहुत खुश थे और कहते थे देखो मोहम्मद ﷺ भी हमारे दीन की ताज़ीम करते है। मगर जब हुजूर ﷺ ने काबा को किबला बनाया बस उसी दिन से यहूद भड़क गये। हालांकी उनके दिलों में जलन इस बात को लेकर पहले ही थी। भला कैसे **आखरी नबी** बनी इस्राईल में न आया और इस्माईल (अलैहिस्सलाम) की नस्ल में आ गया ये कैसे मुमकीन है। यहूद ये नस्ल परस्त कौम है इसलिए ये बात उनको दिल ही दिल कचोटती थी। बस फिर क्या था काबा को किबला बनाने पर उनको बहाना मिल गया। अब नफरत की चिंगारी शोलों में बदल गई उधर धीरे धीरे इस्लाम शबोरोज़ बढ़ने लगा। अब यहूद ने साज़िशे खुलकर करनी शुरू करदी, ये मुशरेकीन से जा मिले। अब ये मिसाके मदीना (जो संधी मदीना वालों की यहूद मुशरेकीन और मुसलमानों की आपस में हुई थी)। जिसका अमल (पालन) करना ज़रूरी था। और कोई इसके खिलाफ जाये तो वो मुजरिम होगा। और सज़ा का हक़दार होगा।

जब मुसलमान जंगे बदर को जीतकर वापस आए तो इनसे ये देखा ना गया। और अब इनके दिलों की जलन ज़बानों पर भी दिखने लगी थी। अब इन्होंने मिसाके मदीना तोड़कर खुलकर मक्का जाकर कुरैश को भड़काना शुरू कर दिया। और अहले मदीना को भी भड़काना शुरू कर दिया।

यहूदी कहते ऐ अंसारीयों तुमने किसी बाहर वाले को कैसे अपना हाकिम बना लिया, कभी शेर व शायरी के ज़रीए अंसारीयों को पुरानी दुश्मनी याद दिलाकर आपस मे लड़ने पर उकसाते थे। हत्ता के अब

खुलकर बगावत करने लगे थे। और इस्लाम और मुसलमानों को मिटाने का हर काम करने लगे थे। और दुश्मनों से हाथ मिला लिया। ताकि इस्लाम और मुसलमानों को खत्म कर सके। यहूदी तमाम दुश्मनाने मदीना से मिल चुके थे और समझाने पर भी समझते ना थे।

इन्होने पहले तो मिसाके मदीना के मुहाएदे को तोड़ा और दुश्मनों को उभारा के वो मदीना पर हमला करदें। ये जुर्म आज के हिसाब से "बगावत और देशद्रोह" ही माना जायेगा। आज भी इसकी सज़ा मौत ही है। मगर मोहम्मद (रहमतुल्लील आलमीन) थे उन्होने दर गुज़र की, मगर हद तो तब हो गई जब जंगे खंदक में मुसलमान चारों तरफ से दुश्मनों से घिर चुके थे। दुश्मन जो 10,000 की तादाद में थे। वहाँ यहूद ने गद्दारी करके दुश्मनो से ही गठजोड़ कर के मुसलमानों पर ही हमला कर दिया। और मदीना में ही खानाजंगी (गृहयुध्द) छेड़ दिया। मुसलमान अभी बैरूनी दुश्मनों से जूज रहे थे कि यहूदीयों ने अंदर से चढ़ाई करदी। फिर मुसलमानों ने इस खाना जंगी को जीता उसके बाद 10,000 कुफ्फार को भी हरा दिया। इस तरह दोनो दुश्मनों के मुहाज़ ढ़ेर कर दिये गए। इसी सिलसिले में कुछ वाक्यात हुए जो हम तफसील से बयान करेंगे।

1. गद्दारी के जुर्म में : अस्मा बिन्त मरवान अबु अक़फ, काफ बिन अशरफ का क़त्ल हुआ।

2. बनु कैकआ बनु नुज़ैर और बनु कुरैज़ा का अंजाम :

1. अस्मा बिन्त मरवान और अबु अक़फ का अंजाम :

यहुदियों के खिलाफ इनफिरादी (व्यक्तिगत) और इज्तेमाई (सामुहिक) तौर पर जो कारवाईयाँ की गई उन मे सब से पहले जंगे बदर के बाद अस्माँ बिन्त मरवान और अक़फ यहुदी के खिलाफ की गई, अस्माँ एक औरत थी और अक़फ एक 120 साल का बूढ़ा शख़्स था। अगर उनके जराईम महदूद होते तो उनके सज़ा से बच जाने के इमकानात बहुत ज़्यादा थे। क्योंकि हुजूर ﷺ अपने गुलामों को खुसूसी तौर पर हुक्म देते थे के वे जंग में औरतों और बूढ़ो को क़त्ल न करें।

ये दोनो अगर मुसलमानो के मुआहिद और मदिना के शहरी न होते और उनका तआल्लुक किसी ऐसी कौम से होता जो मुसलमानों के खिलाफ बरसरे पैकार थी। तो भी हुज़ूर ﷺ के इरशादात के मुताबिक ये मौत की सज़ा से बच जाते। क्योंकि ये बात मुमकिन ही न थी के हुज़ूर ﷺ साहेबा

किराम (रि.त.मजमईन) को औरतों और बूढ़ों को कत्ल करने से मना करते इसके बावजूद साहेबाकिराम उन्हें कत्ल कर देते, लेकिन उन दोनो के जराएम इस किस्म के थे कि उनको माफ करना रियासते मदिना के अमनो सलामती को खतरे में डालने के मुतरादिफ था ।

ये दोनो शायर थे और अपने शायराना सलाहियतों को मुसलमानों में फूट डालने के लिए इस्तेमाल करते थे। सिर्फ शेर कहना और बात है और शायरी के ज़रीये शहरी अमनों अमान को दरहम–बरहम कर देना दूसरी बात है। आज भी अगर कोई कादरूल कलाम या ख़तीब अपने शायराना और ख़तीबाना सलाहियतों को रियासती अम्न को तबाह करने और अवाम को हुकूमत के खिलाफ भड़काने के लिए इस्तेमाल करे तो उसके जूर्म को बगावत ही का नाम दिया जाता है। और वो बगावत ही की सज़ा का मुस्तहक करार पाता है। हम यहाँ जिन लोगों के मुतालिक बहस कर रहे है वो अपनी शायरी के ज़रीये अंसारे मदीना को इस बात पर मलामत करते थे के उन्होंने बाहर से आने वालों को अपने शहर में इकतेदार (सत्ता) सौंप दिया है।

अस्माँ बिन्त मरवान अपने शेरों में बाज़ मुसलमानों पर ताना–ज़नी करती और उनकी बेईज़्ज़ती करती थी। जिस बात पर वो उनको बुरा भला कहती थी वो बात ये थी के उन्होंने एक अजनबी को जो उनकी नस्ल से नही अपना हाकिम बना कर अपनी तौहीन की है।

शहर के तामम बा असर अफराद की मोहम्मद ﷺ को हिमायत हासिल होने का मतलब ये था के उन बाअसर अफराद के कबाईल की भी आपको मुकम्मल तौर पर हिमायत हासिल थी। क्योंकि अरबों में कबीले की राय वही होती थी जो उनके सरदार की राय होती थी। जब गालिब अकसरीयत ने मोहम्मद ﷺ को अपना सियासी और निज़ामी सरबराह मान लिया था तो आप रियासत के कानूनी सरबराह थे। रियासत के किसी शहरी को हक नही पहुँचता था के वो अकसरीयत के मुकर्रकर्दा हुकमरान को इनकार कर देता ।

जो लोग अकसरीयत के मुकर्रकरदा हुकमरान की अथोरिटी को चॅलेन्ज कर रहे थे और राय आम्मा को रियासत के आयनी सरबराह के खिलाफ मुनज़्जम करने के लिए अपने शायराना सलाहियतों को अलल ऐलान इस्तेमाल कर रहे थे। वो आज की तरक्की याफता जमहुरी दौर के मेयार के मुताबिक भी बगावत के जुर्म के मुस्तहीक हो रहे थे। इसलिए

उनको वही सज़ा मिलनी चाहिये थी जो मुहज़्ज़ब मुआशरे गद्दारों को देते है। अस्माँ बिन्त मरवान और अबु अक़फ रियासत के खिलाफ बगावत के मुजरिम थे। और उन्हें वही सज़ा दी गई जो इस किस्म के मुजरिमों को सज़ा मिलनी चाहिये थी। इन मुजरिमों को माफ करने का मतलब ये था के रियासते मदीना के ज़िम्मेदार अफराद को रियासत के अम्नों सलामती से कोई दिलचसपी ही नही। और हुजूर ﷺ से इस किस्म के रवैये की तवक्को रखना फ़ूजूल है। इसलिए उन्हें मौत की सज़ा दी गई।

काफ बिन अशरफ का क़त्ल

एक और वाकेया जिसकी वजह से मुस्तशरेकीन ने इस्लाम और पैगंबरे इस्लाम पर शदीद तनकीद की है। वो काफ बिन अशरफ यहुदी का कत्ल है। काफ का बाप अरब था और उसकी माँ यहुदी कबीला बनुनज़ीर के सरदार की बेटी थी। वो बड़ा मालदार था और कबीला बनुनज़ीर में उसको बड़ा मुकाम हासिल था। वो भी मिसाके मदीना के रूह से रियासते मदीना का एक शहरी था। वो इबतेदा में मुसलमानों के साथ कुछ अरसे पुर अमन रहा। लेकिन बाद में उसके सीने में दफन यहुदी हसद ने पर पुरज़े निकालने शुरू कर दिये और वो मुसलमानों का सताने लगा। ये शख़्स भी एक शायर था। उसने भी अपनी शायराना सलाहियतों को मुसलमानों की दिल आज़ारी और उनके शिराज़े को बिखेरने के लिए इस्तेमाल किया। जंगे बदर में मुसलमानों की शानदार फतह और कुफ्फारे मक्का की ज़िल्लत आमेज़ शिकस्त ने काफ बिन अशरफ के सीने में आग लगा दी और मुसलमानों के खिलाफ जो किना उसके सीने में छुपी थी वो ज़ाहिर होने लगी।

जंगे बदर में मुसलमानों की फतह और कुरेशी सरदारों के कत्ल की खबर जब मदीना तय्यबा पहुँची, तो उसने पहले इस खबर को ना काबिले तसलीम करार दिया। लेकिन जब उसने कुरैश के बीसों सुरमाओं को गुलामाने मुहम्मद की कैद में देखा तो हकीकत का इन्कार उसके लिए मुमकिन न रहा। इस मौके पर उसने कहा अगर जज़ीरए अरब के ये सरदार वाकई कत्ल कर दिये गये है तो ज़मीन की पुश्तपर ज़िन्दा रहने से ये बेहतर है कि हमें ज़मीन में दफन कर दिया जाये। उसने इसी पर बस नही की बल्की खुद मक्का पहुँचा और मक्का के मकतुलीन पर रोना पीटना और मक्का वालों को मुसलमानों के खिलाफ इन्तेकामी कारवाई पर

उभारना शुरू कर दिया। "जब उसने बदर की खबर सुनी तो मक्का गया और अपने शेरों के ज़रीये मक्कावालों के दुख और ग़म में इज़ाफा किया और उन्हें इन्तेकाम पर उभारा।"

हुजूर ﷺ के हुक्म से हज़रते हस्सान बिन साबित ؓ ने उसके शेरों का जवाब अपनी शायरी के ज़रीये दिया। तो मक्की मेज़बानो ने उसे अपने घर से निकाल दिया। वो मदीना तय्यबा वापस आया और यहाँ भी मुसलमानों की दिल आज़ारी का सिलसिला जारी रखा। वो अब मुसलमानों की इफत मआब ख्वातीन के नाम लेकर उनके साथ अपने इश्क मोहब्बत के अफसाने नज़्म करने लगा। उसे इन हरकतों से बाज़ आने के लिए कहा गया। तो उसने कोई परवाह न की, ये ऐसी हरकत थी के अगर हुजूर ﷺ ने अरबों को अपनी ज़रीन तालीमात के ज़रिये कानून के एहतेराम का पाबंद न बनादिया होता तो काफ बिन अशरफ किसी मुसलमान के हाथ से पहले ही क़त्ल हो जाता। क्योंकि अरबों के लिए मुमकिन न था के कोई उनकी माओं, बहनों के साथ अपने इश्कबाज़ी के अफसाने तराशे और वो उसके खिलाफ कारवाई न करे। उसने अपनी मुजरिमाना कारवाइयाँ इन्ही हरकतों तक महदूद न रखी बल्की उसने हुजूर ﷺ को क़त्ल करने का मनसूबा भी बनाया। लेकिन अल्लाह तआला ने अपनी खास कुदरत से हुजूर ﷺ को महफूज़ रखा।

जब उसकी मुजरिमाना कारवाईयाँ हद से बढ़ गई और उसकी दिल आज़ारियाँ ना काबिले बरदाशत हो गई तो हुजूर ﷺ ने साहाबाकिराम के सामने उस शख़्स को वासीले जहन्नम करने की ख़्वाहिश का इज़हार किया। मुसलमानों के एक गिरोह ने पहले बातों बातों में उसे अपने ऐतमाद में लिया और फिर उसे उसके किले से कुछ फासले पर लेजाकर कत्ल करदिया ।

2) कबाईले यहूद की इस्लाम दुश्मनी और उनपर कार्रवाइयाँ ?

रियासते मदीना के खिलाफ जिस किस्म के जराएम का इरतेकाब काफ बिर अशरफ वगैरा ने इनफेरादी तौर पर किया था और कैफरे किरदार तक पहुँचे थे। इसी किस्म के जराएम (जुर्म) का इरतेकाब तीन यहूदी कबाईल ने कबीले की सतह पर भी किया। उन यहूदी कबाईल के

नाम बनुकैकआ, बनुनज़ीर और बनुकुरैज़ा थे। ये सब रियासते मदीना का हिस्सा थे और मिसाके मदीना के रूह से उनका ये फर्ज़ था के मदीना को हरम समझे। उसके दुश्मनों के साथ ताआवून ना करे और मदीना तय्यबा की सलामती के खिलाफ कोई हरकत न करें।

वो इब्तेदा में कुछ अरसा पुर अमन रहे लेकिन फिर उनके दिलों में छुपे हुए बुग्ज़ और किना ने अपना रंग दिखाना शुरू कर दिया। जंगे बदर से पहले तो उन्होंने अपनी साज़िशो को किसी हद तक छुपाये रखने की कोशिश की लेकिन जंगे बदर में मुसलमानों की फतह ने उनके दिलों को हसद की आग से भर दिया और वो ऐलानियाँ इस्लाम और पैगम्बरे इस्लाम की मुखालेफत करने लगे।

कबीला : बनु कैकआ

कबाएले यहुद में से मिसाके मदीना की मुखालेफत सबसे पहले कबीलए बनुकैकआ ने की । इस कबीले के लोगों ने जंगे बदर के बाद ऐलानिया कहना शुरू करदिया के हमारे और मुसलमानों के दरमियान किसी किस्म का मुहायदा बाकी नही रहा। अब हमपर इस साबेका मुहाएदे की पाबंदी ज़रूरी नही। ये सूरते हाल मदीना तय्यबा के अमन के लिए खतरनाक थी। इसलिए हुजूर ﷺ ने हालात को संभालने के लिए बनुकैकआ के बाज़ार में तशरीफ ले गये। आपने उन्हें आराम से समझाया के वो अपने हरकतों से बाज़ आजाएें। कहीं ऐसा न हो के उनपर भी वही अज़ाब नाज़िल हो जाये जो मैदाने बदर में कुफ्फारे मक्का पर नाज़िल हुआ था। हुजूर ﷺ इस नरम गुफतगु का जवाब उन्होंने ये कहकर दिया।

अरबी आयात का तरजुमा :

“ऐ मोहम्मद तुम हमें भी अपनी कौम की तरह ख्याल करते हो, इस कौम को शिकस्त देकर जिन्हे फन्नेहर्ब (जंग) का कुछ इल्म न था, तुम मगरूर न हो जाना। अगर हम तुम्हारे मुकाबले में आजायें तो तुम्हें पता चल जायेगा कि हम किस किस्म के लोग है”।

बनुकैका की तरफ से ये ऐलाने जंग था, लेकिन मोहम्मद ﷺ ने हालात को बिगाड़ना मुनासिब न समझा और आप खामोशी से वापस तशरीफ ले आये। शायद उन्होंने मोहम्मद ﷺ के इस रवैये को कमज़ोरी समझा और वो ज़्यादा दिलेर हो गये। चंद दिनों के बाद उन्होने एक ऐसी

हरकत की जिसके बाद मोहम्मद ﷺ के लिए उन्हें मज़ीद मोहलत देना मुमकीन ही न रहा। उन्होंने एक मुस्लिम खातून को जो उनके बाज़ार में किसी काम से गई थी, अपना चेहरा खोलने के लिए कहा। उसके इनकार पर उन्होने ऐसी शरारत की जिस से उस खातून का सत्र (कपड़ा) खुल गया और इर्दगिर्द खड़े यहूदी कहकहा लगाकर हसने लगे।

मुस्तशरेकीन (Orientalists) इस वाकये को मामूली करार देकर बनुकैकआ के जुर्म की शिद्दत को घटाने की कोशीश करते है। लेकिन जिन लोगो के नज़दीक गैरत की कोई कीमत होती है। उनके लिए तलवरों के बेनेयाम होने का इससे बड़ा सबब कोई नही हो सकता । वहाँ भी यही कुछ हुआ, एक गैरतमंद मुसलमान को जब अपनी दीनी बहन की इस्मतदरी का इल्म हुआ तो उसने मौके पर ही उस यहूदी को कत्ल कर दिया जिसने ये हरकत की थी। यहूदीयों ने जवाबी हमला करके उस मुसलमान को शहीद कर दिया। उसके बाद मोहम्मद ﷺ के लिए ये मुमकीन न था के आप उस यहूदी कबीला को मज़ीद मोहलत देते जो मदीना तय्यबा के अमन को तबाह करने पर उधार खाये बैठा था। आपने बनुकैकआ की बस्ती का मुहासरा करलिया, बनुकैकआ के मर्दों की तादाद 700 थी। जो हर किस्म के अस्लाह से लैस थे। लेकिन उनको अस्ल कमाल साज़िशों के मैदान में हासिल था। दुश्मन की आँखों में आँखें डालकर वो बात करने के हौसले से महरूम थे। वो एक दिन भी मुसलमान मुजाहिदों से मुकाबले के लिए मैदान में न निकले और आखिरकार अपने बारे में फैसले के लिए मोहम्मद स.अ.स. को हाकीम तसलीम कर लिया। उन्होंने खुद ये दरख्वास्त की के उन्हें मदीना तय्यबा से ज़िन्दा सलामत निकल जाने की इजाज़त देदी जाये। मोहम्मद ﷺ ने उनकी इस दरख्वास्त को मंजूर फरमा लिया और मदीना से औरतों और बच्चों समेत निकल जाने के लिए उन्हें 3 दिन की मोहलत दी और वो उसी अरसा में मदीना तय्यबा से निकल गये।

बनुकैकआ को जो सज़ा मिली वो उनके जराएम के मुकाबले में कुछ भी न थी। अगर उनका वास्ता किसी दुनिया दार हुकमरान से होता तो उनका अंजाम बड़ा इबरतनाक होता। लेकिन वो खुश किस्मत थे के उनका वास्ता खुदा के एक रसूल से था। जो रहमतुल्लील आलमीन थे।

कबीला : बनुनज़ीर

जब कबीला बनुकैकआ को अपने जराएम की सज़ा मिली थी। उस वक्त बनुनज़ीर और बनुकुरैज़ा दो यहूदी कबाएल भी मदीना तय्यबा में मौजूद थे उनके सीने में भी मुसलमानों के खिलाफ हसद के वही शोले भड़क रहे थे जो बनुकैकआ के सीने में भड़कते थे। लेकिन वो अपने इन जज़बात को खुफिया रखने की कोशिश करते थे। इसलिए हुजूर ﷺ ने उनसे गिला न किया। जब जंगे ओहद में मुसलमानों का सख़्त जानी नुकसान हुआ और उसके बाद रजी और बीरे माऊना के वाकयात में मुसलमानों पर दुखों का पहाड़ टूटा तो कबीला बनुनज़ीर ने मुसलमानों को कमज़ोर समझना शुरू कर दिया और वो ये सोचने लगे के मुसलमानों की ये पै दर पे शिकस्त इस बात का इशारा है के अब इस कौम में वो दम खम नही रहा जिसका मुज़ाहेरा उन्होंने जंगे बदर में किया था। उन्होंने ऐलानिया इस मुहायेदे के खिलाफ अर्ज़ीयाँ शुरू करदी जो उनके और मुसलमानों के दरमियान तय पाया था। उन्होनें अमलन 2 बार हुजूर ﷺ को शहीद करने की साज़िश भी की। एक बार उन्होंने मज़हबी मआमलात पर तबादलेए ख्याल के लिए हुजूर ﷺ को 30 आदमीयों के हमराह अपने यहाँ आने की दावत दी। मोहम्मद ﷺ ने उनकी ये दावत कुबूल फरमाई, फिर उन्होंने ये तजवीज़ पेश की के दोनो लोगों के तीन तीन आदमी गुफ्तगु में हिस्सा ले जो फैसला वो करे वो सब के लिए काबिले कुबूल होगा। हुजूर ﷺ दो आदमीयों के साथ जाये गुफ्तगु पर पहुँचे जो तीन यहूदी गुफतगू के लिए चुने गए। उन्होंने अपनी आस्तीनों में खंजर छुपा रखे थे। के मौका मिलते ही मोहम्मद ﷺ और आपके साथ आने वाले सहाबा का काम तमाम करदें।

बनुनजीर कबीले के दो अफराद जो आपस में बहन भाई थे और सच्चे दिल से मुसलमान हो चुके थे उन्होंने यहूदीयों के इरादों से मुत्तला कर दिया और ये साज़िश नाकाम हो गई। बनुनज़ीर ने हुजूर ﷺ को दूसरी साज़िश उस वक्त की जब आप खून बहा की अदायगी के सिलसिले में उनकी बस्ती में चंदा करने तरशरीफ ले गये। उन्होने आपसे गुफतगू तो इन्तेहाई खुश इखलाकी से की लेकिन साथ ही ये साज़िश भी की के मकान की छत से एक शख़्स पत्थर फेंक कर आपको शहीद कर दे। मोहम्मद ﷺ को वहीये ईलाही से यहूदियों की इस साज़िश का इल्म हो गया और आप

वहाँ से उठकर चले गये।

बनुनज़ीर की साज़िशे हद से बढ़ गई थी, मदीना तय्यबा के अमन और सलामती की खातीर उनके खिलाफ कारवाई लाज़िम हो गई थी। हुजूर ﷺ ने उनके पास पैगाम भेजा के मदीना से निकल जाओ। लेकिन उनको अपने लोगों की ताकत पर नाज़ था। मुनाफिकेन ने भी उनकी हौसला अफज़ाई की और वो मुसलमानों का मुकाबला करने के लिए तैयार हो गये। हुजूर ﷺ उनका मुहासरा कर लिया जब उन्हे किसी तरफ से मदद न पहुँची और खुद भी वो मुसलमानों का मुकाबला करने की जुर्रत न कर सके तो उन्होंने हुजूर ﷺ की खिदमत में अर्ज़ किया की वो शहर छोड़ने की लिए तैयार है।

हुजूर ﷺ ने उनकी इस पेशकश को कुबूल फरमालिया। अलबत्ता फरमाया के चूंकी तूमने पहले जंग का रास्ता इखतियार किया है। इसलिए तुम न अब तो अपने साथ हथियार ले जा सकते हो और ना ही तुम्हे सारा माल लेजाने की इजाज़त है। बल्के तुम अब इतना ही माल ले जा सकोगे जितना तुम उंटों पर लाद कर ले जा सकते हो। उन्होंने फौरन इन शराएत को कूबूल कर लिया और मदीना तय्यबा को छोड़कर चले गये।

बनुनज़ीर के जराएम का अगर इस सज़ा से मुआज़ना किया जाये जो उन्हें हुजूर ﷺ ने दी तो इस में भी खुदा के हबीब की शान रहमतुल्लील आलमीन अपने हक पर नज़र आती है।

कबीला : बनुकुरैज़ा

बनुनज़ीर की जिला वतनी के बाद भी यहुदीयों का एक ताकतवर कबीला बनुकुरैज़ा मदीना में मौजूद रहा। इनके दिलों में भी मुसलमानों के खिलाफ जज़बात वही थे। जो दूसरे यहुदी कबाएल के दिलों में थे। लेकिन उन्होंने अपने जज़बातों को काबू में रखा हुआ था। जंगे बदर में उन्होंने मुसलमानों के खिलाफ कुरैशे मक्का को असलेहा से मदद दी थी। लेकिन हुजूर ﷺ ने उनकी ये खता माफ फरमा दी। खैबर के यहुदी सरदारों की कोशिशों से कबाएले अरब ने जंगे खंदक के मौके पर मदीना तय्यबा का मुहासरा किया था।

मुहाएदा के मुताबीक बनुकुरैज़ा का फर्ज़ था के वो मुसलमानों के साथ मिलकर दुश्मनो का मुकाबला करे और मदिना तय्यबा का दिफा करते। इब्तेदा में उन्होंने किसी हद तक मुहाएदा की पाबंदी की थी।

लेकिन फिर कबीला बनुनज़ीर के सरदार हैबीन अखतब ने उनको मुसलमानों के लिखाफ अहद शिकनी की तरगीब देना शुरू कर दी।

इब्तेदा में वो उस यहुदी सरदार की बातें मानने की लिए तैयार ना थे। लेकिन जब उन्होंने देखा के काफीरों के 10,000 लश्कर ने शहरे मदीना को चारों तरफ से घेर रखा है। तो उन्होंने ये समझा के अब मुसलमानों के बचे रहने का कोई इमकान नही। क्योंकि मुसलमान जंगजू सिर्फ 3000 थे तो उन्होंनें शहर के अमन में खलल अन्दाज़ी शुरू कर दी। हुज़र ﷺ ने उनके पास आदमी भेजे, और उन्हे मुहाएदे की पाबंदी का हुक्म दिया। तो उन्होंने वाज़य अल्फाज़ में कह दिया मोहम्मद कौन है हम उनकी बात नही मानेगे। हमारा उनके साथ कोई अहद व पैमान नही। फिर यहुदियों ने खाना जंगी (गृहयुध्द) छेड़ दिया।

बनुकुरैज़ा के यहुदीयों ने उस किले पर हमले की साज़िश भी की, जिसने मुसलमानों ने औरतों को हिफाज़त के लिए जमा कर रखा था। मुसलमानों के ये सुरते हाल बड़ी तशवीश नाक थी। बाहरी दुश्मन के मुकाबले में अंदरूनी दुश्मन ज़्यादा खतरा बन गया था। मजबुरन मुसलमानों को अपने लश्कर का जो पहले ही दुश्मन के मुकाबले में कम था एक हिस्सा बनुकुरैज़ा के हमले के दिफा के लिए मुकर्रर करना पड़ा। बनुकुरैज़ा की ये हरकत मामूली न थी, बल्के मिल्लते इस्लामियॉ को कुल्लीयतन मिलयामेट करने की पूरी साज़िश थी।

बनुकुरैज़ा ने अहद शिकनी बेवफाई और गद्दारी की हद करदी थी। लेकिन अल्लाह तआला ने इन मायूस कुन हालत में अपने दीन और उसके मुखलिस पैरोकारों की हिफाज़त फरमाई। खुदाई लश्कर तुफान की शक्ल में हरकत में आया और तमाम कुफ्फार मदीना का मुहासरा उठाकर कर भाग गये और मदीना तय्यबा के अहद शिकन यहुदी कबीले बनुकुरैज़ा की अहद शिकनी और गद्दारी की सज़ा भुगतने के लिए तन्हा छोड़ गये।

हुज़र ﷺ ने उन्हे अपने तरज़े अमल की वज़ाहत के लिए तलब फरमाया। तो यहुदी लड़ने के लिए तैयार हो गये। मुसलमानों ने उनका मुहासरा कर लिया जो 25 दिन जारी रहा जब उन्हें अपनी शिकस्त का यकीन हो गया तो उन्होंने पेशकश की के उनके हलीफ कबीला बनुओस के सरदार उनके बारे में जो फैसला करे उन्हें वो मंजूर होगा। हुज़र ﷺ उनकी दरख्वास्त मान ली, और आपने हज़रते सआद बिन मआस को फैसला करने के लिए तलब फरमाया। हज़रते साद जिनके लिए बनुकुरैज़ा के जंगी

जराएम के शिद्दत को समझना मुश्किल ना था। उन्होंने उस कबीले के जराएम के मुकाबले उनकी सज़ा तजवीज़ की। उन्होंने फैसला किया

1. बनुकुरैज़ के जंगजू मर्द कत्ल किए जायें ।

2. औरतें और बच्चे ममलुक बनाए जाए ।

3. उनके अमवाल तकसीम कर दीये जाए।

ये फैसला बनुकुरैज़ा के बिल्कुल एन मुताबीक था। आज के महज़्ज़ब ज़माने के किसी मुल्क को अगर हालते जंग में अपने शहरीयों की एक जमाअत के तरफ से इस सूलूक का सामना हो जिसका सामना जंगे खंदक के मौका पर मुसलमानों को बनुकुरैज़ा की तरफ से करना पड़ा था। वो यकीनन उस मुल्क के साहीबे इक्तेदार मौका मिलने पर अपने शहरीयों की इस जमाअत मे से किसी को ज़िन्दा रखने की हिमाक़त समझेंगे और उन गद्दारों से अपने मुल्क को पाक करके ही चैन की सांस लेंगे।

ये फैसला यहुदीयों के अपने कानून से भी पूरी मुताबेकत रखता था और ये फैसला उस शख़्स ने किया था जिसे यहुदीयों ने खुद सालिस (मिडीएटर) मुकर्रर किया था। इस फैसले कि वजह से हुज़र स.अ.स. पर सिर्फ वही शख़्स एतराज़ कर सकता है जिसके सीने में अदावते रसूल के अलाव रौशन हो और हुज़र ﷺ के खिलाफ हरज़ा रसाई करके ही उसे सूकन मिलता हो। हमारे पास ये यकीन करने के माकूल वजूहात मौजूद है। के अगर बनुकुरैज़ा अपनी मरज़ी से हज़रते साद बिन मआस (रदी.) को सालिस मुकर्रर न करते। और हुज़र ﷺ खुद उनका फैसला फरमाते। तो आप उनको भी वही सज़ा देते जो पहले बनुकैकआ और बनुनज़ीर को दी गई थी।

यहुदीयों को उनके इनफरादी और इज्तेमाई जराईम की जो सज़ा दी गई उनके जाएज़े से पता चलता है के या तो उनमें मोहम्म्द ﷺ की शाने रहमतुल आलमीन झलक रही है और मुजरिमों को उनके जराईम की निसबत से बहुत हल्की सज़ा दी गई है और या वो सज़ाएं मुजरीमों के जराईम के ऐन मुताबिक और इन्साफ के तकाज़ो के पेशे नज़र रखकर दी गई हो। जो मदीना तय्यबा के अमन को सलामत रखने के लिए इन्तेहाई ज़रूरी थी। इस बहस से ये बात बिला शक व शुबा साबित हो जाती है के मज़कूरा बाला वाकयात की वजह से मोहम्मद ﷺ पर जो इल्ज़ाम तराशियां की है आपका दामने रहमत उन तमाम इल्ज़ामात से पाक है।

☆ ☆ ☆

बैअ़तुल-रिज़्वान

उपरोक्त घटनाएँ (वाक्यात) सन 5 हिजरी में हुए, इसी साल और भी बहोत से वाक्ये हुए मगर हमने कुछ खास वाक्य ही बयान किये हैं। अब शुरू होता है सन 6 हिजरी मोहम्मद ﷺ 1400 सहाबियों के साथ अहराम बांधकर उमरह की गर्ज़ से मक्का की तरफ रवाना हुए। उधर कुफ्फारे मक्का को खबर हुई तो उन्होंने कहा हम मुसलमानों को किसी भी कीमत पर उमरह नहीं करने देंगे और बहोत तेजी के साथ कुफ्फार ने अपने सभी हलीफ़ (साथी) कबीलों को जमा करके एक बडी फौज जंग के लिए तैयार कर ली। आगे का वाक्या मुलाहेज़ा फरमाएं.....

बैअ़तुल रिज़्वान : मकामे हुदेबिया में पहुँचकर मोहम्मद ﷺ ने ये देखा कि कुफ़्फ़ारे कुरैश का एक अज़ीम लश्कर जंग के लिए आमादा है। और इधर ये हाल है कि सब लोग अहराम बाँधे हुए हैं इस हालत में जुएँ भी नहीं मार सकते। तो आपने मुनासिब समझा कि कुफ़्फ़ारे मक्का से मसलिहत की गुफ़्तगू करने के लिए किसी को मक्का भेज दिया जाए। चुनान्चे इस काम के लिए आपने हज़रते उमर ؓ को मुन्तख़ब फरमाया। लेकिन उन्होंने ये कहकर मअ़ज़िरत कर दी कि या रसूलल्लाह ﷺ! कुफ़्फ़ारे कुरैश मेरे बहुत ही सख्त दुश्मन हैं और मक्का में मेरे कबीले का कोई एक शख़्स भी ऐसा नहीं है जो मुझको उन काफिरों से बचा सके। ये सुनकर आपने हज़रते उस्मान ؓ को मक्का भेजा। उन्होंने मक्का पहुँचकर कुफ़्फ़ारे कुरैश को हुज़ूर ﷺ की तरफ से सुलह का पैग़ाम पहुँचाया। हज़रते उस्मान ؓ अपनी मालदारी और अपने कबीले वालों की हिमायत व पासदारी की वजह से कुफ़्फ़ारे कुरैश की निगाहों में बहुत ज़्यादा मुअ़ज़्ज़ज़ थे। इस लिए कुफ़्फ़ारे कुरैश उन पर कोई दराज़ दस्ती नहीं कर सके। बल्कि उनसे ये कहा कि हम आपको इजाज़त देते हैं कि आप कअ़बा का तवाफ़ और सफ़ा व मरवा की सई करके अपना उमराह अदा कर लें। मगर हम मोहम्मद ﷺ को कभी हरगिज़ हरगिज़ कअबा के करीब न आने देंगे। हज़रते उस्मान ؓ ने इन्कार कर दिया और कहा कि मैं बगैर मोहम्मद ﷺ के हरगिज़ हरगिज़ अकेले अपना उमराह नहीं अदा कर सकता। इस पर बात बढ़ गई और कुफ़्फ़ार ने आप ﷺ को मक्का में रोक लिया। मगर हुदैबिया के मैदान में ये खबर मशहूर हो गई कि कुफ्फारे कुरैश ने उनको शहीद कर दिया। हुजूर

ﷺ को जब ये खबर पहुँची तो आपने फरमाया कि उस्मान के खून का बदला लेना फर्ज़ है। ये फरमाकर मोहम्मद ﷺ एक बबूल के दरख़्त के नीचे बैठ गए। और सहाबए किराम से फरमाया कि तुम सब लोग मेरे हाथ पर इस बात की बैअ़त करो कि आखिरी दम तक तुम लोग मेरे वफादार जाँ निसार रहोंगे।

तमाम सहाबए किराम ﷺ ने निहायत ही वल–वला अंगेज़ जोशो खरोश के साथ जाँ निसारी का अहद करते हुए मोहम्मद ﷺ के दस्ते हक परस्त पर बैअ़त कर ली। यही वो बैअ़त है जिसका नाम तारीखुल इस्लाम में ''बैअ़तुर रिज़वान'' है। अल्लाह रब्बुल आलमीन ने इस बैअ़त और उस दरख्त का तज़्किरा कुरआन मजीद की सूरए ''फतह'' में इस तरह फरमाया है कि :– ''इन्नलज़ीनो युबा–इऊका इन्नमा् युबा–इऊनल्लाह। यदुल्लाहि फ़ौक़ा् अैदिहिम।''

तर्जमा :– ''यकीनन जो लोग (ऐ रसूल) तुम्हारी बैअ़त करते हैं वो तो अल्लाह ही से बैअ़त करते हैं। उनके हाथों पर अल्लाह का हाथ है।''

इसी सूरए फतह में दूसरी जगह इन बैअ़त करने वालों की फज़ीलत और उनके अज्रो सवाब का कुरआन मजीद में इस तरह खुत्बा पढ़ा कि :–

''लक़्द रदियल्लाहु अनिल मुअ्मिनीना् इज़ युबाइ–ऊ–नका् तह–तश–शजरति फ़–अ़–लिमा मा फ़ी कुलूबिहिम फ़–अन–ज़लस सकी–नता् अलैहि व असा–बहुम फतहन करीबा।''

तर्जमा :– ''बेशक अल्लाह राज़ी हुआ ईमान वालों से जब वो दरख़्त के नीचे तुम्हारी बैअ़त करते थे। तो अल्लाह ने जाना जो उनके दिलो में है। फिर उन पर इत्मिनान उतार दिया। और उन्हें जल्द आने वाली फतह का इन्आम दिया।''

लेकिन ''बैअ़तुर रिज़वान'' हो जाने के बाद पता चला कि हज़रते उस्मान ﷺ की शहादत की खबर गलत थी वो बा इज़्ज़त तौर पर मक्का में ज़िन्दा व सलामत थे। और फिर वो ब खैरो आफियत मोहम्मद ﷺ की खिदमते अक़्दस में हाज़िर भी हो गए।

कुरेश ने आपस में मश्वरा किया कुछ ने कहा हमें मोहम्मद ﷺ की सुलह की पेशकश कुबूल करनी चाहिये और कुछ ने कहा बिलकुल नहीं। आगे मुलाहेजा फरमाएं।

सुलह हुदैबिया (Peace Treaty of Hudabiya)

सुलह हुदैबिया कैसे हुई : हुदैबिया में सब से पहला शख्स जो मोहम्मद ﷺ की ख़िदमत में हाज़िर हुआ वो बुदैल बिन वरका खुज़ाई था। उनका कबीला अगरचे अभी मुसलमान नहीं हुआ था मगर ये लोग मोहम्मद ﷺ के हलीफ और इन्तिहाई मुख्लिस व खैर ख्वाह थे। बुदैल बिन वरका ने मोहम्मद ﷺ को खबर दी कि कुफ़्फ़ारे कुरैश ने कसीर तअ्दाद में फौज जमा कर ली है। और फौज के साथ राशन के लिए दूध वाली ऊँटनियां भी है। ये लोग आपसे जंग करेंगे और आपकों खानए कअ्बा तक नहीं पहुँचने देंगे।

"हुज़ूर ﷺ ने फरमाया कि तुम कुरैश को मेरा पैगा़म पहुँचा दो कि हम जंग के इरादे से नहीं आए हैं और न हम जंग चाहते हैं। हम यहाँ सिर्फ उ़मरह अदा करने की गरज़ से आए हैं। मुसलसल लड़ाईयों से कुरैश को बहुत काफ़ी जानी व माली नुकसान पहुँच चुका है लिहाज़ा उनके हक में भी यही बेहतर है कि वो जंग न करें। बलकि मुझ से एक मुद्दते मुअ़य्यना तक के लिए सुलह का मुआ़हदा कर लें और मुझको अह्ले अरब के हाथ में छोड़ दें। अगर कुरैश मेरी बात मान ले तो बेहतर होगा। और अगर उन्होंने मुझसे जंग की तो मुझे उस जात की कसम जिसके कब्ज़ए कुदरत में मेरी जान है मैं उनसे उस वक़्त तक लडूँगा कि मेरी गर्दन मेरे बदन से अलग न हो जाए।

बुदैल बिन वरका आपका ये पैगा़म लेकर कुफ़्फ़ारे कुरैश के पास गया। और कहा कि मैं मोहम्मद ﷺ का एक पैगा़म ले कर आया हूँ। अगर तुम लोगों की मर्ज़ी हो तो मैं उनका पैगा़म तुम लोगों को सुनाऊँ। कुफ़्फ़ारे कुरैश के शरारत पसन्द लौंडे जिनका जोश उनके होश पर गालिब था शोर मचाने लगे कि नहीं हरगिज़ नहीं। हमें उनका पैगाम सुनने की कोई ज़रूरत नहीं है। लेकिन कुफ़्फ़ारे कुरैश के संजीदा और समझदार लोगों ने पैगा़म सुनाने की इजाज़त दे दी और बुदैल बिन वरका ने हुज़ूर ﷺ की दअ्वत सुलह को उन लोगों के सामने पेश कर दिया।

ये सुनकर कबीलए कुरैश का पहला आदमी जो एक बहुत ही मुअ़ज़्ज़ज़ सरदार उरवा बिन मसऊद सकफी खड़ा हो गया और उसने कहा कि ऐ कुरैश! क्या मैं तुम्हारा बाप नहीं ? सब ने कहा कि क्यों नहीं। फिर उसने कहा कि क्या तुम लोग मेरे बच्चे नहीं। सब ने कहा कि क्यों

नहीं। फिर उसने कहा कि मेरे बारे में तुम लोगों को कोई बद गुमानी तो नहीं? सब ने कहा कि नहीं हरगिज़ नहीं। इसके बाद उरवा बिन मसऊद ने कहा कि मोहम्मद ﷺ ने बहुत ही समझदारी और भलाई की बात पेश कर दी है। लिहाज़ा तुम लोग मुझे इजाज़त दो कि मैं उनसे मिलकर मुआमलात तय करूँ। सब ने इजाज़त दे दी कि बहुत अच्छा। आप जाइए, उ़रवा बिन मसऊद वहाँ से चलकर हुदैबिया के मैदान में पहुँचा, और हुज़ूर ﷺ को मुख़ातिब करके ये कहा कि बुदैन बिन वरका की ज़बानी आपका पैग़ाम हमें मिला। ऐ मोहम्मद ﷺ मुझे आपसे ये कहना है कि अगर आपने लड़कर कुरैश को बरबाद करके दुनिया से नेस्तो नाबूद कर दिया तो मुझे बताईए कि क्या आपसे पहले कभी किसी अरब ने अपनी ही कौम को बरबाद किया है? और अगर लड़ाई में कुरैश का पल्ला भारी पड़ा तो आपके साथ जो ये लश्कर है मैं उनमें ऐसे चेहरे देख रहा हूँ कि **ये सब आपको तन्हा छोड़कर भाग जाएँगे।** उरवा बिन मसऊद का यह जुमला सुनकर हज़रते अबू बकर सिद्दीक ؓ को सब्रो ज़ब्त की ताब न रही। उन्होंने तड़पकर कहा कि ऐ उरवा! चुप। तु जा। अपनी देवी ''लात'' की शर्मगाह चूस। क्या हम भला अल्लाह के रसूल को छोड़कर भाग जाएँगे ?

उरवा बिल मसऊ़द ने तअ्ज्जुब से पूछा कि ये कौन शख्स है? लोगों ने कहा कि ये ''अबू बकर हैं'' उरवा बिन मसऊद ने कहा कि मुझे उस ज़ात कि कसम! जिसे कब्ज़े में मेरी जान है। ऐ अबू बकर! अगर तेरा एक एहसान मुझ पर न होता जिसका बदला में अब तक तुझ को नहीं दे सका हूँ तो मैं तेरी इस तल्ख़ गुफ़्तगू का जवाब देता। उरवा बिन मसऊद अपने को सब से बड़ा आदमी समझता था। इस लिए जब भी वो हुज़ूर ﷺ से कोई बात कहता तो हाथ बढ़ाकर आप की रीश मुबारक पकड़ लेता था। और बार बार आपकी मुक़द्स दाढ़ी पर हाथ डालता था। हज़रते मुग़ैर बिन शअ्बा ؓ जो नंगी शमशीर लेकर मोहम्मद ﷺ के पीछे खड़े थे। वो उ़रवा बिन मसऊद की इस जुर्रत को बर्दाशत न कर सके। और उरवा बिन मसऊद जब रीश मुबारक की तरफ हाथ बढ़ाता तो वो तलवार का कब्ज़ा उसके हाथ पर मारकर उससे कहते कि रीश मुबारक से अपना हाथ हटा ले। उरवा बिन मसऊद ने अपना सर उठाया और पूछा कि ये कौन आदमी है? लोगों ने बताया कि ये मुग़ैरा बिन शअ्बा हैं। तो उरवा बिन मसऊद ने डाँटकर कहा कि ऐ दगाबाज़! क्या मैं तेरी अहद शिकनी संभालने की कोशिश नहीं कर रहा हूँ? हज़रते मुगैरा बिन शअ्बा ؓ ने चंद आदमियों

को कत्ल कर दिया था। जिसका ख़ूँ बहा उरवा बिन मसऊद ने अपने पास से किया था ये उसी की तरफ इशारा था।

इसके बाद उरवा बिन मसऊद सहाबए किराम को देखने लगा। और पूरी लश्करगाह को देखभाल कर वहाँ से रवाना हो गया। उरवा बिन मसऊद ने हुदैबिया के मैदान में सहाबए किराम ؓ की हैरत अंगेज़ और तअ्ज्जुब खेज़ अकीदत व मोहब्बत का जो मंज़र देखा था उसने उसके दिल पर बड़ा असर डाला था। चुनान्चे उसने कुरैश के लश्कर में पहुँचकर अपना तआस्सुर इन अल्फाज़ में बयान किया।

''ऐ मेरी कौम! खुदा की कसम! जब मोहम्मद ﷺ अपना खंखार थूकते हैं तो वो किसी न किसी सहाबी की हथेली में पड़ता है। और वो फर्ते अकीदत से उसको अपने चेहरे, और अपनी खाल पर मल लेता है। और अगर वो किसी बात का उन लोगों को हुक्म देते हैं तो सब के सब उस की तअ्मील के लिए झपट पड़ते हैं। और वो जब वुज़ू करते हैं तो उनके असहाब उनके वुजु के धोवन को इस तरह लूटते हैं कि गोया उनमें तलवार चल पड़ेगी। और वो जब गुफ्तगू करते हैं। तो तमाम असहाब खामोश हो जाते हैं। और उनके साथियों के दिलों में उनकी इतनी ज़बरदस्त अज़्मत है कि कोई शख्स उनकी तरफ नज़र भरकर देख नहीं सकता। **ऐ मेरी कौम! खुदा की कसम मैंने बहुत से बादशाहों के दरबार देखे हैं। मैं कैसरो किसरा और नजाशी के दरबारों में भी बारयाब हो चुका हूँ। मगर खुदा की कसम! मैंने किसी बादशाह के दरबरियों को अपने बादशाह की इतनी तअ्ज़ीम करते हुए नहीं देखा है। जितनी तअ्ज़ीम मुहम्मद ﷺ के साथी उनकी करते हैं।''**

दूसरा आदमी : उरवा बिन मसऊद की ये गुफ्तगु सुनकर कबीलए बनी किनान के एक शख्स ने जिसका नाम ''हसील'' था कहा कि तुम लोग मुझको इजाज़त दो कि मैं उनके पास जाँऊ। कुरैश ने कहा कि ''ज़रूर जाईए।'' चुनान्चे ये शख्स जब बारगाहे रिसालत के करीब पहुँचा तो आप ﷺ ने सहाबा से फरमाया कि ये फलाँ शख्स है। और ये उस कौम से तअल्लुक रखता है जाओ कुर्बानी के जानवरों को उसके सामने खड़ा कर दो। और सब लोग ''लब्बैक'' पढ़ना शुरू कर दो। उस शख्स ने जब कुरबानी के जानवरों को देखा। और अहराम की हालत में सहाबए किराम को ''लब्बैक'' पढ़ते हुए सुना। तो कहा कि सुब्हानअल्लाह भला इन लोगों को किस तरह मुनासिब है कि बैतुल्लाह से रोका जाए? और वो फौरन ही

पलटकर कुफ़्फ़ार के पास पहुँचा और कहा कि मैं अपनी आँखों से देखकर आ रहा हूँ कि कुरबानी के जानवर उन लोगों के साथ है और सब अहराम की हालत में है। लिहाज़ा मैं भी ये राय नहीं दे सकता कि उन लोगों को खानए कअ्बा से रोक दिया जाए।

इस के बाद एक **तीसरा शख्स** कुफ़्फ़ारे कुरैश के लश्कर में खड़ा हो गया। जिसका नाम मिकरज़ बिन हुस था। उसने कहा कि मुझको तुम लोग वहाँ जाने दो। कुरैश ने कहा तुम भी जाओ। चुनान्चे ये चला। जब ये नज़दीक पहुँचा तो हुजूर ﷺ ने फरमाया कि ये मिकरज़ है। ये बहुत ही लुच्चा आदमी है। उसने आप से गुफ़्तुगू शुरू की, अभी उसकी बात पूरी भी न हुई थी कि...

चौथा आदमी नागहाँ सुहैल बिन अमर आ गया। उसको देखकर आपने नेक फाली के तौर पर ये फरमाया कि सुहैल आ गया। लो, अब तुम्हारा मामला आसान हो गया। चुनान्चे सुहैल ने आते ही कह कि आइए हम और आप अपने और आपके दर्मियान मुआ़हदा की एक दस्तावेज़ लिख लें। हुजूर ﷺ ने इस को मंजूर फरमा लिया। और हज़रते अली رضي الله عنه को दस्तावेज़ लिखने के लिए तलब फरमाया। सुहैल बिन अमर और हुजूर ﷺ के दर्मियान देर तक सुलह के शराएत पर गुफ़्तगू होती रही। बिल आख़िर चन्द शर्तों पर दोनों का इत्तिफाक हो गया।

हुजूर ﷺ ने हज़रते अली رضي الله عنه से इर्शाद फरमाया कि लिखो'' बिस्मिल्लाहिर्रहमानिर्रहीम''

सुहैल ने कहा कि हम रहमान को नहीं जानते कि ये क्या है? आप ''बिस्मिकल्लाहुम्मा'' लिखवाईए। जो हमारा और आपका पुराना दस्तूर रहा है। मुसलमानों ने कहा कि हम बिस्मिल्लाहिर्रहमानिर्रहीम के सिवा कोई दूसरा लफ्ज़ नहीं लिखेंगे मगर हुजूर ﷺ ने सुहैल की बात मान ली। और फरमाया कि अच्छा। ऐ अली ''

''बिस्मिकल्लहुम्मा'' ही लिख दो। फिर हुजूर ﷺ ने ये इबारत लिखवाई ''हाज़ा मा क़ादा अलैहि मुहम्मद ﷺ''

''हाज़ा मा क़ादा अ़लैहि मुहम्मद रसूलुल्लाह'' (यानी ये वो शर्त है जिनपर कुरैश के साथ हुजूरे अक़दस रसूलुल्लाह ﷺ ने सुलह का फैसला किया है)

सुहैल फिर भड़क गया और कहने लगा कि खुदा की कसम! अगर हम जान लेते कि आप अल्लाह के रसूल हैं तो न हम आपको बैतुल्लाह से

रोकते, न आपके साथ जंग करते।

लेकिन आप "मुहम्मद बिन अब्दुल्लाह" लिखिए। आपने फरमाया कि खुदा की कसम मैं मुहम्मद रसूलुल्लाह भी हूँ और मुहम्मद बिन अब्दुल्लाह भी हूँ ये और बात है कि तुम लोग मेरी रिसालत को झुटलाते हो। ये कहकर आपने हज़रते अली ﷺ से फरमाया कि मुहम्मद रसूलुल्लह को मिटा दो और उस जगह मुहम्मद बिन अब्दुल्लाह लिख दो। हज़रत अली ﷺ से ज़ियादा कौन मुसलमान आपका फरमाबरदार हो सकता है? लेकिन मुहब्बत के आलम में कभी कभी ऐसा मकाम भी आ जाता है कि सच्चे मुहिब को भी अपने महबूब की फरमांबरदारी से मुहब्बत ही के जज़्बे में इन्कार करना पड़ता है हज़रते अली ﷺ ने अर्ज़ किया कि या रसूलल्लाह ﷺ मैं आपके नाम को तो कभी हरगिज़ हरगिज़ नहीं मिटाऊँगा आपने फरमाया कि अच्छा मुझे दिखाओ। मेरा नाम कहाँ है? हज़रते अली ﷺ ने उस जगह पर उंगली रख दी। आपने वहाँ से "रसूलुल्लाह" का लफ़्ज़ मिटा दिया बहर हाल सुलह की तहरीर मुकम्मल हो गई। उस दस्तावेज़ में ये तय कर दिया गया कि फरीकैन ने दर्मियान दस साल तक लड़ाई बिल्कुल मौकूफ़ रहेगी। सुलहनामा की बाकी दफआत और शर्तें ये थीं कि

1) मुसलमान इस साल बग़ैर उम्रह अदा किए वापस चले जाएँ।
2) आइन्दा साल उम्रह के लिए आएँ और सिर्फ तीन दिन मक्का में ठहर कर वापस चले जाएँ।
3) तलवार के सिवा कोई दूसरा हथियार लेकर न आएँ। तलवार भी नियम के अन्दर रखकर थैले वगैरा में बंद हो।
4) मक्का में जो मुसलमान पहले से मुकीम है उनमें से किसी को अपने साथ न ले जाएँ और मुसलमानों में अगर कोई मक्का में रहना चाहता है, तो उसको न रोकें।
5) काफिरों या मुसलमानों में से कोई शख्स अगर मदीना चला जाए तो वापस कर दिया जाए लेकिन अगर कोई मुसलमान मदीने से मक्का चला जाए तो वो वापस नही किया जाएगा।
6) कबाइले अरब को इख्तियार होगा कि वो फरीकैन में से जिस के साथ चाहें दोस्ती का मुआहदा कर लें।

ये शर्तें ज़ाहिर है कि मुसलमानों के सख्त खिलाफ थीं और सहाबए किराम को इस पर बड़ी ज़बरदस्त न गवारी हो रही थी। मगर वो फरमाने रिसालत को मानने पर मजबूर थे। आदि

फतेह मुबीन

इस सुलह से तमाम सहाबा को बड़ा दुख पहोंचा। उन्हें ये बडा ज़िल्लत भरा मुआहेदा लगा। पर अल्लाह रब्बुल आलमीन ने कहा "ऐ मेहबूब! हमने आपको फतह मुबीन अता की" इस वही के बाद सारे सहाबी पुरसुकून हो गए। इसी सुलह की वजह से कुफ्फार और मुसलमानों में जो दूरियां थीं वो कम हो गईं और दोनों में आमद व रफ्त की शुरूआत हुई। इस से पहले कुफ्फार इस्लाम का उरूज सिर्फ सुनते थे। मगर अब वो खुद देखने भी लगे। और इस्लाम से मुतास्सिर भी होने लगे और दोनों की दिली दूरियां कम होने लगीं। यही सुलह आगे चलकर फतह मक्का का बाइस बनी। और अब इस्लाम बडी तेजी से फैलने लगा था।

☆ ☆ ☆

मोहम्मद ﷺ के चारों तरफ़ बड़ी सलतनतें (Empire) थीं

मोहम्मद ﷺ ने 13 साल मक्का में दावते इस्लाम दी। लोगों को समझाते रहे। लोगों शिर्क न करो, बुराईयाँ छोड़ दो, शैतान की पैरवी बंद करो, नेक बनो। मगर किसी ने आप को न सुना। लोगों ने कहा क्या हम अपने बाप–दादा की पैरवी तुम्हारे कहने पर छोड़ दें। लोगों ने आप को बुरा कहा गालियाँ दी। कुड़ा फेका, संगसार किया। आप को पागल कहा, जादुगर कहा। पर आपने कांटों के बदले फूल दिये, गालियों के बदले दुआएें दी। मुसलमान मार खाते मगर किसी पर हमला न किया। जैसे हर चीज़ की एक मियाद (वक़्त) होता है ये मुसलमान के सबर और इमतिहान की मियाद थी। फिर आप पर यह आयत उतरी......

''हक़ आया बातिल मिट गया.... उसको तो मिटना ही था''

''ऐ नबी हमने आपको नहीं भेजा आपको मगर तमाम इंसानों के लिये बशीर, नज़ीर बना कर''

पर अब मदीना मुसलमानों का मकर्ज़ बन गया और कारवांऐ दीन चल पढ़े तो वो कभी रूके ही नहीं। अब मोहम्मद ﷺ ने सहाबा से बात –चित कर के इरादा किया कि दीन को अब पुरी दुनियाँ में फैलाया जाये, फिर परवा किसे हो जब दीन अल्लाह का है और दाई मोहम्मद ﷺ है।

इसाईयत का उरूज कैसे हुआ था!

जबकि अरब चारों तरफ़ से बड़ी–बड़ी सलतनतों से घिरा हुआ था, मसलान रोम सलतनत (Roman Empire) जो ईसा अ.स. के 300 साल बाद एक रोमन बादशाह (Constantinopole) था जो बाद में इसाई हो गया था, जिससे सारा रोमन साम्रज्य ही इसाई हो गया था। यही वो वजह थी जिसने इसाईयत को इतना बड़े हिस्से में फैला दिया था, इससे पहले इसाईत कुछ मुट्ठी भर लोग पर मुश्तमिल थी। खैर अब आप के एक तरफ़ रोम साम्रज्य था दुसरी तरफ़ दुनिया का दुसरा बड़ा साम्रज्य था। फारसी साम्रज्य (सलतनत) यह दोनों सलतनतें काफ़ी बड़ी थी। यह उस वक्त की सिक्का राइजुल वक्त थी (यानी उनका सिक्का चलता था) और इनके पास दुनिया की मुनज़्ज़म फ़ौजी ताक़त थी। कोई इनसे टकराने की हिम्मत नहीं करता था। मगर मोहम्मद ﷺ ने कोई परवाह किये बिना ही सारी दुनियाँ में इसलाम की दावत देने का फरमान जारी किया। कुछ उन्में यूँ हैः–

हरकुलिस और दूसरे शहंशाहों के नाम खत
(Letter to the Empires)

सुलहे हुदैबिया की वजह अब मुसलमानों का कुरेशे मक्का से जंग व जिदाल का ख़तरा टल गया था और हर तरफ़ सुकून और इत्मीनान की फ़िज़ा पैदा हो गई थी इस लिए मोहम्मद ﷺ ने इरादा फरमाया कि इस्लाम का पैग़ाम तमाम दुनियाँ में पहुंचाया जाए। चुनांचे आप ने रूम के बादशाह **हरकुलिस** क़ैसरे रूम को बज़रिया दहिया कल्बी (रज़ि अल्लाहु अन्हू) खुस्रू परवेज़ **शाह ईरान** को बज़रिया हज़रत अब्दुल्लाह बिन खुज़ाफ़ा, अज़ीज़े **मिस्र** को बज़रिया हज़रत मकूक़स, नज्जाशी **बादशाह हबश** को बज़रिया हज़रत उमर बिन उमैया, **हारिस ग़स्सानी बादशाह** ग़स्सान को बज़रिया हज़रत शुजाअ़ बिन वहब, हूज़ा **बादशाहे यमन** को बज़रिया हज़रत सलीत बिन अमर को कासिद बनाकर इनके हाथों खत भिजवाया। उन्में चन्द बादशाहों ने इस्लाम कुबूल किया। बाज़ ने एहतराम तो किया मगर ईमान नहीं लाए। बाज़ बादशाह ने न ईमान लाए और बेअदबी का भी मुज़ाहेरा किया। जो बादशाह ईमान लाकर मुसलमान हो कर हाज़िरे ख़िदमत हुए उन में

(1) हारिस बिन कुलाल (2) नईम बिन कुलाल (3) नौमान हाकिमे हम्दान (4) ज़रआ बादशाहे यमन (5) फरवह बिन अमर सलतनते रूम का गवर्नर (6) बअज़ान जो इमरान किसरा की तरफ़ यमन का सूबेदार था, अपने दो बेटों के साथ मुसलमान हुआ था।

(1) शाह नज्जाशी (असमहा): बादशाह हबश जिसके बारे में इख़्तिलाफ़ है। बाज़ का कहना है वह ईमान ला चुका था और उसकी वफ़ात की ख़बर सुन कर हुज़ूरे पाक ने मदीने में ग़ायबाना तौर पर नमाज़े जनाज़ा पढ़ी।

(2) अज़ीज़े मिस्र : इस्कन्दरीया का बादशाह मकूक़श निहायत एहतराम के साथ मिला और फरमाने नबवी भी अदब व एहतराम से सुना मगर मुसलमान नहीं हुआ। फिर चन्द तोहफ़े, जिनमें दो गुलाम, एक मारिया जो मोहम्मद ﷺ के हरम शरीफ़ में दाखिल हुईं। जिनके बतन से मोहम्मद ﷺ के साहबज़ादे इब्राहीम पैदा हुए, जो बचपन में ही इंतिक़ाल कर गये। दूसरी सीरीन, जिन को मोहम्मद ﷺ ने हस्सान बिन साबित के निकाह

में दिया। जिन से हज़रत अब्दुल्लाह पैदा हुए। इसके अलावा एक सफेद गधा जिसका नाम याफूर था एक ख़च्चर, जिसका नाम दुलदुल था। एक हज़ार मिस्क़ाल सोना, एक गुलाम कुछ शहद और कपड़े भेजे।

(3) बादशाहे यमामा के पास हज़रत सलीत पहुंचे उसने क़ासिद का एहतराम तो किया मगर इस्लाम कुबूल नहीं किया और ख़त का जवाब इस तरह दिया कि अगर मोहम्मद ﷺ को अपनी हुकूमत में से कुछ दूं तो क्या आप मेरी पैरवी करोगे? मोहम्मद ﷺ ने ख़त पढ़कर फरमायाः **इस्लाम मुल्क गीरी की हवस से नहीं आया।**

(4) शहनशाह फारस : शहनशाहे फारस (ईरान) खुस्रू परवेज़ के दरबार में जब खत पहुंचा तो उसके गुस्से का पारा इस क़द्र बढ़ गया कि उस ने कहा इस ख़त में मेरे नाम से पहले मुहम्मद ﷺ का नाम क्यों लिखा है? यह कह कर उस ने फरमान फाड़ डाला हुजूर सरवरे कौनैन को ख़बर मिली आप ﷺ ने फरमाया उसने मेरे ख़त के टुक्ड़े किए। खुदा उसकी सलतनत के टुक्ड़े कर देगा। चुनांचे वह पेशन गोई सच साबित हुई। खुस्रू परवेज़ को उसी के बेटे ने क़त्ल कर दिया और उसकी सलतनत के टुक्ड़े–टुक्ड़े हो गये। ख़लीफ़ ए–दोम हज़रत उमर के दौरे ख़िलाफ़त में फारसी सलतनत का वजूद मिट गया।

(5) जब शहेंशाह हारिस (Byzantine Empire) के पास आप ﷺ का नामा मुबारक पहुंचा तो वह ख़त पढ़कर बरहम हो गया और मदीना पर हमला की ग़रज़ से फ़ौज को तैयारी का हुक्म दिया। जिसकी बिना पर ग़ज़्वाए तबुक के वाक़ेआत पेश आए।

Letter of Muhammad ﷺ To Hercules

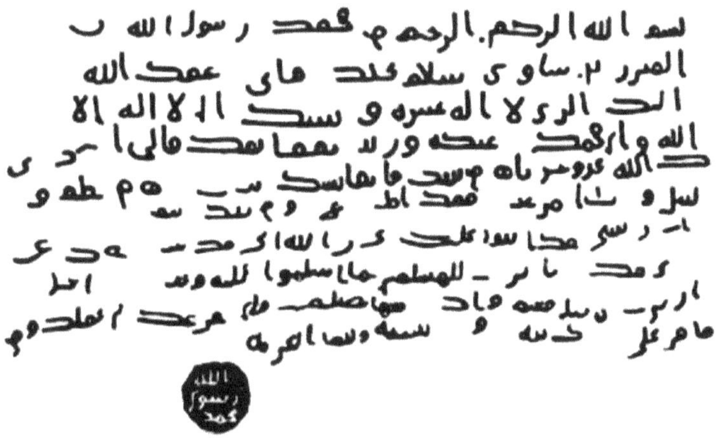

(Original Copy)

हरकुलिस का दरबार
(HERCULES PALACE)

हरकुलिस सलतनते रोम का शहेंशाह था, खुसरू परवेज़ (फारसी शहेंशाह) ने हमला करके, उसकी ममलेकत का बहुत बड़ा हिस्सा उस्से छीन लिया। अल्लाह तआला ने कुरआने करीम की सुरे अल–रोम की इब्तेदाई आयतों में पेशनगोई फरमाई के चंद साल बाद हालात का पासा पलट जायेगा। और आज का शिकस्त खुर्दा रोम का बादशाह कल खुसरू ईरान को शिकस्ते फाश देकर अपनी सारी ममलेकत उससे वापस ले लेगा। चुनांच ऐसा ही हुआ।

हरकुलिस की सुजाअत उलूल अज़मी का सिक्का सारे आलम पर बैठ गया। और उसकी रिआया उस पर जान छिड़कने लगी। उन्ही दिनों का ज़िक्र है, जब के वो अपनी ज़िन्दगी की सबसे बड़ी कामियाबी हासिल कर चुका था। और उसकी जीत का ढंका हर तरफ बज रहा था। इब्ने नातुर बयान करता है कि इरानीयों पर फतह हासिल करने के बाद व ऐलिया आया ताके वो मुकद्दस सलीब जो इरानी छीन कर ले गये थे। उसने अपने ज़ोरे बाजू से उसे वापस ले लिया था। उसे एलीया में लौटा दे।

एक दिन वो सुबह बेदार हुआ उसके चेहरे पर मायुसी के आसार नुमाया थे। उसके बाद उसके एक पादरी ने कहा आज आपकी तबीयत दुरूस्त मालूम नही होती। हरकुलिस ने कहा मैंने आज रात देखा है के वो सितारा तुलु हो गया जो इस बात की गवाही दे रहा था के इस कौम का बादशाह ज़ाहिर हो गया है। जिस कौम का शियार खत्ना कराना है।

उसी वक्त गस्सान के बादशाह का कासिद पहुँचा, और उसने हरकुलिस को खबर दी के मोहम्मद ﷺ का एक कासिद उसके नाम एक खत लेकर आया है। हरकुलिस ने कहा उस कासिद को लेजाओ और देखो के वो मख़तून है या नही (खतना किया हुआ)। उन्होने बताया के ये तो खतनाशुदा है। हरकुलिस ने कहा बेशक इस उम्मत का बादशाह ज़ाहिर हो गया है। लेकिन मज़ीद तहकीक के लिए एक और आलिम को रोम के शहर से बुलावा भेजा। जो इल्मो फज़्ल में उसका हम पल्ला था। हरकुलिस वहॉ से रवाना होकर होम्स आ गया। और उस आलिम के जवाब का इन्तेज़ार करने लगा। उसका खत आया के वाकई ये नबी है।

उन्ही दिनों में इत्तेफाकन अहले मक्का का एक काफला वहाँ आया हुआ था। हरकुलिस ने उन्हे बुलाया और पुछा तुममे कौन आदमी रिश्ते में

मोहम्मद से करीब है। अबु सूफीयान ने कहा मैं, हरकुलिस ने अबु सुफियान को अपने सामने बिठा लिया। और उसके दोस्तों कों अबु सुफियान के पीठ के पीछे खड़ा कर दिया। और उन्हें कहा मैं अबु सुफियान से चंद सवालात पुछना चाहता हूँ। अगर ये गलत जवाब दे तो तुम इशारे से बता देना। हरकुलिस ने पूछा उनके खानदान के बारे में तुम्हारी क्या राय है। अबु सुफियान ने बताया खानदान के ऐतेबार से वो हममें आला व अरफा है।

हरकुलिस : क्या नबुवत का दावा इससे पहले भी तुम मे से किसी ने किया है?

अबुसुफियान : नहीं ।

हरकुलिस : क्या उस शख़्स के आबा व अजदाद में कोई बादशाह गुज़रा है?

अबुसुफियान : नही ।

हरकुलिस : क्या अमीर लोग उसकी पैरवी करते है या ग़रीब लोग?

अबुसुफियान : ग़रीब लोग उसकी पैरवी करते है।

हरकुलिस : क्या वो बढ़ रहे है या घट रहे है?

अबुसुफियान : वो बढ़ रहे है।

हरकुलिस : क्या कोई शख़्श उसके दीन से नाराज़ होकर उससे बाग़ी भी हुआ?

अबुसुफियान : कोई नही।

हरकुलिस : क्या उसके इस दावे से पहले तुम उनपर झूठ की तोहमत लगाते थे?

अबुसुफियान : नही ।

हरकुलिस : क्या उसने कभी धोका किया है?

अबुसुफियान : अबुसुफियान ने इसके जवाब में बड़ा पेचो ताब खाया और चाहा के झूट बोले, लेकिन हिम्मत न हुई। लेकिन अब हमारा उनके साथ मुहाएदा हुआ है। मालूम नही वो उसको पूरा करते है या नही।

हरकुलिस : क्या तुमने कभी उससे लड़ाई भी की है?

अबुसुफियान : हाँ ।

हरकुलिस : इस लड़ाई का नतीजा क्या रहा ?

अबुसुफियान : कभी हम जीते है कभी वो ।

हरकुलिस : वो तुम्हे किस चीज़ का हुक्म देते है?

अबुसुफियान : अबुसुफियान को अपने उपर जब्र करते हुए ये कहना पड़ा

के वो कहते हैं एक खुदा की इबादत करो। उसके साथ किसी चीज़ का शरीक मत ठहराओ। हमें नमाज़ पढ़ने का हुक्म देते है। सच बोलने, पाक दामन रहने, सिला रहमी करने का हुक्म देते है।

हरकुलिस ने इन तमाम सवालात के जवाबात सुनकर कहा, अगर तुम सच कहते हो तो वो उस जगह के भी मालीक बन जायेंगे। जहाँ मैंने अपने दोनो क़दम रखे हुए है। मैं जानता था के ऐसा नबी तशरीफ लाने वाला है। लेकिन मेरा ये गुमान नही था के वो तुम में से होंगे। अगर मैं ये जानता के मैं उसके लिए मुखलिस हो सकता हूँ, तो मैं उसकी मुलाकात के लिए सफर की ज़हमते बरदाशत करता। और अगर मैं उसकी खिदमत में हाज़िर होने की सआदत हासिल कर सकता हूँ तो मैं उसके पाँव धोकर पीता। महज़ उनकी मोहब्बत और उनकी कद्रोमंज़लत की खातिर किसी मरतबा और हुकुमत की तलब के लिए नही। हरकुलिस ने अपने वज़ीर, अमीर और मज़हबी उलमा को तलब किया। जब वो आगए महल के दरवाज़े बंद कर दिये गये। और उन्हे कहा ऐ गिरोहे रोम, क्या तुम कामीयाबी और हिदायत के मुतलाशी हो।

क्या तुम्हारी ख्वाहिश है के तुम्हारा मुल्क सलामत रहे। तो उस नबी की बैत करलो । हरकुलिस के मुंह से जूंही ये जुमला निकला, वो लोग वहशी गदहों की तरह दोलतीयाँ झाड़ने लगे, और दरवाज़ों की तरफ भागे। लेकिन जब उन्हे बंद पाया तो रूक गये। हरकुलिस ने जब इस्लाम से उनकी नफरत की ये कैफियत देखी तो उनके ईमान लाने से मायूस हो गया। और कहा उन्हे मेरे पास ले आओ। जब वो आगये तो उनसे कहा मैंने तुमसे ये बात तुम्हारे ईमान की पुखतगी को परखने के लिए की थी। यूँ तख़्तो ताज की लालच ने उसको ऐसे हक को कबूल करने से महरूम कर दिया। जिसकी हक्कानीयत रोज़े रौशन की तरह वाज़य हो चुकी थी।

☆ ☆ ☆

जंगे ख़ैबर

मदीना मुनव्वरा से तकरीबन सौ मील के फासले पर शाम की जानिब से ख़ैबर का बड़ा इलाका सरसब्ज़ व शादाब और ज़रखेज़ था। जिसमें बकसरत खजूर के बाग़त भी थे और ख़ेती की ज़मीनें भी। उन्हीं खेती की ज़मीनों और बागज़त के दरमियान मुख़्तलिफ नामों के चन्द मज़बूत किले थे। मदीना से जिला वतनी होकर यहूदी उन किलों में आबाद हो गए थे और तमाम किलों का मुशतरका नाम ख़ैबर था जो एक–दूसरे से कुछ फासले पर मौजूद थे। उनकी तादाद सात थी और यही सात किले यहूदियों की तमाम साज़िशों का मर्कज़ थे जिन्हें वे नाबकाबिले तसख़ीर समझते थे।

जंगे ख़ैबर की वजह

मुसलमानों की फतूहात से यहूदी फिक्रमन्द हुए कि अब मुसलमान उनपर चढ़ाई करेंगे। चुनांचे उन्होंने मुसलमानों का मुकाबला करने की तैयारी शुरू कर दी और आस–पास के चंद कबाइल को अपने साथ मिला लिया। यहूदियों ने अरबी कबीला गतफान को भी अपने साथ मिला लिया।

गतफान अरब का बहोत ही ताकतवर और जंगजू कबीला था। खैबर के यहूदियों ने फौज इकटठी करने में और उनकी फौजी तरबियत करने में पानी की तरह पैसा बहाना शुरू कर दिया, और उन्होंने एक बहोत ही ताकतवर फौज तैयार करली और उनका अगला मंसूबा मदीना पर हमला करके मुसलमानों को तहस नहस करना था। मोहम्म्द ﷺ को उनकी जंगी तैयारियों का इल्म हुआ तो आप ﷺ ने फैसला किया कि यहूदियों को मज़ीद साज़िशें करने और सर उठाने का मौक़ा नहीं देना चाहिए। चुनांचे मोहम्मद ﷺ ने मुहर्रम सन् 7 हिजरी में इस ग़ज़वा का इरादा फरमाया और डेढ़ हज़ार जांनिसार सहाबा رضي الله عنهم ने मोहम्मद ﷺ के साथ इस ग़ज़वा में शिरकत फरमाई।

जंगे ख़ैबर की शुरूआत

जंगे ख़ैबर की शुरूआत इस तरह हुई कि चन्द दिन पहले यहूदियों के हलिफ़ (सहयोगी) क़बीला गतफान के चन्द बददु मुसलमानों की चारागाहों पर हमला करके चराते हुए मवेशी हांक कर ले गए और

मुसलमानों ने तआक़्क़ुब करके उन्हें हासिल कर लिया था। इस क़बीले का यहूदियों से समझौता था कि वे हमेशा मुसलमानों के खिलाफ यहूदियों का साथ देंगे।

चुनांचे मोहम्मद ﷺ का लश्कर ख़ैबर के करीब पहुंचा तो आप ﷺ ने उस जानिब क़ियाम फ़रमाया जिस तरफ कबीला गतफान रहता था ताकि उस क़बीले को इस्लामी लश्कर की आमद की इत्तिला हो जाए और अगर उसकी ख्वाहिश हो तो वे भी जंग करके अपने अरमान निकाल ले। लेकिन ग़तफानी मुक़ाबले के लिए न निकले। तब आप ﷺ आगे बढ़े और रात के वक्त जब तमाम अहले ख़ैबर बेखबर सो रहे थे आप ﷺ ख़ैबर के क़िले पर पहुंच गए। यहूद ने अपनी हिफ़ाज़त के लिए यह इन्तिज़ाम किया हुआ था कि उनके पहरेदार रात के वक्त गश्त करते रहते थे, लेकिन उस रात कुदरते इलाही से उनपर नींद तारी हो गई और उन्हें इस्लमी लश्कर की आमद का इल्म न हो सका।

हुज़ूर ﷺ को ख़ालिके कायनात ने दोनों जहानों के लिए रहमत बना कर भेजा। इसलिए कैसे मुमकिन था कि रहमतुल–लिल–आलमीन सोए हुए दुश्मन पर हमला करना गवारा फरमाते। आप ﷺ ग़फलत की हालत में किसी पर भी हमला न फरमाते और शब खून (रात को हमला करना) को नाजाइज़ समझते थे। इसलिए आप ﷺ ने रात को जंग का इन्तिज़ाम फरमाया और सुबह सफबन्दी फरमाई।

सुबह के वक्त जब यहूदी अपने खेती के आलात लेकर काम–काज के लिए बाहर निकले तो इस्लामी लश्कर को सामने पाकर चिल्लाए, "अल्लाह की कसम! मोहम्मद ﷺ पूरा लश्कर लेकर हमला आवर हुए हैं"। और उलटे पांव किले में घुस गए।

जंग का आगाज़

यहूदी इस्लामी लश्कर का खुले मैदान में मुकाबला करने से परहेज़ करते रहे। जंग शुरू होती तो क़िलों के पास ही लड़ते और जब उन्हें शिकस्त होती तो वे किलों में घुस जाते। 6 दिन तक इसी तरह जंग जारी रही। कुछ फुतूहात भी हुई, लेकिन किले फत्ह न हुए। आखिर हुज़ूर ﷺने हज़रत मुहम्मद बिन मुस्लिमा رضی اللہ عنہ से फरमाया,

"कल मैं उस शख्स के हाथ में झंडा दूंगा जो अल्लाह और उसके

रसूल ﷺ से मुहब्बत रखता है और अल्लाह और उसके रसूल ﷺ उस्से मुहब्बत रखते हैं। वह पीछे न हटेगा और हक तआला उसके हाथ पर इस मुहिम को कामयाब फरमाएगा और फतह अता फरमाएगा और उसे तेरे भाई के कातिल से बदला लेने का मौका भी अता फरमाएगा।''

शेर-ए-खुदा हजरत अली رضي الله عنه की आमद

हर सहाबी رضي الله عنه ख़ाहिशमन्द थे कि झंडा उन्हें नसीब हो, लेकिन हुज़ूरे अकरम ﷺ ने हज़रत अली رضي الله عنه को तलब फरमाया। आप ﷺ को बताया गया कि उन्हें आशोबे चश्म (आंख आना) है तो आप ﷺ ने हज़रत अली को बुला कर अपना मुबारक लुआबे दहन उनकी आंखों में लगा दिया और फरमाया कि बिस्मिल्लाह करो। चुनांचे हज़रत अली رضي الله عنه की आंखें फौरन अच्छी हो गईं तब हुज़ूर ﷺ ने झंडा आता फरमाया।

हजरत अली رضي الله عنه ने लश्कर के साथ आगे बढकर किले का मुहासिरा कर लिया। आप رضي الله عنه की बेमिसाल शुजाअत के बाईस यके बाद दीगर खैबर के किले फतह हुए और उनसे बेशुमार माले गनिमत मुसलमानों के हाथ आया।

क़िला कमूस की फ़तह

हज़रत अली رضي الله عنه जो किला सबसे पहले फतह हुआ उसका नाम कमूस था। यह किला तमाम किलों से ज़्यादा मज़बूत था। वहां के यहूद ने जंग किए बगैर अपना माल व दौलत मुसलमानों को देना गवारा न किया और जंग पर आमादा हुए। चुनांचे दोनों तरफ से सफ़बंदी हुई। हज़रत अली رضي الله عنه किला कमूस के नीचे आए और उन्होंने अपना झंड पत्थरों के एक टीले पर गाड़ दिया। यहूदियों में से एक ने पूछा कि आप कौन हैं? हज़रत अली رضي الله عنه ने जवाब में बताया कि मैं अली बिन अबू तालिब हूँ। उस यहूदी ने कहा कि मैंने तौरेत में तुम्हारे सिफात पढ़े हैं।

इसके बाद जो यहूदी सबसे पहले हज़रत अली رضي الله عنه के मुकाबले के लिए किले से बाहर निकला, वह हारिस था जो मरहब का भाई था। वह बहुत निडर और बहादुर था, मगर उसने मुकाबला किया तो हज़रत अली رضي الله عنه के हाथों कत्ल हो गया। उसका भाई मरहब मश्हूर पहलवान था। वह एक हज़ार आदमियों ते तन्हा लड़ने की ताक़त रखता था। हारिस के कत्ल

होने पर वह अपने भाई का इन्तिक़ाम लेने के लिए बहादुरों की एक जमाअत के साथ किला से बाहर आया। उसने हज़रत अली ﷺ पर हमला किया, लेकिन हज़रत अली ﷺ ने उसका वार नाकाम बना दिया। फिर जुल–फिकार हैदरी हज़रत अली ﷺ की तलवार की एक ही ज़र्ब मरहब के खोद को काटती हुई हलक तक आ गई और उसके सर के दो टुकड़े हो गए। मरहब के मरते ही यहूदी अपने किले की तरफ भागने लगे।

क़िले का दरवाज़ा

यहूद भागे तो हज़रत अली ﷺ उनके तआक़्क़ुब में बढ़े। एक यहूदी ने आपके दस्त–ए–मुबारक पर ऐसा वार किया कि आप ﷺ के हाथ से ढाल ज़मीन पर गिरी और दूसरा यहूदी वह ढाल उठाकर भाग निकला। हज़रत अली ﷺ ने उस वक्त जोश के आलम में खन्दक को फांदा और किले का आहनी दरवाज़ा पकड़ कर अल्लाहु अकबर का नारा लगाते हुए उखाड़ कर हाथों पर उठा लिया और घुमा कर दूर फेंक दिया। जब जंग के बाद लोगों ने इस दरवाज़े को हटाना चाहा तो **40 आदमी मिल कर भी उसे न हिला सके।**

बाअ़ज़ रिवायात के मुताबिक हज़रत अली ﷺ ने इस आहनी दरवाज़े को हाथ पर उठाया और इसे ढाल बनाकर लड़ने लगे। गर्ज़ दरवाज़ा उखड़ते ही मुजाहिदीन किले में घुस गए और किला फतह हो गया।

किला कमूस की फतह के बाद दीगरे तमाम किले फतह हुए। इस गज़वा में 93 यहूदी कत्ल हुए जबकि सिर्फ 15 मुसलमानों ने शहादत पाई। बेशुमार माल और सोना मुसलमानों के हाथ आया।

☆ ☆ ☆

क्या पहले नबीयों (पैगंम्बरों) ने तलवार उठाई है?

• दीन और तलवार •

जो लोग तलवार के इस्तेमाल की वजह से इस्लाम पर तशद्दुद (हिंसा) का इल्ज़ाम लगाते है वो खुद तलवार के इस्तेमाल को बुरा नही समझते। बल्के उनके अकसरकौमी हीरो वही है जिनको तलवार इस्तेमाल करने के फन में कमाल हासिल था। वो सिर्फ ये कहकर इस्लाम के खिलाफ एकतरफा डिग्री हासिल करते है कि दुनियावी मामलात में तो तलवार का इस्तेमाल बुरा नही है। लेकिन दीन के हवाले से तलवार के इस्तेमाल को जायज़ करार नही दिया जा सकता ।

मोहम्मद ﷺ से पहले जो अंबियाए किराम तशरीफ लाये उनके नज़दीक ही दीने फर्द के चंद रूहानी तजुरबात तक महदूद ना था, इनके नज़दीक भी दीन एक जाबतए हयात (ज़िन्दगी जीने का तरीका) था। जो ज़िन्दगी के तमाम शोबों को मोहीत था। यही वजह है कि हज़रते दारूद (अलैहिस्सलाम), हज़रते सुलेमान (अलैहिस्सलाम) और हज़रते मुसा (अलैहिस्सलाम) बातिल कुवतों के खिलाफ हमलावर नज़र आते है।

इस कायनात में हक व बातिल की कशमकश रोज़े अव्वल से जारी है। दोनो कुवते अपने हरीफ को सफए हस्ती से मिटाने के लिए हर मुमकिन कोशिश करती है। नज़रियात और मफादात के टकराव के सबब अफरात और अकवाम एक दुसरे से टकराते है। और आपने मद्दे मुकाबिल को शिकस्त देने के लिए हर हरबा इस्तेमाल करते है। इस हमागीर आवेज़श के दौरान किसी फर्द या जमात को तलवार के इस्तेमाल से रोक देना उसको ज़िन्दगी के हक से महरूम करने के मुताबीक है।

तलवार का इस्तेमाल जुल्म है या इन्साफ है, इसका फैसला सिर्फ किसी शख्स के हाथ में तलवार देखकर नही किया जा सकता। बल्की उसका फैसला करने के लिए ज़रूरी है के पहले ये देखा जाये कि जिस शख्स ने तलवार उठा रखी है, उसने ये तलवार किसी दूसरे शख़स की आज़ादीयों को छीनने के लिए इस्तेमाल कि है या उसने अपने हुकूक की तरफ उठने वाले दस्ते जुल्म को रोकने के लिए तलवार का सहारा लिया है। अगर किसी शख़्स ने दूसरों के हुकूक पर डाका डालने के लिए तलवार उठाई है, तो वो ज़ालिम है और अगर किसी ने तलवार इसलिए उठाई है के ज़ालिम के जुल्म का रास्ता रोक सके तो ऐसा शख़्स न सिर्फ हक पर है

बल्के ऐसा शख़्स तो समाज के उन तमाम कमज़ोर अफराद के लिए फरीशताए रहमत बन जाता है जो ज़ालिम के दस्ते जुल्म को रोकने के काबिल नही होते ।

अहले मग़रिब और मुस्तशरेकीन का इल्ज़ाम

मुस्तशरेकीन (Orientalists) को ये बात तो बड़ी अजीब नज़र आती है कि मोहम्मद स.अ.स. ने एक मज़हबी रहनुमा होकर अपने पैरोकारों को तलवार उठाने की इजाज़त क्यों देदी। लेकिन उनकी नज़र जिहाद व किताल (Holy war) की उन मुताअदीद तरगीबात पर नही पड़ती जो बाईबल के Old Testaments और New Testaments मे जगह जगह बिखरी पढ़ी है। बाईबल अपने पैरोकारों को दुश्मन के साथ जो सुलूक करने का हुक्म देती है उसकी एक झलक मुलाएज़ा फरमाईयें ।

1) Book of Deuteronomy Chapter 20 Verse 10-17 ये है कि...

"In case you draw near to a city to fight against it, you must also announce to it terms of peace. And it must occur that if it gives a peaceful answer to you and it has opened up to you, it must even occur that all the people found in it should become yours for forced labor, and they must serve you. But if it does not make peace with you, and it actually makes war with you and you have to besiege it, Jehovah your God also will certainly give it into your hand, and you must strike every male in it with the edge of the sword, Only the women and the little children and the domestic animals and everything that happens to be in the city, all its spoil you will plunder for yourself, and you must eat the spoil of your enemies, whom Jehovah your God has given to you. That is the way you will do to all the cities very far away from you that are not of the cities of these nations. It is only of the cities of these peoples that Jehovah your God is giving you as an inheritance that you must not preserve any breathing thing alive. because you your should without fail devote them to destruction".

"जब तु किसी नगर से युध्द करने को उनके निकट जाये, तब पहले उससे संधी करने का समाचार दें। और यदी वो संधी करना अंगीकार

करे और तेरे लिए अपने फाटक खोलदें तब जितने उसमे से होवें सब तेरे आधीन होकर तेरे लिए बेगार करने वाले ठहरें। परंतु यदी वो तुझसे संधी न करें परंतु तुझसे लड़ना चाहे तो तु उस नगर को घेर लेना। और जब तेरा परमेश्वर यहोवा उसे तेरे हाथ में सौंप दे तब उस में के सब पुरूषों को तलवार से मार डालना। परंतु स्त्रियाँ और बालबच्चे, और पशु आदि जितनी लुट उस नगर में हो उसे आपने लिये रख लेना? और तेरे शत्रुओं की लूट जो तेरा परमेश्वर यहोवा तुझे दे उसे काम में लाना । इस प्रकार उन नगरों से करना जो तुझ से बहुत दूर है। और इन जातियों के नगर नही है। परन्तु जो नगर इन लागों के है, जिनका अधिक्कारनी तेरा परमेश्वर यहोवा तुझ को ठहराने पर है। उन मे से किसी प्राणी को जीवित न रख छोड़ना।

2) Book of Deuteronomy Chapter 7 Verse 1-2 यहूदियों को ये हुक्म दे रही है कि...

"When Jehovah your God at last brings you into the land to which you are going so as to take possession of it, he must also clear away populous nations form before you, the Hittites..... seven nations more populous and mighty than you are. And Jehovah your God will certainly abandon them to you, and you must defeat them. you should without fail devote them to destruction. You must conclude no covenant with them nor show them any favor".

यहोवा तुम्हारा परमेश्वर तुम्हें उस देश में ले जायेगा जिसे अपना बनाने के लिए तुम उसमे जा रहे हो। यहोवा तुम्हारे लिए बहुत से राष्ट्रों को बलपूर्वक हटाएगा–हित्ती, गिर्गाशी, एमोरी, कनानी, परिज्जी, हिब्बी और यबूसी, सात तुमसे बड़े और अधिक शक्तिशाली राष्ट्रों को। यहोवा, तुम्हारा परमेश्वर इन राष्ट्रों को तुम्हारे अधीन करेगा और तुम उन्हें हराओगे। तुम्हे उन्हें पूरी तरह नष्ट कर देना चाहिए। उनके साथ कोई संधी न करो। उन पर दया न करो।

3) Gospel of Luke Chapter 22 Verse 36 के मुताबिक अपने अपने हवारियों का ये हुक्म दिया.

"When Then he said to them. " But now let the one that has a purse take it up, likewise also a food pouch; and let the one having no sword sell his outer garment and buy one".

"उसने कहा मगर अब जिसके पास बटुआ हो वो उसे ले और उसी

तरह झोली भी, और जिसके पास तलवार ना हो वो अपनी पोशाक बेचकर तलवार खरीदे"।

हज़रते ईसा (अलैहिस्सलाम) अपने हवारियों को तलवार खरीदने का हुक्म दे रहे है। और तलवारे जिस मकसद के लिए खरीदी जाती है वो मुस्तशरकीन से छुपा नही । यकीनन हज़रते ईसा अलैह सलाम तलवारे खरीदने का हुक्म इसलिए नही दे रहे थे के वो अपने हवारियों को दहशतगर्द बनाना चाहते थे। बल्के आपने तलवार की ज़रूरत इसलिए महसूस कि थी के जो लोग हक की आवाज़ को अपनी ताकत के ज़ोर पे दबाना चाहते थे वो सिर्फ तलवार की ज़बान समझते थे और उनके साथ तलवार की ज़बान में बात करना इन्साफ भी था हिकमत भी थी और इन्सानियत के लिए रहमत भी थी ।

4) इसाईयों ने हज़रते ईसा (अलैहिस्सलाम) की सुलह जोई और अमन पसंदी को इस्लाम के इज़्ने जिहाद के खिलाफ बतौर दलील इस्तेमाल करते है। लेकिन हज़रते ईसा (अलैहिस्सलाम) का अपना ऐलान जो बाईबल के ज़रिये हमतक पहुंचा है वो मुस्तशरकीन के इल्ज़ाम की तरदीद (रद्द) कर रहा है, आपने फरमाया... (Gospel of Luke 12)

"Do you imagine I came to give peace on the earth? No, Indeed, I tell you, but rather division. For from now on there will be five in one house divided, three against two and two against three. They will be divided". father against son and son against father mother against daughter and daughter against [her] daughter-in-law and daughter-in-law against [her] mother-in-law" (1)

तुम क्या सोचते हो मैं इस धरती पर शांती स्थापित करने के लिये आया हूँ? नही, मैं तुम्हे बताता हूँ, मैं तो विभाजन करने आया हूँ। पिता, पुत्र के विरोध में, और पुत्र, पिता के विरोध में, माँ, बेटी के विरोध में, और बेटी, मॉ के विरोध में, सास, बहू के विरोध में, और बहू, सास के विरोध में हो जायेंगी।

5) बाईबल के एक और मुकाम पर हज़रते ईसा (अलैहिस्सलाम) का ये ऐलान दर्ज है।

"Do not think I came to put peace upon the earth; I came to put not peace, but a sword. For I came to cause division, with a man against his fathier, and a daughter against her mother, and a young wife against her mother-in-law".

क्या तुम ये समझते हो के मैं ज़मीन पर सुलह कराने आया हूँ, मैं ज़मीन पर सुलह कराने नही बल्की तलवार चलवाने आया हूँ क्योंकि मैं जुदाई डालने आया हूँ बाप और बेटे के दरमियान। बेटी और माँ के दरमियान, सास और बहु के दरमियान जुदाई डालने आया हूँ।

6) हज़रते अल-यसआ (अलैहिस्सलाम) :-

जब भी कोई दुश्मन बनी इसराईल पर चढाई करना चाहता तो हज़रत अल यसआ को पहले से इसकी खबर हो जाती और वो इसराईल को दुश्मनों से लढ़ने के लिए लढ़ाई की तदबीर उन्हें सिखाते, यही वजह है कि बनी इस्राईल हमेशा फतेह पाते।

7) हज़रत उशमोईल (अलैहिस्सलाम) :-

जब हज़रत उशमोईल अ.स (Samuel) नबी हुए तो बनी इस्राईल के लोग आप पर ईमान लाऐं और सब जमा होकर आपके पास आये और वो बोले हमारे लिए ज़रूरी हो कि अमालेका से लड़े और जो ताबुते सकीना जो हमसे छीन ले गये है उसे हम फिर लाये।

8) हजरते उशमोईल (अलैहिस्सलाम) ने बनी इस्राईल को हुक्म दिया तुम लोग तालुत के साथ जालुत से मुकाबला करने के लिए निकलो। इसतरह 80 हज़ार मर्द लड़ाई के लिए मुकाबला करने निकले ।

यूँ बनी इस्राईल के नबीयों ने तलवार का इस्तेमाल किया था, मगर शोर सिर्फ इस्लाम के नाम पर ही क्यों?

अगर हम अपने मुल्क भारत में भी देखें तो इस्लाम से पहले कई जंगे (धर्मयुध्द) हुए हैं, सत्य व असत्य के बीच। जीसमें दोनो ओर की सेनाए हथियारों से लैस थी। इन सेनाओं में भी घनघोर जंगे हुई है। मगर खुदा (ईश्वर) हमेंशा सत्य स्थापित करने वालों के साथ ही होता है। खुदा ज़ालीमों का साथ नही देता। मगर यहाँ हम सिर्फ पैगंम्बरी, मज़हबों का ही ज़िक्र करेंगे। यू बनी इस्राईल की भी हक बातिल के खिलाफ बहुत से नबीयों के जंगों का ज़िक्र है तवरात और बाईबल में।

मुस्तशरेकीन (Orientalist) किसे कहते है

ये अहले किताब (यहूद/ईसाईयो) का एक गिरोह है जो बहरूपीया बनकर यानी इस्लामी लिबादा ओढकर इस्लाम के खिलाफ काम करता हैं

Example : तुर्की के दोनमा यहूदी,
George Sale, Louis Mercy, Alford Clavin, Richard Bell etc.

1. इनका मकसद : इस्लाम की हक्कानीयत से अहले इस्लाम के जज़्बाती लगाव को कम करने के लिए मुनासिब दलाईल तलाश करना ।
2. दुनिया में इस्लाम का फैलाव कैसे रोका जाए ।
3. इस्लाम के खिलाफ झूठा Propaganda करना और इसको किताब की शक्ल में आम करना।

* आगे हम देखेंगे मोहम्मद मुस्तफा ﷺ के मोजज़े और आपका इल्मे गै़ब। यह बहोत ही वसी मौजूअ है पर हमने इसे एक जगह इकटठा कर दिया है वरना किताब बहोत ही बडी हो जाती। **सो मुलाहेज़ा फरमाएं मोहम्मद मुस्तफा ﷺ के मोजज़े....**

☆ ☆ ☆

मोहम्मद ﷺ के मोजज़े

Miracles of Muhammad

मोजज़ा किसे कहते हैं : जो काम खिलाफे आदत हो, और नबी से सादिर हो, (यानी यह सिर्फ नबीयों को अता होते हैं, आम लोग इसकी मिसाल लाने में आजिज़ है)

आलमे नबातात व हैवानात के मोजज़े

(Miracles of : the World of Plant & Animals)

दरख़्त का सलाम करना

हज़रत अली رضي الله عنه से रिवायत है कि मैं मक्का मुकर्रमा में नबी करीम ﷺ के साथ था हम किसी नवाही बस्ती की तरफ़ निकले तो कोई पत्थर और दरख़्त सामने ना आता मगर वह यही कहता था कि ऐ अल्लाह के रसूल आप पर सलाम हो। (तिरमीज़ी, दारमी)

पत्थर का सलाम करना

हज़रत जाबिर बिन समरा से रिवायत है कि रसूलुल्लाह ने फ़रमाया मैं मक्का मुकर्रमा के उस पत्थर को अच्छी तरह जानता हूॅ जो मेरी बअ़सत से पहले मुझे सलाम किया करता था और उसे अब भी जानता हूॅ। (मुस्लिम)

कंकरियों का गवाही देना

हज़रत इब्ने अब्बास رضي الله عنه से रिवायत है कि शाहाने हज़र मौत आप ﷺ के पास आऐ उन में अशअ़स बिन क़ैस भी थे। उन्हों ने कहा हम ने अपने दिल में एक बात सोची है। आप ﷺ बताइऐ वह क्या है? आप ﷺ ने फ़रमाया यह तो काहिनों का काम है और काहिन जहन्नम में जाऐंगे। उन्हों ने कहा फ़िर हम कैसे यक़ीन करें कि आप ﷺ रसूलुल्लाह हैं। आप ﷺ ने अपनी हथेली में कंकरियॉ लीं और फ़रमाया यह कंकरियॉ गवाही देंगी कि

मैं रसूले खुदा हूँ। कंकरियों ने दस्ते मुबारक में तस्बीह पढ़ी और उन लोगों ने कहा कि हम गवाही देते हैं कि आप रसूलुल्लाह ﷺ हैं। (अबू नईम)

दरख़्त ने हुज़ूर ﷺ की रिसालत की गवाही दी

हज़रत इब्ने उमर رضي الله عنه ने फ़रमाया कि एक सफ़र में हम नबी करीम ﷺ के साथ थे। एक आराबी आगे बढ़ा जब नज़दीक हुआ तो रसूलुल्लाह ﷺ ने उस से फ़रमायाः– क्या तुम गवाही देते हो कि''नहीं है कोई माबूद मगर अल्लाह''जो अकेला है, जिस का कोई शरीक नहीं, और बेशक मुहम्मद मुस्तफ़ा उस के बन्दे और उस के रसूल हैं? उस ने कहा :– जो आप फ़रमा रहे हैं। उस की और कौन गवाही देता है?

फ़रमाया कि केकर का यह दरख़्त, फिर रसूलुल्लाह ﷺ ने उसे बुलाया और जो वादी के किनारे पर था। वह ज़मीन को चीरता हुआ आप की जानिब बढ़ा यहाँ तक कि आप के सामने आ खड़ा हुआ। आपने तीन दफ़ा उस से गवाही ली और उस ने तीन मर्तबा उसी तरह कहा जैसे आप ने फ़रमाया और फ़िर अपने उगने की जगह की तरफ़ लौट गया। (दारमी)

मशकीज़ा में हाथ डाला तो दस्ते मुबारक से पानी जारी हो गया

हज़रत इब्ने अब्बास رضي الله عنه से रिवायत है कि नबी करीम ﷺ ने हज़रत बिलाल رضي الله عنه को बुलाया और उन से पानी मांगा उन्हों ने कहा पानी नहीं है आप ने दरयाफ्त फ़रमाया कोई मशकीज़ा है बिलाल आप के पास मशकीज़ा लाए आप ने अपने दोनो हाथ उस में फ़ैला दिए। आप के दस्ते मुबारक के नीचे से चश्मा जारी हो गया इब्ने मसऊद رضي الله عنه और हुज़ूर ﷺ ने उस पानी को पिया और सब लोगों ने वज़ू किया।(दारमी)

मशकीज़े का पानी दुध बन गया

सालिम बिन अबिल जअ़द से रिवायत है कि एक मर्तबा रसूलुल्लाह ﷺ ने सहाबा ए किराम رضي الله عنهم को ज़ादराह के लिऐ एक मशकीज़ा पानी का दिया जिस का मुंह बंद था और दुआ दी रास्ते में एक मुक़ाम पर सहाबा ए

किराम अपनी सवारियों से उतरे तो देखा कि उस मशक का पानी दुध बना हुआ है। उस के मुंह पर मक्खन के आसार भी थे। (इब्ने सअ़द)

खुश्क कुवें में पानी जारी हो गया

हज़रत बरा बिन आज़ि ؓ से रिवायत है कि हुदैबिया के रोज़ हम रसूलुल्लाह ﷺ के हमराह चौदा सो अफ़राद थे और हुदैबिया में एक कुवॉ है हम ने उस का पानी निकाला तो एक क़तरा भी बाक़ी नहीं छोड़ा। नबी करीम ﷺ तक यह ख़बर पहुंची तो आप तशरीफ़ लाऐ और उस की मुंडेर पर जलवा अफरोज़ हो गऐ। फ़िर आप ने पानी का बरतन मंगाया, वजू किया फ़िर कुल्ली की और दुआ फ़रमाई। फ़िर वह उस में डाल दिया फ़िर फ़रमाया कि घड़ी भर उसे रहने दो। पस लोगों ने खूब पिया और सवारों को भी पिलाया यहॉ तक कि कूच कर आऐ। (बुखारी)

कुवें से खुशबू आने लगी

कुछ लोग एक कुंवे से एक डोल पानी आप ﷺ की खिदमत में ले आऐ आप ने उस डोल के पानी से कुछ पी लिया और थोड़ासा लुआ़बे दहन उस मे डाल दिया। उस डोल को उसी कुवें में डाल दिया उस से खुशबू आने लगी। (शवाहिदुन नबुवत)

मोहम्मद का हक़ के साथ मबऊस होना (भेजा जाना)

हज़रत यअ़ला बिन मुर्रा तक़फ़ी ؓ से रिवायत है जब हम आप ﷺ के साथ सफ़र कर रहे थे तो मैंने मोहम्मद ﷺ से तीन चीज़ें देखीं उनमें से दो यह हैं।

1) एक ऊँट के पास से गुज़रे जिस पर पानी लाया जाता था जब ऊँट ने आप को देखा तो बिलबिलाया और अपनी गर्दन झुकादी। नबी करीम उस के पास ठहर गये और फरमाया कि इस ऊँट का मालिक कहाँ है? वह हाज़िरे बारगाह हुआ तो आप ने फरमाया इसे बेच दो अर्ज़ गुज़ार हुआ कि या रसूलल्लाह ﷺ यह आप की खिदमत में तोहफा पेश किया है। यह उन घर वालों का है जिन का इस के सिवा और कोई ज़रिया–ए–मआश नहीं फरमाया कि तुम ने तो अपना मुआमला बयान कर दिया लेकिन इसने काम

ज़्यादा लेने और चारा थोड़ा देने की शिकायत की है इस के साथ अच्छा सुलूक करना.....

2) फिर हम चल पड़े यहाँ तक कि एक मंज़िल पर उतरे और नबी करीम सो गऐ तो एक दरख़्त ज़मीन को चीरता हुआ आया और आप पर साया फगन हो गया फिर वापस चला गया जब रसुलुल्लाह ﷺ बेदार हुऐ। तो आप से इस बात का ज़िक्र किया गया फरमाया कि उस दरख़्त ने अपने रब से इजाज़त चाही थी कि रसूलुल्लाह ﷺ को सलाम करे तो उसे इजाज़त मिल गई।

☆ ☆ ☆

आलमे जिन्नात व फरिश्तों के मोजज़े

(Miracles of the World of Jinn and Angels)

आसमान से दो फ़रिश्तों का नुज़ूल

हज़रत अबु ज़र गिफ़ारी رضي الله عنه से रिवायत है कि रसूलुल्लाह ﷺ ने फ़रमाया कि एक दफ़आ मैं जा रहा था कि आसमान से दो फ़रिश्ते उतरे। एक ने दुसरे से मेरी तरफ़ इशारा करते हुए पुछा क्या यह वही हैं? दुसरे ने कहा "हॉ यह वही हैं" फ़िर उन में से एक फरिश्ते ने मुझे एक आदमी के साथ वज़न किया तो मेरा पल्ला भारी रहा फ़िर दस से फ़िर सौ से फ़िर हज़ार आदमियों से वज़न किया हर मर्तबा मेरा पल्ला भारी रहा दुसरे फ़रिश्ते ने उस से कहा कि अगर उन की तमाम उम्मत को एक पलरे में रखो और उन को दुसरे में तब भी उन का पल्ला ही भारी रहेगा। (सुनन दारमी)

हज़रत जिब्राइल का अपनी सूरत में तशरीफ़ लाना

अम्मार बिन यासिर رضي الله عنه से रिवायत है कि हज़रत हमज़ा رضي الله عنه ने नबी करीम ﷺ से अर्ज़ किया कि मुझे जिब्राईल को उन की अस्ल सूरत में दिखा दीजिऐ आप ने फ़रमाया कि अच्छा बैठ जाओ हमज़ा رضي الله عنه बैठे हज़रत जिब्राईल काबा पर उतरे तो हुज़ूर ﷺ ने हमज़ा से फ़रमाया कि नज़र उठा

कर देखो हमज़ा ने नज़र उठा कर जिब्राईल को ज़मर्द सब्ज़ की तरह चमकता हुआ देखा तो बेहोश कर गिर पड़े। यह भी मोअजेज़ा है कि जिस को एक दफ़आ इंसान देख कर बेहोश हो जाए उसे रसूल ने बारहा देखा। (तब्क़ाते इब्ने सअ़द)

दीन की बातें सिखाने के बारे में एक और रिवायत

हज़रत अबु हुरैरा ؓ से रिवायत है कि एक मर्तबा नबी करीम ﷺ बाहर लोगों में तशरीफ़ फ़रमा थे कि आप के पास एक शख़्स आया उस ने आप ﷺ से पुछाः–

1) बताओ ईमान क्या है? आप ने फ़रमाया अल्लाह तआ़ला पर उस के फ़रिश्तों पर उस की किताबों पर और उस के रसूलों पर ईमान लाना और क़यामत के दिन पर ईमान रखना।

2) उस ने पुछा कि इस्लाम क्या है? आप ﷺ ने फ़रमाया अल्लाह की इबादत की जाए किसी को उस का शरीक न ठहराया जाए नमाज़ क़ायम की जाए ज़कात अदा की जाए और रमज़ान के रोज़े रखे जाऐं।

3) उस ने कहा एहसान क्या है? आप ﷺ ने फ़रमाया अल्लाह की इबादत इस तरह की जाए कि तुम उसे देख रहे हो और अगर ऐसा ना कर सको तो यह समझो कि वह तुम्हें देख रहा है।

4) उस ने पुछा कि क़यामत कब आऐगी? आप ﷺ ने फ़रमाया जिस से सवाल किया गया है वह सवाल करने वाले से ज़्यादा नहीं जानता अल–बत्ता मैं तुम्हें अलामाते क़यामत बताता हूँ जब लौन्डी अपनी मालिका को जनेगी और सियाह ऊँटों के चराने वाले बुलन्द इमारतें बनाऐंगे। पॉच उमूर को अल्लाह के सिवा कोई नहीं जानता जब वह शख़्स चला गया आप ﷺ ने फ़रमाया कि उसे वापस बुला लाओ। लोगों ने जाकर देखा तो किसी को नहीं पाया आप ﷺ ने फ़रमाया कि यह जिब्राईल थे जो तुम्हें तुम्हारे दीन की बातें सिखाने आऐ थे। (मुस्लिम, बुखारी)

जंगे बदर में आसमान से फरिश्तों (मलाएका) का नाज़िल होना

हज़रत हुवैतब ؓ फ़रमाते हैं कुरैश के उन बड़े लोगों में से जो अपनी क़ौम के दीन पर फ़तहे मक्का तक बाक़ी रह गए थे, उन्हें इतनी कराहियत और अज़ियत नहीं पहुंची थी जितनी कि मुझे पहुंची थी लेकिन

तक़दीरी बात होकर रहती है मैं बदर की लड़ाई में भी मुश्रेकीन के साथ था मैंने ब चश्मे खुद देखा था कि मलाएका (फरिश्ते) आसमान से लड़ाई के लिये उतर रहे हैं और ज़मीन व आसमान के दरमियान चक्कर लगा रहे हैं मैंने उसी वक़्त कहा था कि इस आदमी की मुहम्मद ﷺ हिफ़ाज़त की गई है और जो कुछ मैंने देखा था उस का तज़्किरा किसी से न किया, चुनान्चा हम शिकस्त खाकर मक्का मुअ़ज़्ज़मा वापस हुए मैं मक्का में ठहरा रहा और कुरैश एक–एक दो–दो करके इस्लाम लाते रहे सुलह हुदैबिया के दिन भी मैं मौजूद था और उस मुआम्ले में हिस्सा ले रहा था, यहाँ तक कि वह सुलह नामा पुरा हुआ और उस मुसालिहत ने भी इस्लाम में तरक़्क़ी ही दी जिस चीज़ का अल्लाह पाक इरादा करता है वह होकर रहती है हुदैबिया के सुलह नामा का आखरी गवाह मैं भी था और मैंने अपने जी में कहा था कुरैश को मुहम्मद की जानिब से वही देखना होगा जो कुरैश को बुरी लगती है कुरैश की हालत इतनी कमज़ोर हो चुकी थी कि हमला तो क्या करते नेज़े के ज़रिये मुदाफ़िअ़त ही कर लेना उन के लिये बड़ी बात थी।

सहल बिन अमर ؓ ऑखों देखा हाल बयान फ़रमाते हैं कि जंगे बदर में बहुत से गोरे चिट्टे आदमी चित–कबरे घोड़ों पर सवार मुझे नज़र आये उनका मुक़ाबला कोई नहीं कर सकता था। यह फ़रिश्ते थे जो सहल को नज़र आये थे जो हुज़ूर और सहाबा की मदद के लिये भेजे गए थे। जैसा कि कुरआन में इस का ज़िक्र आया है। (बहेक़ी)

अहले ताइफ़ को तबाह करने के लिये फ़रिश्तों का नुज़ूल

रसूले अकरम ﷺ अहले ताइफ़ को दाअ़वते हक़ देने तशरीफ़ ले गये लेकिन उन लोगों ने न सिर्फ़ उस दाअ़वत को रद कर दिया बल्कि हुज़ूर ﷺ और आप के साथी हज़रत ज़ैद बिन हारसा पर पत्थर बरसाए यहाँ तक कि वह लहू–लहान हो गये आप ﷺ जब ताइफ़ से वापस आरहे थे तो उन लोगों की शक़ावत और बद–बख़्ती से दिल शिकस्ता थे। जब आप क़िर्नुश्शआलिब के मुक़ाम पर पहुंचे तो देखा कि बादल का एक टुकड़ा आप पर साया किये हुए हैं। यकायक उस में से एक फ़रिश्ता नमूदार हुआ और उस ने पुकार कर कहाः–

या मोहम्मद ﷺ मैं मलेकुल जिबाल (पहाड़ों पर मवक्कुल) हूँ अल्लाह तआ़ला ने मुझे आप की तरफ़ भेजा है अगर आप इजाज़त दें तो मैं

पहाड़ों को अहले ताइफ़ पर उलट दूँ।

एक दुसरे रिवायत में है कि यह हज़रत जिब्राईल थे और उन्हों ने हुज़ूर से कहा था कि अगर आप हुक्म दें तो मैं कोहे उहद के नीचे अहले ताइफ़ को कुचल डालूँ।

हुज़ूर ने फ़रमाया नहीं शायद उन की नस्ल से कोई खुदाए वाहिद की प्रस्तिश करने वाला पैदा हो। (सहीह बुखारी)

ग़ज़वाए हुनैन में मुट्ठी भर मिट्टी फेंकना

हज़रत सल्मा बिन उकूअ ﷺ से रिवायत है कि रसूलुल्लाह सल्ल.. के साथ में हम ने ग़ज़वाए हुनैन किया तो रसूलुल्लाह ﷺ के बाज़ सहाबा पीठ फेर गये जब रसूलुल्लाह ﷺ का घेराओ कर लिया गया तो आप ख़च्चर से उतर पड़े फ़िर ज़मीन से एक मुट्ठी मिट्टी ली और उन के चेहरों पर मारी पस उन में से अल्लाह तआ़ला ने कोई आदमी पैदा नहीं किया मगर उस की ऑखों में वह मुट्ठी वाली मिट्टी पहुंची तो वह पीठ फेर कर भाग गये और अल्लाह तआ़ला ने उन्हें शिकस्त दी और रसूलुल्लाह ﷺ ने उन के माले ग़नीमत को मुसल्मानों में तक़सीम फ़रमाया। (मुस्लिम)

जिन्नात का इस्लाम क़बुल करना

एक शब नबी करीम ﷺ वादीऐ नख़्ला में नमाज़े तहज्जुद में मशग़ूल थे। आप ने कुरआन हकीम की तिलावत की तो नसीबीन के सात जिन आप के पास से गुज़रे और कुरआन करीम की तिलावत सुना। बाद अज़ॉ नसीबीन से एक और जिन्नों की जमाअ़त हजुर ﷺ की खिदमत में हाज़िर हुई। उस वक़्त हुज़ूर ﷺ अपने सहाबा के साथ तशरीफ़ फ़रमा थे। हुज़ूर ﷺ ने फ़रमाया तुम में से एक ऐसा इंसान जिस के दिल में ज़र्रा भर भी कीना ना हो मेरे साथ चले। हज़रत अब्दुल्लाह बिन मसऊद उठे और हुज़ूर ﷺके नबीज़ से भरे हुऐ लोटे को पानी से भरा हुआ ख़्याल करके साथ ले गये। हुज़ूर ﷺमक्का मुअ़ज़्ज़मा से बाहर एक ऊँची जगह पर आऐ और एक खत खींच कर हज़रत अब्दुल्लाह बिन मसऊद से फ़रमाया कि इस खत से बाहर ना आना और किसी चीज़ से डरना मत। हज़रत अब्दुल्लाह बिन मसऊद का बयान है कि मैं उस खत के दरमियान में बैठा रहा और दूर से

मज्लिस को देखता रहा जब हुजूर ﷺअहले मज्लिस के नज़दीक पहुंचे तो वह अहतेरामन खडे हो गये और आप की खिदमत बला लाऐ। हुजूर ﷺ सुबह तक उन के पास रहे। फ़िर मेरे पास आऐ और फ़रमाया और अब्दुल्लाह बिन मसऊद! तुम यहॉ बहुत देर बैठे हो । मैं ने अर्ज़ की हुजूर! क्यूँ न बैठूँ। आप के हुक्म की इत्तेबाअ़ सआ़दत दारैन है। फिर उन अफ्राद में से दो आदमी आप के पास आऐ। रसूलुल्लाह ﷺ ने फ़रमाया कि मैं ने तुम्हारी ज़रूरियात को पूरा कर दिया है। अब किस लिये आऐ हो? उन्हों ने अर्ज़ की हम आप के पीछे नमाज़ पड़ने के लिये आऐ हैं।

जिन्नात का हुजूर ﷺ की तलाश में आना

रसूले अकरम ﷺ ने जब दावते हक़ का आग़ाज़ फ़रमाया तो आप वक़्तन फ़वक़्तन मुख़्तलिफ़ क़बाइल के पास तशरीफ़ ले जाते थे और उन्हें दीने हक़ की तरफ़ बुलाते थे। इसी ग़र्ज़ के लिये हुजूर ﷺ अक्काज़ के मेले मे भी तशरीफ़ ले जाते जहॉ अरब के बीसियों क़बाइल जमा होते थे। एक दफ़ा हुजूर ﷺ अक्काज़ के मेले में तब्लीग़े हक़ के लिये रवाना हुऐ। नख़्ला के मुक़ाम पर पहुंचे तो रात हो गई। हुजूर ﷺ ने वहीं क़याम फ़रमाया। सुब्ह के वक़्त हुजूर ﷺ अपने साथियों के साथ नमाज़े फजर में मस्रूफ़ थे और जहर के साथ कुरआन मजीद की तिलावत फ़रमा रहे थे कि वहॉ से जिन्नों की एक जमाअ़त का गुज़र हुआ। यह लोग तहामा से उस नूरे हक़ की तलाश के लिये रवाना हुऐ थे जब उन्हों ने कुरआन हकीम की आयात सुनीं तो बे इख़्तियार पुकार उठे कि यही वह नूरे हक़ है जिस की अलामात सितारों में नमूदार हुई हैं चुनान्चे जिन्नों की यह जमाअ़त रसूले अकरम ﷺ पर ईमान लाई और फ़िर अपने वतन जाकर अपनी क़ौम को नबी आखिरूज ज़मॉ के ज़हूर की बशारत सुनाई। (मुस्लिम)

जिन्नों ने हुजूर ﷺ को सलाम भेजा

जअ़द बिन क़ैस मुरादी ؓ से रिवायत है कि हम चार आदमी अपने वतन से हज्जे बैतुल्लाह के लिये रवाना हुऐ। रास्ते में यमन के एक जंगल से हमारा गुज़र हुआ। एक जगह नागहॉ किसी पुकारने वाले की आवाज़ सुनी कि ऐ राह जाने वाले सुनो जब तुम ज़मज़म और हतीम पर पहुंचो तो

मुहम्मद ﷺ को हमारा सलाम पहुंचाना जिन को अल्लाह ने रसूल बना कर भेजा है और हमारी तरफ़ से अर्ज़ करना कि हम आप ﷺ के दीन को क़बूल करते हैं क्यूँकि हमें मसीह इब्ने मरयम अ.स. ने यही वसीयत की थी।

हुज़ूर ﷺ की नबुवत की खबर जिन ने फ़ैलाई

जुबाब बिन हारिस رضي الله عنه कहते हैं एक जिन से मेरी आशनाई थी वह गैब की ख़बरें बताया करता था एक दिन वह जिन मेरे पास आया और मैंने उस से कुछ सवाल किया उस ने हसरत से मेरी तरफ देख कर कहा ऐ जुबाब! तअज्जुब ख़ेज़ बात सुन ले कि मुहम्मद ﷺ अल्लाह की किताब लेकर मक्का में भेजे गये हैं लोगों को अच्छी बातों की तरफ़ बुलाते हैं लेकिन लोग उन की बातें नहीं मानते। मैंने कहा कि मेरा सवाल कुछ और है और तुम्हारा जवाब कुछ और। यह सुन कर जिन ने कहा कि अच्छा तुम जल्दी ही मेरी बात समझ लोगे। यह कह कर वह चला गया चंद ही रोज़ के बाद नबी करीम ﷺ की नबुवत की ख़बर हम को पहुंची। (इब्ने शाहीन)

☆ ☆ ☆

मोहम्मद ﷺ के आसमानी मोजज़े

(Heavenly Miracles of Muhammad ﷺ)

सूरज पलट आया

हुज़ूरे अक़्दस ﷺ के आस्मानी मुअ़जिज़ात में सूरज पलट आने का मुअ़जिज़ा भी बहुत ही अ़ज़ीमुश्शान मुअ़जिज़ा और सदाक़ते नुबूव्वत का एक वाज़ेह तरीन निशान है। इस का वाक़िआ़ ये है कि हज़रते बीबी अस्मा बिन्ते उ़मैस ﷺ का बयान है कि ''ख़ैबर'' के क़रीब ''मंज़िल सहबा'' में हुज़ूर ﷺ नमाज़े अ़सर पढ़ कर हज़रते अ़ली ﷺ की गोद में अपना सरे अक़्दस रख कर सो गए और आप पर वह़ी नाज़िल होने लगी। हज़रते अ़ली ﷺ सरे अक़्दस को अपनी आग़ोश में लिए बैठे रहे यहाँ तक सूरज ग़ुरूब हो गया। और आप की नमाज़े अ़सर क़ज़ा हो गई। जब वह़ी ये ख़त्म हुई और आप ने अपना सरे अक़्दस उठाया और आप को ये मालूम हुआ कि हज़रते अ़ली ﷺ की नमाज़े अ़सर क़ज़ा हो गई तो आप ने ये दुआ़ फ़रमाई कि ''या अल्लाह! यक़ीनन अ़ली तेरी और तेरे रसूल की इताअ़त में था। लिहाज़ा तू सूरज को वापस लौटा दे ताकि अ़ली नमाज़े अ़सर अदा कर लें।''

हज़रते बीबी अस्माअ़ बिन्ते उ़मैस कहती हैं कि मैंने अपनी आँखों से देखा कि डूबा हुआ सूरज पलट आया और पहाड़ों की चोटियों पर और ज़मीन के ऊपर हर तरफ़ धूप फ़ैल गई। (ज़रक़ानी जि.5 स.113 व शिफ़ा जि.1 स.185 व मदारिजुन्नुबूवा जि.2 स.257)

सूरज ठहर गया

हुज़ूरे अक़्दस ﷺ के आस्मानी मुअ़जिज़ात में से सूरज पलट आने के मुअ़जिज़ा की तरह चलते हुए सूरज का ठहर जाना भी एक बहुत ही अ़ज़ीम मुअ़जिज़ा है। जो मेअ़राज की रात गुज़र कर दिन में वक़ूअ़ पज़ीर हुआ चुनान्चे यूनुस बिन बुकीर ने इब्ने इस्हाक़ ने रिवायत की है कि जब कुफ़्फ़ारे कुरैश ने हुज़ूरे अक़्दस ﷺ से अपने उस क़ाफ़िला के हालात दर्याफ़्त किए जो मुल्के शाम से मक्का आ रहा था। तो आप ने फ़रमाया कि हाँ। मैंने तुम्हारे उस क़ाफ़िला को बैतुल मुक़द्दस के रास्ते में देखा है और वो

बुध के दिन मक्का आ जाएगा चुनान्चे कुरैश ने बुध के दिन शहर से बाहर निकल कर अपने क़ाफ़िला की आमद का इन्तिज़ार किया। यहाँ तक कि सूरज गुरूब होने लगा और क़ाफ़िला नहीं आया। उस वक़्त हुज़ूर ﷺ ने बारगाहे इलाही में दुआ मांगी। तो अल्लाह तआला ने सूरज को ठहरा दिया और एक घड़ी दिन को बढ़ा दिया। यहाँ तक कि वो क़ाफ़िला आन पहुंचा। (ज़रक़ानी जि.5 स.116 व शिफ़ा जि.1 स.175)

चाँद के 2 टुकडे कर दिये

शक्कुल क़मर का वाक्या जो बहुत ही मशहूर हुआ है। जिसके चरचे पुरे अरब में पहले से ही थी। ये मोजज़ा मोहम्मद ﷺ ने किया है, यह मोजज़ा आपकी मक्की ज़िंदगी का है। अबु–जहल ने आप से कहा था ऐ मोहम्मद ﷺ तुम तो जादुगर हो, शजर–हजर (पेड़–पत्थर) पर तुम्हारा जादू खुब चलता है, ज़रा इस चाँद के दो टुकड़े करो। अगर तुम सच्चे नबी हो। क्योकि वह जानते थे किसी भी दुनियवी जादुगर का जादू कुदरत की चीज़ों पर नहीं चलता है। फ़िर क्या था आप ने चाँद को अपनी उंगली से इशारे से दो टुकड़ों में तक़सीम कर दिया। अबु जहल और कुफ्फ़ार ए मक्का घबरा गये और भागने लगे। कहते जाते मोहम्मद ﷺ तो बहुत ही बड़ा जादुगर है। (मआज अल्लाह) दर असल अल्लाह ने उनको ईमान से महरूम रखना था। इस वाक्या की गुँज पुरे आज़म मे उस वक़्त हुई।

हिन्दुस्तान का राजा चेरामन भी उस रात अपनी छत पर खड़ा था, वह ये मंज़र देखकर हैरान हुआ। उसने अरब ताजिरों से इस का जिक्र किया, तो उन्होंने बताया अ़रब में कोई नबी आया है उन्होंने ही ये किया है। फ़िर राजा साहब नबी करीम ﷺ से मिलने गये।

जब आप पहुंचे तो मोहम्मद ﷺ ने आप से राजा साहब की ज़बान में बात की और आप के सवाल करने से पहले ही आप ने दिल का हाल राजा चेरामन को बता दिया। फिर क्या था राजा चेरामन ने इस्लाम कुबुल किया। और मुल्के हिंद वापस आ कर तबलीग़ शुरू करदी।

मोहम्मद ﷺ की दुआ से बारिश बरसना

मोहम्मद ﷺ की दुआओं से कई बार बारिश बरसी है। एक मिसाल मुलाहिज़ा फरमाऐं... जब आपने गज़वाऐ तबुक में बारिश की दुआ की तो फौरन बारिश बरसने लगी।

मोजेज़ा मेराजुन नबी ﷺ

मेराजुन्नबी ﷺ वो वाक्या है जो अक़्ले इंसानी से बिलकुल परे है इंसानी अक़्ल जो हद रखती है (Limitation's) उसके वहमो–गुमान से परे है, और यह वो इज़ाजे खुदा है जो मुहम्मद ﷺ से पहले अल्लाह रब्बुल आलमीन ने किसी भी आदमी को किसी भी नबी को नहीं अता किया है। मुहम्मद ﷺ वाहिद (Single) हस्ती है जिनको अल्लाह ने खुद अपने पास मिलने बुलाया और राज़–नियाज़ की बातें हुई, और फ़िर मुहम्मद ﷺ को वापस भेज दिया गया। इस वाक्ये का ज़िक्र अल्लाह रब्बुल आलमीन ने कुरआन में कुछ इस तरह किया है :– (सुरह इस्राअ 17:1)

तर्जुमा : पाकी है उसे जो अपने बन्दे को रातों रात लेगया मस्जिदे हराम से मस्जिदे अक़सा तक, जिसके इर्द–गिर्द हमने बरकत रखी है के हम उसे अपनी अज़ीम निशानियाँ दिखाऐं। बेशक वह सुनता देखता है।

मेराज का वाक्या नुजुले वही के बाद, हिजरत से पहले मक्का (शरीफ़) में रजब के महीने में हुआ था।

हज़रत मालिक बिन सअ़सा (रजिअल्लाहो अन्हो) से रिवायत की है कि नबी करीम ﷺ ने शबे मेराज के वाक़ेआ़त बयान करते हुऐ फ़रमाया। मैं ह़तीम में था और कई दफ़ा रावी ने कहा कि ह़जर में लेटा हुआ था कि मेरे पास एक आने वाला आया (जिब्राईल अलैहिस्सलाम) और मेरे जिस्म को इस मुक़ाम से उस मुक़ाम तक चीरा यानी ह़लक़ की घुंडी से मोटे ज़ेरे नाफ़ तक और मेरे दिल को निकाला फ़िर सोने का एक तश्त लाया गया जो ईमान से भरा हुआ था और मेरे दिल को धोया और भरपूर करके उसी जगह रख दिया गया एक रिवायत में है कि मेरे पेट को आबे ज़म ज़म से धोया गया और ईमान व हिकमत से भर दिया गया फ़िर मेरे पास एक जानवर को लाया गया जो खच्चर से छोटा और गधे से बड़ा रंग सफ़ेद था जिस को बुराक़ कहा जाता है हद्दे नज़र पर उस का एक क़दम पड़ता है पस मुझे उस पर सवार किया गया।

साबित बनानी ने हज़रत अनस (रजिअल्लाहो अन्हो) से रिवायत की है कि रसूलुल्लाह ﷺ ने फ़रमाया मेरे पास बुराक़ लाया गया जो सफ़ेद और तवील जानवर है गधे से बड़ा और खच्चर से छोटा हद्दे नज़र पर एक कदम रखता है मैं उस पर सवार होकर बैतुल मुक़द्दस पहुंचा तो उसे एक

हलके से बांध दिया जिस से दुसरे अम्बिया बांधा करते थे फ़िर मैं मस्जिद में दाखिल हुआ। तो मैं ने तमाम अंबिया, जो वहाँ पहले से मौजूद थे। मैंने तमाम अंबिया को 2 रकात नफ्ल नमाज़ पढ़ाई। फ़िर बाहर निकला तो जिब्राईल दो बरतन लेकर आऐ एक बरतन में शराब थी और दुसरे में दूध। मैंने दूध को इख्तेयार किया जिब्राइल ने कहा कि आप ने फ़ितरत को इख्तेयार फ़रमाया है फ़िर मुझे लेकर आसमान की तरफ़ चढ़े।

जिब्राईल मेरे साथ चले यहाँ तक कि आसमाने दुनिया आ गयी उसे खोलने के लिये कहा तो पूछा गया कि कौन है फ़रमाया कि जिब्राईल कहा गया कि आप के साथ कौन हैं? फ़रमाया कि मुहम्मद मुस्तफ़ा ﷺ हैं कहा क्या उन्हें बुलाया गया है? फ़रमाया हाँ, कहा गया कि खुश आमदीद, अच्छा आने वाला आया और खोल दिया गया, जब मैं अंदर दाखिल हुआ तो वहाँ हज़रत आदम (अलैहिस्सलाम) थे। कहा गया कि यह आप के जद्दे अमजद हज़रत आदम (अलैहिस्सलाम) हैं इन्हें सलाम कर लीजिऐ। पस मैं ने सलाम किया और उन्हों ने जवाब दिया फ़िर कहा अच्छे बेटे और अच्छे नबी को खुश आमदीद फ़िर मुझे लेकर चढ़े यहाँ तक कि...

दूसरा आसमान आ गया। उसे खोलने के लिये कहा गया पूछा गया कि कौन हैं? फ़रमाया जिब्राईल हूँ कहा गया कि आप के साथ कौन हैं? फ़रमाया मुहम्मद मुस्तफ़ा ﷺ हैं कहा गया कि उन्हें बुलाया गया है फ़रमाया हॉ कहा कि खुश आमदीद अच्छा आने वाला आया। और खोल दिया गया जब मैं दाखिल हुआ तो हज़रत ईसा (अलैहिस्सलाम) और हज़रत यहया (अलैहिस्सलाम) दोनों ख़ाला ज़ाद भाई थे कहा कि यह हज़रत यहया (अलैहिस्सलाम) और हज़रत ईसा (अलैहिस्सलाम) हैं दोनों को सलाम कर लीजिये मैंने सलाम किया और दोनों ने जवाब दिया फ़िर कहा कि सालेह (नेक) भाई और सालेह नबी खुश आमदीद फ़िर मुझे लेकर.

तीसरे आसमान की तरफ़ चढ़ने और खोलने के लिये कहा। पूछा गया कि कौन है? फ़रमाया कि जिब्राईल हूँ कहा गया कि आप के साथ कौन हैं? फ़रमाया कि मुहम्मद मुस्तफ़ा ﷺ हैं कहा गया कि क्या उन्हें बुलाया गया है? फ़रमाया हॉ कहा गया कि खुश आमदीद अच्छा आने वाला आया पस खोल दिया गया और मैं दाखिल हुआ तो वहॉ हज़रत यूसुफ़ (अलैहिस्सलाम) थे कहा कि यह हज़रत यूसुफ (अलैहिस्सलाम) हैं इन्हें सलाम कर लीजिऐ मैंने सलाम किया और उन्हों ने जवाब दिया फ़िर कहा

खुश आमदीद सालेह भाई सालेह नबी। फ़िर मुझे लेकर...

चौथे आसमान तक पहुंचे और खोलने के लिये कहा गया, फिर पूछा गया कौन है? फ़रमाया कि जिब्राईल हूँ कहा गया कि आप के साथ कौन हैं? फ़रमाया कि मुहम्मद मुस्तफ़ा ﷺ हैं कहा गया कि क्या उन्हें बुलाया गया है? फ़रमाया हॉ कहा गया कि खुश आमदीद, अच्छा आने वाला आया पस खोल दिया गया और मैं अंदर दाखिल हुआ तो वहॉ हज़रत इदरीस (अलैहिस्सलाम) थे कहा कि यह हज़रत इदरीस (अलैहिस्सलाम) हैं इन्हें सलाम कर लीजिये पस मैं ने सलाम किया और उन्हों ने जवाब दिया फ़िर कहा खुश आमदीद, सालेह भाई सालेह नबी। फ़िर मुझे लेकर...

पाँचवां आसमान तक लेकर चढ़े और खोलने के लिये कहा गया पूछा गया कौन है? फ़रमाया कि जिब्राईल हूँ कहा गया कि आप के साथ कौन हैं? फ़रमाया कि मुहम्मद मुस्तफ़ा ﷺ हैं कहा गया कि क्या उन्हें बुलाया गया है? फ़रमाया हाँ कहा गया कि खुश आमदीद, अच्छा आने वाला आया पस खोल दिया गया और मैं अंदर दाखिल हुआ तो वहाँ हज़रत हारून (अलैहिस्सलाम थे, कहा कि यह हज़रत हारून (अलैहिस्सलाम) हैं इन्हें सलाम कर लीजिये पस मैं ने सलाम किया और उन्हों ने जवाब दिया फ़िर कहा खुश आमदीद, सालेह भाई सालेह नबी। फ़िर मुझे लेकर...

छटे आसमान तक गये और खोलने के लिये कहा, पूछा गया कौन है? फ़रमाया कि जिब्राईल हूँ कहा गया कि आप के साथ कौन हैं? फ़रमाया कि मुहम्मद मुस्तफ़ा ﷺ हैं कहा गया कि क्या उन्हें बुलाया गया है? फ़रमाया हाँ कहा गया कि खुश आमदीद, अच्छा आने वाला आया पस खोल दिया गया और मैं अंदर दाखिल हुआ तो वहाँ हज़रत मुसा (अलैहिस्सलाम) थे कहा कि यह हज़रत मुसा (अलैहिस्सलाम) हैं इन्हें सलाम कर लीजिये पस मैं ने सलाम किया और उन्हों ने जवाब दिया फ़िर कहा खुश आमदीद, सालेह भाई सालेह नबी। आगे बढ़ा तो वह रोऐ कहा गया कि आप किस बात पर रोऐ? फ़रमाया कि यह नौजवान मेरे बाद मबऊस फ़रमाऐ गये और मेरी उम्मत की निस्बत इन की उम्मत के ज़्यादा लोग जन्नत में दाखिल होंगे। फ़िर मुझे...

सातवें आसमान तक ले गये और खोलने के लिये कहा गया फिर पूछा गया कौन है? फ़रमाया कि जिब्राईल हूँ कहा गया कि आप के साथ कौन हैं? फ़रमाया कि मुहम्मद मुस्तफ़ा ﷺ हैं कहा गया कि क्या उन्हें बुलाया गया है? फ़रमाया हॉ कहा गया कि खुश आमदीद, अच्छा आने

वाला आया। मैं अंदर दाखिल हुआ तो वहाँ हज़रत इब्राहीम (अ.स.) थे कहा कि यह आप के बाप हज़रत इब्राहीम(अ.स.) हैं इन्हें सलाम कर लीजिये पस मैं ने सलाम किया और उन्हों ने जवाब दिया फ़िर कहा खुश आमदीद, सालेह बेटे और सालेह नबी। फ़िर मुझे सिदरतुल–मुंतहा तक ले जाया गया जिस के बेर हजर के घढ़ो जैसे थे और उस के पत्ते हाथी के कानों जैसे कहा कि यह सिदरतुल–मुंतहा है वहॉ चार नहरें थीं दो बातनी और दो ज़ाहेरी मैं ने कहा कि ऐ जिब्राईल यह क्या हैं? कहा कि दोनों बातेनी नहरें तो जन्नत में हैं जबकि ज़ाहेरी नहरें नील और फुरात हैं फ़िर मुझे बैतुल–मामुर तक ले गये।

दीदारे खुदा (अल्लाह रब्बुल आलमीन)

मेराज में मुहम्मद ﷺ ने सारी कायनात के खालिक़ ओ मालिक अल्लाह का दीदार किया है। ये तो हस्बे मामूल है ही नही की मेहमान को अपने घर खुद ही इंतेज़ाम देकर बुलाया गया/और उससे मिला ही न जाये, या परदे के पीछे से उससे बात की जाये...बात जिब्राईल अलैहिस्सलाम की है तो मुहम्मद ﷺ ने सैंकड़ों दफ़ा आप को देखा है, जब मुहम्मद ﷺ ने आसमानों का सफ़र किया है, कराने वाला अल्लाह रब्बुल आलमीन है मुहम्मद ﷺ को हदे जिब्राईल अलैहिस्सलाम से आगे बुलाया गया।....

कुरआन में खुद अल्लाह ने बतायाः–.... (सुरह अल–नज्म)

फिर उस जलवे ने क़सद फ़रमाया और वो आसमाने बरी के सबसे बुलंद किनारे पर था, फ़िर वो जलवा नज़्दीक हुआ, फिर खुब उतर आया तो उस जलवे और इस महबूब में दो हाथ का फासला रहा, बल्कि इस से भी कम। अब वही फरमाई अपने बंदे को जो वही फरमाई दिल ने झुठ न कहा जो देखा तो क्या तुम उनसे उनके देखे हुए पर झगड़ते हो और उन्होंने (मुहम्मद ﷺने तो वह जलवा दो बार देखा। सिदरतुल मुन्तहा के पास उसके पास जन्नतुल मावा है। जब सिदरा पर छा रहा था, जो छा रहा था आँख ने किसी तरफ फिरी न हद से बढ़ी। बेशक अपने रब की बहुत बड़ी निशानियाँ देखी। (सुरह नज्म)

फिर अल्लाह रब्बुल आलमीन और मुहम्मद ﷺ के बीच राज़ो–

नियाज़ की बातें हुई। फ़िर मेरी खिदमत में एक शराब का बरतन, एक दुध का बरतन, और एक शहद का बरतन लाया गया। मैंने दुध को इख्तेयार किया कहा कि यह तो फ़ितरत है जिस पर आप हैं और आप की उम्मत रहेगी फ़िर मुझ पर रोज़ाना पढ़ने के लिये पचास नमाजें फ़र्ज़ फ़रमाई गईं मैं वापस लौटा और हज़रत मुसा (अलैहिस्सलाम) के पास से गुज़रा तो कहा आप को किस चीज़ का हुक्म फ़रमाया गया है?

मैंने कहा कि रोज़ाना पचास नमाज़ों का हुक्म फ़रमाया गया है। कहा कि आप उम्मत रोज़ाना पचास नमाज़ें पड़ने की ताक़त नहीं रखती जबकि खुदा की क़सम, मैं आप से पहले लोगों का तजुर्बा कर चुका हूँ और बनी इसराईल को पूरी तरह आज़माया है। अपने रब की तरफ़ लौटये और अपनी उम्मत के लिये तख़्फ़ीफ़ का सवाल किजीये मैं वापस लौटा तो दस कम करदी गईं हज़रत मुसा (अलैहिस्सलाम) की तरफ़ आया तो उन्हों ने वही कहा वापस गया तो दस और कम करदी गईं। हज़रत मुसा (अलैहिस्सलाम) की तरफ़ आया तो उन्हों ने फ़िर वही कहा वापस गया तो दस और कम करदी गईं। हज़रत मुसा (अलैहिस्सलाम) की तरफ़ आया तो उन्हों ने इसी तरह कहा वापस गया तो पॉच आखिर में करदी गईं। हज़रत मुसा (अलैहिस्सलाम) की तरफ़ आया तो कहा कि क्या हुक्म दिया गया है?

मैंने कहा कि मुझे रोज़ाना पांच नमाज़ों का हुक्म दिया गया है कहा कि आप की उम्मत रोज़ाना पॉच नमाज़ों की ताक़त नहीं रखती और मैं लोगों का आप से पहले तजुर्बा कर चुका हूँ और बनी इसराईल को खूब आज़माया है लेहाज़ा अपने रब की बारगाह में हाज़िर होकर अपनी उम्मत के लिये तख़्फ़ीफ़ का सवाल कीजिये आप ने फ़रमाया कि मैं ने अपने रब से इतनी दफ़ा सवाल किया कि मुझे हया आती है लेहाज़ा मैं राज़ी हूं और सर तसलीम ख़म करता हूॅ। रावी का बयान है कि जब आप आगे बढ़े तो आवाज़ आई मैंने अपना फ़ैज़ जारी कर दिया और अपने बन्दों पर तख़्फ़ीफ़ फ़रमादी। (बुखारी)

मेराज में आपकी सवारियाँ

1) मक्का से बैतुल मुकद्दस :बुराक़ है
2) बैतुल मुक़द्दस से पहला आसमान :नुर की सीढ़ियाँ
3) पहले आसमान से सातवे आसमान तक :
जिब्राईल अलैहिस्सलाम के बाज़ूओं पर फिर आगे रफ़—रफ़ पर

☆ ☆ ☆

मेराज और मॉडर्न साइन्स थ्योरी
(Meraj & Modern Science Theory)

अल्लाह रब्बुल आलमीन ने इन्सान को दो बार बहोत ज्यादा Glorify किया है यानी बहोत ही सम्मान और अज़मत दी है क़यामत तक इतनी अज़मत शायद इन्सान को फिर ना मिले।

1) आदम : अल्लाह ने आदम अलैहिस्सलाम को पैदा करके फरिश्तों से जब उनको सजदा करवाया ये बडी अज़मत है आदमी के लिए।

2) मोहम्मद ﷺ अल्लाह ने जब मोहम्मदे अरबी ﷺ को मेराज में खुद से मिलने बुलाया और मुस्तिकबिल (भविष्य) की दुनिया दिखाई और सबसे आला तखलीक (Supreme Creations) भी दिखाई फिर अल्लाह बज़ाते खुद मोहम्मद ﷺ से मुखातिब हुआ और रातो रात ही मोहम्मदे अरबी को दुनिया में वापस भेज दिया।

मेराज

मेराज का अरबी माना बुलंदी, उरूज, जन्नत की सीढ़ी भी होता है। मेराज की रात अल्लाह ने रातोरात (Within short period of time) मोहम्मदे अरबी ﷺ को मक्का से येरूशलम फिर येरूशलम से जन्नत (Heaven) का सफर कराया, यानी आज साईन्स की जुबान में कहें तो मोहम्मदे अरबी ﷺ (Time Travel) करके भविष्य की दुनिया (Future World) में गए थे। खुदा की सबसे आला तख़लीक़ (Supreme Creations) जन्नत–जहन्नम देखने के बाद और फिर अल्लाह रब्बुल आलमीन को भी देखा। मेराज में अल्लाह ने मोहम्मद ﷺ को अपने पास बुलाया था। इस सफरे मेराज में इस्तेमाल वसाईल और वाक्यात का ज़िक्र हम नीचे देखेंगे।

1. जानेवाला : मोहम्मदे अरबी ﷺ
2. बुलानेवाला : अल्लाह रब्बुल आलमीन
3. सवारी : बुराक़

बुराक़ ये अरबी लफ्ज़ है जो बर्क़ से बना है।

बर्क़ यानी रौशनी / बिजली होता है।

बुराक ये बर्क़ का जमा (Plural) है।

इसलिए बुराक को रौशनियों का मजमुआ कहते है। ये कोई नूर से बनी सवारी थी। और आपके साथ में फरिश्ते और जिबराईल अलैहिस्सलाम भी थे।

बुराक के मुतल्लिक बुखारी / मुस्लिम शरीफ से मुखतसर मालूमात हासिल करेंगे।

बुराक कितना बड़ा था : उस जमाने में जब मोहम्मद ﷺ ने बुराक नाम की सवारी का ज़िक्र किया तो लोग चौंक उठे क्योंकि इस से पहले उन्होंने ऐसी किसी सवारी का नाम नहीं सुना था ना देखा था। फिर लोगों ने पूछा बुराक कितना बडा था? तो नबी ﷺ ने बताया कि बुराक खच्चर से छोटा और गधे से थोडा बड़ा था। (उस वक्त पैमाईश के लिए मीटर सेन्टीमीटर का इस्तेमाल नहीं होता था, इसलिए बुराक का साईज बताने के लिए मोहम्मद ﷺ ने मिसाल दी थी)

नोट : बुराक किसी मख़सूस जानवर के जैसा है ये नहीं कहा है, ना उसके पर का जिक्र है ना उसकी शक्ल औरत सी है। यह सब मनगढत बातें हैं। हदीसों में ऐसा कुछ नहीं आया है।

बुराक की रफ्तार (Speed)

बुराक की हद्दे नज़र तक उसका एक कदम पडता था।

Modern Sciences

Einstein की Theory of Relativity $E=mc^2$ साईन्स की अब तक की सबसे जदीद और बड़ी खोज है। साईन्स के हिसाब से कायनात में सबसे तेज रफ्तार रौशनी (Light) की है जो लगभग 3 लाख किलोमीटर प्रति सेकंड रफ्तार से सफर (Travel) करती है।

Theory of Relativity कहती है अगर कोई आदमी Speed of Light से Space (ख़ला) में सफर करेगा तो उसके लिए टाइम रूक जाएगा। इसी को Einstein ने Time Dilation कहा है और कोई वस्तु अगर Speed of Light से Space में सफर करले तो वो भविष्य की दुनिया में प्रवेश कर सकती है। इसी को Time Travel कहते हैं।

रास्ता (Gateway)

कुरआन की सुरह मअरिज देखिये ....

मअरिज का माना ही बुलंदी / उरूज और स्वर्गारोहन (आस्मान पर चढाई करना) होता है। वैसे तो हर रोज ज़मीन पर लाखों की तादाद में फरिश्ते आना जाना करते हैं लाज़िम है वो किसी मख्सूस रास्ते (Gateway) से गुजर कर ही फौरन आना जाना करते हैं।

सुरह मअरिज देखिये ....

'वो होगा अल्लाह की तरफ से जो बुलंदियों का मालिक है,

मलाएका और जिबराईल उसकी (अल्लाह) की बारगाह की तरफ उरूज करते हैं।''

मेराज में मोहम्मदे अरबी ﷺ जिबराईल अ.स. और फरिश्ते पहले आस्मान पर पहोंचे तो उनसे पूछा गया। कौन है? फ़रमाया जिबराईल! फिर पूछा गया आपके साथ कौन है? फरमाया मोहम्मद मुस्तफा ﷺ। कहा गया क्या इन्हें बुलाया गया है? जिबराईल ने फरमाया 'हाँ'। यही सिलसिला सातवें आस्मान तक चलता रहा। यानी सफरे मेराज में जब एक आस्मान से दूसरे आस्मान की तरफ सफर हुआ तो बीच बीच में कुछ जगह इज़ाजत (Permission) ली गई है।

Modern Science

मॉडर्न साईंस कहता है Space में Worm Holes / Black Holes नाम की एक चीज़ है। जिसके अंदर से गुजरने पर Time Travel करना मुमकिन हो सकता है।

वक्त (Time)

कुरआन में अल्लाह कहता है...

''पाक है वो ज़ात जो ले गई अपने बन्दे को रातोरात मस्जिदे–हराम से मस्जिदे–अक़सा तक।'' (सुरह अल ईसरा–17:1)

ये सफर मुखतसर वक्त (Within Short Period of Time) में किया गया था। मिसाल के तौर पर याद करें जब इब्राहीम अलैहिस्सलाम को इस्माईल अलैहिस्सलाम की कुरबानी का हुक्म हुआ और इब्राहीम अलैहिस्सलाम आंख पर पटटी बांधकर इस्माईल अलैहिस्सलाम की कुरबानी करने ही वाले थे आपने छुरी इस्माईल

अलैहिस्सलाम की गर्दन पर रखकर फेरने ही वाले थे, उसी पल खुदा के हुक्म से जिबराईल अलैहिस्सलाम जन्नत से दुंबा लेकर कुरबानी की जगह पहोंच गए और इस्माईल अलैहिस्सलाम को हटाकर दुंबा रख दिया। इब्राहीम अ.स. ने कुरबानी के बाद आंख से पटटी उतारी तो देखा वहां दुंबा कुरबान हुआ है इस्माईल अलैहिस्सलाम नहीं। ज़रा बताईये ये पल भर में किस रफ्तार से जिबराईल अलैहिस्सलाम जन्नत से ज़मीन पर पहोंचे होंगे, जबकि वह दूरी तो कई अरब नूरी साल (Billions of Light Years) की थी। अल्लाहु अकबर!

यहाँ पर हम मुख्तसर सा मोवाज़ना करेंगे

वाक्या–ए–मेराज और Modern Science Theory

Hadis of Meraj		Modern Science
Buraq (Light)	☛	**Light has maximum speed in Universe**
Muhammad Come back in same night	☛	**Time dilation or Twin Paradox**
Muhammad Saw the people in the Heaven & Hell	☛	**Time Travel**
Muhammad Used Gateway while passing through Heaven	☛	**Worm Holes / Black Holes**

नोट : दीन–ए–इस्लाम का मैने जितना इल्म हासिल किया है मेरे इल्म में दो ही शखसियत को आस्मानी दुनिया (Journey of Heaven) में जाने और वापस ज़मीन पर आने का शर्फ हासिल है।

1) मोहम्मदे अरबी ﷺ : जिन्हें अल्लाह के हुक्म पर जन्नत का सफर करने के लिए ले जाया गया और फिर वापस उसी वक्त भेज दिया गया।

2) ईसा मसीह (अलैहिस्सलाम) : जिन्हें अल्लाह ने जिन्दा ही उठा लिया है, जो आस्मानी दुनिया में हैं और उन्हें वापस फिर क़यामत के पहले दुनिया में दज्जाल से जंग के लिए भेजा जाएगा।

☆ ☆ ☆

थोड़ी चीज़ों का बहुत ज़्यादा होना
(The Little Thing's Become Too Much)

थोड़ा सालन और रोटियों से एक हज़ार लोगों ने खाया

हज़रते जाबिर ﷺ से रिवायत है कि हम ख़न्दक़ खोद रहे थे कि एक बहुत ही सख्त पत्थर आ गया लोग हाज़िरे बारगाह होकर अर्ज़ गुज़ार हुए कि ख़न्दक़ में एक बड़ा सा पत्थर आ गया है। फ़रमाया कि मैं उतरता हूँ। चुनान्चे आप खड़े हुए और शिकम अत्हर पर पत्थर बंधे हुऐ थे और हमें तीन रोज़ हो गये थे कि कोई चीज़ चखी नहीं थी पस नबी करीम ﷺ ने कुदाल लेकर ज़र्ब लगाई तो वह रेत की तरह होगया। मैं अपनी बीवी के पास गया और कहा तुम्हारे पास कोई चीज़ है क्यूंकि मैं ने नबी करीम ﷺ को सख्त भूक में देखा है। उन्हों ने थैली निकाली जिस में एक साअ़ जौ थे और हमारे पास एक बकरी का बच्चा था जिस को जुबह कर लिया और जौ पीस लिये, यहाँ तक कि गोश्त हांडी में डाल दिया।

फ़िर मैं नबी करीम ﷺ की बारगाह में हाज़िर होकर चुपके से अर्ज़ गुज़ार हुआ या रसूलल्लाह ﷺ मैं ने बकरी का एक बच्चा जुबह किया है। और एक साअ़ जौ पीसे हैं लेहाज़ा चंद हज़रात को लेकर तशरीफ़ ले चलिए। नबी करीम ﷺ ने बा आवाज़ बुलन्द फ़रमाया ऐ खन्दक़ वालो। जाबिर ने तुम्हारे लिऐ खाने का बन्दोबस्त किया है आओ जलदी करो रसूलल्लाह ﷺ ने फ़रमाया कि अपनी हांडी को चूल्हे से ना उतारना और आटे की रोटियां ना पकाना यहां तक कि मैं आजाऊं।

आप तशरीफ़ लाऐ तो मैं ने आटा आप के सामने पेश कर दिया। आप ने उस में लुआबे दहन डाला और दुआए बरकत फ़रमाई। फ़िर हमारे हांडी के पास तशरीफ़ ले गये उस में लुआबे दहन डाला दुआए बरकत फ़रमाई फ़िर फ़रमाया कि रोटियाँ पकाने वाली को बुलाओ कि तुम्हारे साथ रोटियाँ पकाऐ। हांडी से गोश्त निकालते रहना और उसे नीचे न उतारना। वह एक हज़ार लोग थे खुदा की क़सम, उन्हों ने खा लिया और बाक़ी छोड़ कर चले गये जबकि हमारी हांडी उसी तरह जोश मार रही थी। और रोटियाँ पकाने के बावजूद हमारा आटा उतना ही था। (बुखारी)

थोड़े खाने को 300 आदमियों ने खाया

हज़रत अनस رضي الله عنه से रिवायत है कि नबी करीम ﷺ हज़रत ज़ैनब से निकाह कर के उरूसी हालत में थे तो मेरी वालिदा माजिदा हज़रत उम्मे सुलैम ने खजूरे, घी और पनीर से हीस बनाने का इरादा किया और उन्हें एक बड़े प्याले में डाला फ़रमाया ऐ अनस इसे रसूलल्लाह ﷺ की बारगाह में ले जाओ, और अर्ज़ करना कि यह मेरी अम्मी जान ने आप की खिदमत में भेजा है वह आप की खिदमत में सलाम अर्ज़ करती हैं और कहती हैं कि या रसूलल्लाह ﷺ आप की बारगाह में यह हमारा क़लील सा नज़राना है। मैं गया और अर्ज़ कर दिया फ़रमाया कि रख दो फ़िर फ़रमाया जाओ और फलाँ फलाँ आदमियों को बुला लाओ, उन के नाम लिये और जो भी मिले उसे बुला लाना।

पस जिन के नाम लिये थे वह मैंने बुलाये नीज़ जो भी मिला। मैं वापस लौटा तो काशाना अक़दस लोगों से भरा हुआ था हज़रत अनस से कहा गया कि आप कितने हज़रात थे? फ़रमाया कि तीन सौ के लग– भग पस में ने नबी करीम ﷺ को देखा कि आप ने हीस पर अपना दस्ते मुबारक रखा और जो अल्लाह तआ़ला ने चाहा उस पर कुछ कहा फ़िर दस– दस को बुलाते रहे जो उस से खाते रहे आप उन से फ़रमाते कि अल्लाह का नाम लो और खाओ और हर शख़्स अपने सामने से खाए रावी का बयान है कि वह खाकर शिकम सैर हो गये पस एक जमाअ़त जाती और दुसरी आती यहॉ तक कि सारे खा चुके। आप ने फ़रमाया ऐ अनस उठालो पस मैं ने उठा लिया और मुझे मालूम नहीं कि जब मैं ने रखा था उस वक़्त ज़्यादा था या जबकि मैंने उठाया। (बुखारी)

प्याले में हैरत अंगेज़ बरकत

अबु उला से रिवायत है कि हज़रत समरा बिन जंदब رضي الله عنه ने फ़रमाया हम नबी करीम ﷺ के साथ थे कि एक प्याले से सुबह से शाम खाते रहते कि दस उठते और दस बैठते थे तो हम अर्ज़ गुज़ार हुए कि क्या चीज़ बड़ा देती थी? हज़रत समरा ने फ़रमाया कि तुम किस बात पर तअ़ज्जुब करते हो? इस में इज़ाफ़ा नहीं किया जाता था मगर उधर से और अपने हाथ से आसमान की तरफ़ इशारा किया। (तिरमिज़ी)

थोड़ा सा खाना 180 लोगों ने खाया

हज़रत अबु अय्युब ؓ से मरवी है कि उन्हों ने नबी करीम ﷺ और हज़रत अबु बकर सिद्दीक़ ؓ के लिये खाना पकवाया' यह खाना बस इसी क़दर था कि उन्हीं दो हज़रात को काफ़ी होता' नबी करीम ﷺ ने फ़रमाया जाओ और अशराफ़े अंसार में से तीस आदमियों को बुला लाओ। मुझे यह बात शाक़ मालूम हुई कि मेरे पास कुछ भी नहीं है। मैं आप का हुक्म सुन कर ग़ाफ़िल सा हो गया। आप ने फ़िर फ़रमाया जाओ और तीस अफ़राद बुला लाओ' ग़र्ज़ वह आ गये और आप ﷺ ने फ़रमाया उन को खाना खिलाओ उन सब लोगों ने सैर होकर खाया और शहादत दी कि आप रसूलल्लाह ﷺ हैं और जाने से पहले आप ﷺ से बैअ़त की फ़िर आप ﷺ ने फ़रमाया अब साठ आदमियों को बुला कर लाओ। ग़र्ज़ वह भी आए और इसी तरह एक सौ अस्सी 180 अफ़राद ने खाना खाया। (तिबरानी, बहिक़ी)

ग़ल्ले में इज़ाफ़ा

हज़रत जाबिर ؓ से रिवायत है कि नबी करीम ﷺ के पास एक शख्स ग़ल्ला मांगने आया आप ने उस को निस्फ़ वसक़ जौ दिये या वसक़ का कुछ हिस्सा दिया। उस शख्स के घर जो मेहमान आता वह उसी ग़ल्ला से खिलाता था एक मर्तबा उस ने नाप लिये और आप ﷺ के पास आने पर आप से ज़िक्र किया तो आप ने फ़रमाया अगर तुम ना नापते तो खाते रहते। (बेहक़ी)

हज़रते जाबिर की खजूरें

हज़रते जाबिर ؓ के वालिद यहूदियों के क़रज़दार थे और जंगे उहुद में शहीद हो गए। हज़रते जाबिर ؓ बारगाहे अक़दस में हाज़िर हुए और अर्ज़ किया कि या रसूलल्लाह! ﷺ मेरे वालिद ने अपने ऊपर क़र्ज़ छोड़ कर वफ़ात पाई है। और खजूरों के सिवा मेरे पास क़र्ज़ अदा करने का कोई सामान नहीं है। सिर्फ़ खजूरों की पैदावार से कई बरस तक ये क़र्ज़ अदा नहीं हो सकता। आप मेरे बाग में तशरीफ़ ले चलें ताकि आप के अदब से यहूदी अपना क़र्ज़ वसूल करने में मुझ पर सख़्ती न करें चुनान्चे आप बाग़ में तशरीफ़ लाए। और खजूरों का जो ढेर लगा हुआ था उस के गिर्द चक्कर लगा कर दुआ फ़रमाई। और खुद खजूरों के ढेर पर बैठ गए। आप के मुअ़जिज़ाना तसर्रुफ़ात, और दुआ की तासीर से उन खजूरों में इस क़दर

बरकत हुई कि तमाम क़र्ज़ अदा हो गया। और जिस क़दर खजूरें क़र्ज़ख़्वाहों को दी गईं उतनी ही बच रहीं। (बुखारी जि.1 स.505 अ़लामाते नुबूव्वा)

हज़रते अबू हुरैरा की थैली

हज़रते अबू हुरैरा ﵁ का बयान है कि मैं हुजूरे अक़दस ﷺ की ख़िदमते अक़दस में ह़ाज़िर हुआ तो आप ने मुझे चन्द खजूरें अ़ता फ़रमाईं। तो मैं ने अ़र्ज़ किया कि या रसूलल्लाह ﷺ इन खजूरों में बरकत की दुआ़ फ़रमा दीजिए। आप ने उन खजूरों को इकट्ठ करके दुआ़ए बरकत फ़रमा दी। और इर्शाद फ़रमाया कि तुम इन को अपने तोशादान में रख लो। और तुम जब चाहो हाथ डाल कर उस में से निकालते रहो। लेकिन कभी तोशादान झाड़ कर बिल्कुल ख़ाली न कर देना। चुनान्चे हज़रते अबू हुरैरा ﵁ तीस बरस तक उन खजूरों को खाते और खिलाते रहे। बल्कि कई मन उस में से ख़ैरात भी कर चुके, मगर वो ख़त्म न हुई।

हज़रते अबू हुरैरा ﵁ हमेशा उस थैली को अपनी कमर से बांधे रहते थे यहाँ तक कि हज़रते उ़स्मान ﵁ की शहादत के दिन वो थैली उन के कमर से कट कर कहीं गिर गई। (मिश्कात जि. 2, स. 542 मुअ़जिज़ात व तिर्मिज़ी जि. 2, स. 224 मनाक़िब अबू हुरैरा)

उम्मे सुलैम की रोटियाँ

एक दिन हज़रते अबू तलह़ा ﵁ अपने घर में आए और अपनी बीवी हज़रते उम्मे सुलैम ﵁ से कहा कि क्या तुम्हारे पास खाने की कोई चीज़ है? मैं ने हुजूर ﷺ की कमज़ोर आवाज़ से ये मेहसूस किया कि आप भूके हैं। उम्मे सुलैम ﵁ ने जौ की चन्द रोटियाँ दोपट्टे में लपेट कर हज़रते अनस ﵁ के हाथ आप की ख़िदमत में भेज दीं। हज़रते अनस ﵁ जब बारगाहे नुबूव्वत में पहुंचे। तो आप मस्जिदे नबवी में सहाबए किराम के मजमअ़ में तशरीफ़ फ़रमा थे आप ने पूछा कि क्या अबू तलहा ने तुम्हारे हाथ खाना भेजा है? उन्होंने कहा कि ''जी हां'' ये सुन कर आप ﷺ अपने अस्हाब के साथ उठे। और हज़रते अबू तलह़ा के मकान पर तशरीफ़ लाए। ह़ज़रते अनस ﵁ ने दौड़ कर बीबी उम्मे सुलैम को ये ख़बर दी कि हुजूर ﷺ जमाअ़त के साथ हमारे घर तशरीफ़ ला रहे हैं। हज़रते अबू तलह़ा ﵁ ने मकान से निकल कर निहायत ही गर्मजोशी के साथ आप का

इस्तिक़बाल किया। आप ने तशरीफ़ लाकर हज़रते बीबी उम्मे सुलैम رضي الله عنها से फ़रमाया कि जो कुछ तुम्हारे पास हो लाओ। उन्होंने वही चन्द रोटियां पेश कर दीं जिन को हज़रते अनस رضي الله عنه के हाथ बारगाहे रिसालत में भेजा था। आप के हुक्म से उन रोटियों का चूरा बनाया गया। और हज़रते बीबी उम्मे सुलैम ने उस चूरा पर बतौरे सालन के घी डाल दिया। उन चन्द रोटियों में आप के मुअ़जिज़ाना तसर्रूफ़ात से इस क़दर बरकत हुई कि आप दस दस आदमियों को मकान के अन्दर बुला बुला कर खिलाते रहे और वो लोग खूब शिकम सैर होकर खाते और जाते रहे। यहाँ तक कि सत्तर या अस्सी आदमियों ने खूब शिकम सैर होकर खा लिया। (बुख़ारी जि. 1, स. 505, अ़लामाते नुबूव्वत व बुख़ारी जि. 2, स. 979)

एक प्याला दुध कई लोगों ने पिया

हज़रत अबु हुरैरा رضي الله عنه से रिवायत है कि एक रोज़ मुझे शिद्दत की भूक लगी हुई थी मैं ऐसी जगह बैठ गया जहाँ पर हर कोई मुझे देख सके इतने में हज़रत अबु बकर सिद्दीक़ رضي الله عنه का गुज़र इधर से हुआ मैंने उन से कुरआन की एक आयत के बारे में पूछा इस से मेरा मक़सद उन को अपनी तरफ़ मुतवज्जह करना था लेकिन वह मेरी तरफ़ मुतवज्जह न हुऐ। और चले गये फ़िर हज़रत उमर फ़ारूक़ رضي الله عنه इधर आ निकले उन से भी एक आयत पूछी लेकिन वह भी यूंही चले गये। उन के बाद रसूले अकरम ﷺ तशरीफ़ लाऐ।

आप ने मेरे चहरे को देख कर असल हक़ीक़त जानली। और फ़रमाया अबु हुरैरा رضي الله عنه मेरे साथ आओ मैं हुजूर ﷺ के पीछे हो लिया। हुजूर ﷺ अपने खाना ए अक़्दस के अंदर तशरीफ़ ले गये वहाँ दुध का एक भरा हुआ प्याला पड़ा था। दरयाफ्त करने पर मालूम हुआ कि किसी ने हदियतन भेजा है हुजूर ﷺ ने मुझे हुक्म दिया कि जाओ अस्हाबे सफ्फ़ा को बुला लाओ। मैंने दिल में कहा कि इस ज़रा से दुध की इतने आदमियों में क्या हक़ीक़त होगी काश हुजूर ﷺ ये दुध मुझे ही दे देते ताकि मैं उसे पीकर कुछ कुव्वत हासिल करता,ताहम हुजूर ﷺ के इर्शादे हुक्म की तअ़मील में अस्हाबे सफ्फ़ा को बुला लाया। वह अपनी जगह पर बैठ गये तो हुजूर ﷺ ने मुझे हुक्म दिया कि उन्हें बारी बारी दुध पिलाओ चुनान्चे मैं ने पिलाना शुरू किया एक आदमी को वह प्याला देता था जब वह सैर होकर पी लेता

था तो फ़िर अगले आदमी को दे देता था जब सारे लोग सैर हो गये तो हुजूर ﷺ ने प्याला अपने दस्ते मुबारक पर रख लिया और मुतबस्सुम हो कर फ़रमाया अबु हुरैरा अब तुम रह गये या मैं। लो अब बैठ जाओ और इत्मीनान से यह दुध पियो।

मैंने खूब सैर होकर दुध पिया यहां तक पेट में बिलकुल जगह ना रही हुजूर ﷺ बार बार फ़रमाते थे और पियो, और पियो जब मैं ने क़सम खाई कि इस से ज़्यादा एक घोंट भी नहीं पी सकता तो आप ﷺ ने वह प्याला खुद ले लिया और बिस्मिल्लाह पड़ कर बाक़ी दुध पी लिया। (सही बुखारी)

☆ ☆ ☆

बीमारों को ठीक करने के मोजज़े

(Miracles of Healing the Sick)

अंधा बीना हो गया

हुजूरे अक़दस ﷺ की खिदमते अक़दस में एक अंधा हाज़िर हुआ। और अपनी तकालीफ़ बयान करने लगा। आप ने फ़रमाया कि अगर तुम्हारी ख़्वाहिश हो तो मैं दुआ कर दूँ। और अगर चाहे तो सब्र करो। यही तुम्हारे लिए बेहतर है। उस ने दरख़्वास्त की कि या रसुलल्लाह! ﷺ मेरी बीनाई के लिए दुआ फरमा दीजिए। आप ने इर्शाद फ़रमाया कि तुम अच्छी तरह वुजू करके ये दुआ मांगो कि "खुदावंदा! अपने रहमत वाले पैगम्बर के वसीले से मेरी हाजत पूरी कर दे" तिर्मिज़ी और हाकिम की रिवायत में इतना ही मज़मून है। मगर इब्ने हंबल और हाकिम की दुसरी रिवायत में इस के बाद ये भी है कि उस नाबीना ने ऐसा किया तो फ़ौरन ही अच्छा हो गया और उस की ऑखों पर भरपूर रौशनी आ गई। (मुस्नद इब्ने हंबल जि. 4 स. 137 व मुस्तदरिक जि. 1 स. 526)

गूँगा बोलने लगा

हज्जतुल विदाअ़ के मौक़े पर हुजुरे अनवर ﷺ की खिदमत में क़िबीलए "ख़सअ़म" की एक औरत अपने बच्चे को लेकर आई और कहने लगी कि या रसूलल्लाह ﷺ मेरा इकलौता बेटा बोलता नहीं है। आप ने पानी तलब फ़रमाया। और उस में हाथ धोकर कुल्ली फ़रमा दी। और इर्शाद फ़रमाया कि ये पानी इस बच्चे को पिला दो। और कुछ इस के ऊपर छिड़क दो। दूसरे साल वो औरत आई। तो उस ने लोगों से बयान किया कि उस का लड़का अच्छा हो गया और बोलने लगा। (इब्ने माजा स. 260 बाबुल नशरह)

हज़रते क़तादा की आँख दुरूस्त हो गई

जंगे उहुद में हज़रते क़तादा बिन नुअ़मान رضي الله عنه की आंख में एक तीर लगा जिस से उन की आंख उन के रूख़्सार पर बह कर आ गई। ये दौड़ कर हुजुर रसूले अकरम ﷺ की ख़िदमत में हाज़िर हो गए। आप ने फ़ौरन

ही अपने दस्ते मुबारक से उन की बही हुई आंख को आंख के हल्क़े में रख कर अपना मुक़द्दस हाथ उस पर फेर दिया, तो उसी वक़्त उन की ऑख अच्छी हो गई और ये आंख उन की दूसरी आंख से ज़्यादा खुबसूरत और रौशन रही।

एक रिवायत में ये भी आया है कि रसूलल्लाह ﷺ ने फरमाया कि अगर तुम चाहो तो मैं तुम्हारी ऑख को तुम्हारे हल्क़ए चश्म में रख दूँ और वो अच्छी हो जाए। और अगर तुम चाहो तो सब्र करो और तुम्हें इस के बदल पर जन्नत मिलेगी। उन्होंने अर्ज़ किया कि या रसूलल्लाह! ﷺ जन्नत बिला शुब्हा बहुत ही बड़ी नेअ़मत है। मगर मुझे काना होना बहुत बुरा मालूम होता है। इस लिए आप मेरी ऑख अच्छी कर दीजिए। और मेरे लिए जन्नत की दुआ भी फ़रमा दीजिए हुजूर रहमतुल लिल आ–लमीन ﷺ को अपने उस जांनिसार पर प्यार आ गया। और आप ने उन की आंख को हल्क़ए चश्म में रख कर हाथ फिरा दिया तो उन की ऑख भी अच्छी हो गई। और उन के लिए जन्नती होने की दुआ भी फ़रमा दी। और वो दोनों नेअ़मतों से सरफ़राज़ हो गए। (अलकलामुल मुबीन स. 78 ब–हवाला बैहक़ी)

जला हुआ बच्चा अच्छा हो गया

मुहम्मद बिन हातिब ﷺ एक सहाबी है। ये बचपन में अपनी मां की गोद से आग में गिर पड़े। और कुछ जल गए। उन की मॉ उन को लेकर खिदमते अक़दस में आई। तो आप ने अपना लुआबे देहन उन पर मल दिया और दुआ फ़रमा दी। मुहम्मद बिन हातिब ﷺ की मॉ कहती थीं कि मैं बच्चे को लेकर वहॉ से उठने भी नहीं पाई थी कि बच्चे का ज़ख़्म बिल्कुल ही अच्छा हो गया। (मुस्नद इब्ने हंबल जि.4 स.359)

मरज़े निसयान दूर हो गया

तग़य्युर अल्फ़ाज़ और चन्द जुम्लों की कमी बेशी के साथ बुखारी शरीफ़ की मुतअ़द्दद रिवायतों में इस मुअ़जिज़ा का ज़िक्र है कि हज़रते अबु हुरैरा ﷺ ने अपने हाफ़िज़ा की कमज़ोरी की शिकायत की। तो हुजूर ﷺ ने उन से फ़रमाया कि अपनी चादर फ़ैलाओ। उन्होंने फ़ैलाया। आप ने अपना दस्ते मुबारक उस चादर पर डाला। फ़िर फ़रमाया कि अब इस को समेट लो। हज़रते अबु हुरैरा ﷺ कहते हैं कि मैंने ऐसा ही किया। उस के बाद से फिर मैं कोई बात नहीं भूला। (बुखारी जि.1 स.22 बाब हिफ़्ज़ुल इल्म)

मक़्बूलियते दुआ

ये हम पहले तहरीर कर चुके हैं कि हज़राते अंबिया अलैहिस्सलाम की दुआओं से बिल्कुल नागहां आदते जारिया के खिलाफ़ किसी गैर मुतवक़्क़अ़ बात का ज़ाहिर हो जाना उस का भी मुअ़जिज़ात ही में शुमार है। इसी लिए अल्लाह तआला हज़राते अंबिया अलैहिस्सलाम की दुआओं से बड़ी बड़ी मुश्किलात को हल फ़रमा देता है और क़िस्म क़िस्म की बलाऐं टल जाती हैं। और बहुत सी गैर मुतवक़्क़ेअ़ चीज़ें ज़हूर में आ जाती है। चुनान्चे हुज़ूर ख़ातिमुन नबीय्यीन ﷺ के मुअ़जिज़ात में से आप की दुआओं की मक़्बुलियत भी है कि आप ने जब भी मुश्किलात या तलबे हाजात के वक़्त खुदा की इम्दादे ग़ैबी का सहारा ढूंढते हुए दुआऐं मांगीं तो हर मौक़अ़ पर हक़ तआला ने आप की दुआओं के लिए मक़्बूलियत का दरवाज़ा खोल दिया। और आप की दुआओं से ऐसी ऐसी ख़िलाफ़े उम्मीद और मुतवक़्क़ेअ़ चीज़ आ़लमे वुजूद में आ गईं कि जिन को मुअ़जिज़ात के सिवा कुछ नहीं कहा जा सकता। उन में से चन्द मुअ़जिज़ात का तज़्किरा हस्बे ज़ैल है।

क़ुरैश पर क़हत का अ़ज़ाब

जब कुफ़्फ़ारे क़ुरैश हुज़ूरे अक़्दस ﷺ और आप के अस्हाब पर बे पनाह मज़लिम ढाने लगे जबतो बरदाश्त से बाहर थे। तो आप ने उन शरीरों की सरकशी का इलाज करने के लिए उन लोगों के हक़ में क़हत की दुआ फ़रमा दी चुनान्चे अल्लाह तआला ने उन लोगों पर क़हत का ऐसा अ़ज़ाबे शदीद भेजा कि अहले मक्का सख़्त मुसीबत में मुब्तला थे। यहां तक कि भूक से बेताब होकर मुर्दार जानवरों की हड्डियां और सूखे चमड़े उबाल कर खाने लगे। बिल आखिर इस के सिवा कोई चारा नज़र न आया कि रहमतुल लिल आ–लमीन ने अपनी दुआ फेरली।

मुर्दे ज़िन्दा हो गए

खुदा के हुक्म से मुर्दों को जिन्दा कर देना ये हज़रते ईसा अ.स. का एक बहुत ही मशहूर मोजिज़ा है मगर चूंकि अल्लाह तआला ने मोहम्मद ﷺ को तमाम अंबिया अ.स. के मुअ़जिज़ात का जामेअ़ बनाया है इस लिए आप को भी उस मुअ़जिज़ा के साथ सरफ़राज़ फ़रमाया है। चुनान्चे इस क़िस्म के चन्द मुअ़जिज़ात अहादीस और सीरते नबविया की किताबों में दर्ज हैं।

लड़की क़ब्र से निकल पड़ी

रिवायत है कि हुजूर ﷺ ने एक शख़्स को इस्लाम की दअ़वत दी। तो उस ने कहा कि मैं उस वक़्त तक आप पर ईमान नहीं ला सकता जब तक कि मेरी मुर्दा बच्ची ज़िन्दा न हो जाए। आप ने फ़रमाया कि तुम मुझे उस की क़ब्र दिखओ? उस ने अपनी लड़की की क़ब्र दिखा दी। हुजूरे अकरम ﷺ ने उस लड़की का नाम लेकर पुकारा तो उस लड़की ने क़ब्र से निकल कर जवाब दिया कि ऐ हुजूर ﷺ ! मैं आप के दरबार में हाज़िर हूँ। फ़िर आप ने उस लड़की से फ़रमाया कि "क्या तुम फिर दुनिया में लौट कर आना पसंद करती हो?" लड़की ने जवाब दिया कि "नहीं" या रसूलल्लाह! मैंने अल्लाह तआ़ला को अपने मां बाप से ज़्यादा मेहरबान, और आखिरत को दुनिया से बेहतर पाया। (ज़रक़ानी अ़लल मवाहिब जि. 5 स. 172 व शिफ़ा जि.1 स.211)

पकी हुई बकरी ज़िन्दा हो गई

हज़रते जाबिर رضي الله عنه ने एक बकरी ज़िबह कर के उस का गोश्त पकाया। और रोटियों का चूरा करके सरीद बनाया। और उस को बारगाहे नबुव्वत में लेकर हाज़िर हुए। हुजूर ﷺ और सहाबए किराम ने उस को तनावुल फ़रमाया। जब सब लोग खाने से फ़ारिग हो गए तो हुजूर रहमते आ़लम ﷺ ने तमाम हड्डियों को एक बर्तन में जमअ़ फ़रमाया। और उन हड्डियों पर अपना दस्ते मुबारक रख कर कुछ कलिमात इर्शाद फ़रमा दिए। तो ये मुअ़जिज़ा ज़ाहिर हुआ कि वो बकरी ज़िन्दा होकर खड़ी हो गई और दुम हिलाने लगी। फ़िर आप ने फ़रमाया कि ऐ जाबिर! तुम अपनी बकरी अपने घर ले जाओ। चुनान्चे हज़रते जाबिर رضي الله عنه जब उस बकरी को लेकर मकान में दाख़िल हुए तो उन की बीवी ने हैरान होकर पूछा कि ये बकरी कहॉ से आ गई? हज़रते जाबिर رضي الله عنه ने कहा कि हम ने अपनी उस बकरी को रसूलल्लाह ﷺ के लिए ज़िबह किया था। उन्होंने अल्लाह तआ़ला से दुआ़ मांगी तो अल्लाह तआ़ला ने उस बकरी को ज़िन्दा फ़रमा दिया। ये सुनकर उनकी बीवी ने बुलन्द आवाज़ से कलिमा शहादत पढ़ा।

इस हदीस को जलीलुल क़द्र मुहद्दिस अबू नुअ़ैम ने रिवायत किया है और मशहूर हाफ़िज़ुल हदीस मुहम्मद बिन अलमुन्ज़िर ने भी "किताबुल अ़जाएब वल ग़राएब" में इस हदीस को नक़्ल फ़रमाया है।

(ज़रक़ानी अ़लल मवाहिब जि.5 स.184 व ख़साएसे कुब्रा जि.3 स.67)

दीवांगी का मर्ज़ जाता रहा

इब्ने कअ़ब से रिवायत है कि मैं नबी करीम ﷺ के पास बैठा हुआ था कि एक अ़रबी आया उस ने आकर अर्ज़ किया या नबीयल्लाह ﷺ मेरे भाई को तक्लीफ़ है आप ने फ़रमाया उसे क्या तक्लीफ़ है उस ने कहा उसे दीवांगी है। आप ﷺ ने फ़रमाया तुम जाकर उसे ले आओ, वह उसे ले आया और आप के सामने लिटा दिया। आप ﷺ ने फ़ातेहुल किताब यानी अल–हम्दु, सूरह बक़रा की चार आयात, (आयत) और आयतल–कुर्सी, आ़राफ़ की यह आयत (आयत) का आखरी हिस्सा (आयत) सूरह जिन की एक आयत (आयत) सूरह साफ़्फ़ात की इब्तेदाई दस आयात, सूरह हश्र की तीन आयात और सूरह इख्लास और सूरह फ़लक़ और सूरह नास तिलावत फ़रमाऐं। वह शख्स इस तरह खड़ा हो गया जैसे उसे कभी कोई शिकायत ना थी। (खसाइसे कुबरा)

हुज़ूर ﷺ के हाथ लागाने से चहरे पर नूर आ गया

कहते हैं जब अब्दुल क़ैस का वफ़द मदीने आया तो उस के साथ एक दीवाना आदमी भी था वफ़द के आदमीयों ने उस दीवाने को जनाब रिसालत मआब ﷺ की ख़िदमत में पेश कर दिया। जूंही आप ﷺ ने उस की तरफ़ देखा तो जुनून के आसार और ज़्यादा हो गये आप ने फ़रमाया उस की पुश्त मेरी तरफ़ करदो। आप ने एक कपड़ा उस की पुश्त पर फ़ेर कर फ़रमाया "ऐ अल्लाह के दुश्मन इसी वक़्त निकल जा" उस की ऑखों से वह असर दीवांगी जाता रहा और वह आक़िलों की तरह देखने लगा। इस के बाद हुज़ूर ﷺ ने उसे अपने सामने बिठा कर उस के चहरे पर हाथ फ़ेरा। कहते हैं अगर्चे वह बुड़ापे के आलम में था लेकिन उस का चेहरा नौजवान की तरह खुश रंग हो गया और अक़्ल व खिर्द में इस कमाल तक पहुंचा कि अपनी पूरी क़ौम में अपना मिस्ल ना रखता था। (शवाहिदुन नबुवत)

टूटी पिंडली फ़ौरन दुरूस्त हो गई

बराअ़ बिन आज़िब से रिवायत है कि नबी करीम ﷺ ने एक जमाअ़त को अबू राफ़ेअ़ पर हम्ला करने के लिये भेजा अब्दुल्लाह बिन अतीक रज़ि॰ रात के वक़्त सोते में अबू राफ़ेअ़ के घर में घुस गये और अपनी

तलवार अबू राफ़ेअ़ के शिकम में पूरी धंसादी। अब्दुल्लाह कहते हैं कि जब यह यक़ीन हो गया कि अबु राफ़ेअ़ को मार डाला तो मैं दरवाज़ा खोल कर निकला निकलते वक़्त मेरे पाओं ने ख़ता की और ग़लत जगह पाओं पड़ जाने से मैं गिर गया जिस से मेरी पिंडली टूट गई मैं ने अपनी पगड़ी से पिंडली बांधली और वहॉ से अपने साथियों के पास पहुंचा। हुजूर ﷺ की खिदमत में हाज़िर होकर सब हाल बताया तो आप ﷺ ने फ़रमाया कि अपना पैर ज़रा फ़ैलाओ फ़िर आप ने मेरे पैर पर अपना दस्ते मुबारक फ़ेरा। मोहम्मद ﷺ के हाथ की बरकत से मेरा पाओं ऐसा तंदुरूस्त हो गया जैसे उस में कोई तकलीफ़ ही ना थी।

अबू राफ़ेअ़ को क़त्ल करने का मुफ़स्सिल क़िस्सा यह है कि यह शख्स हिजाज़ में रहता था ताजिर शख्स था उस ने नबी करीम ﷺ को बहुत तंग कर रहा था चुनान्चे हुजूर ﷺ ने अब्दुल्लाह बिन अतीक رضي الله عنه की सरर्कदगी में चंद अंसारी नौजवानों को उसी के क़ैद करने या क़त्ल करने के लिये भेजा। अबू राफ़ेअ़ का मकान जिस वादी में था वहॉ यह लोग पहुंचे ही थे कि शाम हो गई अब्दुल्लाह बिन अतीक ﷺ ने अपने साथियों को एक जगह रोक दिया और खुद किसी बहाने से अबु राफ़ेअ़ के घर में घुसने की ग़र्ज़ से आगे बड़े इत्तेफ़ाक़ से उस दिन अबु राफ़ेअ़ का गधा गुम हो गया था लोग उस की तलाश में चिराग लेकर निकले थे अब्दुल्लाह को डर हुआ कि कहीं यह लोग पहचान न लें। चुनान्चे सर ढांक कर एक जगह क़ज़ा हाजत के बहाने बैठ गये गधा तलाश कर के लोग घर में चले गये तो दरबान ने अब्दुल्लाह رضي الله عنه को बैठा हुआ देख कर अपना ही आदमी समझा और पुकर कर कहा अगर तुझे आना है तो आ वरना मैं दरवाज़ा बंद करता हूॅ चुनान्चे अब्दुल्लाह भी मकान में घुस गये और गधे बांधने की जगह में दबक कर बैठ गये दरबान ने दरवाज़ा बंद कर के कुंजी खूंटी पर लटका दी।

अबु राफ़ेअ़ अपने साथियों के हम्राह रात खाने से फ़ारिग़ होकर थोड़ी देर बात करके ख़्वाब गाह में लेट गया और दुसरे लोग भी अपनी अपनी ख़्वाब गाहों में चले गये उस वक़्त अब्दुल्लाह رضي الله عنه ने कुंजी लेकर सदर दरवाज़ा खोल दिया और तमाम दुसरे कमरों के दरवाज़ा बाहर से बंद कर दिये ताकि शोर सुन कर बाहर ना निकल सकें फ़िर एक एक दरवाज़ा खोलते हुऐ अबु राफ़ेअ़ की ख्वाब गाह तक पहुंचे अबु राफ़ेअ़ अपने बाल बच्चों के दर्मियान सोया हुआ था और रात की तारीकी के बाइस उन का

पहचानना मुश्किल था चुनान्चे अब्दुल्लाह ने अबु राफ़ेअ़ को पुकारा।

अबु राफ़ेअ़ ने जवाब दिया कि कौन है। आवाज़ की जानिब बड़ कर अब्दुल्लाह ﷺ ने तलवार चलाई मगर वार खाली गया अबु राफ़ेअ़ चिल्लाया फ़िर खामोश हो गया। थोड़ी देर बाद अब्दुल्लाह ﷺ ने आवाज़ बदल कर हमदर्दी के लेहजे में पुछा कि क्या है अबे अबु राफ़ेअ़! उस ने अपना आदमी जान कर कहा कि तू कहां था अभी मेरे उपर किसी ने तलवार से हम्ला किया था। अबु राफ़ेअ़ की आवाज़ से अंदाज़ा लग गया कि वह किस जगह सो रहा है चुनान्चे क़रीब जाकर अब्दुल्लाह ﷺ ने ऐसा हाथ मारा कि उस का काम तमाम हो गया। उस के पेट पर तलवार रख कर ज़ोर से दबाया और तलवार को उस के पेट से पार कर दिया। उस को मार कर अब्दुल्लाह ﷺ बाहर आऐ चांदनी रात में ज़ीना से उतर रहे थे अभी एक ज़ीना बाक़ी था और उन्हें मालूम हुआ कि ज़मीन तक पहुंच गया चुनान्चे एक ज़ीना के उपर से गिर गये पिंडली टूट गई और फ़िर वह वाक़ेआ पेश आया जिस से हुजूर ﷺ के मुबारक हाथ का मोअ़जेज़ा ज़ाहिर हुआ कि आप ने हाथ फ़ेरा और पिंडली पर मसह किया और अब्दुल्लाह ﷺ की पिंडली तंदुरूस्त हो गई। (बुखारी)

पेट पर हाथ फ़ेरने से तक्लीफ़ जाती रही

रिफ़ाआ़त बिन राफ़ेअ़ से मरवी है कि उन्हों ने बयान किया कि मैं ने चरबी निगल ली जिस से मैं एक साल बिमार रहा। मैंने यह बात रसूलुल्लाह ﷺ से ज़िक्र की आप ने दस्ते मुबारक मेरे पेट पर फ़ेरा। मुझे क़ैय आ गई और वह चर्बी हरे रंग की होकर निकली फ़िर उस के बाद कभी मुझे पेट की तक्लीफ़ नहीं हुई। (अबू नईम)

तलवार का ज़ख़्म दुरूस्त हो गया

अब्दुल्लाह बिन अनीस से रिवायत है कि सतीज़ बिन रिज़ाम यहूदी ने मेरे चेहरे पर तलवार मारी जिस से मेरे सर की हड्डीया उस के उपर का पर्दा कट गया या दिमाग़ पर ज़ख़्म लगा। मैं आप ﷺ के पास आया आप ﷺ ने मेरे ज़ख़्म पर फूंक मारी जिस से मेरा ज़ख़्म ठीक हो गया। (तिबरानी)

आप के हाथ के छूने से टूटा हाथ दुरूस्त हो गया

एक और सहाबी ﷺ का बयान है कि एक दफ़ाअ़ हम रसूलुल्लाह ﷺकी खिदमत में हाज़िर हुऐ। हमारे साथ एक बच्चा भी था एक रोज़ पहले उस का एक हाथ टुट गया था और उस पर पट्टी बांध रखी थी। आप ने उसे अपने पास बुला कर पट्टी खोल दी और अपना दस्त मुबारक वहॉ मल दिया। उसी वक़्त तंदुरूस्त हो गया। लोगों को पता नहीं होता था कि कौन सा हाथ टूटा था। खाना आया तो सब ने खाया। बच्चे को कहा गया कि उस पट्टी को अपने घर ले जाना फ़िर काम आयेगी जब वह बच्चा अपनी क़ौम की तरफ़ वापस गया तो वहॉ एक बूड़ा आदमी था जो अभी ईमान नहीं लाया था। उस ने पूछा कि तुम्हारे हाथ का क्या हाल है। उस ने सारा क़िस्सा सुनाया तो वह उसी वक़्त जाकर मुसलमान हो गया। (शवाहिदुन नबुवत)

मोहम्मद ﷺ की दुआ से बीनाई लौट आई

हबीब बिन फ़िदृयक से रिवायत है कि उन की ऑखें बिल्कुल सफ़ेद थीं और कुछ नज़र नहीं आता था उन के वालिद उन्हें रसूलुल्लाह ﷺके पास लेकर आये। आप ने उन से दरयाफ़्त फ़रमाया तुम्हारी निगाह क्यूँ जाती रही उन्हों ने बयान किया कि मेरा पाओं सांप के अंडों पर पड़ गया था इस लिये मेरी बसारत जाती रही। आप ने उन की दोनों ऑखों पर पड़ कर दम किया तो बीनाई वापस आ गई। रावी का बयान है कि जब उन की उम्र 80 साल थी उस वक़्त भी वह सूई में धागा पिरो लेते थे हालांकि उन की आंखें ब–दस्तूर (लगातार) सफ़ेद थीं। (इब्ने अबी शैबा)

जला हुआ हाथ फ़ौरन दुरूस्त हो गया

मुहम्मद बिन हातिब ने अपनी वालिदा उम्मे जमील से रिवायत की है कि उन्हों ने बयान किया कि मैं तुझे सर ज़मीन हब्शा से लेकर आई। मदीना से एक रात का फ़ास्ला अभी बाक़ी था, मैंने कुछ पकाने के लिये रखा, लकड़ियां खत्म हो गई तो मैं लकड़ियॉ ढूंडने चली गई तूने हांडी अपनी कलाई पर उलट ली, मैं तुझ को नबी ﷺ के पास लेकर पहुंची आप तेरे हाथ पर ठोकते जाते और फ़रमाते जाते।

दुआ करते।

मैं तुझे आप ﷺ के पास से लेकर उठी भी नहीं थी कि तेरा हाथ अच्छा हो गया। (बुखारी)

कट के लटका हुआ हाथ दुरूस्त हो गया

हबीब बिन यसाक़ से रिवायत है कि मैं रसूलुल्लाह ﷺ के साथ एक जंग में शरीक हुआ, मेरे शाने पर तलवार की ऐसी ज़र्ब लगी कि मेरा हाथ लटकने लगा। मैं आप ﷺ की खिदमत में हाज़िर हुआ आप ने उस ज़ख़्म पर लुआबे दहन लगाया, उस से मेरा ज़ख़्म भर गया और मैं अच्छा हो गया और जिस शख़्स ने मुझे तलवार मारी थी मैं ने ही उसे क़त्ल किया। (बहेक़ी)

हुज़ूर ﷺ की शफ़्क़त से बाल सियाह रहने का वाक़ेआ

अता मौलस–साइब बिन यज़ीद से रिवायत है कि साइब का सर खोपड़ी से पेशानी तक सियाह (काला) था और सर का बाक़ी हिस्सा सफ़ेद था, मैं ने कहा मेरे मौला जैसे अजीब बाल आप के हैं मैं ने किसी के नहीं देखे उन्हों ने कहा ऐ मेरे बेटे तुम्हें माअ़लूम नहीं है यह बाल ऐसे क्यूँ हैं मैं एक मर्तबा बचपन में बच्चों के साथ खेल रहा था। आप ﷺ का उधर से गुज़र हुआ। आप सल्ल... ने मेरा नाम पूछा मैं ने कहा साइब बिन यज़ीद हूँ। आप ﷺ ने अपना दस्ते मुबारक मेरे सर पर फ़ेरा और यह दुआ दी। अब यह सर कभी सफ़ेद नहीं होगा। (इब्ने सअ़द)

सर पर दस्ते मुबारक फेरने से उम्र भर बाल सियाह रहे

हज़रत यूनुस बिन अनस ने अपने वालिद से रिवायत की है कि रसूलुल्लाह ﷺ मदीना मुनव्वरा तशरीफ़ लाए मैं उस वक़्त दो हफ़्ते का बच्चा था। मुझे आप के पास लाया गया। आप ﷺ ने अपना दस्ते मुबारक मेरे सर पर रखा और मेरे वास्ते बरकत की दुआ की और फ़रमाया कि इस का नाम मेरा नाम रखो अल–बत्ता मेरी कुन्नियत ना रखो। आप ﷺ जब हज्जतुल विदाअ़ में तशरीफ़ लाऐ मेरी उम्र दस साल थी। यूनुस ने कहा कि मेरे बाप ने इतनी उम्र पाई कि उन के तमाम बाल सफ़ेद हो गये और जिस जगह पर रसूलुल्लाह ﷺ ने अपना दस्ते मुबारक रखा था सर की वह जगह और दाड़ी सफ़ेद नहीं हुई थी। (बहेक़ी)

हुज़ूर ﷺ का लुआबे दहन लगाने से सांप का ज़हर ज़ाइल हो गया

हज़रत उमर رضی اللہ عنہ से रिवायत है कि एक दिन उन के सामने हज़रत अबु बकर सिद्दीक़ رضی اللہ عنہ का ज़िक्र होने लगा तो हज़रत उमर رضی اللہ عنہ के रो कर कहा कि काश मेरी ज़िन्दगी के सारे आमाल अबु बकर رضی اللہ عنہ के एक दिन और रात के अमल के बराबर हो जाते। रात से अबु बकर رضی اللہ عنہ की वह रात मुराद है जिस रात हिजरत कर के रासते की एक ग़ार में रात बसर की थी। रसूलुल्लाह ﷺ और अबु बकर رضی اللہ عنہ जब उस ग़ार के पास पहुंचे तो अबु बकर رضی اللہ عنہ ने हुज़ूर ﷺ से कहा आप ग़ार के बाहर रहें मैं अंदर जाकर साफ़ करलूं ताकि अगर कोई तक्लीफ़ देने वाली चीज़ हो उस के सदमे से आप महफ़ूज़ रहें और जो सदमा पहुंचे मुझ को पहुंचे और आप हर क़िस्म के गुज़िंद से महफ़ूज़ व मामून रहें।

चुनान्चे अबु बकर رضی اللہ عنہ ग़ार में उतर गये और झाड़ू दिया तमाम सूराखों को अपना तहे बंद फ़ाड़–फ़ाड़ कर बंद किया आखिर में दो सुराख़ बाक़ी रह गये थे उन को अपने दोनों पैरों से बंद कर दिया और फ़िर हुज़ूर ﷺ को गार में बुलाया आप ग़ार में दाखिल हुऐ और अबु बकर رضی اللہ عنہ के ज़ानो पर सर रख कर सो गये अचानक एक सुराख़ से सांप ने अबु बकर رضی اللہ عنہ का पाओं काट लिया उस के बावजुद इस डर से कि मेरी हरकत से हुज़ूर ﷺ की नीन्द में ख़लल न पड़े बिल्कुल ना हिले लेकिन ज़हर की तक्लीफ़ इतनी ज़्यादा थी कि ऑसू जारी हो गये अबु बकर رضی اللہ عنہ के ऑसू हुज़ूर ﷺ के चेहरा मुबारक पर टपके तो आप जाग गये पुछने पर हाल माअ़लूम हुआ तो आप ने अपना लुआ़बे मुबारक ज़ख़्म के पास लगा दिया जिस से ज़हर का असर फ़ौरन जाता रहा लेकिन अबु बकर رضی اللہ عنہ की मौत से पहले ज़हर फ़िर ज़ाहिर हुआ और उसी ज़हर के असर से अबु बकर رضی اللہ عنہ की वफ़ात हुई और दिन से मुराद वह दिन है जिस दिन रसूलुल्लाह ﷺ का इंतेक़ाल हुआ था और अ़रब के लोग इस्लाम से फ़िर गये थे और ज़कात देने से इंकार कर दिया था उस दिन अबु बकर رضی اللہ عنہ ने कहा कि अगर ऊॅट बांधने की रस्सी जो हुज़ूर ﷺके ज़माने में देते थे आज उस रस्सी को भी देने से किसी ने इंकार किया तो मैं उस से जिहाद करूंगा। उमर رضی اللہ عنہ कहते हैं कि मैं ने अर्ज़ किया ऐ रसूलुल्लाह ﷺ के जानेशीन ज़रा नर्मी कीजिऐ। अबु बकर رضی اللہ عنہ ने जवाब दिया कि तुम जाहलियत में इतने सख़्त थे लेकिन इस्लाम में नर्म होते हो? वही़ का उतरना बंद हो गया और दीन मुकम्मल हो

गया है क्या मेरे जीते जी दीन में कमी पैदा की जाएगी? इस वाक़्या में सांप से शिफ़ा पाना हुजूर ﷺ का मोअ़जेज़ा है मगर आखिर ज़िन्दगी में ज़हर के ज़ाहिर होने में मस्लिहते खुदावन्दी थी। (रज़ीन)

मोहम्मद ﷺ पर ज़हर बे असर हो गया

हज़रत अबु हुरैरा ؓ ने फ़रमाया कि जब ख़ैबर फ़तह कर लिया गया तो रसूलुल्लाह ﷺ की ख़िदमत में बकरी बतौर हदिया पेश की गई जिस में ज़हर था रसूलुल्लाह ﷺ ने फ़रमाया कि जो यहूदी यहां रहते हैं उन्हें मेरे पास इकट्ठा करो। सब आप ﷺ के पास जमा कर दिये गये तो रसूलुल्लाह ﷺ ने उन से फ़रमाया मैं तुम से एक बात पुछने वाला हूँ तो क्या तुम सच सच बता दोगे? अर्ज़ गुज़ार हुए कि ऐ अबुल क़ासिम! हॉ, रसूलुल्लाह ﷺ ने उन से फ़रमाया कि तुम्हारा बाप कौन है? अर्ज़ गुज़ार हुऐ कि फ़लॉ। फ़रमाया झूट बोलते हो बल्कि फ़लॉ है। अर्ज़ की कि आप ने सच फ़रमाया और दुरूस्त फ़रमाया। इर्शाद हुआ कि क्या तुम मुझे सच सच बता दोगे अगर मैं तुम से एक बात पुछूॅ? अर्ज़ गुज़ार हुऐ कि ऐ अबुल क़ासिम! हॉ और अगर हम ने झूट कहा तो आप जान लेंगे जैसे हमारे बाप के मुतअ़ल्लिक़ जान लिया था।

आप ने उन से फ़रमाया कि जहन्नमी कौन हैं? वह कहने लगे कि चंद रोज़ हम रहेंगे और हमारे बाद आप रहेंगे। रसूलुल्लाह ﷺ ने फ़रमाया कि इसी में पड़े रहोगे। खुदा की क़सम, हम इस में कभी भी तुम्हारे बाद नहीं जाऐंगे। फ़िर फ़रमाया क्या तुम मुझे सच मुच बताओगे अगर मैं तुम से किसी बात के मुतअ़लिक़ पुछूॅ? अर्ज़ गुज़ार हुऐ कि हाँ ऐ अबुल क़ासिम! फ़रमाया कि क्या तुम ने इस बकरी में ज़हर मिलाया था? अज़ की हॉ। फ़रमाया कि तुम ने ऐसा क्यूॅ किया! अर्ज़ गुज़ार हुऐ हमारा इरादा यह था कि अगर आप झूटे हैं तो आप से हमें छुटकारा मिल जाऐगा और अगर आप सच्चे हैं तो यह आप को कोई नुक़सान नहीं पहुंचाऐगा। (बुखारी)

☆ ☆ ☆

मोहम्मद ﷺ की पेशनगोईयाँ
(Prophecies of Muhammad)
या
इल्मे ग़ैब की बातें, इल्मे ग़ैब मुहम्मद ﷺ

हज़रत अनस ﷺ से रिवायत है कि हज़रत अब्दुल्लाह बिन सलाम ने रसूलुल्लाह ﷺ की तशरीफ़ आवरी के मुतालिक़ सुना तो वह ज़मीन में फ़ल चुन रहे थे नबी करीम ﷺ की बारगाह में हाज़िर होकर अर्ज़ गुज़ार हुऐ कि मैं आप से तीन चीज़े पूछता हूँ जिन्हें नबी के सिवा कोई नहीं जानता।

1) क़यामत की सब से पहली निशानी क्या है?

2) अहले जन्नत का सब से पहला खाना क्या है,

3) बच्चे को उस के बाप या माँ की तरफ़ कौनसी चीज़ खींचती है?

जवाब:—फ़रमाया कि जिब्राईल ने यह चीज़े मुझे अभी बताई हैं कि क़यामत की सब से पहली निशानी वह आग है जो लोगों को मशरिक़ से मग़रिब की तरफ़ ले जायेगी।

जवाब:—और वह खाना जिस को अहले जन्नत सब से पहले खाऐंगे, वह मछली के जिगर का ज़ाइद हिस्सा है।

जवाब:—और जब मर्द का पानी औरत के पानी पर ग़ालिब रहे तो बच्चे को खींचता है और जब औरत का पानी ग़ालिब रहे तो उधर खींचता है, कहा कि मैं गवाही देता हूँ कि नहीं है कोई माअ़बूद मगर अल्लाह और बेशक आप अल्लाह के रसूल हैं, या रसूलल्लाह ﷺ बेशक यहूदी बोहतान तराश (झूठे) हैं, उन से आप के सवाल करने से पहले मेरे मुसलमान हो जाने का इल्म हो गया तो मुझ पर बोहतान बांधेंगे।

यहूदी हाज़िरे बारगाह हुए तो आप ने फ़रमाया अब्दुल्लाह तुम में कैसा आदमी है? कहा कि हम में अच्छा है और अच्छे बाप का बेटा है हमारा सरदार है और हमारे सरदार का बेटा है। फ़रमाया क्या खयाल है कि अगर अब्दुल्लाह बिन सलाम मुसलमान हो जाऐ? यहूद कहने लगे कि अल्लाह उसे इस बात से बचाऐ ।पस हज़रत अब्दुल्लाह बाहर निकल आऐ और कहा मैं गवाही देता हूँ कि नहीं है कोई माअ़बूद मगर अल्लाह और बेशक मुहम्मद ﷺ अल्लाह के रसूल हैं। कहने लगे कि यह हम में बुरा आदमी है और बुरे आदमी का बेटा है और तनक़ीस की। अर्ज़ गुज़ार हुऐ कि या रसूलुल्लाह! मैं इसी चीज़ से डरता था। (बुखारी)

इमाम मेहदी अ.स. के बारे में ख़बर (आगे देखेंगे)
नुजूले ईसा अ.स. की ख़बर (आगे देखेंगें)

दरिंदे बातें करने लगेंगे

हज़रत अबु सईद खुदरी ؓ से रिवायत है कि रसूलुल्लाह ﷺ ने फ़रमाया क़सम उस ज़ात की जिस के क़ब्ज़े में मेरी जान है। क़यामत क़ायम नहीं होगी यहाँ तक कि दरिंदे इंसानों से बातें ना करने लगें और यहाँ तक कि आदमी से उस के कोड़े का फ़ंदना बातें करेगा और उस के जूते का तस्मा भी और उस की रान बताऐगी जो उस के घर वालों ने उस के बाद किया। (तिरमीज़ी)

ख़िलाफ़ते राशिदा के दौरे हुकूमत के बारे में रिवायात

1) हज़रत अनस ؓ से मरवी है कि बनी–उल–मुस्तलिक़ के सफ़ीरों ने मुझे रसूलुल्लाह ﷺ के पास भेजा उन्हों ने मुझ से कहा कि मैं आप से पूछों कि अगर हम आएंदा साल आऐं और आप को ना पाऐ तो सदक़ात किस को दें। आप ﷺ ने फ़रमाया उन लोगों से कहदो कि अपनी सदाक़ात अबु बकर सिद्दीक़ को दें, मैं ने उन को यह बात पहुंचादी। उन्हों ने मुझ से कहा कि अगर अबु बकर सिद्दीक़ को ना पाऐं तो फ़िर सदक़ात किस को दें। मैं ने आप से अर्ज़ की आप ने फ़रमाया उमर को दें। मैं ने उन लोगों से कह दिया उन्हों ने कहा कि आप ﷺ से अर्ज़ करो अगर उमर को ना पाऐं तो किस को दें आप ने फ़रमाया उसमान को दें और जिस रोज़ उसमान क़त्ल हो उस रोज़ तुम्हें हलाकत हो। (इब्ने असाकिर)

2) हज़रत जाबिर बिन समरा से रिवायत है कि रसूलुल्लाह ﷺ ने हज़रत अली ؓ से फ़रमाया तुम अमीर और खलीफ़ा होगे और तुम मक़्तूल होगे और तुम्हारी दाढ़ी तुम्हारे इस सर के खुन से रंगीन होगी। (तिबरानी)

3) हज़रत सफ़ीना ؓ से रिवायत है कि रसूलुल्लाह ﷺ ने फ़रमाया कि **मेरी उम्मत में ख़िलाफ़त तीस साल रहेगी** फ़िर बादशाहत आ जाऐगी यह तीस साल चारों खिलाफ़तों की मुद्दत थी। (अबु दाऊद)

4) हज़रत हुज़ैफ़ा ؓ से रिवायत है कि रसूलुल्लाह ﷺ ने फ़रमाया कि तुम लोग नबुवत के ज़माने में हो। अल्लाह तआ़ला जब तक चाहेगा

नबुवत रहेगी और उस के बाद नबुवत उठाली जाऐगी। फ़िर नबुवत के तरीक़े पर ख़िलाफ़त होगी और जब तक चाहे यह खिलाफ़त रहेगी फ़िर खिलाफ़त भी उठाली जाऐगी, फ़िर जुल्म से लबरेज़ बादशाहत होगी और जबरियत होगी और जब तक अल्लाह तआला चाहेगा यह जबरियत बाक़ी रहेगी फ़िर ख़त्म हो जाऐगी, फ़िर उस के बाद **खिलाफ़त अला मिनहाजुन नबुवत होगी।** हजरत उमर बिन अब्दुल अज़ीज़ (रहमतुल्लाह अलैह) जब खलीफ़ा हुऐ तो उन से यह हदीस ज़िक्र की गई और लोगों ने कहा कि हमें उम्मीद है कि यह खिलाफ़त आप की खिलाफ़त है यह सुन कर उमर बिन अब्दुल अज़ीज़ (रहमतुल्लाह अलैह) मसरूर हुऐ। (बेहक़ी)

खिलाफ़ते राशिदा को हुजूर ﷺ का जन्नती फ़रमाना

हज़रत जाबिर बिन अब्दुल्लाह से रिवायत है कि रसूलुल्लाह ﷺ सअ़द बिन अल–रबीअ़ से मुलाक़ात के लिये तशरीफ़ ले गये आप ﷺ बैठ गये और हम भी बैठ गये। आप ﷺ ने फ़रमाया तुम्हारे पास एक जन्नती आने वाला है तो हज़रत अबु बकर सिद्दीक़ ؓ आऐ फ़िर आप ने फ़रमाया कि तुम्हारे पास एक जन्नती आने वाला है तो उस के बाद हज़रत उमर ؓ आऐ। आप ﷺ ने फ़िर फ़रमाया कि तुम्हारे पास एक जन्नती आ रहा है तो हज़रत उसमान ؓ आऐ। आप ﷺ ने फ़िर फ़रमाया कि तुम्हारे पास एक जन्नती आ रहा है और ऐ अल्लाह अगर तू चाहे तो वह अली हो चुनानचे हज़रत अली ؓ आऐ। (तिबरानी)

पेशनगोईयाँ : इस्लाम के बारे में...

इस्लाम खुशहाली और अमन का ज़ामिन बन गया

उसी साल ही अदी बिन हातिम मदीना तैय्यबा आया। हुजूर ﷺ से मुलाक़त हुई तो आप ﷺ ने फ़रमाया तुम भी इस्लाम क़बुल करलो ताकि सलामत रहो। अदी ने कहा मैं तो पहले ही से मुत्तदीन और मुत्तक़ी हूॅ। हुजूर ﷺ ने फ़रमाया मुझे तुम्हारे दीन के मुतालिक़ तुम से ज़्यादा वाक़फ़ियत है तूने नसारा और साइबीन के दरमियान वाला दीन इख्तेयार कर रखा है। अदी बोला हॉ सरकार। हुजूर ﷺ ने फ़रमाया तुम क़ौमे मरबाअ़ में से थे। (यानी ऐसी क़ौम जो हर क़िस्म के माल का चौथा हिस्सा

वसूल करती है) मैंने कहा हॉ जनाब। हुजूर ﷺ ने फ़रमाया यह तुम्हारे दीन में जाइज़ नहीं था। मैंने अर्ज़ की हॉ या रसूलल्लाह ﷺ। अदी कहते हैं जब यह बातें मैं ने सुनीं तो दीने इस्लाम से मेरे दिल में जो भी कराहत थी जाती रही।

हुजूर ﷺ ने फ़रमाया तुम अहले इस्लाम की गुरबत की वजह से इस्लाम क़बुल नहीं करते। याद रखो अंक़रीब वह वक़्त आने वाला है कि यहॉ के मुसलमानों में इस क़द्र दौलत की फ़रावानी हो जाऐगी कि सदक़ात लेकर घरों से बाहर निकलेंगे लेकिन कोई लेने वाला नहीं पाऐंगे। हो सकता है कि तुम दीने इस्लाम में आने से इस लिये घबराते हो कि दुशमनाने इस्लाम ज़्यादा हैं। क्या तुम कभी हीरा गऐ हो? अदी बोले नहीं। फ़रमाया मुझे पता है कि हीरा कहॉ है। वह वक़्त जल्द आ रहा है कि हीरा से एक औरत अकेली निकलेगी जिसे रास्ते में खौफ़े खुदा के सिवा किसी का डर ना होगा और वह तवाफ़े बैतुल्लाह के लिये अकेली आयेगी। (शवाहिदुन नबुवत)

वादी ए कुरा का तुफ़ान

जब हुजूर ﷺ वादी ए कुरा से तबुक की तरफ़ रवाना हुऐ तो फ़रमाया इस रात सख़्त आंधी चलेगी। इस लिये ज़रूरी है कि कोई शख्स अपनी जगह से न उठे और अपने अपने ऊँटों को मज़बूती से बांध ले उस रात सख़्त आंधी आई और उन दो अश्खास को जो अपनी जगह से उठ खड़े हुऐ थे उढ़ा कर दूर पहाड़ी पर फ़ेंक दिया। (शवाहिदुन नबुवत)

काबा की कुंजी मेरे हाथ में होगी

उसमान बिन तलहा जो कलीद बरदारे काबा थे। रिवायत करते हैं कि हम अय्यामे जाहेलियत में काबे को दो शम्बा और जुमेरात के दिन खोला करते थे। एक दिन रसूले अकरम ﷺ लोगों के साथ काबे में दाखिल होने के लिये आऐ तो मैं ने आप के साथ दरशत कलामी की और काबे में दाखिल होने से रोका। हुजूर ﷺ ने फ़रमाया कि ऐ उसमान رضي الله عنه एक दिन काबे की कुंजी मेरे हाथ में होगी।

मैंने कहा कि उस दिन कुरैश मर जाऐंगे और ज़लील हो जाऐंगे। हुजूर ﷺ ने फ़रमाया कि नहीं उस दिन कुरैश को ज़्यादा इज़्ज़त हासिल

होगी चुनांचे फ़तहे मक्का के दिन हुजूर ﷺ फ़ातेहाना तशरीफ़ लाए तो आप ने काबा की कुंजी मुझ से मंगवाई। उसे अपने दस्ते मुबारक में पकड़ा और मुझे वापस लौटादी। फ़िर मुझ से फ़रमाया क्यूँ उसमान याद है कि मैं ने एक दिन तुम से कहा था कि काबा की कुंजी मेरे हाथ में होगी। अब बताओ यह बात पूरी हुई या नहीं मैं ने अर्ज़ की बेशक पूरी हुई और मैं गवाही देता हूँ कि आप अल्लाह के सच्चे रसूल हैं। (तब्क़ाते इब्ने सअ़द)

मदीना से मीलों दूर जंगे मौता के हालात देखना?

8 हिजरी में जंगे मौता पेश आई। इस का सबब यह हुआ कि मौता के हाकिम ने इस्लामी क़ासिद को शहीद कर दिया। चुनांचे हुजूर ﷺ ने हाकिमे मौता की सरकोबी के लिये लशकर तय्यार किया और इस का सरदार हज़रत ज़ैद बिन हारसा को मुक़र्रर फ़रमाया लशकर की रवांगी के वक़्त हुजूर ﷺ ने फ़रमाया "अगर ज़ैद शहीद हो जाएं तो जाफ़र बिन अबी तालिब लशकरे इस्लाम के सपेह सालार होंगे अगर वह भी शहीद हो जाएं तो अब्दुल्लाह बिन रवाहा ﵁ क़ाइदे लशकर होंगे और जब वह भी राहे हक़ में काम आजाएं तो मुसलमान बाहेमी (आपस) मुश्वरा से अपने अपना सरदार किसी को बनालें।

हुजूर ﷺ के यह इर्शादात दर असल पेश आने वाले वाक़ेआ़त का आइना थे। चुनांचे मैदाने जंग में पहले हज़रत ज़ैद बिन हारसा शहीद हुऐ। फ़िर मुसलमानों ने बाहेमी मश्वरा से हज़रत खालिद बिन वलीद ﵁ को अपना अमीर बना लिया।

ऐन उस वक़्त जब यह वाक़ेआ़त पेश आ रहे थे। रसूले अकरम ﷺ वहाँ से सैंकड़ों मील दूर मदीना मुनव्वरा में मस्जिदे नबवी ﷺ के मिंबर पर तशरीफ़ फ़रमा थे। आंखों से सीले अश्क रवाँ था और फ़रमा रहे थे। "निशान लिया ज़ैद ने और शहीद हुऐ। निशान लिया अब जाफ़र ने और शहीद हुऐ। निशान लिया अब अब्दुल्लाह बिन रवाह ﵁ ने और शहीद हुऐ अब निशान लिया खुदा की तलवारों में से एक तलवार ने और उस को फ़तह दी गई।" गोया मैदाने जंग का नक़्शा रसूले अकरम ﷺ के बिलकुल सामने था। इसी वाक़ेआ की बिना पर हज़रत ख़ालिद बिन वलीद को सैफ़ुल्लाह का खिताब अता हुआ था। (सही बुखारी)

पादरियों ने सवाल किया

उक़बा बिन आमिर अल–जहनी से रिवायत है कि अहले किताब (ईसाई) से चंद अश्खास आऐ उन के साथ मुसाहिफ़ थे। उन्हों ने नबी ﷺ के पास आने की इजाज़त चाही मैं आप के पास गया और आप को खबर की आप ने फ़रमाया मुझे और उन्हें क्या फ़ाएदा। वह मुझ से ऐसी बात पूछना चाहते है जिस को मैं नहीं जानता। मैं एक बन्दा हूँ मैं सिर्फ़ वह जानता हूँ जो मेरे रब ने मुझे बताया है बाद अज़ॉ आपने वज़ू फ़रमाया। मस्जिद तशरीफ़ लाऐ और दो रकअ़त नमाज़ पढ़ी। फ़िर मस्जिद से वापस आऐ। मैं उस वक़्त आप के चहरा अनवर पर मुसर्रत के आसार देख रहा था। आपने फ़रमाया उन लोगों को मेरे पास भेजो। वह लोग आऐ आप ने फ़रमाया अगर तुम चाहो तो जो बात पूछने आऐ हो मैं वह बता देता हूँ। उन्हों ने कहा जी हॉ हम यही चाहते हैं आप ने फ़रमाया तुम लोग मुझ से जुल–क़रनैन के बारे में पूछने आऐ हो। जुल–क़रनैन एक रूमी था वह बादशाह बन गया उस ने सफ़र किया।

वल्लाह मैं तुम लोगों पर फ़िक्र का खौफ़ नहीं करता मगर मुझे यह खौफ़ है कि यह दुनिया वसीअ़ हो जाऐ जैसे कि उन लोगों पर वसीअ़ हुई थी जो तुम से पहले थे जैसे उन्हों ने दुनिया से मुहब्बत की थी तुम भी दुनिया की मुहब्बत में पड़ जाओ और जैसे दुनिया ने उन लोगों को खेल और ग़फ़लत में डाला था ऐसे ही तुम्हें भी खेल और ग़फ़लत में डाल दे। (बुखारी)

दुनिया शीरीं और सर-सब्ज़ है

अबु सईद से मरवी है कि रसूलुल्लाह ﷺ ने फ़रमाया कि दुनिया शीरीं और सर–सब्ज़ है और अल्लाह तआ़ला तुम लोगों को दुनिया में खलीफ़ा बनाने वाला है ताकि अल्लाह तआ़ला देखे कि तुम कैसे आमाल करते हो। तुम लोग दुनिया से और औरतों से बचो इस लिये कि बनी इसराईल का पहला फ़ितना औरतों में था। (मस्लिम)

खाने और लिबास में कसरत होने की खबर

हज़रत तल्हतुल नज़री से रिवायत है कि रसूलुल्लाह ﷺ ने फ़रमाया, क़रीब है तुम लोग ऐसा ज़माना पाओगे कि तुम में से हर एक के

पास सुबह को एक खाना और शाम को दुसरा खाना आऐगा और तुम ऐसा लिबास पहनोगे जैसा कि खाना काबा का गिलाफ़ अस्हाब ने पूछा या रसूलल्लाह क्या आज के रोज़ हम बेहतर हैं या उस रोज़ बेहतर होंगे। आपने फ़रमाया तुम आज के दिन बेहतर हो। अब तुम लोग आपस में मुहब्बत करते हो और उस वक़्त तुम लोग आपस में दुशमनी रखोगे और वह लोग एक दुसरे की गर्दनें मारेंगे। (बेहक़ी)

रिज़्क़ पहुंचने के बारे में खबर देदी

हज़रत अबी मसऊद से रिवायत है कि हम लोग रसूलुल्लाह ﷺ के साथ एक ग़ज़वा में थे। मुसलमान सख़्त मुशक़्क़त और तक्लीफ़ में थे और ग़म व अंदोह उन के चहरों से हुवेदा और मुनाफ़िक़ बड़े मसरूर थे। आप ﷺ ने यह अमर देखा तो फ़रमाया वल्लाह आफ़ताब गुरूब न होगा यहॉ तक कि अल्लाह तआ़ला तुम्हारे पास रिज़्क़ भेज देगा। हज़रत उसमान ने कहा अल्लाह और का रसूल दोनों सादिक़ हैं। हज़रत उसमान رضي الله عنه ने चौदा ऊंट ग़ल्ले के खरीदे और नौ आप ﷺ के पास भेज दिये जब ग़ल्ला पहुंचा तो मुसलमान खुश हुऐ और मुनाफ़िक़ीन ग़मगीन हो गऐ। नबी ﷺ ने अपने दस्ते मुबारक दुआ के लिये उठाऐ और इस क़दर बुलन्द किये कि बग़लों की सफ़ेदी देखी गई। आप ﷺ ने हज़रत उसमान के लिये इस तरह दुआ मांगी कि पहले किसी और के लिये नहीं मांगी थी। (तिबरानी)

फ़ारस और रूम की फ़तह की ख़बर

अब्दुल्लाह बिन हवाला से मरवी है कि हम लोग रसूलल्लाह ﷺ के पास थे। हम ने आप से अपनी तंगी ओर मोहताजी का ज़िक्र किया। आप ﷺ ने फ़रमाया तुम लोगों को बशारत (भविष्यवानी) हो। वल्लाह मैं तुम लोगों पर अशया (सामान) की क़िल्लत का इतना ख़ौफ़ नहीं करता जितना मैं कसरत का ख़ौफ़ करता हूँ। तुम्हारी यह हालत रहेगी यहां तक कि अल्लाह तअला सर ज़मीने फ़ारस, रूम और हमीर फ़तह करा देगां।

तुम्हारे तीन बड़े लश्कर होंगे एक शाम में, एक इराक़ में और एक यमन में होगा और यहॉ तक होगा कि एक शख़्स को सौ दिरहम या दीनार दीये जाऐंगे और वो उन को कम समझ कर नाराज़ होगा। मैंने अर्ज़ की या रसूलल्लाह ﷺ शाम क्यों कर फ़तह होगा शाम तो अहले रूम के पास है

और उन के बड़े बड़े सरदार हैं। आप ﷺ ने फ़रमाया शाम ज़रूर फ़तह होगा और शाम में तुम लोग ख़लीफ़ा होगे और तुम लोगों के फ़िरने वाले सियाह फ़ाम शख़्स (काला आदमी) के गिर्द सफ़ेद फ़ाम लोगों का एक हुजूम हल्क़ा बांधे उस के हुक्म का मुंतज़िर होगा। अब्दुल रहमान बिन जबीर बिन नुफैल ने कहा है कि रसूलल्लाह ﷺ के अस्हाब ने इस हदीस की सिफ़त जुज़ बिन सुहेल अल सल्मी में पाई। वह उस ज़माने में अजीमियों पर मुसल्लत थे। सहाबा रज़ियल्लाहु अन्हुम मस्जिद को जाते वक़्त जुज़ बिन सुहैल और उन के गिर्द हल्क़ा बांधे। लोगों को देख कर आप ﷺ की बयान कर्दा सिफ़त पर तअज्जुब करते थे। (बेहेक़ी)

अब्दुल्लाह बिन बसर से मरवी है कि रसूलल्लाह ﷺ ने फ़रमायाः क़सम है उस ज़ात की जिस के क़बज़े कुदरत में मेरी जान है फ़ारस और रूम ज़रूर फ़तह होंगे यहाँ तक कि तआम की कसरत हो जाऐगी और अल्लाह जल्ला शानहू का नाम उस पर न लिया जायेगा। यानी अल्लाह का नाम लेकर न खाऐंगे। (बेहेक़ी)

हज़रत इब्ने उमर ﷺ से रिवायत है कि रसुलल्लाह ﷺ ने फ़रमाया कि जिस वक़्त मेरी उम्मत के लोग हाथ फेंकते हुऐ नाज़ से चलेंगे और अहले फ़ारस और रूम इन के ख़िदमत गार होंगे उस वक़्त उन अशरार उन के अख़यार पर मुसल्लत होंगे। (बेहेक़ी)

हज़रत ज़ुबेर ﷺ से मरवी है कि रसूलल्लाह ﷺ ने फ़रमाया कि तुम्हारी ऐसी ऐसी हालत होगी यहाँ तक कि तुम लोगों पर फ़ारस और रूम फ़तह हो जाएंगे और तुम में से एक शख़्स एक हुल्ला सुब्ह को पहनेगा और एक शाम को और तुम्हें सुब्ह के खाने में एक खाना पेश होगा और शाम को दुसरा। (मुस्तदरिक हाकिम)

हुकूमत तुर्किया क़ायम होने की रिवायात

हज़रत इब्ने मसऊद ﷺ से रिवायत है कि रसूलल्लाह ﷺने इर्शाद फ़रमाया कि तुर्क जब तक तुम से न लड़ें तुम भी उन से जंग न करो क्योंकि बनू क़ज़ूर (तुर्क) मेरी उम्मत से होंगे और मुल्क लेंगे और अल्लाह उन्हें उस का मालिक बनाऐगा। (तिबरानी)

हज़रत अबु बकर ﷺ से रिवायत है कि रसुलल्लाह ﷺ ने फ़रमाया मेरी उम्मत के कुछ लोग एक पुस्त ज़मीन में उतरेंगे जिस को बसरा कहते

हैं। एक दरया के पास जिस को दजला कहा जाता है। उस पर पुल होगा। उसमें बकसरत आदमी होंगे जो मुसलमानों के मुखतलिफ़ शहरों से होंगे। आखरी ज़माने में बनु क़ंतूरा आऐंगे जिन के चौड़े मुंह और छोटी ऑखें होंगी यहॉ तक कि वह दरया के किनारे पर उतरेंगे। इस के लोग तीन गिरोहों में बट जाऐंगे। एक गिरोह तौबिलों की दमों और जंगल को इखतेयार कर लेगा और हलाक हो जाऐंगे। दुसरा गिरोह ईमान हासिल करेगा और वह भी हलाक हो जाऐगा। तीसरा गिरोह अपने बाल–बच्चों को पीछे रखते हुए उनसे लड़ेगा और वह शहीद हैं। (अबु दाऊद)

हज़रत बुरीदा ؓ से रिवायत है कि रसुलल्लाह ﷺ ने फ़रमाया मेरी उम्मत को एक ऐसी क़ौम तीन बार हांकेंगी जिस के चहरे चौड़े और ऑखें छोटी होंगी गोया उनके चहरे ढाल की तरह होंगे। वह मेरी उम्मत के लोगों को हांकते हुऐ जज़ीर अरब में पहुंचा देंगे पहली मर्तबा के हांकने में भागने वाले बच जाऐंगे। दुसरी मर्तबा में बाज़ बच जाऐंगे और तीसरी मर्तबा में उनका इत्तेसाल हो जाऐंगा।

लोगों ने पुछा या रसुलल्लाह ﷺ वह कौन हैं आप ﷺ ने फ़रमाया वह तुर्क हैं और क़सम है उस ज़ात की जिस के क़बज़ा कुदरत में मेरी जान है वह तुर्क हैं अपने घोड़े मस्जिदों के सुतूनों से बांध देंगे। (मसनद इमाम अहमद)

हज़रत इब्ने मसऊद ؓ से रिवायत है कि फ़रमाया गोया कि मैं तुर्कों को देख रहा हूॅ कि वह फ़टे हुऐ कानों वाले खंजरों पर आये हैं और उन्हें फुरात के किनारे बांध रहे हैं। (तिबरानी)

हज़रत हुज़ैफ़ा ؓ से रिवायत है कि मैं ने रसुलल्लाह ﷺ को फ़रमाते हुऐ सुना कि क़बीला मज़िर अब्दे सालेह को हमेशा क़त्ल करता रहेगा। हलाक करेगा और फ़ना करे यहॉ तक कि अल्लाह तआला एक लश्कर भेजेगा जो क़बीला मुज़िर के लोगों को क़त्ल करेगा। (मुस्तदरिक हाकिम)

बैतुल मुक़द्दस के फ़तह होने की ख़बर

औफ़ बिन मालिक अल अश्जई से रिवायत है कि रसुलल्लाह ﷺ ने फ़रमाया कि तुम छे चीज़ों की गिंती करो जो क़यामत के सामने आऐंगी उन छे में से एक मेरी वफ़ात है फिर बैतुल मुक़द्दस की फ़तह है। फ़िर ऐसी दो

मौतें आएंगी जैसे बकरियॉ को क़आ़स की बिमारी आती है और उन्हें हलाक कर देती है फ़िर इस क़दर दौलत आऐगी कि एक शख्स को दो सौ अशरफ़ियॉ मिलेगीऔर वह उस से ना खुश होगा फ़िर एक फ़ितना ऐसा आयेगा कि सरज़मीने अरब के हर मकान में वह फ़ितना दाखिल हो जायेगा। फ़िर तुम्हारे और बनी अल अस्फ़र के दरमियान सुलह होगी और बनी अल अस्फ़र तुम से बद अहदी करेंगे यहॉ तक कि औरत का हमल तक बेवफ़ाई करेगा। अमवास के साल में सहाबा ने कहा कि औफ़ बिन मालिक ने मुआ़ज़ से यह कहा कि रसुलल्लाह ﷺ ने मुझसे फ़रमाया कि तुम छे चीज़ों की गिंती करो उन छे चीज़ो में से तीन हो गई हैं और तीन बाक़ी रह गई है। मुआ़ज़ ने कहा कि उन तीन चीज़ों के वासते एक मुद्दत बाक़ी है लेकिन पॉच उमूर में जो तुम में आ पहुंचे हैं जो शख्स उन पॉच चीज़ों में से किसी को पायेगा उस को अगर मरने की कुदरत होतो मर जाऐ। वह उमूर यह हैं कि मिंबरों पर बैठ कर लानतें की जाऐंगी अल्लाह का माल झूटों को दिया जाऐगा और इमारतों में सर्फ़ होगा और बगैर हक़ खून रेज़ी होगी और क़तअ रहमी की जाऐगी। (बुखारी)

फ़तह मिस्र की ख़बर

हज़रत अबू ज़र ﷺ से रिवायत है कि रसुलल्लाह ﷺ ने फ़रमाया अंक़रीब तुम मिस्र को फ़तह करोगे वह ऐसी ज़मीन है जिस में क़िरात का लफ़्ज़ बोला जाता है तुम उसे फ़तह करलो तो उस के बाशिनदों से हुस्ने सुलूक करना क्योंकि उन के लिए अमान और रहम का रिश्ता है या फ़रमाया कि अमान और ससराली रिश्ता है। जब तुम उस में दो आदमियों को एक ईंट भर जगह पर झगड़ते देखो तो उस से निकल आना। रावी का बयान है कि मैं ने अब्दुल रहमान बिन शरजील बिन हुसना और उसके भाई रबीआ़ को एक ईंट जितनी जगह पर झगड़ते हुऐ देखा तो मैं उससे निकल आया। (मुस्लिम)

कअ़ब बिन मालिक से रिवायत है कि मैं ने रसुलल्लाह ﷺ से सुना कि आप ﷺ फ़रमाते थे कि जिस वक़्त तुम लोग मिस्र को फ़तह करो तो क़ब्त को खै़र की वसीयत करना इस लिये कि क़ब्त के लिये ज़िम्मा और रहम है हज़रत इब्राहीम की वालिदा भी क़ब्ती थीं। (बेहक़ी)

हज़रत उम्मे सलमा ﷺ से रिवायत है कि रसूलल्लाह ﷺ ने अपनी

वफ़ात के वक़्त वसीयत फ़रमाई, कि मिस्र के क़ब्तियों के मुआम्ले में अल्लाह तआला से डरो। तुम लोग क़ब्त पर ग़ालिब आने वाले हो, वह लोग तुम्हारे वास्ते साज़ व सामान और अल्लाह के रास्ते में मदद–गार होंगे। (अबू नईम)

हज़रत अबू हुरैरा ؓ से रिवायत है कि रसूलल्लाह ﷺ ने फ़रमाया, ईराक़ ने अपने दिरहम और क़फ़ीज़ को मनआ किया है और जिस जगह से तुम लोगों इब्तेदा की थी उस जगह से तुम पलट गये कि यह्या बिन आदम कहते हैं आप ﷺ ने क़फ़ीज़ और दिरहम का पहले इस लिये जिक्र किया कि हज़रत उमर ؓ क़फ़ीज़ और दिरहम को ज़मीन पर ब–तौरे ख़िराज मुक़र्रर करें। हुरवी कहते हैं कि आप ﷺ ने उस शैए की ख़बर दी जो मौजूद थी और जो अल्लाह तआला के इल्म में होने वाली थी। आप ﷺ ने माज़ी का सेग़ा इस लिये इस्तेअमाल फ़रमाया कि अल्लाह के इल्म के लिहाज़ से यह ज़माना माज़ी है। (मुस्लिम)

हीरा का इलाक़ा फ़ताह होने की ख़बर

हज़ीम बिन औस बिन हारसा बिन लाम से रिवायत है कि मैं ने आप की जानिब उस वक़्त हिजरत की कि आप तबूक से वापस हो रहे थे। रसुलल्लाह ﷺ ने फ़रमाया, हीरा बैज़ा है जो मेरे लिये बुलन्द किया गया है। मैं उस को देख रहा हूँ और यह शीमाअ बिन्ते नफ़ीलतुल अज़दिया है जो बग़ला शहबा पर सवार है और सियाह दो पट्टा ओडे हुए है मैं ने अर्ज़ की या रसुलल्लाह ﷺ अगर हम लोग हीरा में दाख़िल होंगे और मैं शीमा को वैसा ही पाऊँ जैसा कि आप फ़रमाते हैं वह मेरे वास्ते होगी। आप ﷺ ने फ़रमाया वह तुम्हारे लिये है जब कि अबू बकर ؓ की ख़िलाफ़त का ज़माना था और हम लोग मुसैलमा अल–कज़्ज़ाब से निमट चुके थे हम हीरा की जानिब आए।

हीरा में हमें सब से पहले शीमाअ बिन्ते नफ़ीला मिली और जैसे आप ने फ़रमाया था वह सफ़ेद बग़ला पर सवार थी और सियाह दो पट्टा ओढ़े हुए थी मैं उस से लिपट गया और मैं ने कहा इस औरत को रसुलल्लाह ﷺ ने मुझे बख़्शा है। ख़ालिद बिन वलीद ने मुझसे उस पर गवाह तलब किये मैं ने मुहम्मद बिन सल्मा और मुहम्मद बिन बशर अंसारी को बतौरे गवाह पेश किया। ख़ालिद बिन शीमाअ को मेरे सुपुर्द कर दिया।

शीमा का भाई आया उस ने कहा मुझे उस को फ्रोख़्त करदो मैं ने कहा में उस की क़ीमत दस सौ दिरहम से कम ना करूंगा। उस ने मुझे हज़ार दिरहम दे दिये। मुझ से लोगों ने कहा कि अगर तुम एक लाख़ दिरहम मांगते तो भी शीमाअ का भाई तुम्हें दे देता। मैं ने कहा मुझे दस सौ ज़्यादा की गिंती मालूम ही न थी।(तिबरानी बहेक़ी)

यमन, शाम और इराक़ पर फ़तह याबी की बशारत

सुफ़यान बिन अबी ज़हीर से रिवायत है कि मैंने रसुलल्लाह ﷺ से सुना। आप ने फ़रमाया यमन फ़तह किया जाऐगा। आप ने फ़रमाया ऐसी क़ौम आऐगी जो चौपायों को हॉकते वक़्त बस–बस कहेगी। वह लोग अपने अहल और उन लोगों को कूच करा देंगे जो उन की इताअ़त करेंगे। काश उन को यह इल्म होता मदीना अच्छी जगह है यानी उन लोगों को यह इल्म नहीं कि मदीना क़याम की बेहतर जगह है अगर उन को यह इल्म होता तो वह मदीना ही में रहते। (बुखारी, मुस्लिम)

अब्दुल्लाह बिन हवालतुल अज़दी से रिवायत है कि रसुलल्लाह ﷺ ने फ़रमाया तुम लोग कई लश्कर हो जाओगे एक लश्कर शाम में होगा और एक इराक़ में और एक यमन में। मैं ने अर्ज़ की या रसुलल्लाह ﷺ आप मेरे लिये जगह का इंतेख़ाब फ़रमाइऐ। आप ﷺ ने फ़रमाया तुम शाम से ना जाना और वहीं रहना और जो शख़्स शाम में ना रहना चाहे वह यमन चला जाऐ और उस की नहरों का पानी पीऐ इस लिये कि अल्लाह तआला ने मेरे वासते शाम और अहले शाम की किफ़ालत की है। (बहीक़ी)

सअ़द बिन इब्राहीम से मरवी है कि अब्दुर्रहमान बिन औफ़ ने कहा कि नबी करीम ﷺ ने मुझ को शाम में एक जागीर दी है जिस का नाम सलील है आप ﷺने वफ़ात पाई और उस की सनद मुझे लिख कर नहीं दी और मुझ से यही फ़रमाया कि जिस वक़्त अल्लाह तआला हमें शाम पर फ़तह देगा वह जागीर तुम्हारी है। (तब्क़ाते इब्ने सअ़द)

क़ैसर व किसरा के हलाक होने की ख़बर

हज़रत अबु हुरैरा رضي الله عنه से रिवायत है कि रसुलल्लाह ﷺ ने फ़रमाया किसरा के हलाक होने के बाद कोई किसरा न होगा और क़ैसर के हलाक होने के बाद कोई क़ैसर न होगा। क़सम है उस ज़ात की जिस के क़ब्ज़ा ए

कुदरत में मेरी जान है तुम लोग उन के ख़ज़ानों को राहे खुदा में ख़र्च करोगे। (बुख़ारी)

हज़रत जाबिर बिन समरा ؓ से रिवायत है कि आप ﷺ ने फ़रमाया मुसलमानों का एक गिरोह किसरा के क़सरे अब्यज़ के ख़ज़ाने खोलेगा और जिन लोगों ने वह ख़ज़ाने खोले उन में, मैं और मेरे वालिद थे हमें उस में से एक हज़ार दिरहम का हिस्सा मिला। (मुस्लिम)

अफ़ीफ़ुल कुंदी से रिवायत है कि मैं मक्का आया और अब्बास ؓ के पास गया ताकि उन से बैअ़त करूँ, मैं हज़रत अब्बास (रज़िअल्लाहु अन्हु) के पास मिना में मिला। क़रीब ही एक ख़ैमा था। एक शख़्स निकला। आसमान की तरफ़ देखा कि सूरज गुरूब होने को है तो नमाज़ के लिये खड़ा हो गया फ़िर एक औरत ख़ैमे से निकली और नमाज़ के लिये खड़ी हो गई और बाद अज़ॉ एक लड़का निकला और उस शख़्स के साथ नमाज़ पड़ने लगा। मैं ने अब्बास ؓ से पुछा कि यह कौन शख़्स है। उन्हों ने कहा कि यह मेरा भतीजा मुहम्मद है, उस की बीबी ख़दीजा और चचा ज़ाद भाई अली है वह कहता है कि वह नबी है उस की इत्तेबाअ़ उस की बीवी और उस के चचा ज़ाद भाई ने की है। वह कहता है कि किसरा और क़ैसर के ख़ज़ाने उस के लिये फ़तह होंगे। (तिबरानी)

हज़रत हसन ؓ से रिवायत है कि हज़रत उमर ؓ के पास किसरा के कंगन लाए गये, वह दोनों कंगन सुराक़ा बिन मालिक ने पहन लिये जो सुराक़ा के कांधों तक पहुंच गये। हज़रत उमरने यह देख कर कहा अल–हम्दु लिल्लाह कि किसरा बिन हुरमुज़ के दोनों कंगन सुराक़ा बिन मालिक जो आराबी है और बनी मदृलज से है उस के दोनों हाथों में हैं। इमाम शाफ़ई रहमतुल्लाह अलैह ने फ़रमाया कि सुराक़ा ने उन कंगनों को इस लिये पहना था कि उन की कलाईयों की तरफ़ देख कर रसुलल्लाह ﷺ ने फ़रमाया था कि मैं देख रहा हूॅ कि तुम ने किसरा के कंगन पहने हैं उन का कमर बंद लगा है और उस का ताज सर पर रखा है। (बहीक़ी)

मोहम्मद ﷺ ही आखरी नबी हैं

हज़रत सौबान ؓ से रिवायत है कि रसूलुल्लाह ﷺ ने फ़रमाया जब मेरी उम्मत में एक दफ़आ तलवार चल गई तो क़यामत क़ायम होने तक रखी नहीं जायेगी यहॉ तक कि मेरी उम्मत का एक क़बीला बुतों को पूजने

लगेगा और **मेरी उम्मत में तीस बहुत ही झूटे होंगे और हर एक दअ़वा करेगा कि वह अल्लाह का नबी है हालांकि मैं सब नबीयों से आखरी नबी हूॅ और मेरे बाद कोई नहीं है**। और मेरी उम्मत का एक गिरोह हमेशा ग़ल्बा के साथ हक़ पर रहेगा,उन के मुखालिफ़ क़यामत के आने तक उन्हें कोई नुक़सान नहीं पहुंचा सकेंगे। (अबु दाऊद, तिर्मिज़ी , मिश्कात 5171)

बखशिशे उम्मत की बशारत

हुज़ैफ़ बिन अल–यमान ﷺ से मरवी है कि रसूलुल्लाह ﷺ ने एक दिन सजदा किया। आप ﷺ ने सजदा से सर न उठाया। तो यह फ़रमाया। कि मेरे रब ने मेरी उम्मत के बारे में मुझ से मश्वरा चाहा। कि उन के साथ क्या मुआ़म्ला किया जाए। मैं ने कहा। कि ऐ रब तू ने पैदा किया और तेरे बंदे हैं। तीन मर्तबा ऐसा ही हुआ। चुनान्चे अल्लाह सुबहनहू ने फ़रमाया। आप ﷺ की उम्मत के बारे में हर्गिज़ आप ﷺ को रूस्वा न करूंगा और मुझे यह बशारत दी कि मेरी उम्मत से जो लोग मेरे साथ जन्नत में दाखिल होंगे। सत्तर हज़ार होंगे और हर हज़ार के साथ सत्तर हज़ार होंगे और उन के ज़िम्मे कोई हिसाब ना होगा। फ़िर मेरे पास फ़रिश्ते को भेजा। और फ़रमाया कि आप ﷺ की दुआ क़बुल की जाऐगी। और आप ﷺ सवाल करें। आप ﷺ को अता किया जाऐगा। मुझे हयात ही में बख़्श दिया गया। मेरा शरह सदर किया। मेरी उम्मत ज़लील व रूस्वा ना होगी। और न मग़लूब की जाएगी। और मुझे नहर कौसर अता की। जो जन्नत में एक नहर है। जो मेरे हौज़ में बह कर आती है। और मुझ को कुव्वत व नुस्रत और वह रोअ़त अता किया। जो मेरे सामने एक महीने के रास्ते पर दौड़ता है। मैं जन्नत में तमाम अंबिया से पहले दाखिल हूॅगा और ग़नीमत मेरे लिये पाक होगी और जिन उमूर में पहले सख़्ती थी। वह हमारे लिये जाइज़ किये गये और हमारे दीन में तंगी नहीं की गई और उन तमाम नेअ़मतों पर मैंने बतौर शुक्र सजदा किया। (अबू नईम' इब्ने असाकिर)

कुर्बे इलाही

हज़रत अनस ﷺ से रिवायत है कि नबी करीम ﷺ ने फ़रमाया कि लोग पुल–सिरात से गुज़र रहे होंगे और मैं इंतेज़ार कर रहा हुंगा। मेरे पास

हज़रत ईसा ﷺ आऐंगे और कहेंगे कि यह अंबिया हैं। ऐ मुहम्मद ﷺ आप के पास आऐ हैं और अल्लाह तआ़ला से दुआ़ करते हैं कि लोग इस वक़्त जिस परेशानी में हैं। उन से इन्हें निजात मिल जाऐ। और अल्लाह तआ़ला जहॉ इन को भेजना चाहे। भेज दे। इस वक़्त लोगों की यह हालत हो गई कि पसीना उनके दुहानों तक पहुंचा हुआ होगा और मोमिन पर वह अ़र्क़ ऐसा होगा जैसा कि ज़ुकाम की हालत होती है और काफ़िर की इस पसीने की वजह से ऐसी हालत होगी कि मौत उसे ढांपे होगी। आप हज़रत ईसा अलैहिस्सलाम से फ़रमाऐंगे कि आप मुंतज़िर रहिऐ। यहॉ तक कि मैं पलट के आजाऊॅ। यह फ़रमा कर आप तशरीफ़ ले जाऐंगे और अर्श के नीचे खड़े हो जाऐंगे। और आप वह तक़रीब पाऐंगे। कि किसी फ़रिश्ते और बर–गुज़ीदा रसूल को वह तक़रीब हासिल ना होगा। अल्लाह तआ़ला जिब्राईल ﷺ को वही करेगा और यह फ़रमाऐगा कि तुम मुहम्मद ﷺ के पास जाओ। और आप ﷺ से कहो। कि अपना सर सजदे से उठाइऐ। और सवाल कीजिऐ' अता किया जाऐगा। आप शफ़ाअ़त कीजिऐ। आप की शफ़ाअ़त क़बुल की जाऐगी। मैं अपनी उम्मत के हक़ में शफ़ाअ़त करूंगा। 99 वें में से एक को निकालुंगा। और मैं अपने रब के पास शफ़ाअ़त के लिये आता जाता रहुंगा। और मैं जिस मुक़ाम पर खड़ा हुंगा। शफ़ाअ़त करूंगा। यहॉ तक कि अल्लाह तआ़ला मुझ से फ़रमाऐगा कि ऐ मुहम्मद ﷺ अपनी उम्मत में से हर उस शख़्स को जन्नत में दाख़िल कर दीजिऐ। जिस ने एक ही दिन इख़्लास की हालत में لا الہ الا اللہ कहा है और उस हालत पर मर गया। (मस्नद इमाम अहमद)

मक़ामे महमूद

मोहम्मद ﷺ मक़ामे महमूद के साथ मुख़्तस हैं। आप ﷺ के हाथ में लिवाए हम्द (झंडा) होगा। आदम और उन के सिवा कुल मख़्लूक़ आप ﷺ के झंडे के नीचे होगी। आप ﷺ इमामुल अंबिया, उन के क़ाइद और अव्वल मुश्फ़अ़ होंगे। आप ﷺ सब से पहले दीदारे इलाही करेंगे। सब से पहले आप ﷺ को सजदे का हुक्म होगा। सब से पहले आप ﷺ सजदे से सर मुबारक उठाऐंगे और तब्लीगे़ रिसालत पर आप ﷺ से कोई गवाह तलब नहीं किया जाऐगा जब कि तब्लीगे़ रिसालत पर तमाम अम्बिया से गवाह तलब किये जाऐंगे और फ़ज़्ले क़ज़ा में आप ﷺ शफ़ाअ़ते उज़मा के साथ

मुख़्तस होंगे और एक क़ौम को शफ़ाअ़त कर के जन्नत में बे हिसाब आप ﷺ दाख़िल कराऐंगे और मौहिदीन में से जो लोग दोज़ख़ के मुस्तहिक़ होंगे। आप ﷺ उन की शफ़ाअ़त फ़रमाऐंगे। दरजात की बुलंदी के लिये आप ﷺ शफ़ाअ़त फ़रमाऐंगे और **हमेशा दोज़ख़ में रहने वाले कुफ़्फ़ार के अज़ाब में तख़्फ़ीफ़ की आप ﷺ सिफ़ारिश करेंगे** और अत्फ़ाले मुश्रेकीन की शफ़ाअ़त फ़रमाऐंगे कि उन को अज़ाब ना दिया जाऐ। (ख़साइसे कुबरा)

यौमे महशर में आप का मुक़ाम

हज़रत अनस ﷺ से रिवायत है कि रसूलुल्लाह ﷺ ने फ़रमाया कि जब लोग उठाऐ जाऐंगे। मैं सब से पहले उठूंगा। और मैं उन का क़ाइद होऊंगा। और मैं उन का ख़तीब हाऊंगा और हिसाब के वक़्त मैं उन का शाफ़ेअ हुंगा। और उनकी मायूसी में उन्हें बशारत दुंगा। लिवाऐ करम और जन्नत की कुंजियॉ मेरे हाथ में होंगी। **लिवाऐ हम्द मेरे हाथ में होगा** और मैं अपने रब के पास अकरम औलाद आदम अलैहिससलाम होउँगा। और यह फ़ख़र की बात नहीं। और हज़ार ग़िल्मान मेरी ख़िदमत में होंगे जो लू–लू मक्नून की तरह होंगे। (तिर्मिज़ी)

दिल की बात की खबर देदी

हज़रत सलमा बिन अल–अकूअ़ से मरवी है कि वह रसूलुल्लाह ﷺ के साथ थे कि एक शख़्स आप के पास आया और पुछा कि आप कौन हैं आप ने फ़रमाया कि मैं नबी हूँ। उस ने कहा नबी किसी कहते हैं फ़रमाया अल्लाह के रसूल को उसने पूछा कि क़यामत कब होगी आप ﷺ ने फ़रमाया कि अमर ग़ैब है और गैब का इल्म सिर्फ़ अल्लाह तआला ही को है उसने कहा अपनी तलवार मुझे दिखाइये आप ﷺ ने अपनी तलवार उसे दी। उसने इसे हिलाया और वापस करदी। रसूलुल्लाह ﷺ ने उस से फ़रमाया कि तूने जिस बात का इरादा किया था उस की तुझे क़ुदरत हासिल नहीं है उस ने कहा मेरा इरादा यही था। आप ﷺ ने फ़रमाया कि उस शख़्स के दिल में यह बात थी कि मैं आप की तलवार लूंगा और आप को क़त्ल कर डालुंगा मगर फिर उस ने तलवार नयाम में डाल दी। (तिबरानी)

बड़े मुनाफ़िक़ के मरने की खबर

हज़रत जाबिर ؓ से रिवायत है कि नबी करीम ﷺ सफ़र से वापस आ रहे थे जब मदीना मुनव्वरा के क़रीब पहुंचे तो आंधी आई कि क़रीब था वह मुसाफ़िर को दफ़न करदे। रसूलुल्लाह ﷺ ने फ़रमाया कि यह आंधी एक मुनाफ़िक़ की मौत पर भेजी गई है। उस रोज़ एक बहुत बड़ा मुनाफ़िक़ मर गया था। (मस्लिम)

क़बरों में अज़ाब होने की खबर देदी

हज़रत अबू अय्यूब ؓ से रिवायत है कि नबी करीम ﷺबाहर तशरीफ़ ले गये और सूरज गुरूब होने वाला था तो एक आवाज़ सुनी। फ़रमाया कि यहूद को उन की क़बरों में अज़ाब दिया जा रहा है। (बुखारी)

हुज़ूर ﷺ के फ़रमान को अल्लाह ने सच कर दिखाया

अ़रवा बिन जुबेर से रिवायत है कि हज़रत सईद बिन ज़ैद बिन अ़मर बिन नग़ील ؓ के ख़िलाफ़ उरवी बिन्ते औस ने मरवान बिन ह़कम की अ़दालत में झगड़ा पेश किया और दअ़वा किया कि उन्हों ने इस की ज़मीन लेली है। हज़रत सईद ने फ़रमाया कि मैं इस की ज़मीन में से कैसे ले सकता हूँ जब कि मैं ने रसूलल्लाह ﷺ से खुद सुना है कहा कि आप ने रसूलल्लाह ﷺ से क्या सुना है? फ़रमाया कि मैं ने रसूलल्लाह ﷺ को फ़रमाते हुए सुना है कि जिस ने जुल्म के साथ किसी की बालिश्त भर ज़मीन भी ली तो सातवें ज़मीन तक उसे तौक़ पहनाया जाऐगा। मरवान ने कहा इस के बाद आप से कोई गवाह तलब नहीं करता। हज़रत सईद ने कहा ऐ अल्लाह! अगर यह झूटी है तो इसे अंधी कर और इस की ज़मीन में मार। पस वह ना मरी जब तक अंधी न हुई और वह अपनी ज़मीन में चल रही थी कि एक गढ़े में गिर कर मर गई। (बुखारी)

सब से पहले विसाल करने वाली ज़ौजा मुत्तहूरा के बारे में ख़बर

हज़रत आइशा ؓ से रिवायत है कि रसूलल्लाह ﷺ ने फ़रमाया कि अज़्वाज में से मेरे पास सब से पहले आने वाली वह हैं जिन के हाथ दराज़ हैं। इस पर तमाम अज़्वाज हाथ मिला मिला कर देखने लगीं कि हम में से कौनसी बीबी ऐसी है जिस के हाथ दराज़ हैं। उन में हज़रत ज़ैनब सब से ज़्यादा लम्बे हाथों वाली थीं। (यानी सखी थीं) (मुस्लिम)

हुज़ूर ﷺ को अपनी वफ़ात का इल्म था

हज़रत मआज़ ؓ बिन जबल को यमन का गवर्नर मुक़र्रर फ़रमाया तो उन को बहुत तवील (लम्बी) वसीयतें कीं और साथ ही फ़रमाया मआज़ अगर मेरी और तुम्हारी दुबारा मुलाक़ात होना होती तो मैं वसीयत को बहुत मुख़्तसर करता मगर क़यामत तक हम एक दुसरे को ना मिल सकेंगे। चुनान्चे मआज़ यमन में ही थे कि हुज़ूर ﷺ की वफ़ात वाक़े हो गई। (शवाहदुन नबुवत)

मोहम्मद ﷺ ने क़यामत तक की बातें बतादी

हज़रत अनस ؓ : एक दिन मोहम्मद ﷺ मिम्बर पर जलवा अफरोज़ हुए और क़यामत का ज़िक्र फरमाया और उन बड़े बड़े वाक्यात का जो क़यामत से पहले होने वाले हैं, मोहम्मद ﷺ ने फरमाया अगर कोई मुझसे जिस किसी चीज़ के बारे में पूछना चाहे तो पूछ ले। खुदा की क़सम तुम मुझ से जो पूछोगे मैं बता दूंगा जब तक मैं इस जगह हूँ। हज़रत अनस ؓ का बयान है लोग ज़ारो क़तार रोने लगे और मोहम्मद ﷺ बार बार फरमाते रहे जो चाहो मुझ से पूछ लो। फिर एक सहाबी ने खडे होकर पूछा, ''या रसूलल्लाह ﷺ मेरा ठिकाना कहाँ होगा?'' मोहम्मद ﷺ ने फरमाया ''दोज़ख में।'' फिर हजरत अब्दुल्लाह इब्ने हुज़ैफा खडे हुए अर्ज की ''या रसूलल्लाह ﷺ मेरा बाप कौन है?'' मोहम्मद ﷺ ने फरमाया ''तुम्हारा बाप हुज़ैफा है।''

रावी का बयान है मोहम्मद ﷺ बार बार फरमाते हैं मुझ से पूछो, मुझ से पूछो चुनांचे हज़रत उमर ؓ घुटनों के बल खडे होकर कहने लगे ''हम अल्लाह के रब होने और मोहम्मद ﷺके रसूल होने पर राज़ी हैं।'' जब हजरत उमर ؓ ने ये गुजारिश की तो मोहम्मद ﷺ खामोश हो गए। फिर मोहम्मद ﷺ ने इरशाद फरमाया ''कसम है मुझे उस ज़ात की जिसके कब्ज़े में मेरी जान है।'' अभी इस दीवार के सामने मुझ पर जन्नत और दोज़ख पेश की गई जब कि मैं नमाज़ पढ़ रहा था। तो आज की तरह मैंने खैर और शर को नहीं देखा। (मुस्लिम जि. 2, स. 263)

कुरआन में अल्लाह फरमाता है ...

''**और ये नबी ग़ैब बताने में बख़ील नहीं।**'' (सुरह तकवीर, आयत 24)

☆ ☆ ☆

फतह-ए-मक्का

कुफ्फारे कुरैश की दरिन्दगी जो जंग का कारण बनी

फतह–ए–मक्का ये वह घटना है जिसनें अरबों की तारीख ही बदल कर रख दी। ये वाक्या मोहम्मद ﷺ के मदीना हिजरत के 8 साल बाद वकूअ पज़ीर हुआ। सुलैह हुदैबिया (संधी) में एक शर्त ये भी थी कि अब मुसलमानों और कुरैशे मक्का में अब 10 साल तक कोई जंग नहीं होगी। और दोनों फरीक इस मुआहेदे के मानने पर पाबंद (बाध्य) थे। कोई इसे तोड नहीं सकता था। मगर कुरैशे मक्का ने अपना अहद महज़ 2 साल में ही तोड दिया और एक ऐसी घटना को अंजाम दिया जिस से इंसानियत तार तार हो गई।

वो घटना ये है ....

मक्का के करीब आबाद कबाइल बनू खुज़ाआ और बनू बकर की एक–दूसरे से पुरानी रंजिशें (दुश्मनी) चली आ रही थी। उन में से बनू खुज़आ मुसलमानों के तरफदार थे, जबकि बनू बकर मक्का के कुरैश के हलीफ़ (सहयोगी) थे। एक रात बनू बकर ने कुरैश की मदद से बनू खुज़ाआ पर किसी वजह के बग़ैर हमला करके कई लोगों को कत्ल कर डाला। बनू खुज़ाआ के जो लोग कत्ल होने से बच गए, उन्होंने दौड़कर खाना क़ाबा में पनाह ली, लेकिन कुफ़्फ़ार ने उन्हें वहां भी कत्ल करना शुरू कर दिया। बनू बकर तो हरमे काबा के एहतिराम का खयाल करके रूक गए, लेकिन उनके सरदार नौफ़ल ने कहा कि यह मौका फिर कभी नहीं आ सकता और हुदूद–ए–हरम में दाखिल होकर बनू खुज़ाअ का खून बहाया गया।

इस जालिमाना और बुज़दिलाना हमले से कुफ्फारों ने दरिन्दगी की सारी हदें पार कर दीं और खाना–ए–काबा के अंदर खून खराबा करके उन्होंने हरम की हुरमत को भी पामाल कर दिया। और सुलह हुदैबिया का मुआहेदा तोड़ दिया। जिससे दोनों फरीक़ बंधे हुए थे।

मोहम्मद ﷺ से बनु खुज़ाआ की फ़रियाद

इस वाकिआ के बाद बनू खुज़ाआ के सरदार उमर बिन सालिम खुज़ाई 40 सवारों के साथ हुज़ूर ﷺ की ख़िदमत में मदीना पहुचे और चन्द अशार में अपना मुददा बयान किया जिनका तर्जुमा है,

"ऐ अल्लाह! मैं मोहम्मद ﷺ को याद दिलाता हूं, वह पुराना मुआहिदा जो हमारे बाप और उनके बाप अब्दुल–मुत्तलिब के दरमियान हुआ।"

"या रसूलुल्लाह ﷺ आप हमारी मदद कीजिए और अल्लाह के बन्दों को बुलाए जो हमारी मदद को आएं। कुरैश ने आप से वादे के खिलाफ किया और आप ﷺ का हुक्म और वादा तोड़ डाला।"

"उन्होंने हमारे घरों पर रात के वक्त हमला किया और हमें रूकू व सुजूद की हालत में कत्ल कर दिया।"

मोहम्मद ﷺ ने फरमाया कि ऐ उमर! तुम्हारी मदद की जाएगी। फिर आप ﷺ ने तीन शर्ते देकर हज़रत ज़मरा ؓ को मक्का भेजा कि कुरैश इनमें से जिस शर्त को चाहें इख़्तियार कर लें:

1. खुज़ाआ के कत्ल किए गए लोगों का खून बहा अदा किया जाए।
2. कुरैश बनू बकर कबीले की हिमायत से दस्तबरदार हो जाएं।
3. ऐलान करदें कि हुदैबिया का मुआहेदा टूट गया।

हुजूर ﷺ के क़ासिद को एक कुरैशी कुर्ता बिन अब्द अमर ने कुरैश का नुमाईन्दा बनकर जवाब दिया, हम कोई शर्त नहीं मानते हैं। हां मगर हम तुम्हारी तीसरी शर्त मानते हैं और ऐलान करते हैं कि हुदैबिया का मुआहेदा टूट गया।

यूँ कुफ्फारे कुरैश ने सुलैह हुदैबिया का मुआहेदा तोड दिया और अपनी गुनाहों पर शर्मिन्दगी भी ना ज़ाहिर की।

कुरान की वो आयत जिसके बारे में सबसे ज़्यादा झूठ और भ्रम फैलाया जाता है

सुरह तौबा की 4थी आयत...

तर्जुमा : फिर जब हुर्मत वाले महिने निकल जाए तो मुश्रिकों को मारो जहां पाओ और उन्हें पकडो और कैद करो. और हर जगह उनकी ताक़ में बैठो। और अगर फिर वो तौबा करें और नमाज़ कायम रखें और जकात दें तो उनकी राह छोड दो। बेशक अल्लाह बख़्शने वाला महेरबान है।

नोट : यही कुरआन की वो आयत है जिसे बीच में से उठाकर मुश्तशर्रेकीन

(orientalist) काट छांट कर और मिर्च मसाला लगाकर गैर मुस्लिमों के सामने रखते हैं ताकि कुरआन और मुसलमानों को बुरा साबित कर सकें और इस्लामोफोबिया फैला सकें। जबकि इसके पहले की 1, 2 और 3 नंबर की आयत नहीं बताते और इसके बाद की 5वीं आयत भी छुपा लेते हैं क्योंकि इनकी नियत फसाद फैलाना है। वरना 1 से 5 नंबर की आयत पढने पर एक आम आदमी भी समझ जाएगा कि इस का मकसद क्या है।

सुरह तौबा आयत 1 से 5 तक....

तर्जुमा आयत 1 : बेज़ारी (नाराज़गी) का हुक्म सुनाना है अल्लाह और उसके रसूल की तरफ से उन मुश्रिकों को जिनसे तुम्हारा मुआहेदा (Agreement) था और वो कायम ना रहे। तो चार महिने ज़मीन पर चलो फिरो और जान रखो के तुम अल्लाह को थका नहीं सकते और ये के अल्लाह काफिरों को रूसवा करने वाला है।

तर्जुमा आयत 2 : और मुनादी पुकार देना है अल्लाह और उसके रसूल की तरफ से सब लोगों में बडे हज के दिन के अल्लाह बेज़ार है मुश्रिकों से और उसका रसूल। तो अगर तुम तौबा करो तो तुम्हारा भला है और अगर मुंह फेरो तो जान लो तुम अल्लाह को ना थका सकोगे। और काफिरों को खुशखबरी सुना दो दर्दनाक अज़ाब की।

तर्जुमा आयत 3 : मगर वो मुशरिक जिनसे तुम्हारा मुआहेदा था फिर उन्होंने तुम्हारे अहद में कुछ कमी ना की और तुम्हारे मुकाबिल किसी को मदद ना दी। तो उनका अहद ठहराई हुई मुद्दत तक पूरा करो। बेशक अल्लाह परहेज़गारों को दोस्त रखता है।

तर्जुमा आयत 4 : फिर जब हुर्मत वाले महिने निकल जाएं तो मुशरिकों को मारो जहां पाओ और उन्हें पकडो और क़ैद करो और हर जगह उनकी ताक़ में बैठो। फिर अगर वो तौबा (गुनाह की माफी मांगना) करें और नमाज़ कायम रखें और ज़कात दें तो उनकी राह छोड दो। बेशक अल्लाह बख़्शने वाला महेरबान है।

तर्जुमा आयत 5 : और ऐ मेहबूब (मोहम्मद) कोई मुशरिक तुमसे पनाह मांगे

तो तुम उसे पनाह दो के वो अल्लाह का कलाम सुने फिर उसे उसकी अमन की जगह पहोंचा दो। ये इसलिये के वो नादान लोग हैं। और अल्लाह ज़ालिमों को राह नहीं देता।

मोअज़्ज़िज़ पढ़ने वाले... ये जो हमने 1 से 5 आयतें देखी है ये सुरह तौबा की शुरूआती आयतें हैं। तौबा का लफज़ी माना होता है "खुदा से गलती की माफी मांगना और दुबारा ऐसा नहीं करने का वादा करना" ये है सुरह तौबा का माना अब सवाल है आखिर खुदा ने सुरह तौबा की ये आयतें क्यों? और किन लोगों के लिए उतारी हैं? तो उसका जवाब है, कुरैशे मक्का के लिए क्यों उतारी तो उसके पीछे ये घटना है जो सुलैह हुदैबिया के बाद घटी। क्योंकि सुलह हुदैबिया के मुआहेदे में मुसलमानों और कुरैश मक्का में ये तय हो गया था के आज के बाद जो भी कबीला चाहे किसी से भी मुआहेदा करले चाहे तो मोहम्मद ﷺ से करलें या कुरैशे मक्का से करलें वो सब अपने फैसले के लिए आज़ाद हैं।

इसी बिना पर एक कबीला बनु खुज़ाआ ने मोहम्मद ﷺ से मदद का मुआहेदा कर लिया और एक कबीला यानी बनु बकर ने कुरैशे मक्का से मदद का मुआहेदा कर लिया। ये दोनों कबीले मक्का के करीब ही आबाद थे मगर इन दोनों में बहोत पुरानी दुश्मनी चली आ रही थी। मगर सुलह हुदैबिया से अब चारों तरफ अमन कायम हो चुका था।

मगर एक रात दारूल नदवा में कुफ्फार और उनका दोस्त कबीला बनु बकर ने मश्वरा करके मुसलमानों के मित्र कबीला बनु खज़ाआ पर हमला कर दिया और उन्हें कत्ल करना शुरू कर दिया ये लोग जान बचाने के लिए हरमे काबा में पनाह लेने के लिए भागे। उस वक्त कबीला बनु बकर के आम लोग तो रूक गए के वो हरमे काबा की हुर्मत पामाल नहीं करेंगे मगर सरदारे कुरैश और कबीला बनु बकर के सरदार ने वहशी पन की सारी हदें पार कर दी। और चिल्ला चिल्लाकर कहता था आओ आओ इन्हें कत्ल करदो फिर ऐसा मौका कभी नहीं मिलेगा।

इस तरह वो कत्लो गारत करता रहा और उसका साथ कुरैश की सरदार भी देते रहे के इन लोगों को हरमे काबा की हुर्मत का भी ख्याल ना रहा के जहाँ खून बहाना दुनिया का सब से बडा गुनाह है। मानो इन्हें आज कुछ याद ही ना था जैसे वो इन्सान से जानवर बन चुके थे और इन्हों ने

आज इन्सानियत को तार तार कर दिया। और उन्होंने अमन का मुआहेदा भी खुद ही तोड दिया। ये अधर्म करके वो खुदा के अज़ाब के मुस्तहिक हो गये।

जब हज़रत हातिब ؓ ने कुरैशे मक्का को खत लिख दिया

हज़रते हातिब बिन अबी बलतआ ؓ जो एक मुअज़्ज़िज़ सहाबी थे। उन्होंने कुरैश को एक खत इस मजमून का लिख दिया कि रसूलुल्लाह ﷺजंग की तैयारियाँ कर रहे हैं। लिहाज़ा तुम लोग होशियार हो जाओ। उस खत को उन्होंने एक औरत के ज़रीए मक्का भेजा। अल्लाह तआला ने अपने हबीब ﷺ को इल्मे ग़ैब अता फरताया था। आप ﷺ ने इस इल्मे ग़ैब की बदौलत ये जान लिया कि हज़रते हातिब बिन अबी बलतआ ने क्या कार्रवाई की है। चुनान्चे आप ﷺ ने हजरते अली व हजरते जुबैर व हजरते मिकदाद ؓ को फौरन ही रवाना फरमाया कि तुम लोग 'रौज़ए खाख' में चले जाओ। वहां एक औरत है और उसके पास एक खत है। उससे वह खत छीन कर मेरे पास लाओ। चुनांचे ये तीनों असहाबे कबीर ؓ तेज रफतार घोडों पर सवार होकर रौजए खाख में पहुंचे और औरत को पा लिया। जब उस से खत तलब किया तो उसने कहा कि मेरे पास कोई खत नहीं। हजरते अली ؓ ने फरमाया कि खुदा की क़सम। रसूलुल्लाह ﷺ कभी झूठी बात नहीं कह सकते, न हम लोग झूठे हैं। लिहाज़ा तू खत निकालकर हम को देदे, वर्ना हम तुझको नंगी करके तलाशी लेगें। इस बात से वो औरत डर गई तो उसने अपने बालों के जूडे में से वो खत निकालकर दे दिया।

जब ये लोग खत लेकर बारगाहे रिसालत में पहुंचे तो आप ﷺ ने हजरत हातिब ؓ को बुलाया और फरमाया कि ऐ हातिब! ये तुम ने क्या किया? उन्होंने अर्ज किया कि या रसूलल्लाह ﷺ आप मेरे बारे में जल्दी न फरमाएँ। ना मैंने अपना दीन बदला है ना मुरतद हुआ हूँ। मेरे खत लिखने की वजह सिर्फ ये है कि मक्के में मेरे बीवी बच्चे हैं। मगर मक्के में मेरा कोई रिश्तेदार नहीं है जो मेरी बीवी बच्चों की खबरगीरी व निगहदाश्त करे।

मेरे सिवा दूसरे तमाम मुहाजिरीन के अज़ीज़ो अकारिब मक्का में मौजूद हैं जो उनके अहलो अयाल की देखभाल करते रहते हैं। इस लिए

मैंने ये खत लिखकर कुरैश पर अपना एक एहसान रख दिया है ताकि मैं उनकी हमदर्दी हासिल कर लूँ और वो मेरे अहले अयाल के साथ कोई बुरा सुलूक न करें। या रसूलल्लाह ﷺ मेरा ईमान है कि अल्लाह तआला जरूर उन काफिरों को शिकस्त देगा और मेरे इस खत से कुफ्फार को हरगिज हरगिज कोई फायदा हासिल नहीं हो सकता। हुजूर ﷺ ने हजरते हातिब ؓ के इस बयान को सुनकर उनके उज्र को कुबूल फरमा लिया।

मगर हज़रत उ़मर ؓ उस खत को देखकर इस क़द्र तैश में आ गए कि आपे से बाहर हो गए और अर्ज़ किया कि या रसूलल्लाह ﷺ मुझे इजाज़त दिजीए कि मैं इस मुनाफ़िक़ की गर्दन उडा दूँ। दूसरे सहाबए किराम भी गैजो गजब में भर गए। लेकिन रहमते आलम ﷺ के जबीने रहमत पर एक ज़र्रा शिकन भी ना आई और आपने हजरत उमर ؓ से इर्शाद फरमाया कि ऐ उमर क्या तुम्हें खबर नहीं कि हातिब अहले बदर में से है और अल्लाह तआला ने अहले बदर को मुखातिब करके फरमा दिया है कि ''तुम जो चाहे करो। तुम से कोई मुवाखज़ा नहीं'' ये सुनकर हज़रते उमर ؓ की आँखें नम हो गईं और वो ये कहकर बिल्कुल खामोश हो गए। ''अल्लाह और उसके रसूल को हम सब से ज्यादा इल्म है।'' इसी मौक़े पर कुरआन की ये आयत नाज़िल हुई...

तर्जुमा : ''ऐ ईमान वालो! मेरे और अपने दुश्मन काफ़िरों को दोस्त मत बनाओ।''

बहरहाल हुजूर ﷺ ने हज़रते हातिब बिन अबी बलतआ ؓ को माफ फरमा दिया। (बुखारी जि. 2, स. 612 गज़वतुल फतह)

जंग की तैयारी

हुजूर ﷺ ने पोशीदा तौर पर जंग की तैयारीयां शुरू की और 10 रमज़ान–उल–मुबारक सन् 8 हिजरी को 10 हज़ार मुजाहिदीन के साथ मदीना से मक्का की तरफ रवाना हुए। यह भी फिरासते नबवी ﷺ थी कि एक मकाम पर पहुंच कर आप ﷺ ने फौज को अलग अलग आग रोशन करने का हुक्म दिया। मक्का के कुरैश को लश्कर–ए–इस्लाम की मदीना से रवानगी की खबर मिल चुकी थी। अबू सुफियान इस खबर की तसदीक के लिए निकला तो उसे आग दिखाई दी। उसने अपने साथियों से पूछा कि यह आग कैसी है? किसी ने जवाब दिया कि बनू खुज़ाआ कबीले की आग है। इस पर अबू सुफियान बोला कि वो गिनती के चन्द लोग हैं, यह आग उनकी नहीं हो सकती ।

इस दौरान हुजूर ﷺ के खैमे की हिफाज़त पर मुकर्रर दस्ते ने अबू सुफियान को गिरफ्तार कर लिया और उसे हुजूर ﷺ की खिदमत में पेश किया गया। अबू सुफ़ियान ने झुक क अदब से हुजूर ﷺ को सलाम किया। **हुजूर ﷺ ने उससे पूछा कि तुम्हें अब भी यकीन नहीं आता कि अल्लाह के सिवा कोई इबादत के लाइक नहीं? अबू सुफियान ने जवाब में कहा कि अगर कोई और अल्लाह होता तो आज हमारे काम आता**। आप ﷺ ने पूछा कि क्या तुम यह भी मानते हो कि मैं अल्लाह का पैगम्बर हूं? अबू सुफियान बोला कि मुझे सोचने की मुहलत दी जाए। हुजूर ﷺ ने उसकी दरख्वास्त मंजूर फरमाई और उसे हज़रत अब्बास رضي الله عنه के साथ उनके खैमे में भेज दिया।

अबू सुफियान रात भर सोचता रहा। सुबह होते ही वह हुजूर ﷺकी खिदमत में हाज़िर हुआ और मुसलमान होने की खाहिश ज़ाहिर की। आप ﷺ ने उसे कलमा पढ़ा कर मुसलमान कर लिया। उसके मुसलमान होने पर मुसलमानों ने खुशी से अल्लाहु अकबर का नारा बुलन्द किया। हज़रत अब्बास رضي الله عنه ने हुजुर ﷺ की खिदमत में अर्ज़ किया कि या रसूलल्लाह ﷺ अबू सुफियान को उसके मर्तबे के मुताबिक कोई एजाज़ अता फरमाइए। आप ﷺ ने फरमाया कि

(1) जो शख्स अबू सुफियान के घर में पनाह लेगा उसे पनाह दी जाएगी।
(2) जो खाना काबा में पनाह लेगा, उसे पनाही दी जाएगी।
(3) जो मुसलमानों से मुकाबला नहीं करेगा, उसे अमान दी

जाएगी।

(4) जो शख्स हथियार डाल देंगा उसे पनहा दी जाऐंगी।

अबू सुफियान बहुत खुश हुआ और हुज़ूर ﷺ से वापस मक्का जाने की इजाज़त ली ताकि मक्का के लोगों को समझाए ओर मक्का रवाना हो गया। और जब लश्कर–ए–इस्लाम मक्का में दाखिल हुआ तो मुसलमानों के नारा–ए–इस्लाम की कुफ़्फारे मक्का पर इस कदर हैबत तारी हुई कि किसी ने मुकाबला करने की जुर्अत न की और सबको अपनी जान के लाले पड़ गए। अलबत्ता सफवान बिन उमय्या करैश की एक जमाअत के साथ हज़रत खालिद बिन वलीद ؓ के रास्ते में रूकावट बना जो हुज़ूर ﷺ के हुक्म के मुताबिक मक्का की निचली घाटी से मक्का में दाखिल हो रहे थे। सफवसन बिन उमय्या और उसके साथियों ने मुसलमानों पर तीर बरसाए तो मजबूरन खालिद बिन वलीद ؓ को उनसे मुकाबला करना पड़ा। इस झड़प में दो सहाबा ؓ शहीद हुए कुरैश के 12–13 आदमी कत्ल हुए।

यूं मक्का किसी खास खून खराबे और जंग के बगैर फतह हो गया और हुज़ूर ﷺ ने खाना काबा में दाखिल होकर उसमें कुरैश के रखे हुए 360 बुतों को गिरा कर काबा को उनसे पाक कर दिया। फिर अबु सुफियान इस्लामी लश्कर देखकर बोला ऐ अब्बास! **तुम्हारा भतीजा तो बादशाह बन गया है। वो बोले ये बादशाह नहीं नबी है।**

मोहम्मद ﷺ का दरबारे आम

इसके बाद ताजदारे दो आलम मोहम्मद ﷺ शहंशाह की हैसियत से हरमे इलाही में सब से पहला दरबारे आम मुनअकद फरमाया जिस में अफवाजे इस्लाम के अलावा हज़ारों कुफ़्फ़ार व मुशरिकीन के ख्वास व अवाम का एक ज़बरदस्त हुजूम था। इस शहंशाही खुत्बा में आप ﷺ ने सिर्फ अहले मक्का से नहीं बल्कि तमाम अकवामे आलम से खिताबे आम फरमाते हुए ये इर्शाद फरमाया कि–

"अल्लाह के सिवा कोई मअ्बूद नहीं। उस का कोई शरीक नहीं। उस ने अपना वअ्दा सच कर दिखाया। उस ने अपने बन्दे मोहम्मद ﷺ की मदद की। और (कुफ़्फ़ार के) तमाम लश्करों को तन्हा शिकस्त दे दी। तमाम फख़्र की बातें। तमाम पुराने खूनों का बदला। तमाम पुराने खूँ बहा,

और जाहिलीयत की रस्में सब मेरे पैरों के नीचे हैं। सिर्फ कअ्बा की तौलिय्यत और हुज्जाज को पानी पिलाना। ये दो एजाज़ इस से मुसतश्ना (बरी) हैं। ऐ कौमे कुरैश! अब जाहिलीयत का गुरूर, और खानदानों का इफ्तिखार खुदा ने मिटा दिया। हज़रते आदम अलैहिस्सलाम मिट्टी से बनाए गए हैं।'' इसके बाद हुज़ूर ﷺ ने कुरआने मजीद की ये आयत लितावत फरमाई जिसका तर्जमा ये है–

''ऐ लोगो! हमने तुमको एक मर्द और एक औरत से पैदा किया और तुम्हारे लिए कबीले और खानदान बना दिये ताकि तुम आपस में एक दूसरे की पहचान रखो। लेकिन खुदा के नज़दीक सब से ज़्यादा शरीफ वो है जो सब से ज़्यादा परहेज़गार है। यकीनन अल्लाह तआला बड़ा जानने वाला और खबर रखने वाला है।

मोहम्मद ﷺ ने कहा : तुम्हें कुछ मालूम है कि आज मैं तुमसे क्या मामला करनेवाला हूँ।

लोग : सब डरते हुए, आप करम वाले भाई और करम वाले बाप के बेटे हैं। मोहम्मद ﷺ ने कहाः आज तुम पर कोई इल्जाम नहीं जाओ तुम सब आज़ाद हो। यह सुनते ही लोगों की आंखों में आंसू आ गए, वो सोचते थे आज हम से बदला लिया जाएगा मगर नबी–ए–करीम ﷺ की करम नवाज़ी देखकर उन्होंने कलमा पढ लिया और शिर्क को छोड दामने मुस्तफा में आ गए और मुसलमान हो गए। **मोहम्मद ﷺ ने हज़रत अत्ताब बिन उसैब को मक्का का हाकिम मुकर्रर कर दिया और लगभग 19 दिनों बाद मक्का से वापस रवाना हो गए।**

कैसे मोहम्मद ﷺ फखरे इब्राहीम अ.स. हो गये?

(Muhammad The Proud Son of: Ibrahim)

मोहम्मद ﷺ फखरे इब्राहीम है। मोहम्मद ﷺ हज़रत इब्राहीम के नस्ल (वंश) में है। ये हम सब जानते हैं, हमने देखा तन्हा इब्राहीम कैसे एक बादशाह से टकरा गये थे। बुतपरस्ती को लेकर और वह कमीयाब भी हुए, मगर वक़्त का पहिये जू–जू धुमता रहा अलग–अलग नबी/रसूल लोगों को समझाते रहे, मगर कम ही लोग अपने नबियों/रसूलों की इत्तेबा करते, और अक्सर ओ बेशतर नबियों के हुक्मों को नज़र अंदाज़ करते, और शैतानी जाल में फंसे रहे।

यह वही इन्केलाब है जिसकी शुरूआत इब्राहीम अलैहिस्सलाम ने की थी। यही आगे बढते बढते मूसा अलैहिस्सलाम को हासिल हुआ। पर बनी इसराईल की ना फरमानियों की वजह से मुकम्मल ना हो सका। फिर यही इन्केलाब लेकर ईसा अलैहिस्सलाम आए पर उनकी भी हयात में चंद मुठ्ठी भर लोग ही ईसा अलैहिस्सलाम पर ईमान लाए और ईसा अलैहिस्सलाम का इन्केलाब भी मुकम्मल ना हो सका।

दर अस्ल रसूल एक नये इन्केलाब के लिए ही आते हैं। साथ खुदा की किताब भी लाते हैं। मगर मोहम्मद ﷺ जब इन्केलाब लाए तो उस इन्केलाब ने सारी अरब दुनिया को अपनी ज़द में ले लिया। बड़ी जद्दोजहद से गुज़रे मोहम्मदे अरबी, जुल्म सहते रहे पर अपनी कौम को समझाते ही रहे। फिर मोहम्मद ﷺ पर जुल्म की इन्तेहा भी हो गई। खुदा की तरफ से मक्का में मोहम्मद ﷺ का इतना शदीद इम्तिहान लिया गया, जो किसी का भी हौसला पस्त करदे। मगर मोहम्मद ﷺ सब्र के साथ अपने मिशन पर डटे रहे, हिम्मत ना हारी।

यू लोगों को समझाने को युसुफ (अलैहिस्सलाम) आये,मुसा (अलैहिस्सलाम) आये, क़ौमे मुसा ने भी उनके पिठ पीछे बछड़े की पुजा शुरू करदी। फिर ईसा (अलैहिस्सलाम) आये वो क़ौम को समझाते रहे मगर मुश्किल से 100 लोग भी ईमान न लाये थे। और फिर देखीये आगे चलकर उनके मानने वालों ने उन्हीं का बुत बना कर उनकी ही पुजा शुरू करदी। यहाँ तक की पिछले बुतपरस्ती वाले जैसे धीरे–धीरे उस बुत को पहले मुकद्दस कहते फिर धीरे–धीरे कुछ पीढियाँ बितने के बाद उसी बुत

को अपना परवरदिगार (खुदा) बना लेते। ठीक उसी तरह हज़रत ईसा के मानने वालों ने भी पहले हज़रत ईसा का बुत बनाया फिर उन्हें ही खुदा का बेटा बना लिया। यह पूरा तरीक–ए–कार (Process) ठीक उसी तरह है। जिस तरह पिछलों में बुत–परस्ती का आगाज़ हुआ था, बहाने अलग हो सकते है।

यह मक़ामे गौर व फिक्र है, मगर नबी करीम ﷺने अपनी हयात में ही हज़रत इब्राहीम के मिशन को पुरा कर दिया। और सारे जज़ीर ए अरब को बुतपरस्ती से पाक ओ साफ कर दिया। और उनकी उम्मत बुतपरस्ती के ख़्याल को भी कुफ्र जानती है, कहती है कोई माबुद नहीं मगर अल्लाह, जो हज़रत इब्राहीम कहते थे।

यूँ मोहम्मदे अरबी ﷺ ने अपने बाबा इब्राहीम अ.स. का शुरूकर्दा मिशन और अपने नबुवती भाई मूसा अ.स., ईसा अ.स. का अधुरा मिशन मुकम्मल कर दिया। खुदा ने खुद मुहर लगा दी इस मिशन के मुकम्मल होने की।

इसलिए अब ना कोई रसूल आएगा और ना कोई किताब आएगी, कयामत तक के लिए।

अल्लाह ने इब्राहीम अ.स. की दुआ पूरी कर दी। और यूँ मोहम्मद ﷺ फ़खरे इब्राहीम अ.स. हो गए।

☆ ☆ ☆

ये झूठ है इस्लाम तलवार से फैला है

दावते इस्लाम कई मरहलों से गुज़रते गुज़रते मुकम्मल हुई है जो लोग मोहम्मद ﷺ के मुक़ाबिल में खड़े थे वो कहते थे मोहम्मद ﷺ एक झुठा आदमी भर है ये कोई नबी नहीं। कसी ने कहा भला ये जो यतीम था, गरीब था जिसकी परवरिश कभी यहाँ कभी वहाँ हुई है। जिसने दर–दर की ठोकरें खाई वो भला नबी कैसे हो सकता है। क्या खुदा को कोई और नहीं मिला था, नबी बनाने को। सब इलज़ामों का जुज़ (Result) ये निकलता था कि मक्का व अरब वाले उनकी नबुवत का इंकार करते, उसका कारण था कि वह कुफ्फार पहले बुतपरस्ती करते थे और मालदार भी थे। वो अपने मुक़ाबले में मोहम्मद ﷺ को कमज़ोर पाते थे। इस लिए वो मोहम्मद ﷺ की बातों पर राज़ी नहीं होते। उन्हें लगता की अगर ये नबी होते तो इनके साथ फरिश्ते क्यों नहीं है, इनके महल क्यूं नहीं।

मगर वो दिल ही दिल जानते थे ये जो मोहम्मद ﷺ इन्होंने अब तक झुठ नहीं बोला। लगता है इन पर कोई जादू हुआ है कुछ का ख़्याल था शायद मजनून (पागल) हो गये है।

मगर मोहम्मद ﷺ ने रफता–रफता उनको मोजज़ात (Miracle) दिखाना शुरू किये जो सिर्फ एक नबी ही दिखा सकता है। कोई जादुगर नहीं। यू ही वक़्त धीरे–धीरे निकलता गया। मोहम्मद ﷺ लोगों को राज़ी (Convence) करते गये। लोग इस्लाम में आते गये। मगर फतेह मक्का के बाद यक–मुस्त लोग ईमान लाये। आज यक़ीन भी करने लगे कि बेशक मोहम्मद ﷺ अल्लाह के नबी हैं। आज वो सब मोहम्मद ﷺ की बातों पर राज़ी हुए। और झूम झूम कर कहते... ''कोई माबुद नहीं सिवाऐ अल्लाह के और मोहम्मद ﷺ अल्लाह के रसूल हैं।''

इसी तरह मोहम्मद ﷺ ने लोगों को राज़ी (Convince) किया, किसी को राज़ी करना ही दुनिया का मुश्किल तरीन काम है। लोगों ने तौबा की और फिर बुतपरस्तीस छोड़ कर इस्लाम कुबूल किया। मगर जब हम मोहम्मद ﷺ का तलवार उठाना और दिफा करना देखते है, तो हमें साफ़–साफ़ नज़र आता है। आपने तलवार किसी यतीम, या कमज़ोर को कुचलने के लिये नहीं उठाई। आप के नये–नवेले मुसलमान जब तलवार लेकर मैदान में आये तो इनसे मुक़ाबले को सामने जंगजू (योद्धा / warriors) और सरदार, पहलवान, और जंग के मैदान के माहेरीन

थे। और मुसलमानों की असकरी ताक़त (Defence Power) अपने मुकाबिल ताक़त (Opponent) से कभी बराबर न थी, बल्कि मुसलमानों की ताक़त कभी आधी रही, या उसकी 25 फिसद तक ही रही, या इस से भी कम रही। मगर इन इस्लाम के नौ–निहालों ने बड़े–बड़े सुरमाओं को धुल चटादी।

ग्रेट रोमन व फारसी साम्राज्य

हद तो तब हो गई जब मुस्लिम रूमी बादशाहों (Roman Empire) और फारसी बादशाहों (Persian Empire) के मुक़ाबिल में खड़े हो गये। यह दोनों उस वक़्त की दुनिया की दो सब से बड़ी ताक़तें (Super Power) थीं। जिन के पास दुनिया की सब से बड़ी फौजी ताक़त (Military power) थी। और इन का सिक्का चलता था। इन से मुकाबला तो दूर की बात थी उस वक़्त दुसरी फौज या मुल्क इनका नाम सुन कर भाग जाते थे। क्योंकि दोनों के पास ना काबिले शिकस्त फौज थी। एक पश्चिम की और एक पूरब की **सूपरपावर** थी। और दोनों के बीच में बंजर कमजोर अरब पर आज इन सदियों पुरानी सलतनतों को मुसलमानों ने अपने बाज़ूओं के ज़ोर से इनकी चूलें हिलाकर रख दी। यह लोग मुसलमानों के मुक़ाबले में ठहर ही न सके।

ऐसी जंगी हिकमत, रसूल से मोहब्बत, और जाँनिसारी, दुनिया ने अब से पहले देखी ही न थी। ये कोई तरबीयत याफ्ता (Trained) लोग न थे। न माहेरीन थे। यहाँ दिल ये कहने पर मजबुर हो गया। बेशक मुसलमानों के साथ खुदाई ताक़त थी। ये मोहम्मदे अरबी ﷺ का सबसे बड़ा मोज्जा (Miracle) है।

''पहले जिनके पिछे रसूल दावते इस्लाम के लिये फिरते थे। अब वही लोग मोहम्मद ﷺ के पीछे–फिरते हैं।''

दुनिया का सबसे बड़ा सवाल क्या है?

इस की वजह यह थी के दुनिया का सबसे बड़ा सवाल ''मैं कौन हूँ'' (Who am I) **दूसरा सवाल** खुदा (परमेश्वर) कौन है? इसके बारे में होता। यानी सब कुछ इसी के इर्द–गिर्द है। **''मैं और खुदा''**कायनात के सारे सवाल, इन्ही दो सवालों से ही निकलते हैं। या मैं यह कहूँ, के इन दो सवालों के बाद तीसरा कोई सवाल है ही नहीं। बाक़ी जो कुछ भी है, ''मैं

और खुदा'' के बीच का पुल ही है।

मगर ''मैं और खुदा'' में सब से ज़्यादा दूरी सबसे ज़्यादा फास्ला है। क्योंकि जो खुद को न समझा, वो खुदा को समझ ही नहीं सकता। मोहम्मद ﷺ ने ''मैं और खुदा'' के दरमियान पुल (Bridge) का काम किया है। यानी जिस–जिस ने खुद (Self) को पहचान लिया, मानो उसने खुदा को जान लिया। इस का जवाब मोहम्मद ﷺ से लोगों को मिल चुका था। यानी मोहम्मद ﷺ ने खुदा के भटके हुऐ बन्दों को खुदा से मिला दिया था। लोगों को अंधेरे से निकाल कर उन के दिलों को भी चमका दिया था।

अब जो लोग मुसलमान होते थे वह बिलकुल भी Confuse (भ्रमित) न रहते। इन्हीं लोगों ने आगे चल कर सदियों तक दुनिया में अपनी चमक बिखेरी। जैसे **अबु बकर** की सदाक़त में, **उमर** की अदालत में, **उसमान** की सखावत में, **अली** की शुजाअ़त में, रहती दुनिया तक मिसाल नहीं मिलती है। इसी मोहम्मद ﷺ की चमक ने आम इंसानों को खास बना दिया। किसी को **मोहीयुद्दीन** बना दिया, किसी को **मोईनुद्दीन** बना दिया, किसी को **निज़ामुद्दीन** बना दिया, कोई **जुनैद** हो गया, किसी को **इमामे आज़म** बना दिया, कोई **शहीदे आज़म** हो गया, कोई इश्क़े नबी में हज़रत से **आला हज़रत** हो गया, कोई **जामी** हो गया, किसी को **रूमी** बना दिया,

हत्ता के कितने नाम लूं, बाब (पन्ने) मुख्तसर हैं, यानी जितने आसमान में तारे हैं, उतने ही इस्लाम के दामन में सितारे हैं, जिनकी मिसाल क़यामत तक नहीं मिलेगी।

इसी पर गुलामे मुस्तफा ने क्या खुब कहा है:

''**चमक तुझसे पाते हैं सब पाने वाले**
मेरा दिल भी चमका दे चमकाने वाले''

मोहम्मद ﷺ ने लोगों को राज़ी कर लिया

सारे मुसलमान कहते हैं लब्बैक या रसूलल्लाह! इनके दिल मानो मचल–मचल के कहते हैं।

मक़सद हमारा ''ला इलाहा इल्लल्लाह'' और कुछ नहीं। राज़ी हो हमसे खुदा और कुछ नहीं।

अगर तलवार के दम पर इस्लाम फैलता तो मुसलमान रूम फतेह कर चुके थे फिर तो अहले रूम भी आज सारे मुसलमान होते। मगर नबी ने

दावते हक़ दी। जो राज़ी (Convince) हुआ वो मुसलमान हुआ। मोहम्मद ﷺ ने ऐसा राज़ी किया की क़यामत तक उनके उम्मती राज़ी हो गये। वरना तलवार तो बहुतेरो ने उठाई थी उनसे पहले और उनके बाद भी। मगर उसका कुछ असर न हुआ। **उन तलवारों ने सिर्फ जान ली। जो तलवार के लिये सबसे आसान काम है। जान लेना। मगर किसी को राज़ी करना दुनिया का सबसे मुश्किल काम है जो मोहम्मद ﷺ ने किया है।**

मोहम्मद ﷺ ने बेसत के बाद 3 साल ऐलानिया तबलीग के बजाए खास लोगों तक अपनी तबलीगी सरगरमियों को महदूद रखा। उस में ऐसी हस्तीयाँ मुशर्रफ ब इस्लाम हुई जिनके बेहतरीन कारनामों से मिल्लते इस्लामियाँ की तारीख के सफहात जगमगा रहे है। बेमिसाल खुबियाँ और अज़ीम सलाहियतों से मालामाल सखसियतों ने ऐसी नाजुक वक़्त और मुश्किल हालात में मोहम्मद ﷺ के दस्ते मुबारक पर बैत करके इस्लाम को दिल की गहराईयों से कुबूल किया।

जब के इस्लाम के बैतुल माल में उनको देने के लिए एक दिरहम भी ना था। मुसलमानों की बेबसी और बेकसी का ये आलम था के मुश्रेकीन इन पर जुल्म के पहाड़ तोड़ते और ये उफ तक न कर सकते थे। इस हालात में इस्लाम कबूल करने वाले वो लोग थे। जो तबई तौर पर बड़े खुद्दार ग़यूर और ज़हीन थे। दुनिया भरके सारे खज़ाने अगर उनके कदमों पर ढेर कर दिये जाये तो वो ऐसे किसी नज़रीया को कबूल करने के लिए तैयार न थे। जिसे उनका ज़हन और ज़मीर कबूल न करता हो। वो फितरी तौर पर इतने नीडर और बेबाक थे के वो किसी जाबीर हुकमराँ के खौफ से किसी बातील के सामने सर झुका नहीं सकते थे।

गौर तलब बात ये है के उन लोगों को जो ना लालची थे। न मफाद परस्त न बुज़दिल थे। और ना डरपोक, किस चीज़ ने उन्हें इस्लाम का पैरोकर बना दिया। अपने महबूब और खुदा के रसूल के दस्ते मुबारक पर ईमान का अहद किया तो उम्र भर उसको निभाया। और उनमें से अकसर व बेशतर ने मोहब्बते रसूल में अपनी जान तक का नज़राना पेश कर दिया। जिसने उन शेर दिल इंसानों के दिलों को मोह लिया था। ये इतने बा ज़मीर और बा किरदार लोग थे। जिन्हें कोई कारून खरीदने के बारे में सोच भी नहीं सकता था। ये वो जरी और बहादुर लोग थे जिनकी हैबत से योध्दाओं (जंगजूओं) के दिल लरज़ते थे। और जिनके रौब से समंदरों के तूफान सहम जाया करते थे। ऐसी बेमिसाल हस्तीयों का इस्लाम लाना इस्लाम के

हक्कानियात और नबीए इस्लाम मोहसीने कायनात मोहम्मद ﷺ की सदाक़त की सबसे बड़ी दलील है।

जिस इस्लाम ने अपनी बेबसी और बेकसी के दौर में महज़ अपनी फितरी हुस्न और कमाले दिल नवाज़ी से अबु बकर जैसे ज़ेरक व दाना, उमर जैसे बहादुर व मुदब्बीर, उसमान जैसे ग़नी और फैय्याज़, अली जैसे शेर दिल और सिपहरे इल्म व हिक्मत के नय्यरे आज़म साद और अबु उबैदा जैसे सिपे सालारों और फातहीन को अपना जानिसार बनाया था। उसे किसी और तलवार की क्या ज़रूरत थी। यकीनन वो सच्चा दीन है उनके इन अज़ीम फर्ज़न्दो की दिलकश सूरत और जहाँ अफरोज़ सीरत से बढ़कर किसी और दलील की ज़रूरत नहीं। इस्लाम के शुरूवाती दौर में जो लोग ईमान लाये थे, न वो माल के भूखे, न ही किसी से डरने वाले थे। मोहम्मदे अरबी से बस 1 बार मिलते और उनके शैदाई हो जाते। और उनके दीन पर **राज़ी** (Convince) हो जाते।

इसी लिए हज़रते उमर ؓ ने फरमाया या रसूलल्लाह

''**हम अल्लाह के रब होने और मोहम्मद ﷺ के रसूल होने पर राज़ी हैं**।''

वो भी ऐसा राज़ी किया जो एक बार मुसलमान हो गया तो वो फिर जान देना ज़्यादा आसान समझता है मगर इस्लाम से निकलना बहुत मुश्किल अब 1400 सौ साल बाद तो किसी पर ज़ोर नहीं सारी उम्मत आज भी उनसे उसी तरह राज़ी है जैसे मदीने में सहाबा राज़ी थे। इससे पता चला कि दुनिया में मोहम्मद ﷺ से पहले और उनके बाद तारीख (इतिहास) में कोई ऐसी हस्ती है न थी। जो इंसान को इस तरह राज़ी कर पाई हो।

''उन्हें जाना उन्हें माना न रखा गैर से काम
लिल्लाहिल हम्द में दुनिया से मुसलमान गया''

इस्लाम फैलता चला गया

दुनिया में इससे पहले कभी नुवे–इंसानी ने आज तक इतना बड़ा इंक़ेलाब (Revolution) इंसानियत ने महसुस नहीं किया था। जैसे लग रहा था की खुदा की कुदरत को जलाल आ गया हो, और उसने मुसलमानों के हाथ परचमे तौहीद दे दिया हो। अब शैतान का बनाया कुफ्र व शिर्क का जाल ये मुसलमान पाश–पाश कर दें।

मुहम्मद ﷺआप आखरी नबी है अब कोई नबी कयामत तक नहीं आने वाला था। आपने तय कर लिया था कि दीन ए हक़ अब ग़ालिब आकर रहेगा।

यूं तो बनी आदम का दम घुट रहा था शिर्क में, तो अल्लाह ने अपने प्यारे नबी को भेज दिया। यूं मुहम्मद ﷺ ने शिर्क के ताबुत में आखरी कील ठोक दी है और परचमे तौहीद को अपने हाथों में उठा लिया। अपनी ज़िंदगी की आखरी साँस तक अल्लाह के दीन के ग़लबे के लिये तन–मन–धन से लगे रहे।

यूँ जो इंक़ेलाब मुहम्मद ﷺ ने बरपा किया था उसकी चर्चा चारों तरफ़ दुनियाँ में गुंजने लगी, और लोग जौक दर–जौक इस्लाम में दाखिल होने लगे। जमात की जमात, क़बीला दर–क़बीला, गाँव दर–गाँव, शहर दर शहर लोग आते जाते और इस्लाम में दाखिल होते जाते।

कई लोग तो बस देखने आते मदीना में कि जो नबी आखीरूज़्ज़मां हैं वो दिखता कैसा हैं बस आपके पास आते और बस आप के चहरे पर नज़र पड़ती तो बरबस कहते वल्लाह (अल्लाह की क़सम) ये नुरानी सुरत किसी झूटे की नहीं हो सकती है, और आप के हाथों पर ईमान लाकर मुसलमान हो जाते, और वापस जाकर अपने अपने गाँव, दिहात, क़सबे, शहर व मुल्क में इस्लाम की दावत लोगों को देना शुरू कर देते।

ऐसा लग रहा था जैसे पानी के धारे को रास्ता मिल जाऐ तो सरपट तेज़ रफ़्तार से बस आगे की ओर बहता जाता हो, फिर रास्ते की कोई रूकावट पानी के बहाव को नहीं रोक पाती हो। बस उसी तरह इस्लाम दुनिया में बढ़ने लगा। आज से पहले कोई अक़ीदा या किसी नबी की तालीम इस रफ़्तार से नहीं बढ़ी न ही किसी नबी की उम्मत में इस रफ़्तार से इज़ाफ़ा हुआ। एक तो अल्लाह की मदद मुसलमानों को और दुसरे नबुवत के मोजज़े देख कर लोग तेज़ी से इस्लाम मे दाखिल होते गये।

आप के मोजज़ात के चर्चे पुरे अरब दुनियाँ में फ़ैल गये,

जैसेः **शक्कुल क़मर** का वाक्या जो बहुत ही मशहूर हुआ है। और दीगर मोजज़े जो हम पीछे देख आए हैं।

बेसहारों का सहारा : मोहम्मद ﷺ

इसी तरह समाज में फ़ैली असमानता की वजह से दबे कुचले लोगों जिनको अपने पास बैठाना तो दुर उनसे जानवरों जैसा सुलूक किया जाता। ग़रीबों–कमज़ोरों का कोई पुरसाने हाल न था। समाज नस्ल परस्तीश में लगा हुआ था।....कि अचानक लोगों ने देखा हम दबे कुचलों–बेसहारों का कोई सहारा बन कर आया है जो कहता है, अल्लाह के नज़दीक हर इंसान एक जैसा है। वहाँ किसी अमीर को गरीब पर फ़ज़ीलत नहीं। किसी गोरे को काले पर फ़ज़ीलत नहीं। कोई जात की दूसरी जात पर फ़ज़ीलत (Superiority)नहीं, किसी अरबी को दूसरे अजमी पर फ़ज़ीलत नहीं, वगैरह।

अल्लाह अपने सब बन्दों को एक ही नज़र से देखता है और मैं सभी के लिये नबी हूँ। मैं सभी को अपने सीने से लगाने आया हूँ। रब के बन्दों को रब से मिलाने आया हूँ। यूँ मोहम्मद ﷺ ने लोगों की मायूसियां दूर की और उनमें उम्मीद जगाई एक परिवर्तन की। और लोग पुरउम्मीद हो गए। और मोहम्मद ﷺ ने उनकी उम्मीदें पूरी भी की। यानी मोहम्मद ﷺ लोगों की उम्मीद पर खरे उतरे और फिर लोग दिल से राज़ी हो गए। अल्लाह और उसके रसूल मोहम्मद मुस्तफा ﷺ से।

इसी तरह जौक–दर जौक लोग मुसलामन होते गये, और मोहम्मद ﷺ लोगों का ज़ाहिर व बातिन दोनों को पाक कर इस्लाम में दाखिल करने लगे। आप मुसलमानों के दीनी और रूहानी पेशवा भी थे।

लोग तो कहने को कह देते हैं इस्लाम ऐसे फेला–वैसे फ़ैला मगर ये मज़हबे हक़ है इसी लिये तो जो एक बार इस्लाम में दाखिल हुआ वो कभी भी दीन से फ़िरा नहीं। यहाँ तक कि उस वक़्त के मुसलमानों पर जो अभी – अभी मुसलमान हुऐ थे उन पर जुल्म भी किया गया और कहा जाता तुम लोग इस्लाम से वापस हो जाओ, हम तुम पर जुल्म बंद कर देंगे। जैसे हज़रत बिलाल और हज़रत सोमैय्या पर तो जुल्म की इंतिहा ही कर दी गई। पर कोई मोमिन ईमान से फ़िरा नहीं। दुनिया की तारीख़ में नया

लफज़ वजुद में आया 'ईमानदारी जो मुसलमान के किरदार की वजह से कहा जाने लगा। मुसलमान '**ईमानदार**' है।

यू इस्लाम फैलता चला गया, जो बदस्तूर आज भी जारी है।

यूंही अब मदीना इस्लाम का मकर्ज बन गया और यहाँ से नबी करीम ﷺ ने इस्लाम का दर्स बदस्तूर जारी रखा और सहाबा दूर दराज़ के शहर, गाँव, मुल्क में इस्लाम का दर्स देने जाने लगे।......

और इस्लाम मज़हबे हक़ अब बहुत तेज़ी से फ़ैलने लगा....

जो पैगंबरी मज़ाहिब के मानने वालों में आज भी जारी है। और हक़ (सत्य) की तलाश करने वालों में।

तारीखे इंसानी में कोई नबी ऐसा न हुआ जिसने बहुत ज़्यादा जुल्म सहा और दावते हक़ जारी रखी। फिर अपनी हयात में इतनी बड़ी उम्मत हो गई हो के सारा अरब World जो आज लगभग 22 मुल्कों पर मुशतमिल था शिर्क से पाक होकर 1 अल्लाह की बारगाह में सज्दा रेज़ हो गया। फिर अगले 25 सालों में दिन ऐ इस्लाम पुरी दुनिया में फैल गया। ये अक़्ल वालों के लिये सबुत (Proof) है।

☆ ☆ ☆

अहले बैते मोहम्मद ﷺ
(Family of Muhammad)

अज़्वाज-ए-मुत्तेहरात (बीवियाँ)

(1) उम्मुल मोमिनीन हज़रत खदीजतुल कुबरा (रज़ि अल्लाहु अन्हा) मोहम्मद ﷺ की सबसे पहली बीवी होने का शर्फ हसिल हुआ। यह खानदाने कुरैश की निहायत बावकार खातून थीं। वालिद का नाम खुवैलिद था वालिदा का नाम फातिमा बिन्ते ज़ाइदा था। उनकी शराफत और पाकदामनी की बिना पर अहले मक्का आपको ताहिरा के लकब से पुकारते थे। आपने मोहम्मद ﷺ के अख्लाक व आदात से मुतअस्सिर होकर निकाह का पैगाम भेजा। चुनांचे तमाम अहले कुरैश के मज्मा में आपका निकाह हुआ। यह आप ﷺ की निहायत जानिसार वफा शिआर ज़ौजा थीं।

औरतों में सबसे पहले आप ही ईमान लाईं और इस्लाम की ख़ातिर अपना ऐश व आराम जाह जलाल कुरबान कर दिया। इब्तिदाए इस्लाम में जब कि हर तरफ हुज़ूर पाक ﷺ की मुख़ालिफत का तूफान उठा था उस वक़्त आप ही ने इस्तिकलाल व इस्तिक़ामत के साथ मुक़ाबला किया। पहली वही के वक़्त भी आप ही ने मोहम्मद ﷺ को तसल्ली दी थी।

हिजरत से 3 बरस पहले 65 बरस की उम्र की शरीफ में 10 रमज़ानुल मुबारक 675 ई में मक्का मुकर्रमा में आपका इंतेकाल हुआ था। वहीं आपको दफ़्न किया गया है।

जब तक खदीजा رضي الله عنها ज़िन्दा थीं तो मोहम्मद ﷺ ने दूसरा निकाह नहीं किया यानी मोहम्मद ﷺ बाक़ी निकाह आपकी वफात के बाद ही किये।

2) **उम्मुल मोमिनीन हजरते सौदा** (रज़ि अल्लाहु अन्हा)
3) उम्मुल मोमिनीन हजरते आयेशा (रज़ि अल्लाहु अन्हा)
4) उम्मुल मोमिनीन हजरते हफ़्शा (रज़ि अल्लाहु अन्हा)
5) उम्मुल मोमिनीन हजरते ज़ैनब बिन्ते खुज़ैमा (रज़ि अल्लाहु अन्हा)
6) उम्मुल मोमिनीन हजरते सलमा (रज़ि अल्लाहु अन्हा)
7) उम्मुल मोमिनीन हजरते ज़ैनब (रज़ि अल्लाहु अन्हा)
8) उम्मुल मोमिनीन हजरते जुवैरिया (रज़ि अल्लाहु अन्हा)

9) उम्मुल मोमिनीन हजरते उम्मे हबीबा (रज़ि अल्लाहु अन्हा)
10) उम्मुल मोमिनीन हजरते सफ़िया (रज़ि अल्लाहु अन्हा)
11) उम्मुल मोमिनीन हजरते मैमुना (रज़ि अल्लाहु अन्हा)

औलादे मोहम्मद

आप ﷺ के फरज़न्द की तादाद 3 है।
1) हज़रत क़ासिम رضي الله عنه
2) हज़रत इब्राहीम رضي الله عنه
3) हज़रत अब्दुल्लाह رضي الله عنه

आप ﷺ के साहबज़ादियों की तादाद 4 है।
1) हज़रते ज़ैनब (रज़ि अल्लाहु अन्हा)
2) हज़रते रूकय्या (रज़ि अल्लाहु अन्हा)
3) हज़रते उम्मे कुल्सुम (रज़ि अल्लाहु अन्हा)
4) हज़रते फ़ातिमा ज़हरा (रज़ि अल्लाहु अन्हा)

आप ﷺ के 11 चाचा हैं।
अबु तालिब, अबु लहब, हम्ज़ा رضي الله عنه, अब्बास رضي الله عنه
इन्हीं का ज़िक्र ज़्यादा तर मिलता है।
आप ﷺ की 6 फुफियाँ थीं।

अहले बैते मोहम्मद ﷺ

आप ﷺ की अजवाज़ और आप की 4 बेटियाँ इन के अलावा हज़रत ईमाम हसन, हज़रत ईमाम हुसैन رضي الله عنه और हज़रत ज़ैनुल आबेदीन رضي الله عنه वगैरह अहले बैते मोहम्मद ﷺ कहलाते हैं।
मोहम्मद ﷺ ने फरमाया
– मेरे अहले बैत पर दोज़ख़ की आग हराम है।
– मैं सब से पहले अहले बैत की शफाअत फरमाउंगा।
– जिसने मेरे अहले बैत को खुश रखा उसने मुझे खुश रखा, जिसने उन्हें नाराज़ किया उसने मुझे नाराज़ किया, जिस से मैं राज़ी हुआ उस से अल्लाह तआला राज़ी हुआ और जिस ने मेरे अहले बैत से बुग्ज़ रखा वो मुनाफ़िक़ है।

मोहम्मद ﷺ के शादियों के मक़ासिद

अल्लामा मोहम्मद अली साबूनी अपनी किताब शुबहात व अबातीले हौल, तआदुदे ज़ौजातीर रसूल में इस मौजू पर बड़ी खूबसूरत बहस की है। उन्होने हुज़र ﷺ की मुदाअदीद शादियों के अनगिनत मकासिद को इन शोबों में तकसीम किया।

1. तालीमी मक़सद।

2. समाजी मक़सद व मज़हबी मक़सद। 3. सियासी मक़सद।

तालीमी मक़सद

इन्सानी ज़िन्दगी के बेशुमार ऐसे मसाईल है जिनका तआल्लुक खुसूसी तौर पर औरतों के साथ है इस्लाम इन निसवानी मसाएल के मुतालिक भी तफसीली रहनुमाई फराहम करता है। क्योंकि औरतें आधी उम्मत है और इस्लाम निस्फ उम्मत के मसाएल को नज़र अंदाज़ नहीं कर सकता। जिन मसाईल का तआल्लुक औरतों की निस्वानी ज़िन्दगी के साथ है उनके मुतालिक कोई औरत किसी गैर महरम मर्द के साथ गुफतगु करने से शरमाती है। गो अहले मग़रिब तरक्की करते करते इस मकाम पर पहुंच गये है जहां शर्म व हया की इन्सानी इक़दार मुआशरे से रूखसत हो गई है, लेकिन उनकी ये तरक्की इन्सानी फितरत के खिलाफ है।

अल्लाह तआला ने इन्सान की फितरत में हया का माद्दा रखा है और जो चीज़े इन्सान को हैवान से मुमताज़ करती है उनमे शर्म व हया की सीफत बहुत अहम है। हुज़र ﷺ औरतों के मसाएल के मुतालिक जो तालिमात लेकर मबूस हुए थे उन तालीमात को उम्मत की औरतों तक पहुंचाने औरतों को वो मसाएल समझाने और उन पर अमल करके दिखाने के लिए आप को ऐसी ख्वातीन की ज़रूरत थी जो इन्तेहाई पाक साफ़ ज़हीन फकीह दीयानतदार और मुत्तकी होतीं और फरीज़ए रिसालत की तबलीग के लिए मुख़लिस कारकूनो (Workers) की हैसियत से काम कर सकती थी।

ऐसी औरतें जो हुज़र ﷺ की घरेलू ज़िन्दगी की तफसीलात को महफूज़ करतीं। उन्हें अमानत और दयानत के साथ उम्मत की औरतों तक पहुंचाती मिल्लत की औरतें अपने जिन मसाएल को हुज़र ﷺ की खिदमत में पेश करने से शरमाती थीं उन औरतों से वो मसाएल सुनती उन मसाएल

को हुज़र ﷺ की खिदमत में पेश करती हुज़र ﷺ उस मसले का जो हल बताते उसे औरतों तक पहुंचती और उनको उन पर अमल करने का तरीका भी समझाती। इन कामों के लिए हुज़र ﷺ को ऐसी ख्वातीन की ज़रूरत थी जो मज़हब या मुआशरे की तरफ से किसी कतगून के बगैर आपके काशानए अक्दस में आपके साथ रह सकती थी। ये काम सिर्फ वही ख़्वातीन कर सकती थीं जो हुज़र ﷺ के साथ शादी का रिश्ता (Marriage Relation) में मुनसलीक होती।

मक्का से हिजरत के बाद मुसलमानों की तादाद में बहुत तेज़ी से इज़ाफा होना शुरू हो गया था। और बहुत जल्द उन नुकूसे कुदसिया की तादाद हज़ारों तक पहुंच गई थीं जिनकी तालीम का फरीज़ा हुजूर ﷺको अंजाम देना था सिर्फ एक बिवी से ये तवक्को नही की जा सकती थी के इन गुनागुं ज़िम्मेदारियों (Female Problems) से तन्हा पूरी हो सकती।

जब इस हकीकत को पेशे नज़र रखा जाये तो ये बात समझने में आसानी होती है के, हुजूर ﷺअपने उम्मतीयों को बाकेरा औरतों कुंवारी औरतों के साथ शादी करने की तरगीब देते थे। तो आपने खुद उस पर अमल क्यों ना किया। हुजूर ﷺ ने जिन मकासिद के तहत शादियॉ की थी, उन मकासिद के लिए आपको तजुरबाकार और इमानदार ख्वातीन की ज़रूरत थीं और आपने उन्हीं ख्वातीन का इन्तेखाब फरमाया जो इस मकसद के लिए मुफीद साबित हो सकती थी। अपने एक के सिवा तमाम बेवा और तलाकशुदा ख्वातीन को अपनी जौज़ियत में लिया, ये ख्वातीन बेवा तो थी, लेकिन ज़हानत, फतानत और दयानत दारी में अपनी मिसाल आप थीं। हुजूर ﷺ ने जिस बाकेरा खातून को शर्फे ज़ौजियत बख़्शा वो भी अपनी कमसीनी के बावजूद मज़कूरा बाला सिफात में किसी दूरअंदेश खातून से कम ना थी। बल्के हकीकत तो ये है के मज़कूरा बाला मकासिद को जिस हुस्नों खुबी के साथ हज़रते आएशा सिद्दीका रज़ि. ने पूरा किया वो उन्हीं का हिस्सा है।

औरतों के मसाएल मसलन हैज़, निफास, जनाबत और उमुरे जौज़ियत के मसाएल और बहोत से मसाएल ऐसे थे जो ना तो औरतें खुल कर हुजूर ﷺ के सामने पेश कर सकती थी और ना ही हुजूर ﷺ खुलकर उनका जवाब दे सकते थे। उसकी वजह ये है कि शर्म व हया हुजूर ﷺ के सिफात में से एक अहम तरीन सिफत है और हदीस की किताबों में बताया गया है कि हुजूर

ﷺ इतने हयादार थे जितने हयादार दुल्हन अपने हुजरे उरूसी में हाती है। हुज़ूर ﷺ की तबलीगी ज़िन्दगी में बाज़ ऐसी मिसाले मौजूद है कि किसी खातून ने कोई मसला आपकी खिदमत में पेश किया आपने इशारे और किनाए के ज़रिये उस मसले का जवाब साएला को समझाना चाहा लेकिन वो इस मसले को न समझ सकी। हम यहां इस किस्म की एक मिसाल पेश करते है ताकि बात समझने मे आसानी हो। के हुज़ूर ﷺ की अज़वाजे मुताहरात ने किस तरह उम्मत की ख़्वातीन को दीन के मसाएल समझाने मे अहम किरदार अदा किया।

हज़रते आएशा सिद्दीका (रदिअल्लाहुअन्हा) रिवायत करती है कि एक अंसारी औरत ने हुज़ूर ﷺ से गुस्ले हैज़ से मुताल्लीक सवाल किया। हुज़ूर ﷺ उसे गुस्ले हैज़ का तरीका समझाया, और फिर फरमाया एक खुशबूदार रूई का गाला लो और उसके ज़रीए तहारत हासिल करो। उस औरत ने अर्ज़ किया रूई के गाले के ज़रिए कैसे तहारत हासिल करूं।

हुज़ूर ﷺ ने फरमाया उसके साथ तहारत हासिल करो। उसने फिर अर्ज़ किया मैं उसके ज़रिए कैसे तहारत हासिल करूं। आपने फरमाया सुब्हान अल्लाह उसके साथ तहारत हासिल करो। हज़रते आयशा رضي الله عنها फरमाती है मैंने ये सूरते हाल देखी तो उस औरत का हाथ पकड़कर अपनी तरफ खींचा और बताया के उस रूई के गाले को फला मकाम पर रखो और उसके ज़रीये खून का असर खत्म करो। फरमाती हैं के मैंने उस औरत को तफसील से समझाया के रूई के गाले को किस मकाम पर रखना है।

मोअज़ीज़ पढ़ने वालो अंदाज़ा लगा सकते है, के मसला तहारत का जो इस्लाम की अकसर इबादात के लिए शर्त है। उस औरत के लिए इसके सिवा चाराकार के वो इस मसले के मुताबिक हुज़ूर ﷺ से पुछ–ताछ करे। लेकिन हुज़ूर ﷺ हया की वजह से उस गैर महरम औरत के सामने इस मसले को तफसील के साथ बयान नही कर सकते थे। इस सूरत हाल में ऐसी खातून की ज़रूरत थी, जो हुज़ूर ﷺ की महरम हो और इस मसले की तफसीलात को हुज़ूर ﷺ से सीखकर उस औरत को समझा सके। यही काम इस मौका पर हज़रते आयशा सिद्दीका (रदिअल्लाहु अन्हा) ने सर अंजाम दिया और बाकी उम्मतुल मोमेनीन ने भी इसी अंदाज़ में तालीमे उम्मत के फरीज़ा की अदायगी में अपना अपना किरदार अदा किया।

मुसलमान औरतों का मामूल ये था के जब उनको इस किस्म का

कोई मसला पेश आता तो उम्माहतुल मोमेनीन (हुजूर की बिवियाँ) में से किसी की खिदमत में हाज़िर होती और अपना मसला अर्ज़ करती। उनको अगर इस मसले का हल पहले से मालूम होता तो उन औरतों को बता देती वरना हुज़ूर ﷺ से पूछकर साएला (सवाल करनेवाली) को उस मसले का हल समझा देती।

अज़वाजे मुताहरात की इल्मी खिदमात सिर्फ ख्वातीन के मसले के मसाएल के खिलाफ ही साथ नही थी बल्के हुज़ूर ﷺ की बे शुमार कवली और फेली सुन्नते जिनके तआल्लुक घरेलू ज़िन्दगी के साथ था उन सुन्नतों को महफूज़ करने और अमानत दारी के साथ उनको उम्मत तक पहुंचाना (Transfer) करने का मुकद्दस फरीज़ा भी उन खुशकिस्मत खवातीन ने ही अदा किया है। इसीलिए उम्माहतुल मोमेनीन औरतों के जुमला मसाएल की भी मुअल्लेमा थीं। और मर्दों के घरगृहस्ती मसाएल खुसूसन जिनका ताअल्लुक हुजूर ﷺ की सुन्नते फ़ेली के साथ था वो भी उम्मत तक हुजूर की अज़वाजे मुताहरात के ज़रीए ही पहुंचा है।

सामाजिक मकसद व मज़हबी मकासिद

ज़मानए जाहिलियत में ऐसी कई रस्मे मौजूद थी जिनसे इन्सानी मुआशरे में बड़े संगीन मसाएल पैदा होते थे। तबाहकुन नताएज के हामिल होने के बावजूद इस किस्म की रस्मे लोगों की ज़िन्दगीयों में यू रच बस चूकी थी। किसी इन्सान के लिए उन रस्मों की मुखालेफत का तसव्वर करना भी मुश्किल था। हुजूर ﷺ के फरीज़ए नबूवत और रिसालत में जिस तरह खुदा की ज़मीन को बुतों से पाक करने का काम शामिल था इसी तरह इन्सानी मुआशरे से तमाम ग़लत और नुकसान देह रस्मों का ख़ात्मा करना भी आपके फराएज़े नबुअत में से एक था।

ऐसी रस्में जो इन्सानो के रग रग में समा चुकी थीं। उसको खत्म करना उस वक्त तक मुमकिन ना था जब तक हुजूर ﷺ खुद उन रस्मो के ख़िलाफ़ अमल करके लोगों के सामने मिसाल पेश न करते। इस किस्म की रस्मों में से एक रस्म किसी गैर के बेटे को अपना बेटा बनाने की भी थी। एक शख़्स किसी अजनबी के बेटे को कह देता के तु मेरा बेटा है, उसके इस क़ौल से वो उसका बेटा करार पाता और नसब, मिरास, तलाक, शादी और मुसाहरत के तमाम मसाएल मे उसकी हैसियत एक हकीकी बेटे जैसे

होती। इस तरह मुआशरे में बेशुमार मसले जन्म लेते। मुस्तिहक लोग मिरास (जायदाद) से महरूम होजाते और एक गैर मुस्तिहीक शख़्स सारी जायदाद का वारिस बन जाता।

हज़रते ज़ैनब बिन जहश ﷺ हुज़ूर ﷺ की शादी खास तौर पर इसी मकसद के लिए हुई थी। इस शादी के लिए अरकाम हुज़ूर ﷺ को बारगाहे खुदावंदी से वही तमलू याने कुरआने करीम के ज़रीए मिले थे। हुज़ूर ﷺ ने अरबो के दस्तूर के मुताबिक हज़रते ज़ैद बिन हारेसा ﷺ को मुतबन्नी बनाया। अपनी फुफीज़ात ज़ैनब बिन जहस के साथ उनका रिश्ता किया।

अल्लाह तआला ने मुंहबोले बेटे के मुतालिक गलत रस्मों को खत्म करने के लिए तदबीर ये की के हज़रते ज़ैद बिन हारेसा हज़रते ज़ैनब को तलाक दे और इद्दत गुज़रने के बाद हुज़ूर ﷺ हज़रते ज़ैनब के साथ निकाह कर लें। हुज़ूर ﷺ को खदशा ये था कि इस निकाह की सूरत में मुनाफेकीन, यहूदी और दीगर दुश्मनाने इस्लाम तुफाने बदतमीज़ी बरपा करेंगे और कहेंगे के मोहम्मद ﷺ ने अपने बेटे की मुतल्लका से निकाह कर लिया है। अल्लाह तआला ने आपको तबलीग करते हुए फरमाया के आपको इन्सानो से डरने की ज़रूरत नही आप सिर्फ और सिर्फ ख़ुदा से डरे। अल्लाह तआला ने कुरआने करीम में वाज़य अल्फाज़ में फरमाया।

''फिर जब पूरी करली ज़ैद ने उसे तलाक देने की ख़्वाहिश तो हमने उसका आपसे निकाह कर दिया ताके ईमान वालों पर कोई हर्ज न हो। अपने मुंबोले बेटो की बिवीयों के बारे में जब वो उन्हे तलाक देने का इरादा पूरा करले और अल्लाह तआला का हुक्म तो हर हाल में होकर रहता है।''

हुज़ूर ﷺ ने अल्लाह तआला के हुक्म से हज़रते ज़ैनब (रदि.) को अपने निकाह में ले लिया जो आपके मुह बोले बेटे की मुतल्लका थी। जब उम्मतियों के सामने अपने प्यारे नबी की सुन्नत आगई तो अब इस गलत रस्म के खिलाफ अमल करने में उनके रास्ते में कोई रूकावट बाकी न रह गई। इस शादी के ज़रिए हुज़ूर ﷺ ने एक बहुत बड़ा समाजी मसला हल किया था और एक इन्तेहाई अहम कानून अमलन नाफिस किया था।

सियासी मकासिद

हुज़ूर ﷺ की शादियों के मुताअदिद मकासिद में से एक मकसद दुश्मनों के दिल जीतना, इस्लाम के साथ उनकी मुखालेफत को कम करना कबाएल को इस रिश्ते के ज़रिए अपने करीबतर करना और इस तरह नूरे हक को फैलाने के लिए रास्ता हमवार करना भी ज़रूरी था। हम यहां चंद मिसाले दर्ज करते है। जिन से पता चलेगा के हुज़ूर ﷺ की शादियों के ज़रीए कितने फवाएद हासिल हुए।

1. **बनु मुस्तलिक का कबीला** इस्लाम और पैगम्बरे इस्लाम की दुश्मनी में सबसे आगे था। इस कबीले का सरदार हारिस इस्लाम का कट्टर दुश्मन था। गज़वए बनु मुस्तलिक में इस कबीले को शिकस्त हुई और इस कबीले के मुतआदिद लोग मुसलमानों के हाथों कैद हुए। उन कैदियों में बनु मुस्तलिक कबीला के सरदार की एक बेटी जोवेरी बिन्त हारिस भी थी। सरदार ने अपने कैदीयों का मुहाएदा किया और ज़रे मुकातेबत का अदा करने की खातिर हुज़ूर ﷺ से मदद की दरख्वास्त की। हुज़ूर ﷺ को जब ये पता चला के ये सरदारे कबीला की बेटी है, तो आपने उनके सामने ये पेशकश की के अगर उन्हें मंजूर हो तो आप उनका ज़रे फिदीया देकर आपके साथ निकाह कर ले। हज़रते ज़वेरिया ने हुज़ूर ﷺ की इस पेशकश को कबूल कर लिया। हुज़ूर ﷺ ने ज़रे मुकातेबत अदा करके उनके साथ निकाह कर लिया। जब मुसलमानों को ये मालूम हूआ के हुज़ूर ﷺ ने हज़रते जवेरिया से निकाह कर लिया है तो उन्होंने बनु मुस्तलिक के तमाम असीरों को ये कहकर रिहा कर दिया के ये लोग हुज़ूर ﷺ के सुसराली रिश्तेदार है। हमारे लिए मुनासिब नहीं के उनको अपने कैद में रखे ।

इस तरह आज़ाद होने वाले कोई एक या दो आदमी न थे, बल्के हज़रते जवेरिया की बरकत से आज़ादी की नेअमत 100 घरानों को हासिल हुई। बनुमुस्तलिक ने जब हुज़ूर ﷺ की इस आलीज़र्फ और मुसलमानो के दिलों में मौजूद मोहब्बते रसूल के जज़्बे का मुशाहदा किया तो वो सारा कबीला मुसलमान हो गया। ये बात मामूली नही है कि एक शादी की बरकत से इस्लाम के एक कट्टर दुश्मन कबीले ने इस्लाम और पैगम्बरे इस्लाम की दुश्मनी छोड़कर हुज़ूर ﷺ का कलमा पढ़कर इस्लाम कुबूल कर लिया।

हज़रते आएशा फरमाती हैं, हमने किसी औरत को नही देखा जो

अपने कौम के लिए इससे ज़्यादा बरकत का बाईस बनी। जितनी बरकत का बाईस जवेरिया अपनी कौम के लिए बनी।

2. **हय बिन अखतब** भी बनु मुस्तलिक के सरदार हारिस की तरह इस्लाम का ज़बरदस्त दुश्मन था। उसकी बेटी सफीया बिन अखतब गज़वये खैबर में मुसलमानों के हाथों कैदी हुई। हुज़ूर ﷺ उन्हें अपने पास बुलाया और उनके सामने दो सूरते रखीं। पहली सूरत ये थी के वो इस्लाम कबूल करें, और आप उन्हे आज़ाद करके अपनी ज़ौजियत का शर्फ बख़्शें। दूसरी सूरत ये थी के अगर वो यहूदियत पर कायम रहना चाहे तो आप उन्हे आज़ाद करदें और वो अपनी कौम के पास वापस चलीं जाए। उन्होंने इस्लाम कबूल करके हुज़ूर ﷺ की ज़ौजियत में आना पसंद किया। हज़रते सफीया से हुज़ूर ﷺ का निकाह इसलिए मुफीद था के हम देखते है के उनसे हुज़ूर ﷺ से निकाह से पहले यहूदि मुसलमानों के खिलाफ हर जंग में किसी ना किसी शक्ल में शरीक नज़र आते है। लेकिन इस निकाह के बाद इस्लाम की इब्तेदाई तारीख में यहूदी किसी जंग में मुसलमानों के मद्देमुकाबिल नज़र नही आते।

3. **अबु सुफियान की इस्लाम दुश्मनी** से कौन वाकिफ नही था। कौमे कुरैश का निशाने–जंग अबु सुफियान के घर में रहता था। जब ये निशान बाहर खड़ा किया जाता तो कौम के हर फर्द पर आबाई हिदायात और कौमी रिवायात के इब्तेबा में लाज़िम हो जाता था के सबके सब इस झंडे के नीचे फौरन जमा हो जाए। इस्लाम के खिलाफ अक्सर जंगो में अबु सुफियान ने लश्करे कुरैश की कयादत की। हुज़ूर ﷺ ने इस्लाम के इस कट्टर दुश्मन की लखते जीगर उम्मे हबीबा बिन्त अबु सुफियान को अपनी ज़ौजियत में ले लिया।

इस रिश्ते का असर ये हुआ के अबु सुफियान के इस्लाम की दुश्मनी का ज़ोर टूट गया और बहुत जल्द वो इस्लाम के झंडे तले अपनी जान की बाज़ी लगाने के लिए तैयार खड़ा नज़र आया। क्या ये निकाह हुज़ूर ﷺ की एक इन्तेहाई कामियाब सीयासी तदबीर न थी। जिसने इस्लाम के सबसे बड़े दुश्मन को इस्लाम की सफों में ला खड़ा कर दिया था। हुज़ूर ﷺ की तमाम शादियों के पसे मंज़र में इसी किस्म के अज़ीम मकासिद कार फरमा थे ।

4. **सिर्फ हज़रते आएशा (रदि.)** : हज़रत आएशा ही सिर्फ आपकी कुवांरी बीवी थी। जैसा के हम जानते हैं आपकी ﷺ की पहली शादी 25

बरस की उम्र में हज़रत खदीजा रज़ि. से हुई थी जो बेवा थी और उनकी उम्र 40 साल थी। हज़रते आएशा से आपकी शादी 9 बरस में हुई थी। इस में ये बात तो बिल्कुल नही थी, के हुजूर ﷺ को अपनी नफसी हाजत पूरी करनी हो वरना जिसमानी ख्वाहीशात तो भरी जवानी में पूरी होती है। जो हुजूर ﷺ ने सारी की सारी दीन फैलाने में गुज़ार दी। इस शादी से आपके गारे यार हज़रत अबु बकर सिद्दीक से आपका रिश्ता भी बन गया था। हज़रत आएशा की ज़हानत का फायदा आपको बहुत मिला था। वरना ये कोई ज़हीन आदमी कैसे सोच सकता है के आपने ये शादी अपनी नफ्स की खातिर की होगी। इस शादी में बहुत बड़ी खुदा की कुदरत छुपी थी और आपकी उम्मत को राह भी मिल गई। उनके नबी की एक भी बीवी कुंवारी न होती तो उनके पॅरोकार (Follow) करने वाली उम्मत कयामत तक के लिए पशोपेश में पढ़ जाती और...

1. अरब में 9 साल में लडकियां बालिग हो जाती थीं, क्योंकि अरब अत्याधिक गर्म इलाका (Tropical Region) है। यहां सूरज का तापमान अधिक होता है इसलिए यहां हड्डियों और शरीर का विकास बहुत तेजी से होता है।
2. अरब की 9 साल की लड़की की जसामत (Body Structure) अजम की 16 साल की लडकी के बराबर होता है।
3. याद रहे उस वक्त अरब में यह आम बात थी। इसलिए हजरत आएशा (रदि.) का रिश्ता कराने वाले उनके वालदैन (हजरत अबु बक़र ﵁) ने खुशी खुशी अपनी बेटी का रिश्ता मोहम्मद ﷺ से कराया था। जब रिश्ता करने और कराने वाले राज़ी थे तो किसी तीसरे को बुरा मानने की जरूरत नहीं होनी चाहिये जो ना इधर का रिश्तेदार है ना उधर का रिश्तेदार है। वरना यह तो सिर्फ शरारत कहलायेगी।

नोट : इस्लाम के नज़दीक किसी आम मुसलमान की शादी का मकसद भी जिन्सी ख्वाहिशात की तसकीन तक महदूद नही होता (यानी सिर्फ यौन इच्छाओं की पुर्ति करना नहीं होता) बल्के हर शादी के कई सारे मकासिद होते हैं जिनमें से जिन्सी ख्वाहिश की जाएज़ और मुनज़्ज़म तसकीन एक मकसद है लेकिन मुसलमान सिर्फ एक मकसद के लिए शादी नहीं करता।

हुजूर ﷺ भी बहैसियत अफज़लूल बशर होने के इन्सानी फितरत के इस तकाज़े से मुसतग़ना थे। लेकिन इस मकसद के लिए आपको एक

से ज़्यादा बिवीयों की ज़रूरत महसूस नही हुई। इसीलिए 40 से 50 साल की उम्र तक जो इस किस्म की ख्वाहिशात के उरूज का वक्त होता है आपने सिर्फ एक ही जौज़ा मोहतरमा से निकाह किया था। इसके बाद आपने जो शादियॉ की इसके पीछे तालीमी समाजी और सियासी मकसद कार फरमा थे। जिन्होंने राहे इस्लाम को हमवार किया और उसे फरोग़ दिया।

वुफूदुल अरब

(Delegation of Arab's / प्रतिनिधी मंडल)

नबीए करीम तब्लीगे इस्लाम के लिए तमाम अतराफ व दूर दराज़ के गांव–शहर में मुबल्लिगीने इस्लाम और आमिलीन व मुजाहिदीन को भेजा करते थे। उनमें से बअज़ कबाएल तो मुबल्लिगीन के सामने ही दअवते कुबूल करके मुसलमान हो जाते थे मगर बअज़ कबाएल इस बात के ख्वाहिशमंद होते थे कि बराहे रास्त खुद बारगाहे नुबूव्वत में हाज़िर होकर अपने इस्लाम का एअलान करें। चुनान्चे कुछ लोग अपने अपने कबीलों के नुमाइन्दा बनकर मदीना मुनव्वरा आते थे। और खुद नबी–ए–करीम ﷺ की ज़बाने फैज़ तर्जुमान से दअवते इस्लाम का पैग़ाम सुनकर अपने इस्लाम का एअलान करते थे। और फिर अपने अपने कबीलों में वापस लौटकर पूरे कबीले वालो को मुशर्रफ ब–इस्लाम करते थे। इन्ही कबाएल के नुमाइन्दो को हम वुफूदल अरब के उनवान से बयान करते है।

इस किस्म के वुफूद और नुमाईन्दगाने कबाएल (Delegations) मुख्तलिफ जमानों में मदीना मुनव्वरा आते रहे। मगर फतेह मक्का के बाद नागहां सारे अरब में एक अज़ीम इंकेलाब और तबदीली वाकेअ हो गई और सब लोग इस्लाम की तरफ माइल होने लगे। क्योकि इस्लाम की हक्कानियत वाज़ेह और ज़ाहिर हो जाने के बा वुजूद बहुत से कबाएल महज़ कुरैश के दबाव और अहले मक्का के डर से इस्लाम कुबूल नही कर सकते थे।

फतह मक्का ने इस रूकावट को भी दूर कर दिया। और अब दअवते इस्लाम और कुरआन के मुकद्दस पैगाम ने घर घर पहुंचकर अपनी हक्कानियत और एअजाजी तसर्रूफात से सब के दिलों पर सिक्का बिठा दिया जिसका नतीजा ये हुआ कि वही लोग जो एक लम्हा के लिए इस्लाम का नाम सुनना, और मुसलमानों की सूरत देखना गवारा नही कर सकते थे

आज परवानो की तरह शमअे नुबूवत पर निसार होने लगे। और जोक दर जोक बल्कि फौज दर फौज मोहम्मद ﷺ की खिदमत में दूर व दराज़ से सफर तय करते हुए वुफूद की शकल में आने लगे। और रज़ामंदी व रगबत से इस्लाम में दाखिल होने लगे। चुंकि इस किस्म के वुफूद अकसर व बेशतर फतेह मक्का के बाद सन 6 हिजरी में मदीना मुनव्वरा आए इसलिए सन 6 हिजरी को लोग सनतुल वुफूद नुमाइन्दों का साल कहने लगे।

इस किस्म के वुफूद की तअदाद में मुसन्निफीने सीरत का बहुत ज़्यादा इख़्तिलाफ है हज़रते शैख अब्दुल हक मुहदिस देहलवी अलैहिर्रहमा ने उन वुफूद की तअदाद 60 से ज़्यादा बताई है।

वफद का इस्तकबाल

जब कभी भी कोई वफद आता तो नबीए करीम खुद इस्तकबाल करते ठहराते और खाने का इन्तेज़ाम करते, फिर उन्हें इस्लाम की हक्कानियत का दर्स देते। यूं शुरूआत हुई दाखिले इस्लाम की लहर, इसमें कुछ वुफूदुल अरब के नाम यूं है।

वफ्दे सकीफ
वफ्दे किन्दा
वफ्दे बनी अशअ़र
वफ्दे बनी असअ़द
वफ्दे बनी फजारा
वफ्दे मुर्रा
वफ्दे बनील बक्का
वफ्दे बनी किनाना
वफ्दे बनी हिलाल
वफ्दे ज़माद बिन सअ्लबा
वफ्दे बल्लीय
वफ्दे तुजीब
वफ्दे मुज़ैना
वफ्दे दौस
वफ्दे बनी आ़बस
वफ्दे दारिम
वफ्दे ग़ामिद

ज़िमाम बिन सअ्ल्बा

ये कबीलए सअ्द बिन बकर के नुमाइन्दा बनकर बारगाहे रिसालत में आए ये बहुत ही खुबसूरत सुर्ख व सफेद रंग के गेसू दराज़ आदमी थे। मस्जिदे नबवी में पहुंच कर अपने ऊँट बिठाकर बांध दिया। फिर लोगों से पूछा कि मुहम्मद कौन है? लोगों ने दूर से इशारा करके बताया कि वो गोरे रंग के खूबसूरत आदमी जो तकिया लगाकर बैठे हुए हैं। वही हज़रत मोहम्मद ﷺ हैं। हज़रते ज़िमाम बिन सअ्ल्बा ﷺ सामने आए। और कहा कि ऐ अब्दुल मुत्तलिब के फरज़न्द! मैं आप से चन्द चीज़ों के बारे में सवाल करूंगा। और मैं अपने सवाल में बहुत ज़्यादा मुबालगा और सख़्ती बरतुंगा। आप इस से मुझ पर ख़फा न हों। आपने इर्शाद फरमाया कि तुम जो चाहो पूछ लो। फिर वो बातचीत कुछ यूं है।

ज़िमाम बिन सअ्ल्बा : मैं आपको उस खुदा की कसम देकर जो आपका और तमाम इन्सानों का परवरदिगार है। ये पूछता हूं कि क्या अल्लाह ने आपको हमारी तरफ अपना रसूल बनाकर भेजा है ।

मोहम्मद ﷺ हां

ज़िमाम बिन सअ्ल्बा : मैं, आपको कसम देकर ये सवाल करता हूं कि क्या नमाज़ व रोज़ा और हज व ज़कात को अल्लाह ने हम लोगों पर फर्ज़ किया है?

मोहम्मद ﷺ हां

ज़िमाम बिन सअ्ल्बा : आपने जो कुछ फरमाया मैं उस पर ईमान लाया और मैं ज़िमाम बिन सअ्ल्बा हूं। मेरी कौम ने मुझे इस लिए आपके पास भेजा है कि मैं आपके दीन को अच्छी तरह समझ कर अपनी कौम बनी सअद बिन बकर तक इस्लाम का पैग़ाम पहुंचा दूं।

हज़रते ज़िमाम बिन सअ्ल्बा ﵁ मुसलमान हो कर अपने वतन में पहुंचे। और सारी कौम को जमअ करके सब से पहले अपनी कौम के तमाम बुतों यानी लात व उज्जा और मनात व हुबल को बुरा भला कहने लगे। और खूब खूब इन बुतों की तौहीन करने लगे। उनकी कौम ने जो अपने बुतो की तौहीन सुनी तो एक दम सब चौक पड़े और कहने लगे कि ऐ सअल्बा के बेटे! तू क्या कह रहा है? खामोश हो जा वर्ना हम को ये डर है कि हमारे ये देवता तुझे बर्स सफेद दाग और कोढ़ और जुनून पागल पन में मुब्तला कर देंगे।

आप ये सुनकर तैश में आ गए और तड़प कर फरमाया कि ऐ बे अक्ल इन्सानों! ये पत्थर के बुत भला हम को क्या नफअ व नुकसान पहुंचा सकते हैं? सुनो! अल्लाह तआला जो हर नफअ व नुकसान का मालिक है उस ने अपना एक रसूल भेजा है। और एक किताब नाज़िल फरमाई है ताकि तुम इन्सानो को इस गुमराही और जहालत से नजात अता फरमाए। मैं गवाही देता हूं कि अल्लाह के सिवा कोई मअबूद नही और हज़रते मोहम्मद ﷺ उसके रसूल हैं मैं अल्लाह के रसूल की बारगाह में हाज़िर होकर इस्लाम का पैगाम तुम लोगों के पास लाया हूं।

फिर उन्होंने आमाले इस्लाम यानी नमाज़ रोज़ा हज ज़कात को उन लोगों के सामने पेश किया। और इस्लाम की हक्कानीयत पर ऐसी पुरजोश व मुअस्सर तकरीर फरमाई के रात भर में कबीले के सारे मर्द औरत मुसलमान हो गए और उन लोगों ने अपने बुतों को तोड़कर पाश पाश कर डाला। और अपने कबीले में एक मस्जिद बनाली और नमाज़ रोज़ा हज व ज़कात के पाबंद होकर सादिकुल इमान मुसलमान बन गए। (मदारिजुन्नुबूव्वा जि. 2 स. 364)

वफ्दे दौस

इस वफ्द को काएद हजरते तुफैल बिन अमर दौसी ﷺ थे। ये जियारत से कब्ल ही इस्लाम कुबूल कर चुके थे। उनके इस्लाम लाने का वाकिआ भी बड़ा अजीब है। ये एक बड़े होशमंद और शोअला बयान शायर थे। ये किसी ज़रूरत से मक्का आए तो कुफ्फारे कुरैश ने उनसे कह दिया कि खबरदार तुम मोहम्मद से न मिलना और हरगिज़ हरगिज़ उनकी बात न सुनना । उनके कलाम में ऐसा जादू है कि जो सुन लेता है वो अपना दीन व मज़हब छोड़ बैठता है। और अज़ीज़ो अकारिब से उस का रिश्ता कट जाता हैं।

ये कुफ्फारे मक्का के फरेब में आ गए। और अपने कानों में उन्होंने रूई भर ली कि कहीं कुरआन की आवाज़ कानों में न पड़ जाए लेकिन एक दिन सुबह को ये हरमें कअबा में गए तो रसूलल्लाह फज्र की नमाज़ में किरअत फरमा रहे थे एक दम कुरआन की आवाज़ तो उनके कान में पड़ी। तो ये कुरआन की फसाहत व बलागत पर हैरान रह गए और किताबे इलाही की अज़मत और उसकी तासीरे रब्बानी ने उनके दिल को मोह लिया। जब हुज़ूरे अकरम काशानए नबूव्वत को चले तो ये बे ताबाना आपके

पीछे पीछे चल पड़े। और मकान में आकर आपके सामने मुअद्दबाना बैठ गए। और अपना और कुरैश की बद गोईयों का सारा हाल सुनाकर अर्ज़ किया कि खुदा की कसम मैंने कुरआन से बढ़कर फसीह व बलीग आज तक कोई कलाम नही सुना। लिल्लाह! मुझे बताइए कि इस्लाम क्या है? हुजूर इस्लाम के चन्द अहकाम उनके सामने बयान फरमाकर उनको इस्लाम की दावत दी तो वो फौरन ही कलिमा पढ़कर मुसलमान हो गए।

फिर उन्होंने दरख्वास्त की कि या रसूलल्लाह! मुझे कोई ऐसी अलामत व करामत अता फरमाईए कि जिसको देखकर लोग मेरी बातों की तस्दीक करे ताकि मैं अपनी कौम में यहाँ से जाकर इस्लाम की तब्लीग करूँ। आपने दुआ फरमा दी कि इलाही तू इनको एक खास किस्म का नूर अता फरमा दे। चुनान्चे इस दुआ ए नबवी की बदौलत उनको ये करामत अता हुई कि उनकी दोनो आँखो के दर्मियान चराग के मानिन्द एक नूर चमकने लगा। मगर उन्होने ये ख्वाहिश ज़ाहिर की के ये नूर मेरे सर में मुन्तकिल हो जाए। चुनान्चे उनका सर किन्दील की तरह चमकने लगा। जब ये अपने कबीले में पहुँचे और इस्लाम की दावत देने लगे तो उनके माँ–बाप और बीवी ने तो इस्लाम कुबूल कर लिया मगर उनकी कौम मुसलमान नही हुई बल्कि इस्लाम की मुखालफत पर तुल गई।

ये अपनी कौम के इस्लाम से मायूस होकर फिर हुजूर की खिदमत में चले गए। और अपनी कौम की सरकशी और सरताबी का सारा हाल बयान किया तो आपने इरशाद फरमाया कि तुम फिर अपनी कौम में चले जाओ। और नर्मी के साथ उनको खुदा की तरफ बुलाते रहो। चुनान्चे ये फिर अपनी कौम में आ गए। और लगातार इस्लाम की दावत देते रहे यहाँ तक कि सत्तर या अस्सी घरानों में इस्लाम की रौशनी फैल गई और ये उन सब लोगों को साथ लेकर खैबर में ताजदारे दो आलम की बारगाह में हाज़िर हो गए। और आपने खुश होकर खैबर के माले गनीमत में से उन सब लोगों को हिस्सा अता फरमाया। (मदारजिुन्नुबूव्वा जि. 2 स. 370)

☆ ☆ ☆

जंगे हुनैन

रमज़ान–उल–मुबारक सन 8 हिजरी में मक्का फ़तह हुआ और उसके चन्द ही दिन बाद 10 शव्वाल सन 8 हिजरी को ग़ज़वा–ए–हुनैन पेश आया। हुनैन मक्का के पास में एक पहाडी का नाम है जहां क़बीला बनू हवाज़िन आबाद था। इस ग़ज़वा के असबाब यह थे कि फहते मक्का की खबर पाकर कबीला बनू हवाज़िन को मुसलमानों पर बहुत गुस्सा आया और वे आस–पास के कबीलों के सरदारों के साथ मुसलमानों पर हमले के लिए तैयार हो गया। इस कबीले में बडे बडे तजुर्बेकार सरदार थे। कुफ्फ़ार के लश्कर का सरदार सालिक बिन औफ़ था। उसने सिपाहियों को हुक्म दिया कि वे अपने बीवी, बच्चे, मवेशी और माल व दौलत सब कुछ साथ लेकर जंग के लिए निकलें ताकि उन्हें पीछे की फिक्र न रहे और वे साबित कदमी से लडते रहें। अपनी हिफाज़त के लिए जान की बाज़ी लगा दें।

कुफ्फार के लश्कर की मजमूई तादाद 30 हजार के करीब थी। इनके मुकाबले के लिए हुजूर ﷺजो लश्कर लेकर निकले उसमें दस हजार मुजाहिदीन तो वे थे जो आप ﷺ के साथ मदीना से मक्का आए थे और दो हजार मुसलमान वे थे जो फ़तह मक्का के दिन इस्लाम लाए थे। 12 हजार मुजाहिदीन के लशकर के साथ आप ﷺ हुनैन के मक़ाम पर पहुंचे और सुबह सवेरे वादी में दाखिल हुए। उस वक्त कुफ्फार के वे लोग जो मुख्तलिफ तंग मुकामात में छुपे हुए थे, अचानक मुसलमानों पर हमला आवर हुए, लेकिन मुसलमानों ने हिम्मत न हारी और जवाबी हमला करके उन्हें शिकस्त दी। कुफ्फार भागने लगे तो जंगे उहुद के वाक़िआ की तरह यहां भी मुसलमान माले ग़नीमत समेटने में मसरूफ़ हुए और दुश्मनों ने मौका पाकर उनपर तीरों की बारिश कर दी। इससे अफ़रा तफ़री फैल गई। मुजाहिदीन घबरा गए। बनू सलीम का दस्ता जो हुजूर ﷺ का शरीक–ए–जंग था, शिकस्त से परेशान होकर भागा। उसे भागता देखकर दूसरे मुजाहिदीन भी जाने लगे और लगभग शिकस्त यक़ीनी थी। फिर....

तन्हा मोहम्मद ﷺ ने पूरी फौज को ललकारा था

मोहम्मद ﷺ के साथ 100 के करीब सहाबा किराम ﵃ रह गए। अब ताएफ वाले बहुत तेज़ी से आगे बढ़ने लगे क्योंकि उन्होंने देखा कि मुसलमानों की सारी फौज भाग रही है। जब उन्हों ने देखा कि मोहम्मद ﷺ

अपने कुछ साथियों के साथ हैं और एक कदम भी पीछे नहीं हटे हैं अब दुश्मन और तेजी से मोहम्मद ﷺ की तरफ बढ़ने लगे मगर फिर भी मोहम्मद ﷺ अकेले ही दुश्मन फौज की ओर बढते रहे और ज़ोर ज़ोर से कहने लगे ऐ लोगो! मैं हूँ मोहम्मद अब्दुल्लाह का बेटा और अल्लाह का रसूल फिर रसूलुल्लाह ﷺ के चाचा हज़रत अब्बास ने रसूलुल्लाह ﷺ के ऊंट को ज़बरदस्ती रोकने की कोशिश की। मगर फिर भी मोहम्मद ﷺ ऊंट से नीचे उतर गए और दुश्मन फौज की तरफ तन्हा ही बढ़ने लगे। और हक़ की सदाक़त कबूल करने की दावत दी। हज़रत अब्बास ؓ ने बुलंद आवाज़ से मुसलमानों को पुकारा "ऐ गिरोहे अनसार! ऐ बैअत–ए–रिज़वान वालों।"

इन अल्फाज़ को जिसने भी सुना तो मुसलमान पीछे मुडे और मोहम्मद ﷺ को तन्हा बढ़ते देखकर सारे बहुत तेज़ी से पलटे और लौटकर मोहम्मद ﷺ के करीब आ गये। आप ﷺ ने दोबारा मुजाहिदीन की सफ़ आराई की और जंग फिर से शुरू हो गई। इस मौके पर हुजूर ﷺ ने एक मुटठी ख़ाक लेकर कुफ़्फ़ार के लश्कर की तरफ फेंकी तो मिटटी के ज़र्रात मुन्तशिर होकर कुफ्फार की आंखों तक पहुंचे और उन पर बदहवासी की हालत तारी हो गई। आख़िर कुफ्फार के लश्कर को शिकस्त हुई (जिसका ज़िक्र सूरह तौबा में आता है)। मुसलमानों ने उनका पीछा करके उनको क़त्ल और गिरफ्तार करना शुरू किया। इस जंग में खालिद बिन वलीद ؓ भी ज़ख़्मी हुए। लेकिन हुजूर ﷺ के मुबारक लुआबे दहन लगाने से फौरन सेहतयाब हो गए। इस जंग में मुसलमानों को बहुत ज़्यादा माले ग़नीमत हाथ आया और बहुत से लोगों ने इस्लाम क़बूल कर लिया।

इस शिकस्त के बाद कुछ कुफ्फार फ़रार होकर औतास और कुछ ताईफ़ में जमा हो गए। हुजूर ﷺ ने लश्करे इस्लाम के साथ पहले औतास में कुफ्फार को शिकस्त दी। फिर ताईफ में कुफ्फार पर फ़तह पाई। इन फुतूहात में मुसलमानों के पास जो माले गनीमत जमा हुआ था उसमें 4 हजार औक़िया चांदी के अलावा 40 हज़ार बकरियाँ और 24 हजार ऊँट शामिल थे।

ताएफ़ का मुहासरा

ये तहरीर किया जा चुका है कि हुनैन ﷺ से भागने वाली कुफ़्फ़ार की फौजें कुछ तो औतास में जाकर ठहरी थीं। और कुछ ताएफ के किलओं में जाकर पनाह गज़ीं हो गई थीं। औतास की फौजें तो आप पढ़ चुके कि वो शिकस्त खाकर हथियार डाल देने पर मजबूर हो गई और अब गिरफ्तार हो गई। लेकिन ताएफ में पनाह लेने वालों से भी जंग जरूरी थी। इस लिए हुज़ूर ﷺने हुनैन और औतास के अमवाले गनीमत और कैदियों का ''मकामे जाइर्राना'' में जमा करके ताएफ़ का रूख फरमाया।

ताएफ खुद एक बहुत ही महफूज़ शहर था जिस के चारों तरफ शहर पनाह की दीवार बनी हुई थी। और यहाँ एक बहुत ही मज़बूत किलअ भी था। यहाँ का रईसे अअ्ज़म उरवा बिन मसऊद सकफी था। जो अबू सुफियान का दामाद था। यहाँ सकीफ का जो खानदान आबाद था वो इज़्ज़त व शराफत में कुरैश का हम पल्ला शुमार किया जाता था। कुफ़्फ़ार की तमाम फौजें साल भर का राशन लेकर ताएफ के क़िलअे में पनाह गाज़ी हो गई थी। इस्लामी अफवाज़ ने ताएफ पहुँचकर शहर का मुहासरा कर लिया। मगर क़िलअे के अन्दर से कुफ़्फ़ार ने इस ज़ोर शोर के साथ तीरों की बारिश शुरू कर दी कि लश्करे इस्लाम इसकी ताब न ला सका। और मजबूरन इसको पसपा होना पड़ा। अठारा दिन तक शहर का मुहासिरा जारी रहा। मगर ताएफ फतेह न हो सका। हुज़ूर ﷺ ने जब जंग के माहिरों से मश्वरा फरमाया तो हज़रते नौफल बिन मुआविया ﷺ ने अर्ज़ किया कि या रसूलल्लाह ﷺ।

''लोमड़ी अपने भट में घुस गई। अगर कोशिश जारी रही तो पकड़ ली जाएगी अगर छोड़ दी जाए तो भी इस्से कोई अन्देशा नहीं है।''

ये सुनकर हुज़ूर ﷺ ने मुहासरा उठा लेने का हुक्म दे दिया।

ताएफ के मुहासरे में बहोत से मुसलमान ज़ख्मी हुए और कुल बारह असहाब शहीद हुए। सात कुरैश। चार अन्सार और एक शख्स बनी लैस के। ज़ख्मीयों में हज़रते अबू बकर ﷺ के साहिबज़ादे अब्दुल्लाह बिन अबू बक्र ﷺ भी थे। ये एक तीर से ज़ख्मी हो गए थे। फिर अच्छे भी हो गए। लेकिन एक मुदद्त के बाद फिर उनका ज़ख्म फट गया और अपने वालिदे माजिद हज़रते अबू बकर सिद्दीक ﷺ के दौरे खिलाफत में इसी ज़ख्म से उनकी वफात हो गई। (ज़करानी जि. 3, सत्र 30)

ताएफ़ की मस्जिद

ये मस्जिद जिसको हज़रते अमर बिन उमय्या رضي الله عنه ने तअ्मीर किया था एक तारीख़ी मस्जिद है। इस जंगे ताएफ में अज़्वाजे मुतह्हरात में से दो साथ थीं। हज़रते उम्मे सल्मा और हज़रते ज़ैनब رضي الله عنها उन दोनों के लिए हुज़ूर ﷺ ने दो ख़ेमे गाड़े थे और जब तक ताएफ़ का मुहासरा रहा। आप ﷺ उन दोनों ख़ेमों के दर्मियान में नमाज़े पढ़ते रहे। जब बाद में कबीलए सकीफ के लोगों ने इस्लाम कुबूल कर लिया। तो उन लोगों ने उसी जगह पर मस्जिद बना ली।

जंगे ताएफ में बुत शिकनी

जब हुज़ूर ﷺ ने ताएफ का इरादा फरमाया तो हज़रते तुफैल बिन अमर رضي الله عنه को एक लश्कर के साथ भेजा कि ''जुलकफीन'' के बुत खाने को बरबाद कर दें। यहाँ अमर बिन हमहमा दौसी का बुत था। जो लकड़ी का बना हुआ था। चुनान्चे हज़रते तुफ़ैल बिन अमर दौसी رضي الله عنه ने वहाँ जाकर बुत खाना मुनहदिम कर दिया और बुत को जला दिया। बुत को जलाते वक्त वो इन अश्आर को पढ़ते जाते थे।

يَا ذَا الْكَفَّيْنِ لَسْتُ مِنْ عِبَادِكَا

ऐ जल कफ़ैन मैं तेर बन्दा नहीं हूँ

مِيلَادُنَا أَكْبَرُ مِنْ مِيلَادِكَا

मेरी पैदाइश तेरी पैदाइश से बड़ी है

إِنِّيْ حَشَوْتُ النَّارَ فِيْ فُؤَادِكَا

मैंने तेरे दिल में आग लगा दी है।

हज़रते तुफैल बिन अम्र दौसी رضي الله عنه चार दिन में इस मुहिम से फारिग़ होकर हुज़ूर ﷺ के पास ताएफ में पहुँच गए। ये ''ज़ल कफैन'' से किलअ तोड़ने के आलात मन्जनीक वगैरा भी लाए थे। चुनान्चे इस्लाम में सब से पहली यही मन्जनीक है जो ताएफ का किलअ़ तोड़ने के लिए लगाई

गई। मगर कुफ़्फ़ार की फौजों ने तीर अन्दाज़ी के साथ साथ गरम गरम लोहे की सलाखें फेंकनी शुरू कर दी। इस वजह से किलअ तोड़ने में कामयाबी हासिल न हो सकी। (ज़कारनी जि. 3 स. 39)

इसी तरह हुज़ूर ﷺने हज़रत अली رضي الله عنه को भेजा कि ताएफ के अतराफ में जो जा बजा सकीफ के बुत खाने हैं उन सब को मुनहदिम कर दें। चुनान्चे आपने इन सब बुतों और बुत खानों को ताड़ फोड़ कर मिस्मार कर दिया और जब खिदमते अक़दस में हाज़िर हुए तो हुज़ूर ﷺ उनको देखकर बेहद खुश हुए। और बहुत देर तक उनसे तन्हाई में गुफ्तुगू फरमाते रहे, जिस्से लोगों को बहुत तअ्ज्जुब हुआ।

(मदारिजुन्नुबूव्वत जि. 2, स. 317)

ताएफ से रवानगी के वक्त सहाबाएक्राम ने अर्ज किया, या रसूलल्लाह ﷺ आप कबीलए सकीफ के कुफ़्फ़ार के लिए हलाकत की दुआ फरमा दीजिए। तो आपने दुआ माँगी कि...

''अल्लहुम्महदि सक़ीफ़व वअती बिहिम''

या अल्लाह! सक़ीफ़ को हिदायत दे और उनको मेरे पास पहुँचा दे। (मुस्लिम जि. 2 स. 308 बाब फज़ाएल गफ़्फ़ार व दौस वगैरा)

चुनान्चे आपकी ये दुआ मकबूल हुई कि कबीलए सकीफ का वफ्द मदीना पहुँचा और पूरा कबीला मुशर्रफ ब–इस्लाम हो गया।

माले गनीमत (Booty) की तकसीम

ताएफ से मुहासरा उठाकर हुज़ूर ﷺ जिइर्राना'' तशरीफ लाए। यहाँ अमवाले गनीमत का बहुत बड़ा ज़खीरा जमअ था। जो बीस हज़ार ऊँट। चालीस हज़ार बकरियाँ, कई मन चाँदी और छे हज़ार कैदी।

(सीरते इब्ने हश्शाम जि. 2, स. 477 व ज़करनी)

असीराने जंग के बारे में आपने उनके रिश्तेदारों के आने का इन्तिज़ार फरमाया। लेकिन कई दिन गुज़रने के बावुबूद जब कोई न आया। तो आपने माले गनीमत को तक्सीम फरमा देने का हुक्म दे दिया। मक्का और उसके अतराफ के नौ मुस्लिम रईसों को आपने बड़े बड़े इनआमों से नवाज़ा। यहाँ तक कि किसी को तीन सौ ऊँट, किसी को दौ सौ ऊँट, किसी को एक सौ ऊँट इनआम के तौर पर अता फरमा दिया। इसी तरह बकरियों को भी निहायत फय्याज़ी के साथ तक्सीम फरमाया।

(सीरते इब्ने हश्शाम जि. 2 स . 479)

अन्सारियों से खिताब

जिन लोगों को आपने बड़े बड़े इन्आमात से नवाज़ा वो मक्का वाले नौ मुस्लिम थे। इस पर बअ्ज़ अन्सारियों ने कहा कि

''रसूलुल्लाह ﷺ कुरैश को इस कदर अता फरमा रहे हैं और हम लोगों का कुछ भी ख्याल नहीं फरमा रहे हैं। हालाँकि हमारी तलवारों से खून टपक रहा है।'' (बुखारी जि. 2., स. 620 गज़वा ताइफ)

और अन्सार के कुछ नौजवानों ने आपस में ये भी कहा कि और अपनी दिल शिकनी का इज़हार किया कि

''जब शदीद जंग का मौकअ होता है तो हम अन्सारियों को पुकारा जाता है और गनीमत दूसरे लोगों को दी जा रही है।''

(बुखारी जि. 2, स 629 गज़वए ताइफ)

आपने जब ये चर्चा सुना तो तमाम अन्सारियों को एक खेमें में जमअ फरमाया और उनसे इर्शाद फरमाया कि ऐ अन्सार! क्या तुम लोगों ने ऐसा कहा है? लोगों ने अर्ज़ किया कि या रसूलल्लाह ﷺ हमारे सरदारों में से किसी ने भी कुछ नहीं कहा है। हाँ चन्द नई उम्र के लड़कों ने ज़रूर कुछ कह दिया है। हुज़ूर ﷺ ने अन्सार को मुखातब फरमाकर इर्शाद फरमाया कि

''क्या ये सच नहीं है कि तुम पहले गुमराह थे मेरे ज़रीऐ से खुदा ने तुम को हिदायत दी तुम मुतफर्रिक और परागंदा थे, खुदा ने मेरे ज़रीऐ से तुम में इत्तिहाद पैदा फरमाया। तुम मुफलिस थे। खुदा ने मेरे ज़रीऐ से तुम को गनी बना दिया। (बुखारी ज़ि 2, स. 620 गज़वए ताइफ)

हुज़ूर ﷺ फरमाते जाते और अन्सार आपके हर जुमले को सुनकर कहते जाते थे कि –

1) या रसूलल्लाह ﷺ जब लोगों ने आपको झुटलाया तो हम लोगों ने आपकी तस्दीक की ।

2) जब लोगों ने आपको छोड़ दिया। तो हम लोगों ने आपको ठिकाना दिया।

3) जब आप बे सरो सामानी की हालत में आए। तो हम ने हर तरह से आपकी मदद की।

लेकिन ऐ अन्सारियों! मैं तुम से एक सवाल करता हूँ। तुम मुझे इसका जवाब दो। सवाल ये है कि...

क्या तुम लोगों को ये पसन्द नहीं कि सब लोग यहां से मालो दौलत लेकर अपने घर जाएं। और तुम लोग अल्लाह के रसूल ﷺको ले कर अपने घर जाओ। खुदा की क़सम! तुम लोग जिस चीज़ को लेकर अपने घर जाओगे वो इस मालो दौलत से बहुत बढ़ कर है जिसको वो लोग लेकर अपने घर जाऐंगे।

ये सुनकर अन्सार बे इख़्तियार चीख़ पड़े कि या रसूलल्लाह ﷺ हम इस पर राज़ी हैं। हम को सिर्फ अल्लाह का रसूल चाहिये और अकसर तर अन्सार का तो ये हाल हो गया कि वो रोते रोते बे करार हो गए। और आँसुओं से उनकी दाढ़ियाँ तर हो गई। फिर आप ﷺ ने अन्सार को समझाया कि मक्का के लोग बिल्कुल ही नव मुस्लिम हैं। मैंने उन लोगों को जो कुछ दिया है ये उनके इस्तेहकाक की बिना पर नहीं है बल्कि सिर्फ उनके दिलों में इस्लाम की उल्फत पैदा करने की गरज़ से दिया है। फिर इर्शाद फरमाया कि –

"अगर हिजरत न होती तो मैं अन्सार में से होता और अगर तमाम लोग किसी वादी और घाटी में चलें और अन्सार किसी दूसरी वादी और घाटी में चले तो मैं अन्सारी की वादी और घाटी में चलूँगा।"

(बुखारी जि.2, स. 629 गज़वए ताएफ)

कैदियों की रिहाई

आप जब अमवाले गनीमत की तक्सीम से फारिग हो चुके तो कबीलए बनी सअ्द के रईस ज़ुहैर अबू सुरद, चन्द मुअज़्ज़ज़ीन के साथ बारगाहे रिसालत में हाज़िर हुए। और असीराने जंग की रिहाई के बारे में दरख्वास्त पेश की इस मौकअ पर ज़ुहैर बिन सुरद ने एक बहुत मुअस्सर तकरीर की। जिस का खुलासा ये है कि...

"ऐ मुहम्मद ﷺ आपने हमारे खानदान की एक औरत हलीमा का दूध पिया है। आपने जिन औरतों को इन छपरों में कैद रखा है। उनमें से बहुत सी आपकी (रिज़ाई) फूफीयाँ। और बहुत सी आपकी खालाएँ हैं। खुदा की कसम! अगर अरब के बादशाहों में से किसी बादशाह ने हमारे खानदान की किसी औरत का दूध पिया होता तो हम को उस से बहुत ज़्यादा उम्मीदें होतीं। और आप से तो और भी ज़्यादा हमारी तवक्कोआत वाबस्ता हैं। लिहाज़ा आप उन सब कैदियों को रिहा कर दीजिए।"

जुहैर की तकरीर सुनकर हुज़ूर ﷺ बहोत ज़्यादा मुतास्सिर हुए और आपने फरमाया कि मैंने आप लोगों का बहुत ज़्यादा इन्तिज़ार किया। मगर आप लोगों ने आने में बहोत ज़्यादा देर लगा दी। बहेर कैफ मेरे खानदान वालों के हिस्से में जिस कदर लौंडी और गुलाम आए है। मैनें उन सब को आज़ाद कर दिया। लेकिन अब आम रिहाई की तदबीर ये है कि नमाज़ के वक्त जब मजमअ़ हो तो आप लोग अपनी दरख्वास्त सब के सामने पेश करें। चुनान्चे नमाज़े जुहर के वक्त उन लोगों ने ये दरख्वास्त सब के सामने पेश की। और हुज़ूर ﷺ ने मजमअ के सामने ये इर्शाद फरमाया कि मुझ को सिर्फ अपने खानदान वालों पर इख्तियार है लेकिन तमाम मुसलमानों से सिफारिश करता हूँ कि कैदियों को रिहा कर दिया जाए। ये सुनकर तमाम अन्सार व मुहाजिरीन और दूसरे तमाम मुजाहिदीन ने भी अर्ज़ किया कि या रसूलल्लाह ﷺ हमारा हिस्सा भी हाज़िर है। आप उन लोगों को भी आज़ाद फरमा दें। **इस तरह दफअतन छः हज़ार असीराने जंग की रिहाई हो गई।** (सीरते इब्ने हश्शाम जि. 477 व 479)

बुखारी शरीफ की रिवायत ये है कि हुज़ूर ﷺदस दिनों तक ''हवाज़िन'' के वफ्द का इन्तिज़ार फरमाते रहे। जब वो लोग न आए तो आपने माले गनीमत और कैदियों को मुजाहेदीन का वफ्द आया और उन्होंने अपने इस्लाम का एअ्लान कर के ये दरख्वास्त पेश की कि हमारे माल और कैदियों को वापस कर दिया जाए तो हुज़ूर ﷺ ने फरमाया कि मुझे सच्ची बात ही पसन्द है लिहाज़ा सुन लो कि माल और कैदी दोनों को तो मैं वापस नहीं कर सकता। हाँ उन दोनों में से एक को तुम इख्तियार को वापस लेना मंजूर किया इसके बाद आपने फौज के सामने एक खुत्बा पढ़ा। और हम्दो सना के बाद इर्शाद फरमाया कि...

''ऐ मुसलमानों! ये तुम्हारे भाई ताएफ हो कर आ गए हैं। और मेरी ये राय है कि मैं उनके कैदियों को वापस कर दूँ। तो तुम में से जो खुशी खुशी इसके मंजूर करे वो अपने हिस्से के केदियों को वापस कर दे। तो मैं वअ्दा करता हूँ कि सब से पहले अल्लाह तआला मुझे जो गनीमत अता फरमाएगा। मैं उसमें से इसका हिस्सा दूँगा। ये सुन कर सारी फौज ने कह दिया कि या रसूलल्लाह ﷺहम सब ने खुशी खुशी सब कैदियों को वापस कर दिया आपने इर्शाद फरमाया कि इस तरह पता नहीं चलता कि किस ने इजाज़त दी और किस ने नहीं दिया लिहाज़ा तुम लोग अपने अपने

चौधरियों के ज़रीऐ मुझे खबर दो। चुनान्चे हर कबीले के चौधरियों ने दरबारे रिसालत में आकर अर्ज़ कर दिया कि हमारे कबीले वालों ने खुशादिली के साथ अपने हिस्से के केदियों को वापस कर दिया है। (बबुल वकालत फी कज़ाउद्दीन व बुखारी जि स 617)

ग़ैब दाँ रसूल ﷺ

रसूलुल्लाह ﷺ ने हवाज़िन के वफ्द से दर्याफ्त फरमाया कि मालिक बिन औफ कहाँ है? उन्होंने बताया कि वो "सकीफ" के साथ ताइफ में है। आपने इर्शाद फरमाया कि तुम लोग मालिक बिन औफ को खबर दो कि अगर वो मुसलमान होकर मेरे पास आ जाए तो मैं उसका सारा माल उसको वापस दे दूँगा। इसके अलावा उसको एक सौ ऊँट और भी दूँगा। मालिक बिन औफ को जब ये खबर मिली तो वो आप ﷺ की खिदमत में मुसलमान हो कर हाज़िर हो गए। और हुज़ूर ﷺ ने उनका कुल माल उनके सिपुर्द फरमा दिया और वअ्दा के मुताबिक एक सौ ऊँट इस के अलावा भी इनायत फरमाया।

मालिक बिन औफ़ आपके इस खुल्के अज़ीम से बेहद मुतास्सिर हुए और आपकी मिदह में एक कसीदा पढ़ा। जिसके दो शेअ्र ये हैं।

मा इन र–अयतु वला समिअ्तु लिवाहिदिन
फिन्नासि कुल्लिहिमी कमिस–लि मुहम्मदिन
अवफा फ़–अअ्ता लिल–जज़ीलि लि–मुज–तदि
व मता तशाअ् युख–बिरका अम्मा फी गदी

तर्जुमा : यानी तमाम इन्सानों में हज़रते मुहम्मद ﷺ का मिस्ल न मैंने देखा न सुना जो सब से ज़्यादा वअ्दा को पूरा करने वाले और सब से ज़्यादा माले कसीर अता फरमाने वाले हैं। और जब तुम चाहो। उनसे पूछ लो वो कल आइन्दा की खबर तुम को बता देंगे।

रिवायत है कि नअ्त के ये अश्आर सुनकर हुज़ूर ﷺ उनसे खुश हो गए। और उनके लिए कलिमाते खैर फरमाते हुए उन्हें बतौरे इन्आम एक हुल्लह भी इनायत फरमाया। (सीरते इब्ने हश्शाम जि. 4 स. 491)

☆ ☆ ☆

क्या मोहम्मद ﷺ रहमतुल-लिल-आलमीन हैं?

1. **जब मूसा अ.स. तूर से वापस आये**:– जब हज़रत मूसा बनी इस्राईल के पास वापस पहुँचे तो वहाँ अजीब तमाशा नज़र आया। उन्हों ने देखा कि बछड़े के आगे ढोल बज रहा है। लोग नाच रहे हैं और उस की पूजा हो रही है।

हज़रत मूसा को गुस्सा आया। उन्हों ने तौरात की तख़्तियाँ एक तरफ डाल दी और अपने भाई हज़रत हारून पर ख़फ़ा हुए और उनकी दाढ़ी और उनके बाल पकड़ कर खींचा।

हज़रत हारून ने कहा, ''ऐ मेरे भाई, मुझे लोगों के सामने क्यों रूस्वा करते हो। मेरा इसमें कोई कुसूर नहीं है। मैंने इनको हर तरह समझाया, लेकिन इन लोगों ने मेरी नसीहत न मानी।''

हज़रत मूसा का गुस्सा थमा। उन्होंने तौरात की तख़्तियाँ उठाईं और...........पूजनेवालों से कहा, खुदा ने मुझे किताब दी और अपना वादा पुरा किया और तुम हो कि खुदा और उस के रसूल के हुक्म को टाल दिया और बछड़ा–परस्ती की गुमराही में जा गिरे।''

सब ने कहा, ''हमको तो सामरी ने गुमराह किया।'' जब सामरी से पूछा गया तो वह बोला, ''मुझको तो मेरे जी ने इस काम पर उसकाया।''

हज़रत मूसा ने फरमाया, ''मैं तुझे जान से तो नहीं मारता, लेकिन जब तक तू इस दुनियाँ में ज़िंदा रहे, किसी से तेरी आश्नाई न रहे और कोई तेरा हमनशीन न हो और आखिरत में खुदा खुद तुझसे समझ ले।''

फिर बनी इस्राईल ने हज़रत मूसा से अपने कुसूर की माफ़ी चाही हज़रत मूसा ने कहा, ''तुम्हारी तौबा यह है कि जिन लोगों ने बछड़े की पूजा की है वह बैठ जायें और जिन्हों ने नहीं पूजा है वे उन्हें क़त्ल करें।'' यह सुनकर सब लोग बेक़रार हुए और बहुत–से लोगों ने तो यहां तक कह दिया, ''हमने तो बछड़े की पूजा की ही नहीं थी।''

हुक्म हुआ कि इस बुत को चूर–चूर करके दरिया में फेंको और तुम सब लोग इस दरिया का पानी पियो। सबने पानी पिया। जिन्होंने बछड़ा नहीं पूजा था, उन पर कोई निशानी नहीं उभरी और पूजनेवालों की ज़बान पर पीले दाग़ पड़ गये और रंग सबका पीला हो गया। सब ने कफ़न पहने और वसीयतें कीं और क़त्लगाह को रवाना हो गये। उस वक़्त अजीब सूरत थी रोना–पीटना, चीख़ना–चिल्लाना, एक हंगामा, जो मचा हुआ था। फिर

एक काला बादल आया ताकि लोग एक–दुसरे को न देख सकें और बाप का बेटे पर और बेटे को बाप पर तरस न आए। जब क़त्ले आम शुरू हुआ और हज़ारों आदमी मर गये तो हज़रत मूसा व हारून ने आजिज़ी के सबब अल्लाह से दरख़्वास्त की, तौबा क़बूल हुई, तब जाकर कहीं अमन हुआ।

2. ईसा अलैहिस्सलाम पर ख़्वान का उतरना

हज़रत ईसा के हवारी और साथी अक्सर हज़रत ईसा के साथ रहते थे। इसके अलावा दूसरे लोग भी आपके साथ होते।

एक दिन सफ़र में भूख लगी तो हवारियों से कहा कि तुम हज़रत ईसा से कहो कि ख़ुदा–ए–तआ़ला आसमान से हमारे लिए ख़्वान (खाना) उतारे।

हवारियों ने इस बात को नामुम्किन समझ कर पहले तो इंकार किया लेकिन जब वह इसरार ही करते रहे तो आख़िर में हज़रत ईसा के पास पहुंचे और उनसे ख़्वान के लिए दरख़्वास्त की।

हज़रत ईसा ने फ़रमाया, ''अगर तुम ईमानवाले हो तो ख़ुदा से डरो और शक की बात मत करो।''

लोगों ने कहा, ''हम ख़ुदा की क़ुदरत का इन्कार नहीं करते, लेकिन चाहते हैं कि उसमे से खाएं, हमारे दिलों को इत्मीनान हो और आपकी बातों पर हमारा यक़ीन और ज़्यादा हो जाए।''

जब लोगों की बेताबी हद से ज़्यादा बढ़ी तो आपने नमाज़ पढ़ी और ख़ुदा से दुआ मांगी, ''ऐ ख़ुदा! तू हमपर आसमान से एक ख़्वान उतार दे ताकि उसका उतरना हमारे अगले–पिछलों पर ईद की तरह हो और तेरी तरफ़ से नुबुवत की निशानी हो। तू सबसे बड़ा दाता है।''

अल्लाह तआ़ला ने फ़रमाया, ''मैं उतारूंगा, लेकिन उसके बाद जो इन्कार करेगा और नाशुक्री करेगा उसको मैं ऐसी सज़ा दूंगा कि दुनिया में किसी को भी ऐसी सज़ा न मिली होगी।''

इसके बाद एक ख़्वान सबके सामने आसमान से ज़मीन की तरफ़ उतरता दिखाई दिया। उसके ऊपर बादल के दो टुकड़े थे। वह उतर कर हज़रत ईसा के सामने आ गया।

हज़रत ईसा ने शुक्रिए का सज्दा किया और हवारियों से फ़रमाया, ''तुम में जो सबसे बढ़कर नेक बख़्त हो और ख़ुदा की क़ुदरत पर सबसे ज़्यादा भरोसा रखता हो वह ख़्वान का सरपोश उठाए।

हवारियों ने कहा, ''हम में सबसे बेहतर आप हैं और यह आप ही का हक़ है।'' इसके बाद हज़रत ईसा ने ''अल्लाह के नाम से जो सबसे अच्छा दाता है'' कह कर सरपोश उठाया। लोगों की निगाहें ख़्वान पर पड़ रही थीं। वह ख़्वान बड़ा ही क़ीमती था। उसके चार पाए थे। उसमें ऐसी मछली थी जिसमें कांटे न थे। रोग़न उससे टपक रहा था। उसके आस–पास अच्छी तरकारियाँ थीं। मछली के सर के पास थोड़ा सिरका और पीछे की तरफ़ नमक रखा हुआ था। इसके अलावा रोटियां, थोड़ा ज़ैतून, पांच अनार और कई खजूरें भी रखी हुई थीं।

हज़रत ईसा ने फ़रमाया, ''बिस्मिल्लाह करो और ख़ुदा की रहमत को शुक्रिए के साथ खाओ।''

आपने खाने के लिए आम दावत कर दी। अमीर–ग़रीब, तंदुरूस्त सभी नेमतों के इस ख़्वान पर हाज़िर हुए। जिस मरीज़ ने खाया, वह तंदुरूस्त हो गया। जिस अंधे ने खाया वह आंखों वाला हो गया। बड़ी तादाद में लोग आए और खाना खाया, लेकिन खाना जितना था उतना ही रहा, उसमें कुछ कमी न हुई। फिर वह आसमान की तरफ़ उठ गया। इसके बाद हर रोज़ सुबह उतरता था और दिन ढले उठ जाता था। चारों तरफ़ से लोग आते थे और मुतमईन (संतुष्ट) होकर वापस होते थे।

इसके बाद ख़ुदा का हुक्म आया कि मेरे ख़्वान से ग़रीब, मुहताज, यतीम और मरीज़ खाएं, मालदार लोग न खाएं। यह बात अमीरों को बहुत बुरी मालूम हुई।

वे बोले, ''यह ख़ुदाई ख़्वान नहीं है।'' वे तरह–तरह के शक की बातें करने लगे और नाशुक्री की राह अपना ली।

ख़ुदा का पैग़ाम आया, ''इन नाशुक्रों पर अब मेरा अज़ाब नाज़िल होगा, मेरा वादा टलता नहीं''। हज़रत ईसा ने उनको इसकी ख़बर दे दी। सुबह जब बिछौनों से लोग उठे तो सैकड़ों आदमी सूअर हो गए थे। गली–कूचे में मारे–मारे फिरते थे। सर ज़मीन पर पटकते और आंखों से आंसू बहाते थे लेकिन अब क्या होता है। इलाज का वक़्त गुज़र चुका था। उस पछतावे ने उन्हें कोई फ़ायदा न दिया। फिर तीन दिन के बाद उस सब ने जहन्नम की राह ली।.........................

3. मोहम्मद ﷺ रहमतुललिल-आलमीन

यू हमने देखा की कैसे मूसा अलैहिस्स्लाम और ईसा अलैहिस्सलाम की उम्मतों ने अपने नबी की और खुदा की नाफरमानियाँ की और इसलिये उन उम्मतों पर उनके नबीयों के हयात ही में उनपर अज़ाब आया।

इसी तरह हज़रत मोहम्मद ﷺ की हयात में भी एक बार अज़ाबे इलाही उस वक़्त के लोगों पर आही जाता, अगर मोहम्मद ﷺ हज़रत जिब्राईल अलैहिस्सलाम को इजाज़त दे देते तो वाक्या कुछ यूं है।

मोहम्मद ﷺ जब इस्लाम की तबलीग के लिये ताइफ गये तो वहाँ के सरदारों को बहुत बुरा लगा, और सरदारों ने आप पर पत्थर बरसवा कर आप को लहू–लुहान कर दिया। आप ﷺ खून से लत–पत हो गये, खून जिस्म से बहता हुआ आपकी जूतियों में चला गया। आप रो पड़े और बैठ गये। इतने में हज़रत जिब्राईल अलैहिस्सलाम आप के पास आये और कहा या रसूलल्लाह! अगर आप का हुक्म होतो मैं इस बस्ती को ज़मीन के अंदर पलट दूँ। इन लोगों को खत्म करदूँ। मगर नबी करीम ﷺ ने फरमायाः ऐ जिब्राईल, मैं यहाँ अल्लाह की रहमत बनकर आया हूँ, इन पर अज़ाब बनकर नहीं। यह लोग अभी मुझे नहीं जानते हैं, इस तरह मोहम्मद ﷺ लोगों में और अज़ाबे इलाही में आड़ (रूकावट) बन गये। जो अभी तक आड़ बने हुए हैं। इस लिये उम्मत उन्हें रहमतुललिल–आलमीन (सारे जहान के लिए रहमत) कहती हैं।

☆ ☆ ☆

जंगे तबूक

''तबूक'' मदीने और शाम के दर्मियान एक मकाम का नाम है जो मदीना से चौदह मंज़िल दूर है बअ्ज़ मुअर्रिख़ीन का क़ौल है कि ''तबूक'' एक किलअे का नाम। और बाअ्ज़ का कौल है का ''तबूक'' एक चष्मे का नाम है। मुमकिन है ये सब बातें मौजूद हों।

ये गज़वा सख्त कहत के दिनों में हुआ। तवील सफर, हवा गरम, सवारी कम, खाने पीने की तकलीफ, लश्कर की तअ्दाद बहुत ज़्यादा, इस लिए इस गज़वे में मुसलमानों को बड़ी तंगी और तंगदस्ती का सामना करना पड़ा। यही वजह है कि इस गज़वे को ''जैशुल असरा (तंगदस्ती का लश्कर)'' भी कहते हैं। और चूँकि मुनाफिकों को इस गज़वे में शर्मिन्दगी और शर्मसारी उठानी पड़ी थी। इस वजह से उसका एक नाम ''गज़वए फाज़ीहा'' (रूसवा करने वाला गज़वा) भी है। इस पर तमाम मुआर्रिखीन का इत्तिफाक़ है कि इस गज़वे के लिए हुज़ूर ﷺ माहे रजब सन्न 9 हिजरी जुमेअ्रात के दिन रवाना हुए। (ज़रकानी जि. 3 स. 63)

जंगे तबूक का सबब

अरब का गस्सानी खानदान जो कैसरे रूम के ज़ेरे असर मुल्के शाम पर हुकुमत करता था। चूँकि वो ईसाई था। इस लिए कैसरे रूम ने उसको अपना आलए कार बनाकर मदीना पर फौज कशी का अज़्म (इरादा) कर लिया। चुनान्चे मुलके शाम के जो सौदागर पैगने ज़ैतून बेचने मदीना आया करते थे उन्होंने ख़बर दी कि कैसरे रूम की हुकूमत ने मुल्के शाम में बहुत बड़ी फौज जमअ् कर दी है। और उस फौज में रूमियों के अलावा कबाएले लखम व जुज़ाम और गस्सान के तमाम अरब भी शामिल हैं। उन खबरों का तमाम अरब में हर तरफ चर्चा था। और रूमियों की इस्लामी दुश्मनी कोई ढकी छुपी चीज़ नहीं थी। इस लिए उन खबरों को ग़लत समझ कर नज़र अन्दाज़ कर देने की भी कोई वजह नहीं थी इस लिए हुज़ूरे अकरम ﷺ ने भी फौज की तैय्यारी का हुक्म दे दिया।

लेकिन जैसा कि हम तहरीर कर चुके हैं कि उस वक्त हिजाज़े मुकद्दस में शदीद क़हेत था। और शिद्दत की गर्मी पड़ रही थी। इन वुजूहात से लोगों के घर से निकलना शाक गुज़र रहा था। मदीना के मुनाफिकीन जिनके निफाक का भान्डा फूट चुका था। वो खुद भी फौज में

शामिल होने से जी चुराते थे। और दूसरों को भी मनअ् करते थे। लेकिन इसके बावुजूद तीस हज़ार का लश्कर जमअ़ हो गया।

मगर इन तमाम मुजाहिदीन के लिए सवारियों और सामाने जंग का इन्तिज़ाम करना एक बड़ा ही कठिन मसला था। क्योंकि लोग क़हेत की वजह से तंगदस्त और परेशान थे। इस लिए हुज़ूर ﷺ ने तमाम कबाएले अरब से फौजें और माली इमदाद तलब फरमाई। **इस तरह इस्लाम में किसी कारे खैर के लिए चन्दा करने की सुन्नत काएम हुई।**

बेमिसाल सहाबा رضي الله عنهم

हज़रत अबू बकर सिद्दीक़ رضي الله عنه ने अपना सारा माल और घर का तमाम असासा यहाँ तक कि बदन के कपड़े भी लाकर बारगाहे नुबूव्वत में पेश कर दिए और हज़रते उमर फ़ारूक़ رضي الله عنه ने अपना आधा माल इस चन्दे में दे दिया। मन्कूल है कि हज़रते उमर رضي الله عنه जब अपना निस्फ माल लेकर बारगाहे अक़्दस में चले तो आप ने दिल में ये ख्याल करके चले थे कि आज मैं हज़रते अबू बकर सिद्दीक رضي الله عنه से सबकत ले जाऊँगा, क्योंकि उस दिन काशानए फ़ारूक़ में इत्तिफाक़ से बहुत ज़्यादा माल था। हुज़ूरे अक़्दस ﷺ ने हज़रते उमर फारूक़ رضي الله عنه से दर्याफ्त किया कि ऐ उ़मर। कितना माल यहाँ लाए? और किस क़द्र घर पर छोड़ा? अर्ज़ किया कि या रसूलल्लाह ﷺ आधा माल हाज़िरे खिदमत है और आधा माल अह्लो अयाल के लिए घर में छोड़ दिया है।

और जब यही सवाल अपने यारे गार हज़रते सिद्दीक अकबर رضي الله عنه से किया तो उन्होंने अर्ज़ किया कि पूरा और "इद्‌ खर–तुल्लाह व रसू–लहू" मैंने अल्लाह और उसके रसूल को अपने घर का ज़खीरा बना दिया है। आपने इर्शादा फरमाया कि "मा बै–नकुमा मा बैन्‌ कलि–मतै–कुमा "तुम दोनों में इतना ही फर्क है जितना तुम दोनों के कलामों में फर्क है।

हज़रते उस्मान गनी رضي الله عنه ने एक हज़ार ऊँट और सत्तर घोड़े मुजाहिदीन की सवारी के लिए। और एक हज़ार अशरफी फौज के अखराजात की मद में अपनी आस्तीन में भरकर लाए। और हुज़ूर ﷺ की आगोशे मुबारक में बिखेर दिया। आपने उनको कुबूल फरमाकर ये दुआ फरमाई कि "अल्लाहुम्मरद्‌ अ़न अस्माना फ़–इन्नि अनहु रादिन"

ऐ अल्लाह! तू उ़समान से राज़ी हो जा। क्योंकि मैं इससे खुश हो गया हूँ।

हज़रते अब्दुर रहमान बिन औफ ؓ ने चालीस हज़ार दिरहम दिया। और अर्ज़ किया कि या रसूलल्लाह! ﷺ मेरे घर में इस वक़्त अस्सी हज़ार दिरहम थे। आधा बारगाहे अकदस में लाया हूँ। इर्शाद फरमाया कि अल्लाह तआ़ला इस में भी बरकत दे जो तुम लाए और उसमें भी बरकत अ़ता फरमाए जो तु ने घर पर रखा। इस दुआ़ए नबवी का ये असर हुआ कि हज़रते अब्दुर रहमान ؓ बहुत ज़्यादा मालदार हो गए।

इसी तरह तमाम अन्सार व मुहाजिरीन ने हस्बे तौफीक इस चन्दे में हिस्सा लिया। औरतों ने अपने ज़ेवरात उतार उतार कर बारगाहे नुबूव्वत में पेश करने की सआ़दत हासिल की!

हज़रते आसिम बिन अदी ؓ ने कई मन खजूरें दी और हज़र अबू अकील अन्सारी ؓ जो बहुत ही मुफलिस थे फकत एक साअ़ खजूर लेकर हाज़िरे खिदमत हुए। और गुज़ारिश की कि या रसूलल्लाह ﷺ मैंने दिन भर कर मज़दूरी की तो दो साअ़ खजूरें मुझे मज़दूरी में मिली हैं। एक साअ़ अह्ले अयाल को दे दी है। और एक साअ़ हाज़िरे खिदमत है। हुजूर रहमतुल लिल आलमीन ﷺ का कल्बे नाजुक अपने एक मुफलिस जाँ निसार के नज़रानए खुलूस से बेहद मुतास्सिर हुआ और आपने उस खजूर को तमाम मालों के ऊपर रख दिया।

फ़ौज की तैयारी

रसूलुल्लाह ﷺ का अब तक ये तरीका था कि गज़वात के मामले में बहुत ज़्यादा राज़दारी के साथ तय्यारी फरमाते थे। यहाँ तक इस्लामी फौज को ऐन वक्त तक ये भी न मालूम होता था कि कहाँ और किस तरफ जाना है? मगर जंगे तबूक के मौकअ् पर सब कुछ इन्तिज़ाम अ़लानिया तौर पर किया और ये भी बता दिया कि तबूक चलना है। और कैसरे रूम की फौजों से जिहाद करना है। ताकि लोग ज़्यादा से ज़्यादा तय्यारी कर लें। हज़रात सहाबए किराम ने जैसा कि लिखा जा चुका दिल खोलकर चन्दा दिया। मगर फिर भी पूरी फौज़ के लिए सवारियों का इन्तिज़ाम न हो सका चुनान्चे बहुत से जाँबाज़ मुसलमान इसी बिना पर इस जिहाद में शरीक न हो सके कि उसके पास सफर का सामान नहीं था। ये लोग दरबारे रिसालत में

सवारी तलब करने के लिए हाज़िर हुए। मगर जब रसूलुल्लाह ﷺ ने फरमाया कि मेरे पास सवारी नहीं है तो ये लोग अपनी बे सरो सामानी पर इस तरह बिलबिला कर रोए कि हुज़ूर रहमते आलम ﷺ को उनकी आहो ज़ारी और बे करारी पर रहम आ गया चुनान्चे कुरआन मजीद गवाह है कि..

.

(सुरह तौबा)

तर्जमा :– और न उन लोगों को कुछ हर्ज है कि वो जब ऐ रसूल ﷺ आप के पास आए कि हम को सवारी दीजिए और आपने कहा कि मेरे पास कोई चीज़ नहीं जिस पर तुम्हें सवार करूँ। तो वो वापस गए। और उनकी आँखों से आँसू जारी थे कि अफ़सोस हमारे पास खर्च नहीं है।

तबूक को रवांगी

बहर हाल हुज़ूर ﷺ तीस हज़ार का लश्कर साथ लेकर तबूक के लिए रवाना हुए और मदीने का नज़्मो नस्क चलाने के लिए हज़रते अली ؓ को अपना खलीफा बनाया। जब हज़रते अली ؓ ने निहायत ही हसरत व अफ़सोस के साथ अर्ज़ किया कि या रसूलल्लाह ﷺ! क्या आप मुझे औरतों और बच्चों में छोड़कर खुद जिहाद के लिए तशरीफ लिये जा रहे हैं? तो इर्शाद फरमाया कि : क्या तुम इस पर राज़ी नहीं हो कि तुम को मुझ से वो निस्बत है जो हज़रते हारून (अलैहिस्सलाम) को हज़रते मूसा (अलैहिस्सलाम) के साथ थी। मगर ये कि मेरे बाद कोई नबी नहीं है।

(बुखारी जि. 2, स. 633)

यानी जिस तरह हज़रते मूसा अलैहिस्सलाम कोहे तूर पर जाते वक्त हज़रते हारून अलैहिस्सलाम को अपनी उम्मत बनी इसराईल की देख भाल के लिए अपना खलीफा बनाकर गए थे। इस तरह मैं तुम को अपनी उम्मत सौंप कर जिहाद के लिए जा रहा हूँ।

मदीने से चलकर मकाम "सनियतुल वदाअ" में आपने कियाम फरमाया। और फौज का मुकद्मा, मैमना, मैसरा वगैरा मुरत्तब फरमाया। फिर वहाँ से कूच किया। मुनाफिकीन किस्म किस्म के झूटे उज़्र और बहाने बनाकर रह गए और मुख्लिस मुसलमानों में से भी चन्द हज़रात रह गए उनमें ये हज़रात थे। कअ्ब बिन मालिक, हिलाल बिन उमय्या, मुरारा बिन रबीअ्, अबू खैसमा, अबू ज़र गिफारी ؓ इनमें से अबू खैसमा और अबू ज़र

गिफारी ﷺ तो बाद में जाकर शरीके जिहाद हो गए। लेकिन बाक़ी तीन हज़रात नहीं गए।

हज़रते अबूज़र गिफारी ﷺ के पीछे रह जाने का सबब ये हुआ कि उनका घोड़ा बहुत ही कमज़ोर और थका हुआ था। उन्होंने उसको चन्द दिनों चारा खिलाया ताकि वो चंगा हो जए। जब रवाना हुए तो वो फिर रास्ते में थका गया। मजबूरन अपना सामान अपनी पीठ पर लादकर चल पड़े और इस्लामी लश्कर में शामिल हो गए।

हज़रते अबू खैसमा ﷺ जाने का इरादा नहीं रखते थे। मगर वो एक दिन शदीद गर्मी में कहीं बाहर से आए तो उनकी बीवी ने छप्पर में छिड़काव कर रखा था। थोड़ी देर इस साया दार और ठन्डी जगह बैठे फिर नागहाँ उनके दिल में हुज़ूर ﷺका खयाल आ गया। अपनी बीवी से कहा कि ये कहाँ का इन्साफ है? कि मैं तो अपनी छप्पर में ठन्डक और साये में आराम व चैन से बैठा रहूँ। और खुदा के मुकद्स रसूल इस धूप की तमाज़त और शदीद लू के थपेड़ों में सफर करते हुए जिहाद के लिए तशरीफ ले जा रहे हो। एक दम उनपर ऐसी ईमानी गैरत सवार हो गई कि तोशा में खजूर लेकर एक ऊँट पर सवार हो गए और तेज़ी के साथ सफर करते हुए रवाना हो गए। लश्कर वालों ने दूर से एक शुतर सवार को देखा तो हुज़ूर ﷺ ने फरमाया कि अबू खैसमा होंगे। इस तरह ये भी लश्करे इस्लाम में पहुँच गए। रास्ते में कौमे आद व समूद की वो बस्तीयाँ मिली। जो कहरे इलाही के अज़ाबों से उलट पलट कर दी गई थीं। आपने हुक्म दिया कि ये वो जगहें है जहाँ खुदा का अज़ाब नाज़िल हो चुका है। इस लिए कोई शख्स यहाँ क़ियाम न करे। बल्कि निहायत तेज़ी के साथ सब लोग यहाँ से सफर करके इन अज़ाब के वादियों से जल्द बाहर निकल जाएँ। और कोई यहाँ का पानी न पीये और न किसी काम में लाए।

इस गज़वे में पानी की किल्लत, शदीद गर्मी, सवारियों की कमी से मुजाहिदीन ने बेहद तकलीफ उठाई मगर मंज़िले मकसूद पर पहुँच कर ही दम लिया।

रास्ते में चन्द मुअ्ज़िज़ात

हजूर ﷺ ने हज़रते अबूज़र ग़िफ़ारी ﷺ को देखा कि वो सब से अलग अलग चल रहे हैं। तो इर्शाद फरमाया कि ये सब से अलग ही चलेंगे। और अलग ही ज़िन्दगी गुज़ारेंगे। और अलग ही वफ़ात पाएँगे।

चुनान्चे ठीक ऐसा ही हुआ कि हज़रते उ़स्मान ؓ के दौरे खिलाफत में उनको हुक्म दे दिया कि आप ''रहज़ा'' में रहें। आप रहज़ा में अपनी बीवी और गुलाम के साथ रहने लगे। जब वफात का वक्त आया। तो आप ﷺ ने फरमाया कि तुम दोनों को गुस्ल देकर और कफन पहनाकर रास्ते में रख देना। जब शुतर सवारों का पहला गिरोह मेरे जनाज़े के पास से गुज़रे तो तुम लोग उस से कहना कि ये अबूज़र ग़िफ़ारी का जनाज़ा है। इन पर नमाज़ पढ़कर उनको दफन करने में हमारी मदद करो। खुदा की शान कि सब से पहला जो काफिला गुज़रा इस में हज़रते अब्दुल्लाह बिन मसऊद सहाबी ؓ थे। आपने जब ये सुना कि ये हज़रते अबूज़र ग़िफ़ारी ؓ का जनाज़ा है तो उन्होंने ''इन्ना लिल्लाहि व इन्ना इलैहि राजिऊन'' पढ़ा और काफिला को रोक कर उतर पड़े और कहा कि बिल्कुल सच फरमाया था रसूलुल्लाह ﷺ ने कि...

''ऐ अबूज़र! तू तन्हा चलेगा। तन्हा मरेगा। तन्हा क़ब्र से उठेगा'' काफिला वालों ने उनको पूरे एअ्जाज़ के साथ दफन किया। (सीरते इब्ने हश्शाम जि. 4, स. 524 व ज़रकानी जि. 3 स. 82)

बअ्ज़ रिवायतों में ये भी आया है कि उनकी बीवी के पास कफ़न के लिए कपड़ा नहीं था। तो आने वाले लोगों में से एक अन्सारी ने कफन के लिए कपड़ा दिया। और नमाज़े जनाज़ा पढ़कर दफन किया। (वल्लाहु तआ़ला अअ्लम)

इल्मे ग़ैब पर मुनाफ़िक़ का ताना

एक मंज़िल पर हुज़ूर ﷺ की ऊँटनी कहीं चली गई। और लोग उसकी तलाश में सरगिरदाँ फिरने लगे। तो एक मुनाफिक जिसका नाम ''ज़ैद बिन लुसैत'' था कहने लगा कि मुहम्मद ﷺ कहते हैं कि मैं अल्लाह का नबी हूँ, और मेरे पास आस्मान की खबरें आती है। मगर उनको ये पता ही नहीं है कि उनकी ऊँटनी कहाँ है? हुज़ूर ﷺ ने अपने असहाब से फरमाया कि एक शख्स ऐसा कहता है हालाँकि खुदा की कसम! अल्लाह तअ़ला के बता देने से मैं खूब जानता हूँ कि मेरी ऊँटनी कहाँ है? वो फलाँ घाटी में है और एक दरख्त में उसकी मुहार की रस्सी उलझ गई है। तुम लोग जाओ और उस ऊँटनी को मेरे पास लेकर आ जाओ। जब लोग उस जगह गए तो ठिक ऐसा ही देखा कि उसी घाटी में वो ऊँटनी खड़ी है। और उसकी मुहार एक दरख्त की शाख में उलझी हुई थी।

(ज़रकानी जि. 3 स. 65)

तबूक का चश्मा

जब हुजूर ﷺ तबूक के करीब पहुँचे तो इर्शाद फरमाया कि इन्शा अल्लाह कल तुम लोग तबूक के चश्मे पर पहुँचोगे। और सूरज बुलन्द होने के बाद पहुँचोगे। लेकिन कोई शख्स वहाँ पहुँचे तो पानी को हाथ न लगाए रसूलुल्लाह ﷺ जब वहाँ पहुँचे तो जूते के तसमे के बराबर उस में एक पानी की धार बह रही थी। आपने उस में से थोड़ा पानी मंगवाकर हाथ मुँह धोया और उस पानी में कुल्ली फरमाई फिर हुक्म दिया कि इस पानी को चश्मे में डाल दो। तो चश्मे से ज़ोरदार पानी की मोटी धार बहने लगी। और तीस हज़ार का लश्कर और तमाम जानवर उस चश्मे से सैराब हो गए। (ज़रकानी जि. 3, स. 86)

रूमी लश्कर डर गया

हुज़ूरे अक़दस ﷺ ने तबूक में पहुँचकर लश्कर को पड़ाव का हुक्म दिया। मगर दूर दूर तक रूमी लश्करों का कोई पता नहीं चला। वाकिआ़ ये हुआ कि जब रूमियों के जासूसों ने कैसर को खबर दी कि रसूलुल्लाह ﷺ तीस हज़ार का लश्कर लेकर तबूक में आ रहे हैं। तो रूमियों पर इस कदर हैबत छा गई कि वो जंग से हिम्मत हार गए। और अपने घरो से बाहर न निकल सके। रसूलुल्लाह ﷺ ने बीस दिन तबूक में कियाम फरमाया। और अतराफ व जवानिब में अफवाजे इलाही का जलाल दिखकर और कुफ़्फ़ार के दिलों पर इस्लाम रोअ्ब बिठाकर मदीना वापस तशरीफ लाए। और तबूक में कोई जंग नही हुई।

इसी सफर में ''अैला'' का सरदार जिसका नाम ''यू–हन्ना'' बारगाहे रिसालत में हाज़िर हुआ और जज़िया देना कुबूल कर लिया। और एक सफेद खच्चर भी दरबारे रिसालत में नज़्र किया। इस के सिले में ताजदारे दो आलम ﷺने उस को अपनी चादरे मुबारक इनायत फरमाई और इसको एक दस्तावेज़ तहरीर फरमाकर अता फरमाई कि वो अपने गिर्दो पेश समुन्दर से हर किस्म के फवाएद हासिल करता है।

(बुखारी जि. 1 स. 447)

इसी तरह ''जरबा'' और ''अज़रूह'' के ईसाईयों ने भी हाज़िरे खिदमत होकर जज़िया देने पर रज़ामंदी ज़ाहिर की।

इसके बाद हुज़ूर ﷺ हज़रते खालिद बिन वलिद رضي الله عنه को एक सौ

बीस सवारों के ''दूमतुल जन्दल'' के बादशाह ''उकैदर बिन अ़ब्दुल मालिक'' की तरफ रवाना फरमाया और इर्शाद फरमाया के वो रात में नील गाय का शिकार कर रहा होगा। तुम उसके पास पहुँचो तो उसको कत्ल मत करना। बल्कि उसको ज़िन्दा गिरफ़्तार करके मेरे पास लाना। चुनान्चे हज़रते खालिद बिन वलीद ﷺ ने चाँदनी रात में उकैदर और उसके भाई हस्सान को शिकार करते हुए पा लिया। हस्सान ने चूँकि हज़रते खालिद बिन वलीद ﷺ से जंग शुरू कर दी इस लिए आपने उसको कत्ल कर दिया। मगर उकैदर को गिरफ्तार कर लिया और इस पर उसको रिहा किया कि वो मदीना बारगाहे अकदस में होकर हाज़िर होकर सुलह करे। चुनान्चे वो मदीना आया। और मोहम्मद ﷺ ने उसको अमान दी।

जब हुजूर ﷺमदीना के करीब पहोंचे और उहुद पहाड को देखा तो फरमाया कि....

ये उहुद है। ये ऐसा पहाड़ है कि यह हमसे मोहब्बत करता है और हम इस से मोहब्बत करते हैं।

जब आपने ﷺ मदीना की सर ज़मीन पर कदम रखा तो औरतें बच्चे और लौंडी, गुलाम सब इस्तेकबाल के लिए निकल पड़े। और इस्तेकबालिया नज़्में पढते हुए आप के साथ मस्जिदे नबवी तक आए। जब आप ﷺ मस्जिदे नबवी में 2 रकअत नमाज़ पढकर तशरीफ फरमा हो गए। फिर हुजूर ﷺ के चाचा हज़रते अब्बास ﷺ ने आपकी मदह में एक क़सीदा पढा और अहले मदीना ने बखैरो आफियत इस दुश्वार गुजार सफर से आपकी तशरीफ आवरी पर इन्तेहाई खुशी व शादमानी का इज़्हार किया। और उन मुनाफ़िकीन के बारे में जो झूठे बहाने बनाकर इस जिहाद में शरीक नहीं हुए थे और बारगाहे नुबूवत में कस्में खा खाकर उज्र पेश कर रहे थे कि, क़हरो गज़ब में भरी हुई कुरआन मजीद की आयत नाज़िल हुई। और उन मुनाफिकों के निफ़ाक़ का पर्दा चाक हो गया।

दुनिया की सबसे बड़ी क्रांति में कितनी जानें गई?

(How much Lost of Lives in the World's Biggest Revolution)

यह वो क्रांति /इंक़ेलाब था जो तारीखे इंसानी में अब तक न हुआ था। पुरा जज़ीरा अरब (अरब दुनिया) इस इंक़लाब की ज़द में आ गया था। वही लोग जो नबी की दावत पर कान न धरते थे आज वही लोग उनकी तरफ दौड़े आ रहे थे। यह वह इंक़लाब था जिसमें न किसी की नस्ल पुछी गई न किसी का रंग देखा गया, न किसी का खानदान पुछा गया, न किसी का क़बीला पुछा गया, न किसी की ज़ात पुछी गई, न किसी की अमीरी पुछी गई, न किसी की गरीबी देखी गई, न किसी से उसकी बस्ती न किसी से उसका शहर न किसी से उसका मुल्क पुछा गया। बस कहा गया इस मुस्लिम तहज़ीब में हर मुसलमान का स्वागत है, जो ये कहता है:

1) नहीं कोई माबूद मगर अल्लाह, मोहम्मद ﷺ अल्लाह के रसूल हैं।

2) इंसान सब बराबर है।

अगर हम जंगों (गज़वा व सरिया) में मरने वालों की ताअ्दाद देखें तो वो लगभग 1040 से 1140 तक ही थी। यह दोनों तरफ के लोगों (मुसलमान+बक़िया लोग) की कुल तअ्दाद है। इसमें अगर बनु कुरैज़ा के 700 जंग–जू जो गद्दारी की सज़ा में मारे गये थे। जंग में नहीं। तो कुल मरने वालों की तादाद 400–500 के आस–पास ही होती है।

यह अपने आप में एक मोजज़ा ही है। जिसने पुरे अरब–दुनियाँ को कुफ्र से निकाल कर मुसलमान बना दिया। न बराबर जानी माली नुक़सान के।

आज 21वीं सदी है, लोग इस्लाम को बदनाम करने के लिये नबी करीम ﷺ पर इल्ज़ाम लगाते हैं, उन्होंने बहोत से लोगों को क़त्ल किया वगैरह,, उन्होंने 13 साल तक जब दीन की तबलीग की तो काफिरों ने उन्हें बहुत तकलीफें दी, और काफिर रात दिन मुसलमानों को मिटाने का और मोहम्मद ﷺ को क़त्ल करने का इरादा करते रहते। मगर फिर जब नबी करीम ﷺ को हुक्म हुआ जिहाद का तो दीने खुदा तो गालिब आना ही था। आखिर सच्ची ताक़त अपने आप को मनवा ही लेती है।

नोट: अगर मैं बात करूँ दुसरे मज़ाहिब के क़त्लो ग़ारत की तो वो महज़ अपने माली–नफसी और ज़मीनी मुफाद के लिये थे। मस्लनः–

1) सिकंदर ने अपनी बादशाही के लिये मुल्कों पर क़ब्ज़ा किया, लाखों जानें

गई।

2) चंगेज़ खान (तिमुजिन) काफिर ने अपने समय पर धरती की लगभग 11% आबादी को मार डाला था। मरने वालों की तादाद 4 करोड़ है। यह एक मंगोल नस्ल का "तेन्गी धर्म" का काफिर था। इस का नाम तेमुजिन था "चंगेज खान" इस को बहादुरी की वजह से लक़ब मिला था। आखिर में इस को भी कुछ हासिल न हुआ।

3) World War I & World War II

में भी करोड़ो लोग मारे गये, दुनियाँ भर से ईसाईयों की लाशें के अंबार खुद ईसाइयों ने लगा दिया था, दोनों महायुध्दों में लगभग 10 करोड़ लोग मारे गये। मगर यह सारी लड़ाईयाँ ज़र और ज़मीन की ही थी। दुनियाँ में मौतों का सैलाब आगया मगर दुनियॉ वैसी ही रही बाद में भी। यानी हारने वाले अपनी दुनिया फतह की ज़िद छोड़कर फिर से बरबाद हुए, अपने मुल्क को नये–सिरे से बसाने में मसरूफ हो गये। दुनिया फतह करने की सनक में जैसे ही हारे हुऐ मुल्क फिर मजबुत हुऐ, वैसी ही उन्होंने ही फिर से World War-II छेड़ दी। दोनों ही जंगे अज़ीम में इनसानियत को कुछ हासिल न हुआ। मगर भारी जान–माल का नुकसान हुआ।

मगर जो इंक़लाब मोहम्मद ﷺ ने शुरू किया उसने लोगों के दिलों को बदल दिया, और लोग राज़ी (convence) हो गये। अल्लाह और उसके रसूल मोहम्मद ﷺ से और क़यामत तक के लिये शिर्क से तौबा करली। और इस इंक़लाब के बानी ने इसके ऐवज़ न तो किसी की ज़मीन ली न तो किसी किस्म उजरत ली, (माल न लिया) न ही कमीयाबी के बाद मोहम्मद ﷺ ने बादशाही करनी चाही। बस अल्लाह के भटके बंदों को अल्लाह से मिला दिया, और अपना मक़सदे तखलिक़ पुरा किया।

दुनिया वालो! ज़रा बताओ तो इतना अ़ज़ीम इंक़लाब (क्रांती) कभी किसी ने देखा सुना है। मैं कहता हूँ नहीं, बिलकुल नहीं,

कई इंक़लाब उठे, और ख़त्म हो गये, मगर आज उन लोगों का कोई नाम लेवा नहीं। मगर मुसलमान मोहम्मद ﷺ की जैसी ताज़िम 1400 साल पहले करते थे। वैसी ही ताज़िम आज भी करते हैं।

इक नामे मुस्तफा है जो बढ़कर घटा नहीं
वरना हर एक उरूज पर पिन्हां ज़वाल है

ईसा (अ.स.) की इज़्ज़त-अफ़ज़ाई, मोहम्मद ﷺ ने कैसे की?

(How did Muhammad ﷺ honour Jesus)

1) पहलाः– मोहम्मद ﷺ के पैदाईश से पहले यहूद ने हज़रत ईसा की पैदाईश को लेकर और हज़रत मरियम की पाकीज़ा होने पर ऐतराज़ कर रखा था मगर सैय्यदुल अंबिया खतमुल रसुल मोहम्मद ﷺ ने इन ऐतराज़ पर मिट्टी डाल दी। और खुद गवाही दी की ईसा (अलैहिस्सलाम) नबी हैं और हज़रत मरियम एक पाकीज़ा औरत है।

पहले तो हज़रत ज़करिया को यहुदियों ने आरी से कटवा दिया, इल्ज़ाम लगा कर की मरियम को ज़करिया ने ही हामिला (गर्भवती) किया है।

काफिर तो यह कहते थे कि ईसा मसीह नाम का कोई शख्स हुआ ही नहीं।

पर हर क़िस्म की अफ़वाह को मोहम्मद ﷺ ने खत्म कर दिया।

2) दूसराः– मोहम्मद ﷺ की पैदाइश तक ईसाई लोग यही समझते थे कि ईसा को सलिब पर लटका कर मार दिया गया था। मगर मोहम्मद ﷺ ने पहली बार कहा कि ईसा (अलैहिस्सलाम) को सलिब नहीं चढाया गया था। खुदा ने उनकी जगह दुसरे मुजरिम की शक्ल (वो मुजरिम यहूदी जो उन्हें पकड़ने आया था) उसकी शक्ल ईसा (अलैहिस्सलाम) सी करदी थी। यहूद ने उसे ही ईसा (अलैहिस्सलाम) समझ कर सलिबपर चढ़ा दिया था। और ईसा (अलैहिस्सलाम) को खुदा ने ज़िंदा ही आसमान पर उठा लिया था। इस बात की तसदीक़ की और कमअज़ कम 200 करोड़ लोग मुसलमान इस बात पर मोहम्मद ﷺ के कहने की वजह से यक़ीन रखते हैं।

ईसा (अलैहिस्सलाम) खुदा का मुक़द्दस नबी है, ईसा (अलैहिस्सलाम) माँ के पेट से ही नबी हैं, ईसा (अलैहिस्सलाम) को खुदा ने बिना बाप के पैदा किया है, जैसे आदम (अलैहिस्सलाम) को किया था। ईसा (अलैहिस्सलाम) कभी मरे नहीं।

.......हज़रत मरियम एक पाकीज़ा औरत हैं वो कुंवारी माँ हैं।

.......ईसा (अलैहिस्सलाम) ज़िंदा हैं।

.......ईसा (अलैहिस्सलाम) क़यामत में ज़मीन पर फिर भेजे जाऐंगे।
.......ईसा (अलैहिस्सलाम) मसीह दज्जाल (Anti-Christ) को खत्म करेंगे।

अल्लाह ने कुरआन में हज़रत मरियम के नाम से पुरा सुरह रखा है जो उनकी और हज़रत ईसा की इज़्ज़त अफ़ज़ाई करता है। जबकि आपको आज खुद ईसाइयों की किताब (Bible) में हज़रत मरियम के नाम से कोई सुरह नहीं मिलेगा। मगर जो इज़्ज़त–अफज़ाई (मान सम्मान) मोहम्मद ﷺ के ज़रिये हज़रत मरियम और हज़रत ईसा (अलैहिस्सलाम) का किया गया। बेमिसाल है।

हज़रत हुज़ैफ़ा ؓ ने फ़रमाया कि रसूलुल्लाह ﷺ हमारे दरमियान एक जगह पर खड़े हुऐ और आप ने खड़े होने के वक़्त से क़यामत तक की कोई चीज़ ना छोड़ी मगर वह बयान फ़रमा दी।
(बुखारी)
नोट : यूँ मोहम्मद ﷺ ने कयामत के पहले होने वाले वाक्यात बता दिये। जिसमें से कुछ का जिक्र हम आगे देखेंगे।...

☆ ☆ ☆

ईमाम महेदी का ज़हूर

क़यामत से पहले दुनियाँ में जुल्म ज़्यादतियाँ हद से ज़्यादा होने लगेंगी।

★ नबी करीम ﷺ ने फरमाया ''एक बादशाह की मौत पर खानाजंगी हो जायेगी फिर अल्लाह मेरे अहले बैत में से एक शख्स को उठायेगा, जिसका नाम महेदी होगा, वह मदीना से आकर मक्का में पनाह लेगा। फिर मक्का के लोग उसके हाथ पर बैअ़त करेंगे। मक्का के अंदर उसके खिलाफ शाम से एक लश्कर भेजा जाऐगा, लेकिन अल्लाह तआ़ला उस लश्कर को मक़ामे बैज़ा में (मक्का और मदीना के दरमियान एक जगह का नाम है) धसा देगा। उसकी मदद को मश्रिक से फौजें आऐंगी,

★ मेरी उम्मत पर उनके हुकमरानों की तरफ से सख्त मुसीबत (इमतेहानात) आ जाऐगी। उस वक़्त अल्लाह मेरी नस्ल में से एक शख्स को खड़ा करेगा। फिर वो अल्लाह (रब्बुल आलमीन) की ज़मीन को इंसाफ़ से भर देगा। उस से आसमान वाले भी राज़ी होंगे और ज़मीन वाले भी राज़ी होंगे।

लेखक का अनुमान

(इस्लाम का पुनर्उत्थान)

जैसे

क़दीम तह्ज़ीबें (प्राचिन सभ्याताऐं)	समय अवधि
मेसोपोटामिया की सभ्यता	ईसा पूर्व 4000 वर्ष
मिस्र की सभ्यता	ईसा पूर्व 3000 वर्ष
बेबीलोन की सभ्यता	ईसा पूर्व 2000 वर्ष
सिंधूघाटी की सभ्यता	ईसा पूर्व 4000 वर्ष
युनानी मैथोलौजी	ईसा पूर्व 2000 वर्ष
हिन्दू मैथोलौजी	ईसा पूर्व 4000 वर्ष
यहुदियत	ईसा पूर्व 3000 वर्ष

और

जदीद तह्ज़ीबें (आधूनिक सभ्यताऐं)	
क्रिस्चीऐनिटी	2000 वर्ष पूर्व
इस्लाम	1444 वर्ष

कम्युनिजम	200 वर्ष
डेमोक्रेसी	300 वर्ष

यह सब की सब तह्ज़ीबें (सभ्यताऐं) अपने उरूज को पहुँच कर ज़्वाल–पज़ीर (Fall) हुई हैं। बस एक दौरे हाज़िर की डेमोक्रेसी के अलावा पर यह भी अपने उरूज को छू चुकी है। पिछले कुछ सालों से दुनिया में जो बेचैनी है उसे देख कर मेरा यह अंदाज़ा है यह भी अपने ज़्वाल (Fall) की ओर बड़ रही है। शायद 2030 तक यह भी खत्म हो जाऐगी।

तारीख गवाह है ज़्वाल के बाद इन में से किसी को वापस उरूज हासिल न हुआ है न होगा। मगर मेरी तह्क़ीक़ (Research) कहती है बल्कि मुझे पूरा यक़ीन है इन में से सिर्फ इस्लाम ही है जो फिर उठेगा और फिर उरूज को पहुँचेगा (खिलाफते उस्मानिया के ज़्वाल से ही मुसलमानों का भी ज़्वाल/Fall हुआ था) बस फर्क़ यही होगा अब इस्लाम को उरूज अरबों से नहीं अजमियों से मिलेगा (इन्शाअल्लाह)

मुफक्किरे इस्लाम/शायरे मश्रिकः डॉ. इक़बाल की बशारत पर गौर करें।

''सालारे कारवाँ है मीरे हिजाज़ (मोहम्मद ﷺ) अपना
इस नाम से है बाक़ी आरामे जान हमारा
इक़बाल का तराना बांगे दराँ है गोया
होता है जादा पैमां फिर कारवाँ हमारा''

(बांगेदराँ–Alarm, जादापैमां– मंज़िल की ओर बढ़ना, कारवां–क़ाफेला)
मोहम्मद ﷺ की पेशनगोई पेज नं. 247 देखें।

मसीहा v/s मसीहा
(Christ vs Antichrist)

नबी करीम ﷺ बयान करते हुऐ हज़रत ईसा (अलैहिस्सलाम) के नुजूल पर पहुंचे तो फ़रमाते हैं इमाम मेहदी जब सारी बुराई फ़तेह कर लेंगे फिर अचानक झूठा मसीहा (Anti-Chirist) का नुजूल हो जाऐगा। दज्जाल इसफहान से आऐगा, उसके साथ 70 हज़ार यहूदीयों की फ़ौज होगी। और वह खुदाई का दावा करेगा। उस के एक हाथ में आग होगी और दुसरे में पानी और उसके एक हाथ में जन्नत होगी और दुसरे हाथ में जहन्नम होगा। मगर यह धोखा होगा। उस का पानी आग होगा, उस की जन्नत जहन्नम होगी। वो मुर्दों को ज़िंदा करेगा। ऐ मेरे उम्मतीयो यह फ़ितना बहुत सख्त तरीन होगा। ऐसा कोई नबी नहीं जिसने अपनी क़ौम को इस दज्जाल से ना डराया हो।

मगर मैं तुम्हें आज वो बात बताता हूँ जो मुझसे पहले किसी ने नहीं बताई है। दज्जाल एक आँख़ से काना होगा। तुम याद रखना जब वो खुदाई का दावा करेगा। तुम याद रखो तुम्हारा खुदा काना नहीं है। उसकी दोनों आँखों के बीच काफ़िर लिखा होगा। जो लोग साफ़–साफ़ पढ़ लेंगे।

फ़िर हज़रत ईसा (अलैहिस्सलाम) दो फरिश्तों के परों पर हाथ रखे ज़र्द रंग का जोड़ा पहने निहायत नुरानी शक्ल में दमिश्क़ की जामे मस्जिद के मशरिक़ी मिनारे में उतरेंगे। वह सुबह का वक़्त होगा नमाज़े फ़जर की इक़ामत हो चुकी होगी, हज़रत मेहदी नमाज़ पढ़ाऐंगे जब हज़रत ईसा (अलैहिस्सलाम) नमाज़ से फ़ारिग़ होंगे आप जब मस्जिद का दरवाज़ा खोलेंगे तो बाहर दज्जाल अपनी फ़ौज के साथ खड़ा होगा वह मुहासरा करने आया था। महेदी के मुसलमानों और दज्जाल में घमासान की जंग होगी पर जब दज्जाल की नज़र हज़रत ईसा (अलैहिस्सलाम) पर पड़ेगी तो दज्जाल वहाँ से भाग जाऐगा।

हज़रत ईसा (अलैहिस्सलाम) उसका पीछा करेंगे और वो बैतुल–मुक़द्दस में उसके सामने होंगे जब दज्जाल और हज़रत ईसा (अलैहिस्सलाम) का मुक़बला होगा। हज़रत ईसा (अलैहिस्सलाम) उसकी पुश्त पर नेज़े से वार करेंगे और उसे मार देंगे, और जहन्नम पहुंचा देंगे।

फ़िर आप उस नेज़े को लोगों को दिखाऐंगे। फ़िर ईसा (अलैहिस्सलाम) के कहने पर अहले किताब भी अहले ईमान बन जाऐंगे।

फ़िर अल्लाह तआ़ला का वादा पुरा होगा। मेरा ही दीन ग़ालिब आ जाएगा। दुनिया में सिर्फ़ दीने हक़ इस्लाम ही बाक़ी रहेगा। सब ईमान वाले हो जाऐंगे।

हज़रत ईसा (अलैहिस्सलाम) कुल चालीस साल ज़मीन पर रहेंगे। इस दौरान हज़रत मेहदी का इंतेक़ाल होगा, हज़रत ईसा (अलैहिस्सलाम) उनकी नमाज़े जनाज़ा पढ़ाऐंगे। फिर हज़रत ईसा (अलैहिस्सलाम) निकाह करेंगे। आपको औलाद भी होगी। आप हज के लिऐ जाऐंगे उसी दौरान मदीना में आपका विसाल होगा। आप की नमाज़े जनाज़ा पढ़ कर आपको उसी जगह (वह जगह जो आज भी मोहम्मद ﷺके बाज़ू में आप के लिऐ मोहम्मद ﷺ के कहने पर क़ब्र की जगह छोड़ी गई है) आप को उसी जगह दफ़न किया जाऐगा।

अब इसके बाद क़यामत की कुछ अ़लामतें ज़ाहिर होगी और दौरे क़यामत शुरू हो जाऐगा।

☆ ☆ ☆

क़यामत क्या है कब होगी?

क़यामत में (दुनिया का अंत होगा/End of The World) फिर सबका हिसाब व किताब होगा। यही फैसले का दिन (Day of Judgement) है। इस दिन जन्नती हमेशा के लिऐ जन्नत में चले जाऐंगे और जहन्नमी हमेशा के लिऐ जहन्नम में चले जाऐंगे। हुजूर ﷺ ने फरमाया क़यामत तब तक न होगी जब तक ये निशानियाँ ज़ाहिर न हो जाऐ।

अलामते सुगरा (छोटी अलामतें) :– अलामते सुगरा में से चंद यह है

- इल्म उठ जाऐगा,
- लोग जाहिलों को अपना इमाम व पेशवा बना लेंगे,
- ज़िना, शराबखोरी, बेहयाई, बदकारी बढ़ेगी,
- मर्द कम और औरतें ज़्यादा होंगी,
- माल की कसरत होगी,
- ज़मीन अपने दफीने (खज़ाना) उगल देगी,
- वक़्त में बरकत न रहेगी, दिन जल्द–जल्द गुज़रेंगे,
- गाने बजाने की कसरत होगी,
- औरतें कपड़े पहन कर भी बरहना नज़र आएंगी,
- औरतें ऊँट की कोहान की तरह बालों का जूड़ा बांधेंगी।
- लोग इल्म हासिल करेंगे, मगर दुनिया की खातिर।

अलामते कुबरा (बड़ी अलामतें) :– 10 अलामतें।

(1) धुंवा जो दुनिया में फैल जाऐगा..................

(2) मशरिक और जज़िरा अरब में ज़मीन का धसना

(3) दाब्बतुल–अर्ज़..

(4) इमामे मेंहदी का जहुर...

(5) दज्जाल का आना....................................

(6) हज़रत ईसा का आना...............................

(7) याजूज माजूज का निकलना....................

(8) सूरज का मगरिब से निकलना..................

(9) आग का नमुदार होना...............................

(10) तमाम मख़लुक़ का दोबारा ज़िंदा होना.......

क़यामत में क्या होगा?

(क़यामत का बयान कुरआन में, मुखतसर सा हम देखेंगे)

– जब धुप लपेटी जाएगी
– जब तारे झड पडे
– जब पहाड चलाये जाऐं
– जब वहशी जानवर जमा किये जाऐं
– जब समंदर सुलगाऐ जाऐं
– जब ज़िंदा दबाई हुई से पुछा जाऐ किस खता पर मारी गई
– जब नामा ऐ आमाल खोले जाऐं
– जब आसमान जगह से खिच लिऐ जाऐं
– जब जहन्नम भडकाया जाऐं और जब जन्नत पास लाई जाऐ हर जान को मालूम हो जाऐगा जो हाज़िर लाई। (सुरह तकवीर)

बेशक सब अगले और पिछले (इंसान) ज़रूर इकट्ठे किये जाऐंगे। एक मुकर्रर किये हुऐ दिन (Day of Judgement) में (सुरह वाकिया)

हश्र का दिन

(Day of Judgement)

हज़रत अनस رضي الله عنه से रिवायत है कि नबी ﷺ ने फरमायाः कियामत के रोज़ अल्लाह तआ़ला ईमान वालों को इकट्ठा करेगा, पस वह कहेंगे कि क्यों न हम किसी ऐसे शख्स को तलाश करें जो हमारे रब की बारगाह में हमारी शफाअ़त करके हमें इस मुकाम से निजात दिलाऐ, पस वह हज़रत **आदम (अलैहिस्सलाम)** की बारगाह में हाज़िर होकर अर्ज़ करेंगे कि ऐ हज़रत आदम! क्या आप लोगों को देखते नहीं हालांकि अल्लाह तआ़ला ने आप को अपने दस्ते कुदरत से पैदा फरमाया और आप के लिऐ फरिश्तों ने सजदा किया और आप को हर एक चीज़ का नाम सिखाया हमारे परवरदिगार की बारगाह में हमारी शफाअ़त कीजिऐ और हमें इस जगह से निजात दिलाइऐ।

वह फरमाऐंगे कि मैं तुम्हारे इस काम में नहीं आ सकता और अपनी एक लग़ज़िश को बयान करेंगे जो उन से सरज़द हुई होगी, बल्कि तुम **हज़रत नूह (अलैहिस्सलाम)** के पास जाओ क्योंकि वह अल्लाह के पहले रसूल हैं जिन्हें अहले ज़मीन की तरफ़ अल्लाह तआ़ला ने मबऊस फरमाया। पस वह हज़रत नूह की खिदमत में हाज़िर होकर अर्ज़ करेंगे। वह फरमाऐंगे कि मैं तुम्हारे इस काम के लाइक़ नहीं हूँ और अपनी एक लग़ज़िश का ज़िक्र करेंगे जो उन से सरज़द हुई होगी, बल्कि तुम **हज़रत इब्राहीम (अलैहिस्सलाम)** के पास जाओ जो अल्लाह के खलील हैं, पस वह हज़रत इब्राहीम की खिदमत में हाज़िर हो जाऐंगे। वह फरमाऐंगे कि मैं काम नहीं आसकता और अपनी लग़ज़िश का ज़िक्र करेंगे जो उन से सरज़द हुई होगी, बल्कि तुम **हज़रत मूसा (अलैहिस्सलाम)** के पास जाओ वह ऐसे बन्दे हैं जिन को अल्लाह तआ़ला ने तौरात अता की और उन से कलाम फरमाया।

पस वह हज़रत मूसा की खिदमत में हाज़िर होंगे, वह फरमाऐंगे कि मुझ से तुम्हारा यह मक़सद पूरा नहीं होगा और अपनी लग़ज़िश का ज़िक्र करेंगे जो उन से सरज़द हुई होगी, बल्कि तुम **हज़रत ईसा (अलैहिस्सलाम)** के पास जाओ, वह अल्लाह के बन्दे, उस के रसूल, उस

का कलमा और उस की तरफ़ की रूह हैं, पस वह हज़रत ईसा की खिदमत में हाज़िर हो जाएंगे, वह फरमाएंगे कि तुम्हारा यह काम मुझ से नहीं हो सकेगा बल्कि तुम **मुहम्मद मुस्तफ़ा** ﷺ की खिदमत में जाओ, वह ऐसे बन्दे हैं कि अल्लाह तआ़ला ने उन के लिए उन के अगले पिछलों के गुनाह माफ़ फरमा दिऐ।

पस वह मेरे पास आऐंगे तो मैं जाकर अपने रब से इजाज़त तलब करूंगा, चुनान्चे मुझे इस की इजाज़त अता करदी जाऐगी, पस जब मैं अपने रब को देखुंगा तो उस के हुजूर सजदारेज़ हो जाऊँगा, पस मुझे सजदे में रखा जाऐगा जितनी देर अल्लाह तआ़ला चाहेगा, फिर मुझ से फरमाया जाऐगाः कि **ऐ मुहम्मद! सर उठाओ और कहो कि तुम्हारी बात सुनी जाऐगी**, माँगो तुम्हें दिया जाऐगा, शफाअ़त करो कि तुम्हारी शफाअ़त कुबूल फरमाई जाऐगी, पस मैं अपने रब की वह हम्दें बयान करूंगा जो मुझे सिखाई जाऐंगी, फिर मैं शफाअ़त करूंगा तो मेरे लिऐ एक हद मुक़र्रर फरमादी जाऐगी, फिर मैं उन्हें जन्नत में दाखिल कर के वापस लौटुंगा, चुनान्चे जब अपने रब को देखुंगा तो सजदारेज़ हो जाऊंगा, पस मुझे सजदे में रखा जाऐगा जब तक अल्लाह तआ़ला चाहेगा, फिर मुझ से कहा जाऐगाः

ऐ मुहम्मद! अपना सर उठाओ और कहो कि तुम्हारी बात सुनी जाऐगी और माँगो के तुम्हें दिया जाऐगा और शफाअ़त करो कि तुम्हारी शफ़ाअ़त कुबूल की जाऐगी, चुनान्चे मैं अपने रब की ऐसी तारीफें बयान करूंगा जो मुझे मेरे रब ने सिखाई होंगी, फिर मैं शफाअ़त करूंगा तो मेरे लिऐ एक हद मुक़र्रर फरमा दीजाऐगी, पस जब मैं उन्हें जन्नत में दाखिल करके वापस लौटुंगा तो अपने रब को देख कर सजदे में चला जाऊँगा, चुनान्चे जब तक अल्लाह तआ़ला चाहेगा मुझे उस वक़्त तक सजदे में रखेगा, फिर कहा जाऐगाः **ऐ मुहम्मद! सर उठाओ कहो कि तुम्हारी बात सुनी जाऐगी**, माँगो तुम्हें दिया जाऐगा और शफ़ाअ़त करो कि कुबूल की जाऐगी, पस मैं अपने रब की ऐसी तारीफ़े बयान करूंगा जो मुझे सिखाई जाऐंगी। फिर शफाअ़त करूंगा तो मेरे लिऐ एक हद मुक़र्रर फरमादी जाऐगी। जब मैं उन्हें जन्नत में दाखिल करके वापस लौटुंगा।

तो अर्ज़ करूंगा कि ऐ रब! जहन्नम में कोई बाक़ी नहीं रहा मगर जिस को कुरआन करीम ने रोका हुआ है और जिस पर उस के अंदर हमेशा

रहना वाजिब है। नबी ﷺ ने फरमाया कि जहन्नम से वह भी निकल आऐगा जिस ने ''ला इलाहा इल्लल्लाह'' कहा होगा और जिस के दिल में जौ के बराबर भी भलाई होगी, फिर जहन्नम से वह निकलेंगे जिन्होने ''ला इलाहा इल्लल्लाह'' कहा होगा और उन के दिल में दाना ए गंदुम (गेहूं का दाना) के बराबर भी भलाई होगी, फिर जहन्नम से वह निकलेगा जिस ने कहा होगा और उस के दिल में ज़र्रा के बराबर भी भलाई होगी।

मैं अपनी उम्मत की शफाअ़त करूंगा यहाँ तक कि मेरा रब कहेगा, **ऐ मुहम्मद! तू राज़ी हुआ? मैं अर्ज़ करूंगा ऐ मेरे रब मैं राज़ी हुआ।**

जन्नत

(Heaven)

जन्नत क्या है : जन्नत का माना है छुपा हुआ बाग़, क्योंकि यह दुनिया वालों की नज़रों से छुपा है।

मोहम्मद ﷺ : जिस चीज़ का भी तुमसे वादा किया जाता है मैंने उसको इस नमाज़ (कुसूफ) के दौरान देख लिया है। मेरे सामने जन्नत लाई गई। (मुस्लिम शरीफ)

जन्नत के नामः

1) दारूस्सलाम (सलामती वाला घर)
2) दारूल मुत्तक़ीन (परहेज़गारों का घर)
3) दारूल करारा (करार की जगह)
4) दारूल आखिरत (आखिरत का घर)
5) जन्नतुल मावा
6) जन्नतुल ख़ुल्द
7) जन्नतुल अदन
8) जन्नतुल फिरदौस

जन्नत का ज़िक्र कुरआन में

1) अल्लाह तआला : ऐ मुहम्मद खुशखबरी दे दो उन लोागों को जो ईमान लाये और अच्छे काम (कर्म) किये कि उनके लिऐ ऐसे बाग़ है जिसके नीचे नहरें बहती है उन बाग़ों के फ़ल दुनिया के फ़लों से मिलते जुलते होंगे जब कोई फ़ल उन्हें खाने दिया जाऐगा तो कहेंगे कि ऐसे ही फ़ल हमें (दुनिया) में दिऐ गये थे। उनके लिये वहाँ पाक साफ़ बीवियाँ (पत्नियाँ) होगी और वे उसमें हमेशा रहेंगे (सु. बक़रा)

2) जन्नती क़ियामत के दिन हर प्रकार के रूसवाई (तिरस्कार) से महफुज़ सुरक्षित होंगे।

3) नेक परीवार जिनमें बाप, दादा, बीवियाँ और उनके औलादें शामिल है, जन्नत में एक ही जगह इकट्ठा कर दिऐ जाऐंगे। (सु. रअ़द 23–24)

4) जन्नतियों को जन्नत में किसी प्रकार की मेहनत (परिश्रम) नहीं करना पड़ेगा। (सु. हिजर 48)
5) जन्नती लोगो के लिऐ जन्नत में जाना पहचाना रिज़्क़ (खाना) होगा। मेवे होंगे और नेअ़मतें भरी जन्नत जिसमें वे इज़्ज़त के साथ रहेंगे। आमने–सामने तख्तों पर तकिया लगाऐ बैठे होंगे। शराब (शरबत) के जाम भर कर उन्हें सैराब किऐ जाऐंगे शराब सफेद रंग की स्वादिष्ठ जिसमें न कोई दर्द सर न कोई बेहोदगी और उनके पास शर्मीली सुन्दर, मोटी आँखों वाली हुरें होंगी, ऐसी नर्म व नाजुक जैसे अंडे के नीचे छुपी हुई झिल्ली। (सु. साफ्फात 41–49)
6) जन्नत में दिल और आँखों को सुकून देने वाली हर चीज़ मौजूद होंगी।
7) जन्नत में कोई रंज, दुख, तकलीफ़ या परेशानी नहीं होगी बल्कि हर वक़्त हर ओर खुशी आराम सुख और चैन होगा।
8) जन्नत में मौत नहीं आऐगी बल्कि हमेशा जिंदगी रहेगी।
9) जन्नत में साफ सुथरे और खालिस पानी दुध, शराब और शहद की नहरें होगी जो कभी खत्म नहीं होगा जिनसे जन्नती पियेंगे।
10) ऐसी शराब होगी पीने से न कोई बेहुदगी होगी न कोई बकवास और न कोई गुनाह होगी। (सुरह तुर 22)
11) जन्नतियों की बीवियाँ अत्यन्त शर्मीली, पाक, साफ़, हिरो और मोतियों जैसी चमकती खुबसुरत, सिर्फ अपने शौहरों की खिदमत करती होगी।
12) जन्नत में गर्मी की सख्ती न होगी न ही सर्दी की, बल्कि बढ़िंया साऐ, हमेशा बाहार होगी।
13) जन्नत में सलसबील पीने को मिलेगा।
14) जन्नत की नेमतों की इस दुनियाँ में सोचना(कल्पना) करना भी मुमकिन (संभव) नहीं।
15) जन्नतियों की आँख को ठंडक पहुंचाने वाली जो पोशीदा (छुपी) नेमतें तैय्यार की हुई उसका इल्म किसी इंसान को नहीं है।
16) जन्नती मन–मानती मुरादों में होंगे।...........

- **जन्नत का रक़बा (Area) :–** जन्नत में 100 दर्जे हैं। हर दर्जे के बीच ज़मीन आसमान के बराबर की दूरी है।
- **जन्नत वालों का खानाः** जन्नतियों को सबसे पहले खाने में

मछली दी जाऐगी।

- **जन्नत वालों का पीनाः** जन्नतियों को सबसे पहले सलसबील दी जाऐगी।
- जन्नत में खादीम (सेवक) होंगे "ग़िलमा"।
- **जन्नतियों के लिबासः**– केरेब (रेशम) और कनातिज के होंगे।

जन्नत की हुरें

- जन्नत की हुरें सुंदर बड़ी बड़ी आँखों वाली, लुलु (मोती) की तरह सफेद और सुंदर जैसे छुपाऐ हुऐ मोती उन्हें हाथ न लगाया न किसी आदमी ने न किसी जिन ने।
- बेमिस्ल, हुस्न व जमाल (खुबसुरत) के साथ साथ हुरें पाक दामन भी होंगी, के अपने शौहर के अ़लावा किसी को आँख उठाकर भी नहीं देखेंगी।

जन्नती लोगों की खुबियाँ (विशेषताऐं)

- जन्नती कभी बिमार नहीं होंगे, बुढ़ापा नहीं, उन्हें मौत नहीं आऐगी।
- जन्नती हमेशा खुश व सुखी रहेंगे, कभी परेशान और दुखी नहीं होंगे।
- जन्नती लोग जिस बात की इच्छा करेंगे वह तुरंत ही पुरी होंगी।
- जन्नती मन–मानती मुरादों में होंगे, जिसमें वो हमेशा रहेंगे।

(सुरह फुरक़ान)

जन्नत में मोहम्मद ﷺ के उम्मती ही सबसे ज़्यादा होंगे

हज़रत अब्दुल्लाह बिन मसऊद رضي الله عنه कहते हैंः नबी करीम ﷺ ने हमसे कहा क्या तुम लोग इस बात से खुश नहीं हो कि जन्नतियों में से एक तिहाई तदाद तुम्हारी हो? हमने खुशी से अल्लाह हु अकबर कहा, फ़िर नबी करीम ﷺ ने इर्शाद फ़रमाया मुझे उम्मीद है कि जन्नतियों में आधे तुम होंगे (मुसलीम शरीफ़)

एक रिवायत में आया है मोहम्मद ﷺ फरमाते हैं अहले जन्नत की 120 सफें होगी जिसमें से 80 सफें मुसलमानों की होगी और 40 सफें बाकी उम्मतों की।

जन्नत में जाने वाले लोग

- इंसाफ पसंद हुकमरान
- रहम दिल (दयावान)
- नरम दिल (माफ करने वाला)
- पाक रहने वाला
- दुसरों से सवाल न करने वाला (हाथ न फैलाने वाला)
- माँ बाप की खिदमत करने वाला
- नबी, शहीद, सिद्दीक़ पैदा होते मरे हुऐ बच्चे, अल्लाह की रज़ा को अपने भाई से मुलाक़ात करने वाला, भाई से मोहब्बत करने वाला, रिश्ते जोड़ने वाला
- हराम चीज़ों से बचने वाला
- घमंड, बेईमानी, कर्ज़ से बचे लोग।

जन्नत से महरूम (वंचित) लोग

- हराम तरीक़े से माल कमाने, खाने वाले
- रिश्ते को काटने वाला
- बद जबान और बुरे स्वभाव वाला
- घमंडी जन्नत में नहीं जाऐगा
- जनता को धोखा देने वाला राजा जन्नत में नहीं जाऐगा।

जन्नत में खुदा (अल्लाह) का दीदार

जब हिसाब–किताब खत्म होगा, जब सब जन्नती जन्नत में दाखिल हो जाऐंगे तो पहले अल्लाह की तरफ से जन्नतियों को सलाम किया जाऐगा और उन्से हम कलाम (बात करना) होगा। फिर जन्नती लोग अल्लाह का दीदार करेंगे, जैसे चौदहवी रात के चांद को अच्छी तरह पुरे तौर पर देखा जाता है। अल्लाह के दीदार के वक़्त जन्नतियों के चहरे खुशी से चमक रहे होंगे।

जहन्नम
(Hell)

जहन्नमः– बहुत ही बुरी रहने की जगह, बहुत ही बुरा ठिकाना, जिसे अल्लाह ने तैय्यार कर रखा है काफिरों, मुश्रिकों, फासिक़ों व फाजिरों पापियों के लिये।

ऐ लोगों मैं मोहम्मद ﷺ मैंने नमाज़े कुसूफ के दौरान जहन्नम देख दिया है, मेरे सामने जहन्नम लायी गई और मैंने उमरू बिन लुई को देखा है वो जहन्नम में अपनी आंते घसीट रहा था। (मुस्लिम शरीफ)

जहन्नम की आग दहकती हुई भड़कती हुई, शोले उगलती हुई, जिस्म व जान से चिमट जाने वाली आग, दुनिया की आग से 69 दर्जा गर्म आग उसमें दाखिल होने वालों के लिये,
आग के लिबास
आग के बिस्तर
आग के सायबान
आग की छतरियाँ
आग की भारी बेड़ियाँ
आग में तपाये हुऐ लोहे के कई मन वज़नी हथोड़े और गुरूज है (जिससे मारा जाऐगा) आग में तपाई हुई तख्तियाँ है, तख्तियाँ पर लिटाया जाऐगा।

जहन्नम की आग की सख्ती

- जहन्नम की लगातार भड़कने वाली आग है जो कभी सर्द (ठंडी) न होगी (सुरह ए लैल)
- उस आग से बचो जिस्का इंधन इंसान और पत्थर होंगे वो आग काफिरों के लिये तैयार की गई है। (सुरह ए बक़रह : 24)
- अगर लोग जहन्नम की आग देख ले तो हंसना छोड़ दे, बिवियों से मिलने की इच्छा छोड़ दे। शहर की सुख भरी जिंदगी छोड़कर जंगलों में जा बसे, और हर वक़्त आग से अल्लाह की पनाह मांगे। (इब्ने माजा)
- जहन्नम की आग दुनियाँ की आग से 69 दरजे ज़्यादा गर्म है।

जहन्नम वालों का खाना पीना

- जहन्नम वालों को खाने के लिये थुहर का पेड़ दिया जाऐगा, पीने के लिये खौलता पानी व (खुन/पीप) जिससे उन्की आंतें कट–कट कर गिर जाऐंगी।
- हज़रत अब्दुल्लाह बिन अब्बास ﷺ कहते हैं नबी करीम ﷺ ने फरमाया अगर थुहर की एक बुंद दुनिया में गिरा दी जाऐ तो सारी दुनिया के जानवरों की खाने–पीने (जिवन साम्रगी) की चिज़ें तबाह कर देगा। फिर उस इंसान का क्या हाल होगा जिसकी खुराक ही थुहर हो। (तिर्मिज़ी)

''काफिरों के लिये हमने जंज़ीरें तौक़ और भड़कती आग तैय्यार कर रखी है। (सुरह दहर : 4)

''मुज्रिम वहाँ अपने चेहरों से पहचाने जाऐंगे, उन्हें पेशानी के बालों और पाँव पकड़ कर घसीटा जाऐगा'' (सुरह रहमान : 41)

जहन्नम का दरोगा पुछेगा क्या तुम्हें कोई डर सुनाने वाला न आया था?

हर बार जब कोई गिरोह जहन्नम में डाला जाऐगा तो उनसे सवाल करेंगे ''तुम्हारे पास कोई खबरदार करने वाला नहीं आया था'' वो जवाब देंगे हाँ खबरदार करने वाला आया था मगर हमने उन्हें झुठला दिया और कहा अल्लाह ने कुछ नहीं उतारा और तुम लोग ज़बरदस्त गुमराही में पड़े हो। तब जहन्नमी कहेंगे काश हम दुनिया में गौर से बात सुनते और समझते तो आज इस भड़कती आग की सज़ा से बच जाते। जब मुजरिम अपने गुनाहों पर अफसोस करेंगे तो दरोगा कहेगा लानत हो इन जहन्नमियों पर। (सुरह मुल्क : 8–11)

अल्लाह रब्बुल आलमीन : पुछेगा?

क्या मेरी आयतें तुम्हें पढ़कर नहीं सुनाई गई थी। और तुम लोग जवाब में उन्हें झुठलाते रहे। वो कहेंगे ऐ हमारे रब! हमारी बदकिस्मती हम पर गालिब आ गई थी। हम सच में गुमराह थे। ऐ हमारे रब! हमें एक बार

यहाँ से निकाल दे फिर अगर हम ऐसा जुर्म करें तो ज़ालिम होंगे। अल्लाह तआ़ला जवाब देगा दुर हो जाओ मेरे सामने से। पड़े रहो इसी में और मुझसे बात न करो। तुम वही लोग हो कि मेरे कुछ बन्दे जब कहते थे कि ऐ हमारे परवरदिगार! हम ईमान लाये हमें माफ़ फरमा, हम पर रहम कर तू सब से रहम करने वाला है, तो तुमने उनक मज़ाक उड़ाया यहाँ तक की तुमने उनकी जिद में यह भी भुला दिया ''मैं भी कोई हूँ'' तुम उन पर हसते रहे आज उनके सब्र का फल मैंने यह दिया की वह क़ामयाब है। क्या तुमने यह समझ रखा था हमने तुम्हें बेकार ही पैदा किया है और तुम्हें हमारी तरफ कभी पलटना ही नहीं।'' (सुरह मोमिनुन 105–115)

क़यामत के दिन अल्लाह (रब्बुल आलमीन) :– एकट्ठा करेगा उन्हें वो जिनको अल्लाह के अलावा पुजते है, फिर उन माबुदों से अल्लाह कहेगा क्या तुमने गुमराह कर दिये। ये मेरे बन्दे या ये खुद ही राह भुले वो (माबुद) कहेंगे पाकी है तुझको हमें सज़ावार न था। के तेरे सिवा किसी और को मौला बनाये लेकिन तुने उन्हें और उनके बाप दादाओं को बरतने दिया। यहाँ तक की वो तेरी याद भुल गये, और ये लोग थे ही हलाक होने वाले। (सुरह फुरक़ानः 17–18)

जहन्नमी जहन्नम के अज़ाब की वजह से मौत माँगेंगे, उनसे कहा जाऐगा आज एक मौत नहीं कई मौत मांगो।

इबलीस (शैतान)

काफिरों का सरदार, काफिरों का खुदा, शैतानों का खुदा।

''क़यामत के दिन सबसे पहले इबलीस को आग का लिबास पहनाया जाऐगा''।

जब फैसला कर दिया जाऐगा तो शैतान कहेगा ''हक़ीक़त यह है कि अल्लाह तआ़ला ने जो तुमसे वादे किऐ थे वे सब सच्चे थे और मैने तुमसे जितने भी वादे किऐ वो झुठे थे और मेरा तुम पर कोई जोर तो ना था, मैंने इसके सिवा कुछ नहीं किया कि अपने रास्ते की तरफ तुम्हें दावत दी, तुम खुद ही मेरे रास्ते पर चल पड़े। अब मुझे मलामत (बुरा) न कहो बल्कि अपने आप पर मलामत करो। यहाँ न तो मैं तुम्हारी फरियादरसी कर सकता हूँ न तुम मेरी। इससे पहले जो तुमने मुझे अल्लाह का शरीक बना रखा था मैं उससे बरी हूँ। ऐसे ज़ालिमों के लिऐ दर्दनाक अज़ाब यक़ीनी है''। (सुरह इब्राहीमः 22)

☆ ☆ ☆

खुतबा हज्जतुल विदा
(Revolutionary Sermon)

खुत्बए हज्जतुल विदा अरफात के मैदान में ...

ऐ लोगो तुम्हारी जानें और तुम्हारे आमाल तुम पर हुरमत वाले है। यहाँ तक के तुम अपने रब से मुलाकात करो। ये इस तरह है जिस तरह तुम्हारा आज का दिन हुरमत वाला है। जिस तरह तुम्हारा ये महीना हुरमत वाला है और जिस तरह तुम्हारा ये शहर हुरमत वाला है। बेशक तुम अपने रब से मुलाकात करोगे वो तुमसे तुम्हारे आमाल के बारे में पुछेगा। सुनो अल्लाह का पैग़ाम मैंने पहुँचा दिया और जिस शख़्स के पास किसी ने अमानत रखी हो उस पर लाज़िम है कि वो उस अमानत को उसके मालिक के पास पहुँचा दे सारा सूद माफ है। लेकिन तुम्हारे लिए अस्ल ज़र न तुम किसी पर जुल्म करो, न तुम पर कोई जुल्म करे।

अल्लाह तआला ने ये फैसला फरमा दिया है के कोई सूद नही, सबसे पहले जिस रिबा को मैं कल अदम (खत्म) करता हूँ वो अब्बास बिन अब्दुल मुत्तलिब का सूद है ये सब का सब माफ है। **ज़माना ए जाहिलियत की हर चीज़ को मैं कल अदम (The End) करार देता हूँ।**

بَعْدَ الْحَمْدِ لِلّٰهِ وَالثَّنَاءِ عَلَيْهِ
أَيُّهَا النَّاسُ! إِنَّ دِمَاءَكُمْ وَ
أَمْوَالَكُمْ عَلَيْكُمْ حَرَامٌ إِلَى أَنْ
تَلْقَوْا رَبَّكُمْ كَحُرْمَةِ يَوْمِكُمْ
هٰذَا فِي شَهْرِكُمْ هٰذَا فِي
بَلَدِكُمْ هٰذَا۔

وَإِنَّكُمْ سَتَلْقَوْنَ رَبَّكُمْ فَيَسْئَلُكُمْ
عَنْ أَعْمَالِكُمْ وَقَدْ بَلَّغْتُ وَ
مَنْ كَانَتْ عِنْدَهُ أَمَانَةٌ
فَلْيُرِدَّهَا لِمَنِ ائْتَمَنَهُ عَلَيْهَا
وَإِنَّ كُلَّ رِبًا مَوْضُوْعٌ وَلٰكِنْ
لَكُمْ رُءُوْسُ أَمْوَالِكُمْ لَا تَظْلِمُوْنَ
وَلَا تُظْلَمُوْنَ۔

قَضَى اللّٰهُ أَنَّهُ لَا رِبَا۔
وَإِنَّ أَوَّلَ رِبًا أَضَعُ رِبَا عَبَّاسِ
بْنِ عَبْدِ الْمُطَّلِبِ فَإِنَّهُ مَوْضُوْعٌ
كُلُّهُ أَلَا إِنَّ كُلَّ شَيْءٍ مِنْ أَمْرِ
الْجَاهِلِيَّةِ مَوْضُوْعٌ وَإِنَّ
أَوَّلَ دَمٍ أَضَعُ مِنْ دِمَائِنَا
دَمُ رَبِيْعَةَ بْنِ الْحَارِثِ بْنِ
عَبْدِ الْمُطَّلِبِ كَانَ مُسْتَرْضِعًا

ऐ लोगो शैतान इस बात से मायूस हो गया है। के ज़मीन में कभी उसकी इबादत की जायेगी। लेकिन उसे ये तवक्को है कि वो छोटे छोटे गुनाह कराने में कामियाब हो जायेगा। इसलिए तुम उन छोटे छोटे आमाल से होशियार रहना। फिर फरमाया के जिस रोज़ अल्लाह तआला ने आसमानों और ज़मीनों को पैदा किया। साल को बारा महीनों में तकसीम किया उनमें से चार महिने हुरमत वाले है। जिल्कदा, जिल्हज्जा, मोहर्रम और रज्जब। इन महीनों में जंगोजिदाल जायज़ नही। कुफ्फार अपने अगराज़ के पेशे नज़र इन महीनों में रद्दोबदल कर लिया करते थे।

أَيُّهَا النَّاسُ! إِنَّ اللّٰهَ قَدْ
أَدّٰى لِكُلِّ ذِي حَقٍّ حَقَّهُ
وَإِنَّهُ لَا يَجُوْزُ وَصِيَّةٌ لِوَارِثٍ
وَالْوَلَدُ لِلْفِرَاشِ وَلِلْعَاهِرِ
الْحَجَرُ۔ وَمَنِ ادَّعٰى إِلٰى
غَيْرِ أَبِيْهِ أَوْ تَوَلّٰى غَيْرَ مَوَالِيْهِ

ऐ लोगो अल्लाह तअला से डरते रहा करो। मैं तुम्हे औरतों के साथ भलाई की वसीयत करता हूँ। क्योंकि वो तुम्हारे ज़ेरे दस्त है। वो अपने बारे में किसी इख्यिार के मालिक नही और ये तुम्हारे पास अल्लाह तआला की तरफ से अमानत है और अल्लाह के नाम के साथ वो तुम पर हलाल हुई है। तुम्हारे उनके ज़िम्मे हुकूक है, और उनके तुम पर भी हुकूक है। तुम्हारा उन पर ये हक है कि वो तुम्हारे बिस्तर की हुरमत को बरकरार रखे और उन पर ये लाज़िम है कि वो खुली बेहयाई का इरतेकाब (चुनाव) न करें और अगर उनसे बेहयाई की कोई हरकत सरज़द हो फिर अल्लाह तआला ने इजाज़त दी है कि तुम उनको अपने ख़्वाबगाहों से दूर कर दो और बतौर सज़ा तुम उन्हे पीट सकते हो। लेकिन ज़र्ब शदीद ना हो और अगर वो बाज़ आजायें तो फिर तुम पर लाज़िम है कि तुम उनके खाने–पीने और लिबास का इंतेज़ाम करो।

أَيُّهَا النَّاسُ! اِتَّقُوا اللّٰهَ وَ
اسْتَوْصُوْا بِالنِّسَاءِ خَيْرًا
فَإِنَّهُنَّ عِنْدَكُمْ عَوَانٍ لَا
يَمْلِكْنَ لِأَنْفُسِهِنَّ شَيْئًا۔
وَإِنَّكُمْ إِنَّمَا أَخَذْتُمُوْهُنَّ
بِأَمَانَةِ اللّٰهِ وَاسْتَحْلَلْتُمْ
فُرُوْجَهُنَّ بِكَلِمَةِ اللّٰهِ وَ
لَكُمْ عَلَيْهِنَّ حَقٌّ۔ وَلَهُنَّ
عَلَيْكُمْ حَقٌّ وَلَكُمْ عَلَيْهِنَّ
أَنْ لَا يُوْطِئْنَ فُرُشَكُمْ أَحَدًا
تَكْرَهُوْنَهُ وَعَلَيْهِنَّ أَنْ
لَا يَأْتِيْنَ بِفَاحِشَةٍ مُبَيِّنَةٍ۔
وَإِنْ فَعَلْنَ فَإِنَّ اللّٰهَ قَدْ

أُذِنَ لَكُمْ أَنْ تُهَاجِرُوهُنَّ
فِي الْمَضَاجِعِ وَتَضْرِبُوهُنَّ
ضَرْبًا غَيْرَ مُبَرِّحٍ فَإِنِ انْتَهَيْنَ
فَلَهُنَّ عَلَيْكُمْ رِزْقُهُنَّ وَ
كِسْوَتُهُنَّ بِالْمَعْرُوفِ فَاعْقِلُوا

ऐ लोगों मेरी बात को अच्छी तरह से समझने की कोशिश करो। बेशक मैंने अल्लाह तआला का पैग़ाम तुमको पहुँचा दिया और मैं तुम में ऐसी दो चीज़े छोड़ कर जा रहा हूँ अगर तुम उनको मज़बूती से पकड़े रहोगे तो हरगिज़ गुमराह न होंगे। अल्लाह तआला की किताब (कुरआने करीम) और उसके नबी की सून्नत।

فَإِنَّ دَعْوَتَهُمْ تُحِيطُ مِنْ
وَرَائِهِمْ وَمَنْ تَكُنِ الدُّنْيَا
نِيَّتَهُ يَجْعَلِ اللّٰهُ فَقْرَهُ بَيْنَ
عَيْنَيْهِ وَيُشَتِّتْ عَلَيْهِ ضَيْعَتَهُ
وَلَا يَأْتِيهِ مِنْهَا إِلَّا مَا كُتِبَ لَهُ

ऐ लोगो मेरी बात गौर से सुनो और उसको समझो तुम्हे ये चीज़ मालूम होनी चाहिये के हर मुसलमान दूसरे मुसलमान का भाई है और सारे मुसलमान आपस में भाई भाई है। किसी आदमी के लिए जायज़ नही है के अपने भाई के माल से उसकी रज़ा के बगैर कोई चीज़ लें बस तुम अपने आप पर जुल्म ना करना। जान लो के दिल इन तीनो बातो पर हसद व इनाद नही करते। कीसी अमल को सिर्फ अल्लाह तआला की रज़ा के लिए करना। हाकिमे वक्त को अज़राहे खैरखाही नसीहत करना, मुसलमानों की जमाअत के साथ शामिल रहना, और बेशक उनकी दावत उन लोगों को भी घेरे हुए है जो उनके अलावा है।

وَمَنْ تَكُنِ الْآخِرَةَ نِيَّتَهُ
يَجْعَلِ اللّٰهُ غِنَاهُ فِي قَلْبِهِ
وَيَكْفِيهِ ضَيْعَتَهُ وَتَأْتِيهِ
الدُّنْيَا وَهِيَ رَاغِمَةٌ۔

जिसकी नियत तलबे दुनिया हो अल्लाह तआला उसके फिक्र अख़लास को उसकी आँखो के सामने अयां कर देता है और उसके पेशा की आमदनी मुनतशीर हो जाती है और नही हासिल होता उससे उसको मगर उतना जो उसकी तकदीर में लिख दिया गया है और जिसकी नियत आखेरत में कामियाबी हासिल करना है तो अल्लाह तआला उसके

فَرَحِمَ اللّٰهُ امْرَأً سَمِعَ مَقَالَتِي
حَتَّى يُبَلِّغَهُ غَيْرَهُ۔
فَرُبَّ حَامِلِ فِقْهٍ وَلَيْسَ
بِفَقِيهٍ وَرُبَّ حَامِلِ فِقْهٍ
إِلَى مَنْ هُوَ أَفْقَهُ مِنْهُ۔

दिल को ग़नी कर देता है और उसका पेशा उसके लिए काफी हो जाता है और दुनिया उसके पास आती है, इस हाल में वो अपना नाक घिसटकर आती है।

अल्लाह तआला उस शख़्स पर रहम करे जिसने मेरी बात को सुना और दूसरों तक पहुँचाया। बसा अवकात वो आदमी जो फिकह के किसी मसले का जानने वाला है वो खुद फकीह नही होता और बसा अवकात हामिले फिकाह किसी ऐसे शख़्स को बात पहुँचाता है जो उससे ज़्यादा फकीह होता है।

तुम्हारे गुलाम जो तुम खुद खाते हो उनसे उनको खिलाओ, जो तुम खुद पहनते हो उनसे उनको पहनाओ। अगर उनसे कोई ऐसी गलती हो जाए जिस को तुम माफ करना पसंद नही करते तो उनको फरोख्त कर दो।

تَلْبَسُوْنَ فَإِنْ جَاءَ بِذَنْبٍ
لَا تُرِيْدُوْنَ أَنْ تَغْفِرُوْهُ،
فَبِيْعُوْا عِبَادَ اللّٰهِ وَلَا
تُعَذِّبُوْهُمْ۔ أُوْصِيْكُمْ بِالْجَارِ
حَتّٰى أَكْثَرَ فَقُلْنَا إِنَّهُ سَيُوَرِّثُهُ

ऐ अल्लाह के बंदो उनको सज़ा ना दो मैं पड़ोसी के बारे में तुमको नसीहत करता हूँ। ये जुमला सरकार ﷺ इतनी बार दोहराया के हमें ये अंदेशा लाहक हो गया के हुज़ूर ﷺ पड़ोसी को वारिस न बना दे।

ऐ लोगो अल्लाह तआला ने हर हकदार को उसका हक दे दीया है इसलिए किसी शख़्स के लिए ये जायज़ नही अपने किसी वारिस के लिए वसीयत करे, बेटा बेशतर वाले का होता है यानी खाविंद का और बदकार के लिए पत्थर। जो शख़्स अपने बाप को अपने बाप के बगैर किसी तरफ मनसूब करता है उस पर अल्लाह तआला फरीश्तों और सारे लोगों की लानत हो। न कबूल करेगा अल्लाह तआला उससे कोई बदला और माल, जो चीज़ किसी से मांगकर लो उसे वापस करो। अतिया ज़रूर वापस होना चाहिये और कर्ज़ा लाज़मी तौर पर उसे

أَيُّهَا النَّاسُ! إِنَّ اللّٰهَ قَدْ
أَدّٰى لِكُلِّ ذِيْ حَقٍّ حَقَّهُ
وَإِنَّهُ لَا يَجُوْزُ وَصِيَّةٌ لِوَارِثٍ
وَالْوَلَدُ لِلْفِرَاشِ وَلِلْعَاهِرِ
الْحَجَرُ۔ وَمَنِ ادَّعٰى إِلٰى
غَيْرِ أَبِيْهِ أَوْ تَوَلّٰى غَيْرَ مَوَالِيْهِ
فَعَلَيْهِ لَعْنَةُ اللّٰهِ وَالْمَلٰئِكَةِ
وَالنَّاسِ أَجْمَعِيْنَ لَا يَقْبَلُ
اللّٰهُ مِنْهُ صَرْفًا وَلَا عَدْلًا۔
اَلْعَارِيَةُ مُؤَدَّاةٌ وَالْمِنْحَةُ
مَرْدُوْدَةٌ وَالدَّيْنُ مَقْضِيٌّ
وَالزَّعِيْمُ غَارِمٌ۔

अदा करना चाहिये और जो ज़ामिन हो उस पर उसकी ज़मानत लाज़मी है।

وَأَنْتُمْ تُسْأَلُونَ عَنِّي وَمَا أَنْتُمْ قَائِلُونَ قَالُوا نَشْهَدُ أَنَّكَ بَلَّغْتَ وَأَدَّيْتَ وَنَصَحْتَ

तुमसे मेरे बारे में दरयाफ्त किया जायेगा तुम क्या जवाब दोगे। उन्होने कहा हम गवाही देगें के आपने अल्लाह तआला का पैग़ाम पहुँचाया। उसको अदा किया और खुलूस की हद करदी।

हुज़र ﷺ ने अपनी अंगूश्ते शहादत को आसमान की तरफ उठाया, फिर लोगों की तरफ मोडा और फरमाया ऐ अल्लाह तू भी गवाह रहना, ऐ अल्लाह तू भी गवाह रहना, ऐ अल्लाह तू भी गवाह रहना, अरफात में ये जलीलुश्शान खुत्बा इरशाद फरमाने के बाद हज़रते बिलाल को ये हुक्म दिया उन्होंने आज़ान कही फिर अकामत कही, इमामुल अंबीया ने ज़ोहर की 2 रकात पढ़ी, इस में किरत आहिस्ता दिल में पढी, फिर उन्होंने अकामत कही और असर की दो रकात पढी, और वो जुमा का दिन था।

आप ﷺ की ज़िन्दगी के आखरी लम्हें

• मर्ज़ का आगाज़ •

ये सन 11 हिजरी माह सफर की 29 तारीख और दुशमबा का दिन था । एक सहाबी का इन्तेकाल हुआ उनकी नमाज़े जनाज़ा पढ़ने के लिए रहमते आलम हुज़र ﷺ बक़ीउल गरक़द तशरीफ ले गये। अपने जानिसार की तजहीज़ व तदफीन के बाद हुजूर जब वापस तशरीफ ला रहे थे। तो रास्ते में ही सरदर्द शुरू हो गया, दर्द की शिद्दत के बाइस बुखार चढ़ गया। और बुखार इतना तेज़ था के जिस कपड़े से रहमते आलम हुज़र ﷺ ने अपना सरे मुबारक बांधा हुआ था। उसके उपर भी अगर हाथ रखा जाता तो बुखार की हरारत महसूस हो जाती।

ये बिमारी आखिर कार अल्लाह के महबूब बंदे की अपने रब्बे करीम से मुलाकात का ज़रीया बन गई। इस बिमारी का अरसा मुख्तलीफ रिवायात में 13, 14 और 15 दिन तक बताया गया है। इस अलालत के दौरान 11 दिन तक इमामुल अंबिया हुज़र ﷺ मस्जिद नबवी में तशरीफ लाते और हर नमाज़ की इमामत करते रहे और सब जानिसार सहाबा अपने आका की इक्तेदा में फरीज़ए नमाज़ अदा करते रहे।

हज़रते आएशा फरमाती है कि रसूलउल्लाह ﷺ जन्नतुल बक़ी से तशरीफ लाए तो मेरे सर में उस वक्त शदीद दर्द था। मैं कह रही थी हाय मेरा सर, हाय मेरा सर, हुज़र ﷺ ने फरमाया ऐ आएशा मेरे सर में भी बड़ी शिद्दत से दर्द है, दर्द की शिद्दत में इज़ाफा होता गया ।

हुजूर ﷺ ने सहाबाए किराम को अपने घर में जमा किया और आखरी नसीहत की ?

हज़रत अब्दुल्लाह बिन मसूद رضي الله عنه से मरवी है के जब आप ﷺ के मर्ज़ में शिद्दत हो गई तो आप ﷺ ने हम सब को उम्मुल मोमेनीन हज़रत आएशा सिद्दका رضي الله عنها के घर जमा किया और हमारी तरफ आलुदा नज़रों से देखा यहॉं तक के हुज़ूर ﷺ की चश्मे मुबारक अश्क आलूद हो गई। फिर हमें इरशाद फरमाया के फिराक (जूदाई) की घड़ी नज़दीक आ गई है। मैं तुम्हे मरहबा कहता हूँ अल्लाह तआला तुम्हे ज़िन्दा व सलामत रखे तुम्हे हिदायत दे हर कदम पर तुम्हारी मदद फरमाये। तुम्हे राहे रास्त पर

चलाए। अल्लाह तआला तुम्हें हर शर और हर तकलीफ से बचाऐ। अल्लाह तआला हमेशा तुम्हारी मदद फरमाये। तुम्हारे नेक आमाल को कुबूल फरमाये।

मैं तुम्हें वसीयत करता हूँ के अल्लाह तआला से डरते रहना। मैं अल्लाह तआला से अर्ज़ करता हूँ, के वो तुम्हारा निगेहबान हो। मैं तुम पर उसे अपना खलीफा बनाता हूँ मैं तुम्हें अल्लाह तआला से खुला डराने वाला हूँ खरबदार अल्लाह तआला के बंदो और उनके शहरों में तकब्बुर और गुरूर ना करना, क्योंकि अल्लाह तआला ने मुझे भी और तुम्हें भी ये फरमाया है के आखेरत हम उन लोगों को अता करेगें जो ज़मीन में तकब्बुर (अहंकार) नहीं करते और फसाद नहीं करते। और नेक अंजाम परहेज़गारों के लिए है।

सहाबा : हमने अर्ज़ की या रसूल अल्लाह हुजूर ﷺ को गुस्ल कौन देगा। फरमाया मेरे अहले बैत में से जो मर्द और मेरे करीबी रिश्तेदार होंगे। इनके साथ कसीर तादाद फरीश्तों की होगी जो तुम्हे देखेंगे लेकिन तुम उन्हें नहीं देख सकोगे।

सहाबा : फिर अर्ज़ किया हुजूर ﷺ को हम कफन किन कपड़ों में देंगे?

हुज़ूर ﷺ ने फरमाया : अगर तुम चाहो जो लिबास मैंने पहना हुआ है। इसमें कफन देदो या यमन की चादरो में या मिसर के सफेद कपड़ों में।

सहाबा : फिर अर्ज़ कि या रसूल अल्लाह हुजूर ﷺ की नमाज़े जनाज़ा कौन पढायेगा?

हुजूर ﷺ की आँखों में आंसू छलकने लगे। और हम पर गिरीयां तारी हो गया। फरमाया अल्लाह तआला तुम्हें बख़्शे। और जो तुमने अपने नबी ﷺ के साथ जो जांनिसाराना और मुखलिसाना बरताव किया है। अल्लाह तआला तुम्हें इसकी जज़ाए खैर फरमाए। जब तुम मुझे गुस्ल दे चुको और खुशबू लगाकर कफन पहना चुको, तो तुम मेरी कब्र के किनारे पर मेरी चारपाई रख देना। फिर एक साअत के लिए मेरे पास से दूर चले जाना सब से पहले मेरे 2 दोस्त और हम नशींन नमाज़े जनाज़ा पढेंगे (यानी जिब्रईल और मिकाईल) इसके बाद हज़रते इसराफील और मलकूल मौत, मलाएका के लश्करे जर्रार के साथ ये सआदत हासिल करेंगे।

इनके बाद मेरे अहले बैत के मर्द मेरी नमाज़े जनाज़ा पढेंगे। फिर इनकी औरतें ये सआदत हासिल करेंगी फिर इनके बाद दीगर फौज दर फौज मुझ पर दाखिल होना और नमाज़े जनाज़ा पढना।

कोई रोने वाली कोई मातम वाली और फगन करने वाली मुझे

अज़ीयत ना पहुँचाए। मेरे सहाबा में से जो आज यहाँ मौजूद नहीं उन्हें मेरा सलाम पहुँचाना और मैं तुम्हे इस बात का गवाह बनाता हूँ के मैं हर उस शख़्स को सलाम दे रहा हूँ जो इस्लाम में दाखिल हुआ। जिसने मेरे दीन में मेरी पैरवी की, आज से रोज़े कयामत तक।

सहाबा : फिर अर्ज़ की गई या रसूल अल्लाह कब्रे अनवर में हुजूर ﷺको कौन दाखिल करेगा?

फरमाया मेरे अहले बैत के मर्द जितना मेरे करीब हो, इनके हमराह अनगीनत फरीश्ते होंगे जो तुम्हे देख रहे होगें पर तुम उन्हे न देख सकोगे।

हज़रते आएशा सिद्दीका फरमाती है, बीमार के अय्याम में हुज़र ﷺ फरमाया करते थे ऐ आएशा मैं उस खाने का दर्द आज महसूस कर रहा हूँ जो मैंने खैबर में खाया था। अब मुझे महसूस हो रहा है के उस ज़हर की वजह से मेरी रगेदिल कट रही है।

गलत फहमी का इज़ाला

वाक्या कुछ यूं है : फतह खैबर के बाद ज़ैनब यहूदीया औरत ने जो मरहब की बहन थी, मोहम्मद ﷺ को एक दावत में बुलाया और बकरी का गोश्त ज़हर मिलाकर खाने को दिया। हुजूर ﷺ जैसे ही गोश्त मुंह में डाला उसे थूक दिया और कहा इस गोश्त में ज़हर है मगर तब तक आपके सहाबी हज़रत बशीर बिन बरा ने गोश्त खालिया तो फौरन ही उनके चेहरे का रंग नीला पड़गया (ज़हर बहुत ही सख्त नोईय्यत / Potent Poison) का था और कुछ देर में ही उनकी मौत हो गई। फिर किसास में उस यहूदीया को भी मौत की सज़ा दी गई थी। मगर मोहम्मद ﷺ को कुछ ना हुआ था। आज और उस ज़हर खुरानी में 4 साल का वक्त हो चुका है इसलिए ये बात 100 फीसद सही है के वो ज़हर हुजूर ﷺ को मार ना सका। मगर आज उसके असर ने हुजूर ﷺ का कुछ दर्द बड़ा दिया था। शायद क्योंकि हुजूर कई दिनो की बीमारी से कमज़ोर हो चुके हैं। आगे मलकुल मौत की ताज़ीमे मुस्तफा ﷺ देखिये।

हज़रते जिब्रईल की बारगाहे नबुअत में हाज़री साथ में मलकुल मौत आए

हज़रते अबु हुरैरा ﵁ से मरवी है के हुजूर ﷺ के अलालत के दिनों में एक रात जिब्रईल अमीन नबी करीम ﷺ की खिदमत में हाज़िर हुए और

कहा, अल्लाह तआला आपको सलाम फरमाता है और पुछता है कि आपका क्या हाल है, हुज़ूर ﷺ ने जवाब दिया मुझे दर्द की शदीद तकलीफ है। दूसरी रात फीर जीब्रईले अमीन हाज़ीर हुए, अल्लाह तआला की तरफ से सलाम पहुंचाया और मिजाज़ पोशी की। हुज़ूर ﷺ ने वही जवाब दिया जो गुज़िश्ता रात अर्ज़ किया था। तीसरी रात सोमवार की रात जिब्रईले अमीन फिर हाज़िर हुए, अल्लाह तआला की तरफ से सलाम पहुँचाया और मिजाज़ पोशी की।

इसी असना में मलेकुल मौत दरे अक्दस पर हाज़िर हुए और अंदर आने की इजाज़त तलब की। जिब्रईल अमीन ने बारगाहे रिसालत में अर्ज़ किया या रसूल अल्लाह ﷺ मलकुल मौत दरवाज़े पर हाज़िर है और अंदर आने की इजाज़त तलब कर रहा है। साथ ही अर्ज़ की आज से पहले मलकुल मौत ने अंदर आते हुए न किसी से इजाज़त तलब की और न हुज़ूर के बाद वो किसी से इजाज़त तलब करेगा।

हुज़ूर ﷺ ने फरमाया मलकुल मौत को अंदर आने की इजाज़त है। आप हुजरा शरीफ में दाखिल हुए और हुज़ूर ﷺ के सामने दस्तबस्ता बा अदब खड़े हो गये। अर्ज़ किया या रसूल अल्लाह ﷺ, अल्लाह तआला ने मुझे हुज़ूर की खिदमत में भेजा है और मुझे ये हुक्म दिया है के, हुज़ूर सरवरे आलम ﷺ के हर फरमान की तामील करूं। अगर हुज़ूर ﷺ मुझे रूह कब्ज़ करने की इजाज़त देंगे तो मैं रूह कब्ज़ करूंगा और इजाज़त नही देंगे तो रूहे अतहर को जसदे अक्दस में ही छोड़कर चला जाऊंगा।

हुज़ूर ﷺ ने पूछा वाकई तुम ऐसा करोगे, उन्होंने अर्ज़ की मुझे यही हुक्म दिया गया है। के मैं हुज़ूर ﷺ के हर इरशाद को बजा लाऊं। जिब्रईल अमीं बोले या रसूल अल्लाह ﷺ, अल्लाह तआला आपके लिए बड़ा मुश्ताक है। हुज़ूर ﷺ ने मलकुल मौत को इजाज़त दे दी, के हुज़ूर ﷺ के रूहे मुबारक को कब्ज़ करलें।

बिल आखिर कुछ दिनों की बीमारी के बाद आप का विसाल (इन्तेकाल) मर्ज़े बुखार से हुआ, मलेकुल मौत ने इसी बीमारी में आपसे इजाज़त लेकर आपकी रूह कब्ज़ की।

☆ ☆ ☆

सहाबा (जाँनिसार सहाबा)

1. **मूसा अलैहिस्स्लाम की क़ौमः**— हज़रत मूसा ने बनी इस्राईल को हुक्म दिया कि अल्लाह का हुक्म है कि लश्कर तैयार करो, बैतुल मुक़दिस को ज़ालिमों और अमालिक़ा के हाथ से छुड़ाओ। लश्कर का इंतिज़ाम करके हज़रत मूसा शाम की तरफ़ रवाना हुऐ। जब उस मुल्क के क़रीब पहुँचे तो बारह सरदार मुक़र्रर किए और इसके लिए एक—एक आदमी हर खानदान से लिया। और उन्हें हुक्म दिया, "अमालिक़ा के मुल्क में जाओ और ख़ामोशी से उनका हाल मालूम करके वापस आओ"।

जब ये बाराह नक़ीब जाबिरों की राजधानी पहुँचे तो औज बिन औक़ से मुलाक़ात हो गई। यह औज जिस्म और क़द में सबसे बड़ा था। उसने उन्हें गिरफ़्तार कर लिया और बादशाह को खबर की कि मिस्र की तरफ़ से फौज हमारे मुक़ाबले को आ रही हैं।

बादशाह ने नक़ीबों को छोड़ दिया ताकि वह वापस जाकर के डील—डौल और दबदबा का ज़िक्र अपने लश्कर में करें। इस तरह लश्कर पर रौब और हैरत छा जाए और मुक़ाबले के लिए आगे न बढ़ सके।

जब ये नक़ीब लौटकर बनी इस्राईल की तरफ़ रवाना हुए तो उन्होंने आपस में तय किया कि ज़ालिमों के डील—डौल का ज़िक्र अपने लश्करों में नहीं करेंगे। सिर्फ़ हज़रत मूसा और हारून को इसकी ख़बर देंगे। इसलिए बनी इस्राईल कम अक़्ल और कम हिम्मत हैं। अगर वे दुश्मनों के डील—डौल और ताक़त का हाल सुनेंगे तो डर जायेंगे और लड़ने के लिए आगे न बढ़ सकेंगे।

जब ये लश्कर में पहुँचे तो दस आदमियों ने अपने वादे को भुला दिया और सब कुछ बयान कर दिया। सिर्फ़ दो आदमियों यूशअ् बिन नून और कालिब बिन यूक़ना ने इस भेद को छिपाया। हज़रत मूसा का लश्कर उन शैतान और ताक़त का हाल सुनकर बैठा रहा। हज़रत मूसा और हज़रत हारून ने बहुत समझाया और कहा कि अल्लाह ने मदद का वादा किया है, तुम्हीं को फ़तह हासिल होगी लेकिन उनके समझाने का कुछ फ़ायदा न हुआ। सब एक ज़बान होकर बोले, "हममें तो उनके मुक़ाबले की ताक़त नहीं है। हमें इस मुल्क को जीतने का लालच भी नहीं है। अगर तुम उस को लेने की तमन्ना रखते हो तो तुम और तुम्हरा खुदा, जाओ और लड़ो, हम यहीं बैठे हैं।"

हज़रत मूसा को गुस्सा आया। वह सज्दे में गिर पड़े और कहा "इलाही, मेरा इख़्तियार अपनी जान और अपने भाई के सिवा किसी पर नहीं है। तू हमारे और इन नाफ़रमानों के दरमियान जुदाई कर दे।" इतने में एक काला बादल ज़ाहिर हुआ और साफ़ आवाज़ आई : "ऐ मूसा! ये बनी इस्राईल के लोग कहाँ तक नाफ़रमानी करेंगे और कब तक खुले मोजज़ों का इन्कार करते रहेंगे? क्या ये नहीं जानते कि मैं पलक झपकते ही सबको ख़ाककर दूंगा और इनकी जगह दूसरे लोग पैदा कर दूंगा।"

हज़रत मूसा ने कहा, "ऐ रब! अगर तू अपने क़हर से इनको हलाक करेगा तो तेरी बादशाही में तो इससे कुछ नुक़सान न होगा लेकिन जो लोग मेरे बाद होंगे वे कहेंगे कि मूसा ने अपनी कौम को अपनी बद–दुआ से हलाक कर दिया। तेरा सब्र बड़ा है। तू बड़े एहसान वाला है। इनको माफ़ कर दे और इन्हें अचानक हलाक न कर।"

खुदा ने फ़रमाया, "मैंने तेरी दुआ सुन ली, लेकिन तू इन लोगों से कह दे कि मुझे अपनी इज़्ज़त और जलाल की क़सम है कि सिवाए तुम दो भाइयों के और यूशअ् और क़ालिब के, सबको इस बयाबान में हैरान और परेशानी में डालूंगा। इसके बाद वे दस आदमी जिन्होंने भेद खोल कर फ़ौज में ख़ौफ़ और हिरास फैलाया था, रोग और बीमारी में मुब्तला हुए और आख़िर में फ़ना हो गए। और बाक़ी बनी इस्राईल के लोग अपनी नाफ़रमानी की वजह से बयाबान में मारे–मारे फ़िरने लगे। इसके बाद बनी इस्राईल मिस्र की तरफ़ वापस हुए, शाम तक घुम फिर कर पहली जगह आ गए। मजबूर होकर फिर हज़रत मूसा के पास लौटना चाहा कि शायद किसी हीले से उनको राज़ी करें। बनी इस्राईल का हाल यह था कि कोल्हू के बैल की तरह तमाम दिन–रात दौड़ते–फिरते थे और सुबह फिर अपने को पहली जगह पाते थे।

हज़रत मूसा दोबारा बनी इस्राईल से मिले और कहा, "अब भी हिम्मत बांधो और मुक़ाबले के लिए चलो, खुदा तुम्हें फ़तह देगा"।

लेकिन जब बनी इस्राईल ने अपना हाल बयान किया और बताया कि वे किस तरह मारे–मारे फिर रहे हैं और इस बात से उन्हें बड़ी हैरानी हुई कि खुदा का वादा कितनी जल्द ज़ाहिर हो गया।

खुदा ने फ़रमाया, "ऐ मूसा, इन नाफ़रमानों के लिए ग़म न करो, तुमने तो बड़ी कोशिश की, लेकिन ये जहाँ के तहाँ रहे।" इस तरह बनी इस्राईल ने खुदा और नबी का हुक्म न माना और वो मज़लूमों की मदद के

लिए तैयार न हुऐ, कहा मूसा तुम और खुदा ज़ालिमों से लड़ो।

2. ईसा अलैहिस्सलाम के हवारी (साथी)

जब बादशाह की फौज हज़रत ईसा को पकड़ने आई तो उन्हों ने अपने हवारियों (साथियों) से कहा, तुम लोग चले जाओ, तुम्हें अपनी जान बचाना ज़रूरी है, ताकि तुम मेरा संदेश लोगों तक पहुंचा दो। और यूं हवारी उन्हें छोड़ कर चले गये।

3. मोहम्मद ﷺ के सहाबा (साथी)

जंगे उहूद का दिन है मुसलामन की गलतियों की वजह से दुश्मनों ने मोहम्मद ﷺ को घेर लिया और आप पर हम्ला आवर हो गये। चारों तरफ से दुश्मनों ने मोहम्मद ﷺ पर तीर बरसाना शुरू कर दिये, और आप को ज़ख्मी कर दिया। आपको कुछ सहाबा घेरे हुए थे और आप की हिफाज़त कर रहे थे। जैसे हज़रत अबू दुजाना हज़रत तलहा ﷺ गर्ज़ तमाम सहाबा जो वहाँ मौजूद थे अपने जान की बाज़ी लगा कर आप की हिफाज़त कर रहे थे। आप ने कहा तुम लोग अपनी जान बचाओ। सहाबा बोले जब आपको कुछ हो गया तो हम जीकर क्या करेंगे।

यू हज़रत तलहा सामने से आने वाले तीरों को अपने सीने पर झेलते रहे। फिर अब्दुल्लाह बिन कमिय्या ने मोहम्मद ﷺ के चेहरे पर तलवार मारी आपके चेहरे से खुन की धार बह निकली आपको चारों तरफ से तलवार के वार किये जा रहे थे, ताकि आप को क़त्ल किया जा सके। मोहम्मद ﷺ निढाल होकर गिर पड़े। फिर शेरे खुदा हज़रत अली ने और अज़रत तलहा ने आपको उठाया, फिर बचते बचाते सहाबा मोहम्मद ﷺ को पहाड़ की बुलंदी पर लेगये।....यूं उन जांनिसारों ने अपने नबी के हिस्से के ज़ख्म खुद पर लिये तलवार खाई, तीर खाये मगर, जान–जाये तो जाये मगर अपने नबी को छोड़ कर भागना कुबूल न किया। मुझे यू कहना गलत न होगा कि खुदा ने किसी उम्मत को ना ऐसा नबी दिया, और ना तो किसी नबी को ऐसे उम्मती दिये। ऐसे जाँ–निसार सहाबा।

☆ ☆ ☆

सहाबी : मोहम्मद ﷺ के साथी

सहाबाः– वो मुसलमान जिन्होंने हुजूर को देखा ईमान की हालत में मौत पाई। जो नबी करीम ﷺ के साथ इस्लाम के लिये जीते मरते थे। सहाबा कई है तादाद में, पर कुछ सहाबा वो है जो हर हालत में हुजूर ﷺ के साथ शुरू से आखिर तक रहे। किताब काफी बड़ी होने की वजह से हम सबका जिक्र इस किताब में नहीं करेंगे कुछ का करेंगेः–

अशरह मुबश्शेरह (जिनको नबी करीम ﷺ ने जिंदगी में जन्नती की खुशखबरी (बशारत) दी थी)

ये 10 सहाबी जन्नती हैंः–

1) हज़रत अबु बकर सिद्दीक़ ؓ
2) हज़रत उमर फारूक़ ؓ
3) हज़रत उसमान ग़नी ؓ
4) हज़रत अली मुर्तज़ा ؓ
5) हज़रत तलहा ؓ
6) हज़रत जुबैर ؓ
7) हज़रत अब्दुर्रहमान बिन औफ़ ؓ
8) हज़रत सअ़द बिन वक़्क़ास ؓ
9) हज़रत सईद बिन ज़ैद ؓ
10) अबु उबैदा इब्ने जर्राह ؓ
11) हज़रत खालिद बिन वलीद ؓ
12) हज़रत बिलाले हब्शी ؓ

वे चार सहाबा जो इस्लाम के खलीफा हुएः-

1) हज़रत अबु बकर सिद्दीक़ ؓ
2) हज़रत उमर फारूक़ ؓ
3) हज़रत उसमान ग़नी ؓ
4) हज़रत अली मुर्तज़ा ؓ

☆ ☆ ☆

मोहम्मद ﷺ की नबूवत के शवाहिद
(Muhammad ﷺ : Proofs of Prophecy)

ईंजिले बरनाबास
(Gospel of Barnabas)

बरनाबास ये ईसा (अलैहिस्सलाम) के हवारी साथी थे। जैसा के पहले अर्ज किया जाचुका है के पैगम्बरे इस्लाम की तशरीफ आवरी से कई सौ साल पहले कलीसा ने ईस किताब को ममनूअ (Banned Litrature) में शामिल कर दिया था और उस शख्स को वाजिबुल कत्ल करार दिया था जिस के पास यह किताब पाई जाए नबी करीम के बारे में जो बशारतें उस में बकसरत मौजूद हैं कलीसा के नाराज़गी का सबब न थीं लेकिन उनके अलावा उस में कुछ ऐसी तालीमात थी जो सेन्टपाल के पेश करदा ईसाई मजहब का रद्द करती थी।

इसलिये कलीसा को यह आखरी इकदाम करना पडा, कदम कदम पर इस में अकीदा ए तसलीस (Trinity) का रद्द किया गया है। अल्लाह रब्बुल आलमीन की तौहीद को जोरदार दलाइल से बडे हसीन अंदाज में पेश किया गया है, खुद हजरत ईसा के ईरशादात से यह साबित किया गया है कि आप न खुदा थे न खुदा के बेटे, बलके उस के बंदे और रसूल थे, कलीसा के नजदीक यह बातें ना काबिले बरदाश्त थीं इस लिये उनहों ने उस को अपनी मुकददस कुतुब कि फेहरिस्त से खारिज कर दिया। Oxford University Press ने बरनाबास के नुस्खें को 1908 में इंग्लिश में छापा। जब इसका इंग्लिश नुस्खा बाज़ार में आया तो सारी कॉपीज़ बाज़ार से गायब कर दि गई। अब सिर्फ दो ही कॉपी मौजूद है।

1) British Museum में

2) Washington Congress Library में

बरनाबास ने ईसा (अलैहिस्सलाम) की तालीमात को बिला कमो कास्त बयान किया, इसी तरह मोहम्मद ﷺ के बारे में जो बशारतें हज़रत ईसा ने एक बार नहीं बल्के बार बार दी थीं उनका इसमें मुंदरिज होना भी

कुदरती अमर है, चुनान्चे उन बेशुमार बशारतों में से सिर्फ चंद पेश करने पर ईक्तेफा करता हुं उनका मुताला किजीए और अपने ईमान को ताजा किजीए और उन्हीं की रौश्नी में इस आयत की सही तफसीर मुलाहजा फरमाइऐ।

इंजील बरनाबास के अध्याय 17 का एक हवाला देखिये

1. BUT AFTER ME SHALL COME THE SPLENDOR OF ALL THE PROPHETS AND HOLY ONES, AND SHALL SHED LIGHT UPON THE DARKNESS OF ALL THAT THE PROPHETS HAVE SAID BECAUSE HE IS THE MESSENGER OF GOD.

लेकिन मेरे बाद वह हस्ती तशरीफ लायेगी जो तमाम नबीयों और नोफुसे कुदसीया सबकी शान होगा और पहले अम्बीया ने जो बातें की हैं उन पर रौश्नी डालेगा क्यों कि वह अल्लाह का रसूल हैं।

2. FOR I AM NOT WORTHY TO ENLOOSE THE TIES OF THE HOUSE OR THE LATCHETS OF THE SHOES OF THE MESSENGER OF THE GOD WHOM YE CALL "MESSIAH" WHO WAS MADE BEFORE ME. AND SHALL COME AFTER ME AND SHALL BRING THE WORDS OF TRUTH SO THAT HIS FAITH SHALL HAVE NO END.

यानी जिस हस्ती की आमद का तुम ज़िक्र कर रहे हो मैं तो अल्लाह के उस रसूल की जुतीयों के तुसमे खोलने के लाएक भी नहीं जिस को तुम मसीहा कहते हो उस की तख़लीक मुझ से पहले हुई और तशरीफ मेरे बाद ले आऐगा वह सच्चाई के अल्फाज लाएगा और उस के दीन की कोई ईन्तेहा न होगी (अध्याय 42)

3. I AM INDEED SENT TO THE HOUSE OF ISRAEL AS A PROPHET OF SALVATION BUT AFTER ME SHALL COME THE MESSIAHSENT OF GOD TO ALL THE WORLD. FOR WHIM GOD HATH MADE THE WORLD AND THEN THROUGH ALL THE WORLD WILL GOD BE WORSHIP AND MERCY RECEIVED.

हजरत ईसा (अलैहिस्सलाम) फरमाते हैं बेशक मैं तो फकत ईस्राईल के घराने की नजात के लिऐ नबी बनाकर भेजा गया हूँ लेकिन मेरे बाद मसीहा तशरीफ लाएगा जिसे अल्लाह ताला सारे जहान के लिए मबउस फरमाएगा उसी के लिये अल्लाह ताला ने सारी काऐनात तखलीक

की है और उसी की कोशिसों के बाईस सारी दुनिया में अल्लाह ताला की परस्तीश की जाएगी और उस की रहमत नसीब होगी (अध्याय 82)

आप परेशान हैं कि लागों ने आपको खुदा और खुदा का बेटा कहना शुरू कर दिया है, रूमी गवरनर और बादशाह आपकी खिदमत में हाजिर होकर कहते हैं कि हम रूम के शहंशाह से एक ऐसा फरमान जारी करवाएंगे जिस में सब को आप के मुतअल्लिक ऐसी बातें कहने से रोक दिया जाऐगा, उन के जवाब में आप फरमाते हैं मुझे तुम्हारी ईन बातों से ईतमिनान हासिल नहीं हुवा।

4. BUT MY CONSOLATION IS IN THE COMING OF MESSENGER WHO SHALL DESTROY EVERY FALSE OPINION OF ME, AND HIS FAITH SHALL SPREAD AND SHALL TAKE HOLD OF THE WHOLE WORLD, FOR SO HATH GOD PROMISED TO ABRAHAM OUR FATHER.

"बल्के मेरा इत्मिनान तो उस रसूल की तशरीफ आवरी से होगा, जो मेरे बारे में तमाम झूटे नज़रीयात को नेस्तो नाबूद कर देगा। उसका दीन फैलेगा और सारे जहाँ को अपनी गिरफ्त में ले लेगा। अल्लाह तआला ने हमारे बाप हज़रत इब्राहीम से इसी तरह का वादा किया है। उसके बाद पादरी ने एक और सवाल पूछा के क्या उस रसूल की आमद के बाद और नबी भी आयेंगे?। आपने इरशाद फरमाया"

5. "THERE SHALL NOT COME AFTER HIM TRUE PROPHETS SENT BY GOD, BUT THERE SHALL COME A GREAT DEAL OF FALSE PROPHET, WHERE AT I SORROW- FOR SATAN SHALL RAISE THEM UP"

"यानी आपके बाद अल्लाह का भेजा हुआ सच्चा नबी नही आऐगा। अल्बत्ता कसरत से झूठे नबी आऐंगे जिन्हे शैतान खड़ा करेगा। उस पादरी ने दूसरा सवाल किया, उस मसीहा का नाम क्या होगा और किन निशानियों से उनके आने का पता चलेगा?" उसके जवाब में आप इरशाद फरमाते है।

6. THE NAME OF THE MESSIAH IS ADMIRABLE, FOR GOD HIMSELF GAVE HIM THE NAME WHEN HAD CREATED HIS SOUL, AND PLACED IT IN CELESATIAL SPLENDOR. GOD SAID : "WAIT MUHAMMAD FOR THY SAKE I WILL TO CREATE

PARADISE, THE WORLD, AND A GREAT MULTITUDE OF CREATURES."
.... I SHALL SEND THEE INTO THE WORLD I SHALL SEND THEE AS MY MESSENGER OF SALVATION AND THY WORD SHALL BE TRUE, IN SO MUCH THAT HEAVEN AND EARTH SHALL FAIL, BUT THY FAITH SHALL NEVER FAIL."
"MUHAMMAD IS HIS BLESSED NAME".

"मसीहा का नाम काबीले तारीफ है, अल्लाह तआला ने जब उनकी रूहे मुबारक को पैदा किया और आसमानी आब–व–ताब में रखा तो खुद उनका नाम रखा। अल्लाह ने फरमाया ऐ मोहम्मद इन्तेज़ार करो, मैने तेरी खातिर जन्नत को पैदा किया, सारी दुनिया को पैदा किया और बेशुमार मख़लूकात को पैदा किया। जब मैं तुझे दुनिया में भेजुंगा तो तुम्हे नजात दहींदा (मोक्ष दिलाने वाला) रसूल बनाकर भेजूंगा, तेरी बात सच्ची होगी। आसमान और ज़मीन फना हो सकते है लेकिन तेरा दीन कभी फना नही होगा। आपने कहा मोहम्मद उसका बा बरकत नाम है। फिर तमाम सामईन ने ये सुनकर ये कहते हुए फरीयाद करनी शुरू की।

7. O GOD SEN US THY MESSENGER-O MUHAMMAD, COME QUICKLY FOR THE SALVATION OF THE WORLD".

"ऐ खुदा! अपने रसूल को हमारी तरफ भेज, या रसूल अल्लाह दुनिया की नजात के लिए जल्दी तशरीफ ले आईये"। (अध्याय 97)

BIBLE (इंजील) के कुछ सूत्र देखिये

युहन्ना अध्याय 14, सूत्र 25, 26, 29, 30
युहन्ना अध्याय 15, सूत्र 26, 27
युहन्ना अध्याय 16, सूत्र 7, 8, 9, 10, 11, 12 देखीये

1) ये बात मैंने तुम्हारे साथ रहते हुए तुम से कही। परंतु सहायक अर्थात पवित्र आत्मा जिसे पिता मेरे नाम से भेजेगा, वह तुम्हें सब बातें सिखाएगा और जो कुछ मैंने तुमसे कहा है वह सब तुम्हें स्मरण कराएगा।
2) और मैंने अब इसके होने से पहले तुम से कह दिया है कि जब वह हो जाए, तो तुम विश्वास करो। मैं अब तुम्हारे साथ और बहुत बातें ना करूंगा। क्योंकि इस संसार का सरदार आता है।
3) परंतु जब वह सहायक आएगा, जिसे मैं तुम्हारे पास पिता की ओर से भेजूंगा अर्थात सत्स की आत्मा जो पिता की ओर से निकलती है, तो वह मेरी गवाही देगा और तुम भी मेरे गवाह हो क्योंकि तुम आरंभ से मेरे साथ रहे हो।
4) तो भी मैं तुम से सच कहता हूँ कि मेरा जाना तुम्हारे लिये अच्छा है, क्योंकि यदि मैं न जाऊँ तो वह सहायक तुम्हारे पास न आएगा। परंतु, यदि मैं जाउँगा तो उसे तुम्हारे पास भेजूंगा। वह आकर संसार को पाप और धार्मिकता और न्याय के विषय में निरूत्तर करेगा। पाप के विषय में इसलिये कि वे मुझ पर विश्वास नहीं करते और धार्मिकता के विषय में इसलिए कि मैं पिता के पास जाता हूँ। और तुम मुझे फिर न देखोगे। न्याय के विषय में इस लिये कि संसार का सरदार दोषी ठहराया गया है।
5) मुझे तुम से और भी बहुत सी बातें कहनी हैं, परंतु अभी तुम उन्हें सह नहीं सकते। परंतु जब वह अर्थात सत्य की आत्मा आएगा, तो तुम्हें सब सत्य का मार्ग बताएगा, क्योंकि वह अपनी ओर से न कहेगा परंतु जो कुछ सुनेगा वही कहेगा और आनेवाली बातें तुम्हें बताएगा।
(BSI : Bible Society of India, Bangalore)

नोट : उपर दिये हवाले से ये बात वाज़य हो गई के कोई आने वाला है। जिसकी आमद की खबर हज़रते ईसा बार बार अपने उम्मतीयों को दे रहें

है। उस आने वाले की जिन सिफात व खुसूसीयात का ज़िक्र इन आयात में किया गया है। उसका मिसाल ज़ातेपाक मोहम्मद ﷺ के सिवा कोई और नही हो सकता। लेकिन अज़राहे तआस्सुब अगर इसरार करे के मुझे इंजील में हुजूर का इस्मे मुबारक दिखाओ तो हम उसकी ये ख्वाहिश भी पूरी करने के लिए तैयार है। लेकिन ये बात उसके ज़हीन नशीं रहे के इंजील जो हज़रते ईसा अलैह सलाम पर नाज़ील हुई सूरयानी ज़बान में थी। क्यों के हज़रते ईसा (अलैहिस्सलाम) की ज़बान सूरयानी थी। उस असली नुस्खे का कहीं नाम व निशान नही। सन 70 ई में उसका युनानी में तरजुमा हुआ है। और ये युनानी तरजूमा भी नायाब है। इंजील के जो युनानी तरजुमें इस वक्त मौजूद है वो चौथी सदी ईसवी के लिखे हुए है। उन यूनानी तराजुम का भरपूर तरजूमा लातीनी ज़बान में किया गया है। जो सलतनते रोमा की इल्मी ज़बान थी ।

उसी लातीनी (Latin Translation) के तरजूमे से दुनिया भर की ज़बानो में इंजील के तरजुमे किये गये। तरजुमा दर तरजुमा की इस अमल से उस इंजील में जो रद्दोबदल और तहरीफ (Change) वकु पज़ीर हुई होगी वो मोहताजे बयान नहीं। अगर उन तरजूमें में हुजूर का इस्में गिरामी न मिले तो बिल्कुल भी तआज्जुब नहीं। फिर सन 1611 में King James-I (King of England) ने पुरानी युनानी बाईबल को इंग्लिश में Translate करवा दिया। यही नुस्खा King James Version English का Authorised Version कहलाया। यही इंग्लिश बाईबल आज तक चलन में है।

लेखक का अनुमान
(Authors Assessment)

ईसा मसीह का पैगाम

जागो
खुद जागो
और दूसरों को जगाओ।
जागो उसके इस्तकबाल के लिए
वो जो आने वाला है
जागो और इंतेज़ार करो

ईसा मसीह का सारा प्रवचन इसी के इर्द–गीर्द घूमता हूआ नज़र

आता है के जागो और उसका इंतेज़ार करो, वो जो मेरे बाद आने वाला है। लगता है जैसे किसी बड़ी हस्ती के आने की बशारत (खुशखबरी) के लिए ईसा मसीह को भेजा गया है। जैसे वो लोगों को चौकन्ना करे, जैसे वो Alarm बजा रहे हो किसी और के आने का जो बहोत खास होगा। ईसा मसीह कहते है मैं तो तुम्हें बहोत कुछ बताना/समझाना चाहता हूँ, लेकिन तुम अभी उसको समझने की सलाहियत नही रखते। हाँ मगर जब वो आयेगा तो तुमको ज़रूर समझा देगा।

यूँ मालूम पड़ता है जैसे ईसा मसीह किसी और नबी के आने की पेशनगोई कर रहे हैं। जैसा की बाईबल के ऊपर दिए गए कई सूत्रों से हमें मालूम पड़ता है। यूँ हम ईसा मसीह इब्ने मरीयम की बशारत का गहरा मुताल्ला (Deep Study) और खोजबीन करने पर हम इस नतीजे पर पहुँचे है कि ईसा मसीह के बाद इनके रास्ते पर कोई नबी नही आया। जो खुद ईसा मसीह की तसदीक करे, सिवाए नबी आखीरूज़्ज़मा मोहम्मद ﷺ के।

हज़रत मोहम्मद ﷺ ने हज़रत ईसा मसीह पर उस दौरे हाज़िर मे जो गलत फहमीयाँ थीं न सिर्फ उसको दूर किया बल्की ईसा मसीह और हज़रत मरीयम के मुताल्लीक सच्ची गवाहियाँ दीं और पुराने सारे गलत अकाएद (धारनाए) जो काफी बूरी थी उनको खत्म कर दिया और दोनो की खूब इज़्ज़त और आफज़ाईश भी की। और तसदीक़ की है कि ईसा मसीह फिर आएंगे कयामत से पहले और झूठे मसीहा (दज्जाल) को अपने हाथों से कत्ल करेंगे। जिसकी गवाही आपको कुरआन व हदीस में भी मिलती है।

हरकुलिस का दरबार

(यह वाक्या हम आगे देख आए हैं)

बादशाह सैफ बिन जीयजन की पेशनगोई

(बादशाह सैफ की पेशनगोई मोहम्मद ﷺ के मुताल्लिक अब्दुल मुत्तलिब को जो हम पहले देख चुके है। लेहाज़ा यहाँ ज़िक्र नही करेंगे)।

सलमान फारसी का वाक्या

आप ईरान के मशहूर शहर असफहान के रहने वाले थे। आपके वालिद अपने शहर का सरदार था। और उसे अपने बेटे सलमान से शदीद

मोहब्बत थी। यहाँ तक के वो उन्हे हर वक्त अपने घर में कैद रखता था। ताके वो एक लम्हे के लिए भी उसकी आँखों से ओझल न हो। उसके साथ साथ आपका बाप अपने दीन मजूसीयत की आपको तालीम देता था। यहाँ तक के आपको इस फन में कमाल हासिल हो गया। एक दिन आपके बाप ने अपनी ज़मीन की खबरगीरी के लिए अपने ढेरे पर भेजा। रास्ते में एक ईसाईयों का एक गिरजा था आप उसके पास से गुज़रे तो वो अपनी इबादत में मशगूल थे। ये अंदर चलें गये। उन इसाईयों की इबादत दुआऐं और तरीकए इबादत उन्हे बहुत पसंद आया। वो शाम तक वहीं बैठे उनको देखते रहे। और उनकी दुआओं और तसबीयों को सुनते रहे। उधर बाप उनकी वजह से बहुत परेशान था।

उसने उनकी तलाश में इधर उधर आदमी दौड़ाए। जब आप अपने बाप के पास आये तो उन्होंने ईसाईयों की इबादत का ज़िक्र किया। बाप ने इस अंदेशा से के वो अपने आबाई दीन को छोड़ ना दे उसके पाँव में लोहे की बेड़ीयाँ डाल दी।

एक काफला वहाँ से मुल्के शाम की तरफ जा रहा था। ये किसी तरीके से उस काफीले में शामिल हो गये। जब शाम पहुँचे तो वहाँ एक कलीसा में गये। कलीसा के पादरी को अपने हालात से आगाह किया। वहाँ उसकी खिदमत में रहना शुरू कर दिया। लेकिन उसके कौलो अमल (कथनी और करनी) में फर्क देखा। बड़े दुःखी हुए। उन्होंने देखा के वो लोगों को सदका करने का हुक्म देता है। और लोग जब उसको सदका की रकम देते है के वो गरीबों में तकसीम करदे, लेकिन वो उसे अपने पास रखता है। जब वो मर गया तो सलमान ने लोगों को ये बताया के तुम्हारे पादरी के ये करतूत थे। और 100 मटके जो सोने चाँदी से भरे हुए थे। वो तहखाने से निकालकर उनके हवाले कर दिये। लोगों ने उस पादरी को सूली पर चढ़ाया, उस पर संग बारी की और फिर उसे दफनाया। उसकी जगह एक और पादरी मुकर्रर हुआ। हज़रते इब्ने अब्बास ﷺ ने फरमाया के उसके बारे में सलमान कहते थे के मैंने कोई और आदमी ऐसा नही देखा के खुशू और खजू से पाँच नमाज़े उसकी तरह अदा करता हो। दुनिया की चाहत का तो उसके यहाँ कोई तसव्वर ना था। कुछ मुद्दत के बाद वो शख़्स फौत हो गया और सलमान को वसीयत की के मोसील में फलां शख़्स के पास जाये और उसकी इत्तेबा करे।

हज़रते सलमान मोसील पहुँचे, ये शख़्स भी बड़ा ज़हिद व मुत्तकी

था। और आप उससे बड़े मुतास्सीर हुए। जब वो मरने लगा तो हज़रते सलमान ने उनसे पूछा के आप तो इस जहाने फानी से रूखसत हो रहे है। अब मै किसकी खिदमत में हाज़री दूँ। उसने कहा नसीबैन में एक शख़्स है, जिस का वही तरीका है जो हमारा तरीका है, तुम उसके पास चले जाओ। अब मोसील से नसीबैन पहुँचे, और उस शख़्स की खिदमत में रहने लगे। उसकी जिन्दगी की मोहलत जब पूरी हो गई तो आपने उससे पूछा के अब मैं किसका कस्ब करूँ। उसने कहा बखुदा सिर्फ एक शख़्स है जो हमारे रास्ते पर गामज़न है। वो उमूरीया में रहता है तुम उसके पास चले जाओ। वो तुम्हारी सही तौर पर रहनुमाई करेंगे। सलमान नसीबैन से उमुरीया पहुँचे और उस नेक खसलत शख़्स की खिदमत में ज़िन्दगी बसर करने लगे।

उस शख़्स की ज़िन्दगी ने भी वफा न की। उस शख़्स ने भी जब इस दारे फानी से रखते सफर बांधा आपने उससे पूछा, आप बताईये अब मैं किधर का रूख करूं। उसने कहा बखुदा मेरी नज़र में अब कोई ऐसा शख़्स नही जिसके पास जाने का मैं तुम्हे हुक्म दू। लेकिन अब उस नबी की मबऊस (प्रकट) होने का ज़माना करीब आ गया है। जो इब्राहीम अलैहिस्सलाम के दीन को दोबारा ज़िन्दा करेंगे और उनकी हिजरत गाह नखलिस्तान में है।

जो दो जले हुए मैदानों के दरमियान है। अगर तू वहाँ पहुंच सकता है तो वहाँ पहुंच, और उस नबीए मुंतज़ीर की चंद निशानियाँ है। के वो सदका नही खाता लेकिन हदीया खाता है। और उसके दो कंधों में अपनी नबूवत का निशान है। जब तुम देखोगे तो पहचान लोगे। सलमान फारसी कहते है के जब हमने उस शख़्स को दफन कर दिया तो, बनी कल्ब के ताजीरों का एक काफला वहाँ से गुज़रा, मैंने उनके वतन के बारे में पूछा। उन्होने बता के हम फलां जगह के रहने वाले है। मैंने उन्हे कहा अगर तुम मुझे अपनी सरज़मीन में पहुंचा दो तो मेरी ये गाय और बकरीयाँ इसके एवज़ में तुम ले लो। वो उस पर राज़ी हो गये।

वो उन्हे लेकर वादीये अलकरा पहुँचे। लेकिन उन्होने मुझे पर ये जुल्म किया के मुझे अपना गुलाम बनाकर वादिये कुरा के यहूदी के हाथ बेच कर दिया। बखुदा वहाँ मैंने नखलिस्तान देखा। फिर मेरे दिल में ये ख़्याल आया के ये वही इलाका है जिसके बारे में मुझे मेरे राहिब ने बताया था।

कुछ अरसा बाद उस यहूदी ने मदीना तैयबा के एक यहूदी के हाथ मुझे फरोक्त कर दिया। वो मुझे लेकर मदीना तयबा आया। ज्यों ही मैंने उस शहर को देखा मैंने उसे पहचान लिया और मैं अपने मालिक का गुलाम बनकर "नबी आखीरुज़्ज़मा" का इन्तेज़ार करने लगा। मुझे मालूम हुआ के मक्का में एक नबी माबूस हुआ है। मैं गुलामी की ज़जीरों में जकड़ा हुआ था अपनी मर्ज़ी से वहाँ जा नही सकता था। यहॉ तक के अल्लाह तआला का प्यारा रसूल मक्का से हिजरत करके कुबा में तशरीफ फरमा हुए। एक रोज़ मैं अपने मालीक के नख़लिस्तान में खुजूर के दरख्तों की खिदमत में था। के मेरे मालिक का चचाज़ात भाई आया और कहने लगा, औस और खज़रज़ का सत्यानास हो।

ये लोग उस मुसाफिर के इर्द गिर्द जमा है जो मक्का से तर्क वतन करके कुबा में पहुंचा है। और उसके बारे में वो ख्याल करते है के वो नबी है। मैंने जब ये बात सुनी तो मुझ पर कपकपी तारी हो गई मैं खजूर के एक दरखत पर चढ़ा हुआ था। ये अंदेशा हुआ के कहीं मैं अपने मालिक के उपर न जा गिरूं इसलिए मैं उतर आया। मैंने पूछा के तुम क्या बात कर रहे थे। मेरे मालिक ने अपना हाथ उठाया और मुझे एक ज़ोरदार मुक्का रसीद किया। और गुस्सा से कहा तुझे इस बात से क्या वास्ता। तु अपना काम कर। मैंने कहा मेरा इस खबर से कोई वास्ता तो नही। लेकिन मैने एक बात सुनी तो चाहा के इस बारे में तसदीक कर लूँ।

जब शाम हुई, मेरे पास खाने की कोई चीज़ थी, मैं कुबा में मोहम्मद ﷺकी खिदमत में हाज़िर हुआ। मैंने कहा खबर मिली है के आप एक नेक शख़्स है, और आपके साथ आपके साथी भी है और आप मुसाफिर है। मेरे पास सदका का कुछ तआम (खाना) है, मैं समझता हूँ आप लोग सबसे ज़्यादा इसके मुस्तहिक़ है। लिजीये इसे तनावुल फरमाईये। सलमान कहते है के मोहम्मद ﷺ ने अपने दस्ते मुबारक को उस सद्का के खाने से रोक लिया और अपने साथियों को फरमाया खाओ और खुद ना खाया। मैने अपने दिल में कहा के आपके बारे में मुझे जो निशानियाँ बताई गई थी उनमें से एक निशानी पूरी हो गई के आप सद्का नही खाते।

कुछ रोज़ बाद मोहम्मद ﷺ मदीना मुनव्वरा तशरीफ ले गये। चंद रोज़ बाद मैं कोई चीज़ लेकर आपकी खिदमत में हाज़िर हुआ। मैंने कहा के आप सदका नहीं खाते ये चीज़ बतौरे हदीया मैं ले आया हूँ ये सदका नहीं है। सलमान कहते है के मोहम्मद ﷺ ने और उनके सहाबा ने उसे तनावुल

फरमाया। मैंने दिल में कहा के दो निशानियाँ पूरी हो गई।

दिन गुजरते गये, सलमान एक गुलाम की ज़िन्दगी बसर करते रहे, और इस तजस्सुस में रहे के उनके राहिब ने उस नबी के बारे में जो निशानियाँ उन्हें बताई थी के मोहम्मद ﷺ की ज़ात वाली सिफत में ये निशानीयाँ मुकम्मल तौर पर पाई जाती है। एक दिन मैं मोहम्मद ﷺ के पास आया। आप अपने एक नियाज़मंद के जनाज़े के सिलसिले में बकी शरीफ में तशरीफ फरमा थे। मैं पीछे मूड़ा ताकी पूश्त मुबारक पर खतमे नबूवत का मुज़ाहेरा करूं। जब मोहम्मद ﷺ ने मुझे देखा के मैं पीछे से घूमकर आया हूँ तो मोहम्मद ﷺ ने अपनी पुश्त मुबारक पर पड़ी हुई चादर उठाली। मोहम्मद ﷺ के दोनो कंधो के दरमियान खत्मे नबूवत की मोहर को मैंने देख लिया। जिस तरह मेरे राहिब ने मुझे बताया था। जो मैं जज़बात से बेकाबू होकर गिर पड़ा, मैं वारफतगी में मोहम्मद ﷺ को बोसा दे रहा था, और रो रहा था।

मोहम्मद ﷺ ने मुझे फरमाया के आगे आओ मैं उठकर मोहम्मद ﷺ के सामने बैठ गया और अपनी सारी दास्तान मोहम्मद ﷺ की खिदमत में पेश की। ये वाक्या आपने हज़रते इब्ने अब्बास की खिदमत में बयान करने के बाद गुज़ारिश की के ऐ इब्ने अब्बास जिस तरह आपको मैंने अपनी सारी दास्तां सुनाई है। रसूले करीम की ख्वाहिश के मुताबिक मैंने हुजूर के साहबा को भी तफसील के साथ अपनी कहानी सुनाई थी।

मैं गुलाम था और अपने आका की खिदमत में दिन रात मशगूल रहता था। इसलिए बदर और ओहद की गज़वात में शिर्कत की सआदत से महरूम रहा, एक रोज़ नबीए करीम ने मुझे फरमाया के ऐ सलमान अपने मालिक के साथ बातचीत करो, पस मैंने अपने मालिक के साथ इस शर्त पर मुकातेबत की के मैं उसे खुजूर के तीन सौ पौदे लगाकर और हरे कर के दूंगा इनके अलावा 40 औकिया चांदी पेश करूंगा। जब मैंने इसकी इत्तेला सरकारे दो आलम को दी तो हुजूर ने अपने साहबा को हुक्म दिया के अपने भाई की मदद करो। उन्होंने मेरी मदद की किसी ने खजूर के 30 पौदे किसी ने, 15, और किसी ने 10 पौदे की मदद की यहॉ तक के 300 पूरे हो गये।

हुजूर ﷺ ने फरमाया जाओ और उन पौदों के लिए गढ़े खोदों। और जब उस काम से फारिग हो जाओं तो मेरे पास आओ। मैं खुद उन

पौदों को अपने हाथों से लगाऊंगा। मैंने जाकर 300 गढ़े खोदे जिसमें मेरे दीनी भाईयों ने भी मेरा हाथ बटाया। फिर मैंने हाज़िर होकर अर्ज़ की । रसूले अकरम ﷺ मुझे हमराह लेकर उस जगह की तरफ गये, हम वो पौदे उठाकर हुजूर ﷺ की खिदमत में पेश करते थे और हुजूर अपने दस्त मुबारक से उन गढ़ो में पौदे लगाते जाते थे। सलमान कहते है, मुझे उस ज़ात की कसम जिसके दस्ते कुरदत में सलमान की जान है। उनमें से एक पौदा भी नहीं मरा सब के सब हरे हो गये।

लेकिन 40 औकिया की अदायेगी मेरे ज़िम्मे बाकी थी। एक रोज़ मुर्गी के अंडे के बराबर सोना किसी कान से बारगाहे रिसालत में पेश किया गया। हुजूर ने दरयाफ्त किया के उस फारसी मकातीब का क्या हुआा। मैं हाज़िर हुआ, मोहम्मद ﷺ ने मुझे वो अंडा दिया और फरमाया, जो बकीया ज़रे मकातिब तेरे ज़िम्मे बाकी है वो इस्से अदा करदो। मैंने अर्ज़ की या रसूल अल्लाह ﷺ भला कसीर ज़र्रे मकातिब इतने से ज़र से क्यों कर अदा हो। तो कासिमे खज़ाईने ईलाही ने इरशाद फरमाया, इसे लेलो ये कलील नही है बल्के अल्लाह तआला इसी से सारा ज़रे मकातेबत अदा कर देगा।

मैंने ले लिया और अपने मालिक के पास गया। और उस ज़ात की कसम जिसके दस्ते कुदरत में सलमान की जान है। उसी से 40 औकीया मैंने वज़न करके अदा कर दिये और यूं मैने उस यहूदी की गुलामी से नजात पाई, अब मैं आज़ाद था। हर वक्त मोहम्मद ﷺ की खिदमत में रहता। पहली जंग गज़वए खंदक थी। जिसमें एक आज़ाद मोमिन की हैसियत से मैंने शिर्कत की और उसके बाद कोई जिहाद ऐसा नही हुआ जिसमें मैंने शमुलियत न की हो।

उपरी वाक्यात और सभी रिवायात के मुताला से ये हकीकत रोज़े रौशन की तरह वाज़य हो जाती है के मदीना के अहले किताब को अपनी दीनी कुतूब के मुताला से ये मालूम हो गया था के “आखरी नबी” की बेसद का ज़माना करीब आ गया है। और हिजरत के बाद जब मोहम्मद ﷺ मदीना तशरीफ ले आऐ तो उन्होने इन अलामात से मोहम्मद ﷺ को खूब पहचान लिया था। लेकिन हसद के बाईस उनमें से अकसर नेमते ईमान से महरूम रहे।

☆ ☆ ☆

यहूद और ईसाईयों ने मोहम्मद ﷺ का इन्कार क्यों किया?

यहूद का इन्कार

जब मोहम्मद ﷺ मदीना तशरीफ ले आये, तो यहूद ने बड़े खुशी का इज़हार किया, उन्हे यकीन हो गया के उनके नबी ﷺ की पेशनगोई पूरी होने का वक्त करीब आगया है, लेकिन जब उन्हे पता चला के ये नबी ﷺ तो ईसा (अलैहिस्सलाम) को हक पर ठहराता है उसकी तालीमात की तसदीक करता है और अपने दीन को कबूल करने वालों के लिए ये लाज़मी करार देता हैं, के वो हज़रते ईसा (अलैहिस्सलाम) की नबुवत पर भी इमान ले आऐ तो उनके तेवर बदल गये। हुजूर के बारे में अकीदत के जो जज़्बात उनके सीनो में भरे थे। वो हसद व दुश्मनी में तबदील हो गये। फिर ये हसद और दुश्मनी बड़ती ही गई। वरना यहूदी रब्बी आज भी 1450 साल बाद भी मोहम्मद ﷺ को खुदा का नबी मानते हैं।

ईसाईयों का इन्कार

इसी तरह ईसाईयों के पास जो आस्मानी सहाएफ थे उनमें में भी मुताअद्दीद मुकामात पर उस नबीए मुकर्रम की आमद की खुशखबरी दर्ज थी। इसलिए वो भी ऐसे रसूल की आमद के लिए सरापा इन्तेज़ार बने रहते थे। मिसाल के तौर पर इंजील योहन्ना कि ये आयत मुलाहेज़ा फरमाईये.

1. "लेकिन मैं तुमसे सच कहता हुँ के मेरा जाना तुम्हारे लिये फायदा मंद है। के अगर मैं ना जाऊं तो वो मददगार तुम्हारे पास ना आयेगा। लेकिन अगर जाऊंगा तो उसे तुम्हारे पास भेज दूंगा और वो आकर दुनिया को गुनाह और रास्त बाज़ी और अदालत के बारे में कसूरवार ठहरायेगा"।
2. लेकिन जब वो सच्चाई की रूह आयेगा तो तुमको तमाम सच्चाई की राह दिखाएगा इसलिए के वो अपनी तरफ से न कहेगा, जो कुछ सुनेगा वही कहेगा, और तुम्हे भविष्य की खबरे देगा।

लेकिन ईसाइयों ने देखा के उस नबी पर ईमान लाने और उसके दीन को कबूल करने का नतीजा ये होगा के वो अपने बुनियादी अकाएद दस्तबरदार (फारिग़) हो जाऐगे। हज़रते ईसा को अल्लाह का बेटा मानने

के बजाए उन्हे अल्लाह का बंदा तसलीम करे। तसलीस (Trinity) के बजाय अल्लाह की वहदानियत पर ईमान ले आये। कुफ्र के अकीदे को तर्क करके हुस्ने अमल पर अपनी निजात की बुनियाद रखी। वो पोप को फौकल इन्सान और खुदावंदी इख्तियारात का मालिक न समझे।

ये अकाएद अगरचे आसमानी कुतुब के सरासर खिलाफ होते लेकिन पादरीयों की सदीयों की काविशों से वो उनके दिलो दिमाग में इस तरह पैवस्त हो चुके थे के उनको छोडना मुमकीन ना था इसलिए नबीए रहमत ﷺपर ईमान लाने के लिए वो लोग आमादा ना हुए।

कुरआन में गवाही

1. "ऐ याकूब की औलाद (बनी इस्राईल) याद करो मेरा वो अहसान जो मैंने तुम पर किया। और मेरा अहद पूरा करो तो मैं तुम्हारा अहद पूरा करूंगा और खास मेरा ही डर रखो और ईमान लाओ उस पर जो मैंने उतारा (कुरआन) उसकी तसदीक़ करता जो तुम्हारे पास है (तौरात)। तुम्हीं सब से पहले इसके मुन्किर न बनो और मेरी आयतों के बदले थोडे दाम न लो बस मुझ ही से डरो और हक़ से बातिल को ना मिलाओ। जान बूझकर हक़ ना छुपाओ।"

2. "और जब उनके पास अल्लाह की वो किताब (कुरआन) आई जो उनके साथ वाली किताब (तौरेत) की तसदीक़ फरमाती है और इस से पहले वो इसी नबी मोहम्मद ﷺ के वसीले से काफिरों पर फतेह मांगते थे। तो जब तशरीफ लाया उनके पास वो जाना पहचाना उस से मुन्किर हो बैठे, तो अल्लाह की लानत मुन्किरों पर। और जब उनसे कहा जाए अल्लाह के उतारे (कुरआन) पर ईमान लाओ तो कहते हैं वो जो हम पर उतरा उस पर ईमान लाते हैं। और बाक़ी से मुन्किर होते हैं हालांकि वो हक है उनके पास वाले (तौरेत) की तसदीक़ फरमाता हुआ।

(सुरह अलबक़रह)

3. "जिन्हें हमने किताब अता फरमाई (यहूदी / इसाई) वो इस नबी ﷺ को ऐसे पहचानते हैं जैसे आदमी अपने बेटों को पहचानता है, और बेशक इनमें एक गिरोह जान बूझकर हक़ छुपाते हैं।

(सुरह अलबक़रह, 146)

4. **ऐ सुन्ने वाले ये हक़ है तेरे रब की तरफ से तो खबरदार तू शक ना करना।**

(सुरह अलबक़रह, 146)

उध्दारकर्ता / मसीहा : मोहम्मद ﷺ

फतह–ए–मक्का वो घटना थी जिसने इस्लाम के बहते धारे के बीच में जो आखरी रूकावट थी उसे भी दूर कर दिया और अब इस्लाम के फरोग का आगाज बहोत तेजी से शुरू हुआ जो नाकाबिले तसखीर था। लोग ज़ौक़ दर ज़ौक़ इस्लाम में दाखिल होने लगे। मोहम्मद ﷺ की आम माफी का ऐलान करना, काबा को बुतपरस्ती से पाक करना, काबा की हुर्मत को फिर से बहाल करना। और मोहम्मद ﷺ ने अल्लाह के दीन को नाफिज़ किया और लोगों को राज़ी किया। लोगों ने खुशी खुशी अपनी मन मर्ज़ियां छोड़ दी जो अपने पुरखों से सीखी थी और अल्लाह और उसके रसूल के पैगाम को दिल व जान से कुबूल कर लिया। तौहीद के परचम को बुलंद कर दिया।

अल्लाह की बडी रहमत हुई अरबों पर के कल तक जो दुनिया में पसमान्दा कौम थी उन्हीं में अपना रसूल भेज दिया और इन्हें दुनिया जहान की सरदारी अता करदी। और उम्मते मोहम्मदीया को क़यामत तक के लिए सुरखुरू कर दिया।

जैसे खुदा ने इसा मसीह अलैहिस्सलाम को बनी इसराईल की रहेनुमाई के लिए भेजा था के वो राह पर आजाएं, मगर बनी इसराईल ने वो मौका और मसीह दोनों को ज़ाया कर दिया। मगर अब जिस मसीहा और आखरी नबी का इन्तेजार यहूदी और ईसाई कर रहे थे वो अरबो के हिस्से में आ गया। मगर अब इन्होंने मौका ज़ाया नहीं किया। यानी जिस आखरी नबी का इन्तेजार सदियों से यहूद और ईसाई कर रहे थे। वो यही मोहम्मद ﷺ हैं। मगर ये मसीहा बनकर आए कुफ्फार और मुशरिकों के लिए के इन्हें जुल्मत के अंधेरों से निकाल कर नूरे खुदा इनके सीनों में भर गए। इन लोगों के आमाल का बदला तो जहन्नम ही था मगर मोहम्मद ﷺ ने इन्हें मोमिन बनाकर जन्नत का मुस्तहिक़ कर दिया। और इनकी दुनिया व आख़िरत संवार दी।

अल्लाह की रहमत ने इन्हें जन्नत की बशारत दी और दुनिया में एक पस्पा कौम से एक सुरखुरू कौम में तबदील कर दिया। और अरबों को गुमनामी से निकालकर एक नामवर कौम बना दिया व दुनिया के तमाम मुसलमानों को जन्नत की बशारत दी है। अल्लाह ने मोहम्मद ﷺ को निजात दाहिन्दा (उध्दारकर्ता) रसूल बनाकर भेजा।

मोहम्मद ﷺ ने कहा ऐ मुसलमानों! इस्लाम अमन का ज़ामिन है अल्लाह और रसूल ﷺ की इत्तेबाअ करो अमन पा जाओगे मायूसियां दूर हो जाएगी और तुम्हारी दुनिया व आखिरत दोनों कामियाब हो जाएगी। अल्लाह तआला से डरते रहो।

मोहम्मद ﷺ जिन निजामों (Systems) की निंव रखी थी। उस की मिसाल लाना दुनिया वालों के लिए मुमकिन ही नहीं रहती दुनिया तक। जिसने एक अज़ीम इन्केलाब बरपा कर दिया, जिसकी वजह से सारी दुनिया ही तबदील हो गई। फिर दुनिया वैसी न रही जैसी मोहम्मद ﷺ से पहले थी। ऐस तबदीली हुई जो ना अब से पहले देखी गई थी ना सुनी गई थी। मोहम्मद ﷺ का नाम सुनहरी अल्फाजों में लिखा गया है और कयामत तक मोहम्मद ﷺ को उनके अज़ीम कारनामों के लिए याद किया जाएगा...

एक अरब ने आदमी का बोलबाला कर दिया
ज़र्रों को हमदोशे सुरय्या कर दिया
खुद ना थे जो राह पर, औरों के हादी बन गए
क्या नज़र थी जिसने मुर्दों को मसीहा कर दिया
-एक अजमी

☆ ☆ ☆

स्वीकृतियाँ

मेरा शौक है किताबें पढ़ना, इल्म सीखना सिखाना, लिटरेचर, फिलोसॉफी पढना, दीनी इल्म हासिल करना, हिस्टॉरिकल फिगर के बारे में पढना व इतिहास (तारीख़) पढ़ना वगैरह। इससे ही मुझे यह किताब लिखने की प्रेरणा मिली है।

मैं डॉ. मोहम्मद इक़बाल खान, लिखने का शौक मुझे अपने कॉलेज के दिनों से ही था। पहले कुछ शेर व शायरी लिखी, नातें व हम्द लिखी, फिर कुछ कविताएं भी लिखी जो आज भी जारी है। फिर मैंने इस किताब को लिखने की शुरुआत की और जिसे मुकम्मल करने में लगभग 4 साल लग गए। जिसके लिए मुझे जी जान से मेहनत करनी पड़ी। जिसमें मेरी मदद उस्तादे मोहतरम मुफ्ती मुस्तकीम अहमद साहब ने भी की है।

अल्लाह रब्बुल आलमीन मेरी मेहनत कुबूल फरमाए - आमीन

ये किताब आपको आश्चर्यचकित करेगी अगर आप इसका एक पन्ना पढ़ेंगे तो दूसरा पन्ना पढ़ने पर मजबूर हो जाएंगे।

इस किताब के लिखने में किसी प्रकार की कोई गलती हो गई हो तो मैं क्षमा प्रार्थी हूँ।

www.ingramcontent.com/pod-product-compliance
Lightning Source LLC
LaVergne TN
LVHW052137041026
849558LV00042B/533
9789359894591